上海社会科学院法学研究所学术精品文库

在法学所听讲座

法治智库讲坛

第一辑

主　编　姚建龙

上海三联书店

总　序

上海社会科学院法学研究所成立于 1959 年 8 月，原名"政治法律研究所"，是我国成立最早、规模最大、最早招收研究生的地方社科系统法学研究机构。

法学所的历史可以追溯到 1952 年由原圣约翰大学、复旦大学、南京大学、东吴大学、厦门大学、沪江大学、安徽大学等 9 所院校的法律系、政治系和社会系等合并组建成立的华东政法学院，1958 年华东政法学院并入上海社会科学院，翌年成立了上海社会科学院政治法律研究所，首任所长为雷经天。彼时上海滩诸多法学大家汇聚于斯，潘念之、齐乃宽、浦增元、张汇文、卢峻、周子亚、何海晏、丘日庆、徐开墅、徐振翼、肖开权、郑衍杓、陈振国、李宗兴、程辑雍等均在各自领域独当一面、各领风骚。1984 年，东吴大学上海校友会也正式在上海社会科学院注册成立，成为东吴法学的精神传承，一时颇有海派法学的大气候。

1979 年复建后，"政治法律研究所"正式更名为"法学研究所"。作为南方地区的法学理论研究重镇，在中国社会经济快速发展的浪潮中，法学所勇立潮头，不断探求中国特色社会主义法治的发展规律，解决我国改革开放和现代化建设中的现实问题。法学所在法理学、公法学、国际法学、刑法学和民商法学等领域为国家法治建设鼓与呼，在新时期法学学科建设、民法通则制定、港澳回归、浦东开发等重要历史性事件进程中均做出了重大贡献。

进入新世纪，随着国家科研方针政策的转型以及各大高校法学研究的崛起，社科院系统的体制模式受到重大挑战，加上老一辈学人的隐退，法学所也开始了二次创业的征程。近年来，法学所通过"内培外引"大力加强人才梯队建设，引进和培养了一批在国内有影响力的中青年学者，特别是一批青年才俊陆续加入，他们充满朝气，基础扎实，思想活跃，承载着法学所的未来与希望。通过不断提高学科队伍建设、夯实智库研究基础，法学所得以进一步加强和形成了"经济刑法""租借·租借地等特殊地区研究""刑事法创新学科""法治中国及其上海智库实践智库""比较法学""生命法学""党内法规""青少年法学"等多个优势学科和特色研究团队。如今的法学所安立于古典而又繁华的淮海中路的静谧一角，立足上海，面向全国，以"国家高端智库"和院"创新工程"为平台，坚持学科建设和智库建设双轮驱动，在法学研究领域焕发出新的生机。

为弘扬学术精神、传播学术成果、传承学术血脉，我们策划了"上海社科院法学所学术精品文库"。法学所科研人员的重要理论成果和学识智慧，将收入本文库，以期学脉绵延，薪火相传，续写法学所的当代辉煌篇章。本文库主要由两部分组成，一部分是法学所科研人员的重要学术专著，另一部分是法学所青年学术沙龙系列。前者秉持学术为本、优中选优的原则，遴选并最终确定出版的著作，后者是对法学所学术品牌青年法学学术沙龙的整理。在条件成熟时，本文库也将陆续整理出版老一辈法学所专家的代表性作品。

文章千古事，希望纳入文库出版的作品能够不负学术精品之名，服务国家法治建设与社会发展，并能够历经岁月洗礼，沉淀为经世之作。

是为序。

上海社会科学院法学研究所所长、研究员、博士生导师

姚建龙

2020 年 7 月 30 日

前　言

　　上海社会科学院积极响应中央加强中国特色新型智库建设的号召,以构建国内一流、国际知名的社会主义新智库为目标,大力实施智库建设和学科发展的双轮驱动发展战略。新时代,法学研究所根据全面推进依法治国的要求,以"排头兵、先行者"的精神,立足上海,面向全国,以"国家高端智库"和上海"创新工程"为平台,坚持学科建设和智库建设双轮互动,开展法学各个领域的研究,积极为国家和上海的法治事业作出新的贡献。

　　为落实智库建设和学科发展的双轮驱动发展战略,创建优质的学术交流平台,提升学术氛围,法学所领导班子决定创办定期的学术报告制度。围绕学术报告制度,确立了以下几条基本规则:首先,学术报告的主讲人必须是法学所的在职科研人员。其次,主讲人就本人近期从事的研究课题,突出法治智库特色及把握法学理论与实践前沿,向全所老师作报告。时间为一个半小时左右。第三,主讲人邀请本领域的专家进行与谈,一般为1—2人,与谈人原则上要求是所外专家。第四,学术报告定期举行,除特殊情况之外,定在每周五上午九点三刻举行。学术报告分三个环节,分别是主报告、与谈和自由讨论。

　　学术报告制度确立之后,得到北京盈科(上海)律师事务所蔡正华律师及其团队的大力支持和热情襄助,为法学所系列学术报告提供经费支持,系列学术报告也正式命名为"盈科·上社法学讲坛"。

　　"盈科·上社法学讲坛"从2020年1月10日正式扬帆起航,第一讲由法学所资深专家、徐澜波研究员以《论宏观调控法的调整方法》为题开坛主讲,姚建龙所长主讲的《未成年人罪错"四分说"的考量与立场》压轴收官,顺利完成第一轮的讲坛活动。前后一共 37 讲。四季轮回、周而复始，"盈科·上社法学讲坛"第二轮也在顺利推进中。在讲坛的举办过程中，所领导进行了周密安排，学术委员会进行了专业把关，主讲老师做了精心准备，讲坛秘书处涂龙科、孙大伟、陈海锋、何源、董能等老师付出了辛勤劳动，涂龙科研究员尤其贡献良多。协助的研究生山珊、刘津津亦为讲座的顺利开展贡献了力量。

本书稿是根据盈科·上社法学讲坛第一轮的活动内容录音整理而成，其间，刘津津、茹煜哲、曾玉、张宸、范亦荷、凌波舞、裴卫、魏欢欢、邵意炜、许茜、颜铭宏等同学付出了异常艰苦的劳动。盈科·上社法学讲坛第一轮共 37 讲，在系统整理讲坛录音后，遵从主讲人自愿收录兼顾体例统一等要求，精选了 19 次讲坛实录并按照主题排序，总计约 30 万字。通观所汇集的系列讲座实录，呈现以下鲜明特点：

一是致力于前沿的理论探讨。收录的讲座均为主讲人近期研究的学科前沿话题，如《预防未成年人犯罪法》修订中的重大理论争议、《证券法》修订背景下国企改革的核心问题、证券发行核准制向注册制改革的背景下的主动退市制度的完善等。系列讲座反映出法学所同仁善于在建设法治社会的大背景下思考问题、提出问题、解决问题，及时关注国内外学术界最新学术动态，立足学术前沿，在自己的学术领域辛勤耕耘。话题的前沿性不仅为听众、读者带来了全新的学术体验，激发了听众、读者的兴趣，亦不乏深刻的启发意义。

二是立足于鲜活的法律实践。法学乃实践之学，法律的生命力来源于实践，法律实践是法学研究的不竭动力。系列讲座不乏主讲人深入法律实践一线总结的实务经验，如"一网通办"的法律问题研究、检察机关监督行政机关的模式探索等。很多主讲人拥有法学学者与实务工作者的双重身份，系列讲座本身也呈现出推动理论界与实务界深度交流的特点。行胜于言，实践出真知，法学所同仁力图立足学科实践，在完备的理论基础上探求对实践的指导价值。

三是展现出专业的学术研讨。每一次讲座均由三部分组成，主体部分为主讲人的报告正文，其后，与谈人进行点评，与谈人不仅针对报告的内容做出评价，还会结合自己的研究经验就报告主题发表见解，丰富了讲座的学术价值。最后，进入自由讨论环节，在主持人的引导下，参会人员向主讲人提出问题，主讲人进行深入地阐明和分析，其他参会人员若对该问题有自己的见解，亦可以参与讨论。系列讲座是学术互动的平台，每位参与者在交锋、交流中碰撞出思维的火花。深入的学术互动研讨不仅启发了主讲人的后续研究，更为听众、读者带来了丰盛的学术盛宴。

目 录

发言人：夏晓龙

党内法规的制定质量：
问题、原因及对策

主讲人：**段占朝**，上海社会科学院法学所助理研究员，党内法规研究中心副秘书长，上海政法学院党内法规研究中心特约研究员。主要研究方向为党内法规学。在《人口研究》《人口与发展》《生态经济》《经济纵横》《调研世界》《广西社会科学》等核心期刊发表学术论文多篇，其中，《党内法规制度质量：问题、原因及对策》一文被《中国社会科学文摘》2020年第8期"论点摘要"转载，《保障视野下党内法规制度执行力提升路径》一文被人大复印资料《中国共产党》2020年第10期全文转载。主持或参与国家级、省部级课题和横向课题多项。

与谈人：**王建芹**，中国政法大学教授，研究领域为宪法学与行政法学、党内法规、NGOs法律问题、东西方法文明比较等，尤其注重交叉学科研究。社会兼职有北京市纪检监察学会理事、北京党内法规研究会顾问、华东政法大学党内法规研究中心学术委员会委员、暨南大学党内法规研究中心兼职研究员等。

主持人：**姚建龙**，上海社会科学院法学研究所所长、研究员、博士生导师

时间：2020年5月8日9:30

姚建龙：我们今天请到一位重量级的与谈人，中国政法大学的王建芹教授，非常感谢我们段老师今天精心准备的讲座，也特别感谢王建芹教授通过视频连线的方式来支持我们的讲坛。

　　首先对段老师和王教授做一个简单的介绍，段占朝老师目前是我们上海社会科学院法学所的助理研究员，他曾经在我们院里面的经济法律社会咨询中心工作，2012年才转到我们法学所，而且从事了一段时间的行政工作之后，2018年从行政转向科研，在科研这个领域取得非常好的成就，特别是在党内法规学这个领域，目前已经发表了20多篇论文。

　　我们今天的与谈人王建芹教授是国内研究党内法规的知名专家，中国政法大学教授、法学院党内法规研究中心的主任，毕业于华东政法大学。在北京大学师从著名行政法学教授姜明安学习宪法和行政法，并且获得博士学位。长期从事宪法行政法、党内法规以及东西法律文明比较等相关的研究，特别是注重交叉学科的研究。

　　他的研究成果非常丰富，论文有100多篇，C刊就有20多篇，其中关于党内法规研究方向的论文就有十几篇，完成了多篇调研报告，而且引起了相关领导的高度重视。王教授作为国内知名的党内法规专家、研究专家，也经常受邀给中央部委以及省市相关的党政机关、司法机关等开展党政法规方面的讲座，还经常应邀到国外举办讲座和交流，非常有影响力。

　　我们非常感谢王建芹教授在百忙之中来支持我们的讲座。我把时间交给我们的段老师。他今天给我们带来的题目是《党内法规的制定质量：问题、原因与对策》，有请段老师。

　　段占朝：谢谢姚所长，谢谢各位专家学者，各位老师，各位同学大家好！非常高兴给大家做党内法规的这样一个报告。首先说一下报告的背景，这个报告是我参加了刘长秋老师的一个课题，上海社科基金的一个项目，叫作党内法规制度执行力问题研究。

　　刘教授给我分配了一个任务，叫作党内法规制度执行力问题原因与对策。年前我把初稿给写好了，在疫情期间，我想到把这一部分写成文章发表，但是发现整个制度执行力部分的字数有4万字，于是我把每一部分挑出来形成一篇文章，当时我投稿的时候题目是"党内法规制度质量：问题、原因及对策"。发给涂龙科教授后，经过一段时间的思考和反复的沟通，确定了现在这个题目，《党内法规的制定质量：问题、原因及对策》。

　　1990年，中共中央曾经印发过《中国共产党党内法规制定程序暂行条例》，于2013年又发布了《中国共产党党内法规制定条例》，2017年中共中央又印发了一个《关于加强党内法规制度建设的意见》，这三部党内法规或党内规范性文件都非常重视党内法规的制定质量。《制定程序暂行条例》首次在党内"立法法"上提出了制定质量这一个概念原则，但是它只是说我们的党内法规的制定要保证党内法规的制定质量，就提出来这样一个制定质量的原则。

经过 10 多年的探索，制定质量的理念已经成为党规创制的基本要求和基本常识了。所以后来 2013 年的制定条例，没有再提到制定质量这个概念，但这不是不强调制定质量，而是将制定质量的理念内化在制定条例的条款当中，我认为被转化为两个具体的质量的要求，一个就是从党规规范体系上提出了建立健全党内法规制度体系的质量要求；第二个是从党的建设角度提出了提高党的建设科学化水平的质量要求。然后 2017 年的《制度建设的意见》还是更加强调，制定党内法规制度时必须要牢牢抓住质量这个关键，并且我在内涵上分别从方向、内容、程序和效用这 4 个方面提出了党规制定质量的 4 点要求，第一是方向要正确，第二是内容要科学，第三是程序要规范，第四是效用上来说，要保证每一项党内法规制度都立得住、行得通、管得了，这是这三部党规对它的制定质量提出的总的要求。

这个报告就是对照这些党规制定质量的要求，梳理现行党内法规的质量，对党内法规存在的问题进行一个静态和动态的类型化分析，对静态的党内法规进行一个内容的归纳，然后尝试从党内法规创制的动态视角，对党内法规制定的质量问题形成的原因，提出一种分析的动态思路，并试图在此基础上提出提高党内法规制定质量的对策建议。

先说第一部分，就是党内法规的制定质量方面存在的问题及其表现。咱们都说良法才能善治，习近平在提升党内法规制定质量的问题上，提出了不少的思想论述，其中有学者总结出习近平的制定质量的思想是将"立得住、行得通、管得了"作为目标之一，确立问题导向的路径选择，明确把权力关进制度的笼子的核心要义，坚持于法周延、于事有效的规范逻辑，这为提高党内法规制定质量指明了前进方向、提供了基本遵循。

《中共中央关于加强党内法规制度建设的意见》，提出了制定党内法规制度必须牢牢抓住质量这个关键，并提出到建党 100 周年要形成比较完善的党内法规制度体系，高效的党内法规制度实施体系，以及有力的党内法规制度建设保障体系，党依据党内法规管党治党的能力和水平都显著提高。虽然制定质量现在也挺高，但是梳理现行党内法规制度还是可以发现，党内法规制定质量方面仍然存在一些问题。

　　总体上看，党内法规制度还不十分科学，具体而言，就是党内法规的体系性尚不完备，适应性尚有欠缺，可操作性有待提高。我分析党内法规质量问题是从三个视角：宏观、中观和微观。

　　第一个先说从宏观上来看，党内法规规范体系是不太健全的，缺乏系统完备性。它明确了完备的党内法规体系，包括三大体系，刚才已经说过就不再重复了。我认为完备的党内法规规范体系应具有四个方面的质量要求，或者说科学性要求。

　　一是从规范形式上来看，党内法规制定要以党章为根本遵循，加强顶层设计与系统谋划，不与宪法相抵触，不与党的大政方针以及上位阶党内法规相违背，与已有同位阶党内法规等保持协调一致，着力构建上下贯通、前后衔接、整体协调的党内法规制度系统。

　　二是从方向引导上，应当方向要正确。党内法规的政治性是第一属性，党内法规研究的学者都是强调这一点，也都形成了统一的认识，这就决定了党内法规的制定质量的科学性，首先要体现在党内法规能够保证正确的政治方向。

　　比如说维护中国共产党的全面领导，社会主义制度，公有制的主体地位、初心和使命的制度，社会主义核心价值观等等。所以党内法规我觉得不能发展着发展着，就否定了中国共产党的全面领导，否定了社会主义制度，否定了公有制的主体地位，否定了为人民服务的这样的初心和使命，否定了社会主义的核心价值。所以方向要正确，是非常重要的。

　　三是从内容规定上看，内容要科学，内容应着力于构建全面从严治党的制度体系，坚持党要管党，全面从严治党，是党内法规制度在这个目标诉求上要有利于不断增强党的"四个自我"的自我革命的能力，就是自我净化、自我完善、自我革新、自我提高能力。而在工具理性上，要有利于持续推进党的治理体系和治理能力现代化建设。

　　四是从效用的形式上看，要保证每一项党内法规制度都立得住，行得通，管得了。而从效用的实质上来看，完备的党内法规体系也能达到一定的政治效用及三个有利于，有利于实现管党治党、治国理政的战略目标，有利于保持党的先进性和纯洁性，有利于保持促进党的长期执政。

　　然而现阶段党内法规规范体系还存在着不健全、不完善的问题，主要表现在以下几个方面：

　　第一是重视党内法规制度体系的构建，但是党内法规制度实施体系，党内法规制度建设保障体系的构建没有得到充分重视。二是党内法规制度体系建设方面，重视起草环节的制度建设，而规划和计划环节、备案审批环节、清理和评估环节的制度建设尚没有得到充分重视。三是党内法规制度实施体系建设方面，实施主体制度比较完善了，但实施的机制、实施的方法等方面的制度尚不完善。四是党内法规制度建设保障体系方面，执纪问责制度需要进一步强化，责任制度有待进一步落实，监督检查制度和巡视巡察制度有待深入和完善，五是程序性规范方面依然存在重实体轻程序的倾向，这是宏观上的一些问题。

第二，我是从中观来归纳的，我认为党内法规制度还缺乏适应性，不能充分反映和适应实际需要。从实际出发，是《关于加强党内法规制度建设的意见》提出的党内法规制度建设的四大原则之一。该意见指出，加强党内法规制度建设，必须坚持从管党治党、治国理政实际出发。因此，我认为，加强党内法规制度建设，不断提高党内法规的制定质量，就应当坚持从管党治党、治国理政的实际出发，尊重和体现管党治党、治国理政的客观规律。要坚持问题导向，切实解决党的建设和党的事业发展中存在的一些问题。毋庸讳言，有些党内法规制度还不能充分反映和适应实际需要或者脱离实际，而超越于管党治党、治国理政的实际需要，或者落后于管党治党、治国理政的实际需要。比如说，有些地方党内法规制度不适应党的建设实践和党的事业发展需要，不能充分反映并落实中央精神，甚至与中央精神相违背的现象也是有的。

其问题的实质，我认为，它是曲解了中央和上级党组织的精神，曲解了党内法规的立规宗旨，对党内法规和中央精神落实不足的问题都是存在的。这是中观上的问题。

第三，从微观上来看，部分党内法规制度的可操作性不强。制定党内法规制度的目的就在于实施或执行，由此出发，党内法规制度的协调性、可操作性就显得十分重要。党内法规可操作性差，是党内法规制定质量不高，从而影响党内法规制度执行力的重要因素之一。

党内法规可操作性不高，主要表现在这几个方面。一是有些党内法规制度之间相互冲突，即党内法规与国家法律或上位党内法规存在冲突。二是有些党内法规制度之间缺乏协调，即有些党内法规与同位阶的其他党内法规之间存在矛盾或不一致。第三是有些党内法规解决实际问题的有效性不足，或针对性不强。有些党内法规制度设计抽象笼统，程序性规定较少，这是微观上来看存在的一些问题，这是第一大部分问题所在。

　　第二大部分，我是从动态的角度来分析党内法规制定质量问题形成的原因。党内法规制度质量不高的原因，既有主观的方面，也有客观的方面，我认为是主观和客观共同作用的结果。从客观方面来看，党内法规制度体系的完备是一个渐进的过程，不能一蹴而就。同时党的建设和党的事业发展等党内实际需要的动态变动，也决定了党内法规制度处于与时俱进的动态演变过程。

　　从主观上来看，我认为主要有以下 5 个方面的原因。一是党内法规体系建设上存在"一头重一头轻"的情况。一方面，党内法规制度体系的构建"一头重"，而党内法规制度实施体系、党内法规制度建设保障体系的构建"一头轻"。另一方面，影响党组织和党员权利义务的实体性规定"一头重"，而执纪问责的程序性规定"一头轻"，从党内法规体系上来说，重视党内法规制度体系的构建，但是党内法规制度实施体系，党内法规制度建设保障体系的构建没有得到充分重视。

　　由于在思想上就存在"重制定，轻执行"的这样一种想法，在现实中就肯定存在着为制定而制定，对统筹党内法规体系的完善欠周全，更不用说三大体系构建的一体化、同步化进行了。

　　从党内法规的程序性规定来说，存在着重实体轻程序的立规思路。虽然中国共产党党内法规执行责任制规定实行和其他相关专项问题的责任追究办法，也有程序性的制度规定。但是这些程序性规定对有效监督和及时发现违反责任制度的行为，我认为还远远不够。同样在发现违纪和失职失责行为问题上，中国共产党纪律处分条例和中国共产党的问责条例，也在一定程度上缺乏行之有效的程序性规定。对于监督主体和执纪问责主体来说，如何能够主动及时发现履行执行责任不力和违纪失职失责的行为，并对之予以纠正和惩处，缺乏法定的程序约束。对于不及时不主动履行监督职责和执纪问责职责的党组织和党员领导干部，还缺乏行之有效的程序制约。及时监督、主动监督、有效监督的程序机制不够完善，监督监督者的程序机制不够完善。

　　二是党内法规制定质量保障体系不够完善，备案审批制度、清理评估制度还停留于纸面上。党内法规创制过程，我把它分为 4 个阶段，第一个阶段是党内法规立项阶段，也就是制定条例上所说的规划和计划阶段；第二个阶段是起草阶段；第三个阶段是审批和备案阶段；第四个阶段是评估和清理阶段，清理阶段包括清理后对它进行解释、修改和废止等活动。这四个阶段的制度之间相互联系、相互作用，共同构成了党内法规制度的制定质量保障体系，制定质量保障体系具有动态性特征，确保党内法规制度的制定质量能够随着党建实际发展而与时俱进。

党内法规制定质量问题之所以存在，一个重要原因就在于党内法规制定质量保障体系尚不健全，四个环节的制度之间不能形成完美的、周而复始的自循环运动。立项起草、备案审批、清理评估各个阶段的制度之间尚不能互相呼应。各项制度的运作相互之间缺乏协调性。

实践中对立法和起草工作及其制度建设是比较重视的，但是对备案审批工作、清理评估工作及其制度建设的重视程度还是不够的。备案审批工作还没有充分做到对党内法规和党内规范性文件的依法审查。清理工作尚未制度化、经常化，科学的评估机制、评估方法、评估方式、评估标准、评估内容，我觉得还没有完全形成。

第三个问题是党内法规制定机制不十分科学，党内法规制定质量不高。就规划与计划阶段来说，规划与计划编制的一些基本制度尚不完善，立项科学论证制度尚未建立，立项工作机制缺乏制度化、具体化、程序化。就起草阶段来说，谁制定谁起草，不能做到专业化，没有党内法规专家学者的积极参与，就无法从根本上解决科学化不足的问题。

谁制定谁起草的制度，不仅会产生闭门造车的现象，而且还可能产生利益立规的问题发生，起草部门通过立规程序，将其部门利益融入法规，这是坚决不允许的。就清理评估阶段来说，清理和评估制度尚未制度化、规范化和经常化，尤其是科学的评估机制尚未确立，专家学者直接参与评估和清理的工作制度没有建立。

第四个原因是党内法规制定过程中的参与制度不够完善，民主立规程度不够。习近平指出，推进科学立法、民主立法是提高立法质量的根本途径，而参与制度已成为世界各国民主立法的重要方式，也为世界各国在立法实践中广泛应用，党内法规制度的制定，我认为同样应当贯彻民主参与原则，党内法规制定过程中的参与制度，包括党内参与制度和党外参与制度。前者是指党员参与和基层党组织的参与，体现的是党内民主。党外参与制度是指专家参与和党外的群众参与，体现的是党外民主和党外的智慧。咱们的相关党内法规中虽然也规定了党员参与，但这项规定还比较概念化、抽象化，缺乏具体的配套制度或实施办法。

有学者指出，党内法规制度是全体意志的集中体现，其制定过理应充分吸取广大党员的意见，反映他们的利益诉求。但是在目前立法实践中受各种条件的限制，党内仍然缺乏切实保障广大党员参与党内法规制定的步骤、方法、程序和机制等等。相关党内法规中虽然也规定了党内法规制定过程中的专家参与、群众参与，甚至还有新闻舆论的参与，但是这些规定还是停留于概念层面，但党内法规制定过程中的基层党组织参与的规定，更是鲜有提及。

党内法规虽然调整的是党内各种关系，不调整党外关系，不会影响到党外自然人和各类组织的权利义务。不过我认为由于中国共产党是我国的执政党，管党治党的党内法规直接关系治国理政的成败，关系着中国的前途命运，关系着咱们全国人民的福祉。因此党内法规制定过程，我认为应当吸收党外的合理的民主参与。但由于党内法规制定主体的认识存在局限性、党外参与制度的抽象性，且缺乏程序性规定，这使专家参与、群众参与和新闻舆论参与还停留于概念上，尚未制度化程序化，还没有发展到具体的操作的层面。

第五个原因我认为是党内法规制定技术有待提高，立规的科学性程度不够。从制定技术上来看，有的条款在法规规则的逻辑结构上是不完整的，有的党内法规在必要的程序性规定上还存在缺失。法规规则的逻辑结构不完整表现在，规定了禁止性的规定的行为模式，但是却缺乏相应的法律后果。也就是说违反了禁止性规定，没有相应的责任条款，违反了就违反了，仅此而已，没法追究相应的责任。而程序是执规应当遵循的方式、方法、顺序等的总称，科学合理的程序设计，是实现党内法规实体规定的必要条件。

但是由于程序规定缺失，或现有的程序与规定存在碎片化、简单化和模糊化等问题，从一定程度上致使党内法规制度执行受阻，影响党内法规制度的执行力。

科学立规包括两个方面，一个是内容上的科学性，也就是深刻反映管党治党、治国理政的客观规定，制定出的党规具有实质合理性，这是内容上的科学性。制定技术上的科学性，也就是用语要准确，不能产生歧义，这样才便于执行和遵守。

制定出的党规要具有形式的合理性。但是主观立规、封闭立规、经验立规是导致党内法规缺乏科学性和可操作性的现实的重要原因。从内容实质上看，有的党内法规是不尊重和体现客观规律的，制度创制时纲领性与号召性的规范太多，这是有的学者总结出来的。这是导致党内法规制度在客观上的有法难依。从文字表述上来看，有的党内法规中还存在用语过于笼统模糊甚至不规范，不够准确和细化的问题。这也是导致党内法规在客观上有法难依的一个重要原因。

　　从系统性来看，有些党内法规缺乏问题上的现实针对性，和与其他党规的协调性，导致执纪主体在执行党内法规制度时是无所适从的，这是导致党内法规制度在客观上有法难依的第三个原因，由于制定党内法规制度不尊重规律、不科学的表述、不注重系统协调，导致党内法规制度的制定质量不高，从而妨碍了我们党内法规制度的执行力。

　　第三个大的汇报的内容就是解决党内法规制定质量问题的建议。提升党内法规的制定质量，增强党内法规制度的科学性、系统性、适应性，是提高党内法规制度执行力的规范前提，健全党内法规，完善党内法规体系，才能提升党内法规制度执行力，提高党的执政能力，建设法治中国，这是一个学者倡导的。

　　提高党内法规制度的制定质量，我认为要重视党内法规体系建设，抓好制定流程管理，完善制定机制，贯彻科学立规、民主立规的理念，这是从制定的角度上来谈的对策建议。第一个建议是做到两个并重，也就是党内法规三大体系建设并重，实体制度与程序制度并重，即使党内法规制度体系已经十分完善，如果没有与之相适用的高效的党内法规制度实施体系和有力的党内法规制度建设保障体系，可以肯定的是，党内法规制度永远会停留于看起来很美的纸上概念，守规、执规、执纪问责都只会是信誓旦旦的口号而已。

　　因此党内法规制度建设上，不仅要重视党内法规制度体系的构建，而且还要重视构建党内法规制度实施体系和党内法规制度建设保障体系。通过不懈努力，构建出体系完善、系统完备、整体协调、运行通畅、可操作性强的党内法规体系。

　　在党内法规制度实施体系构建方面，特别要重视实施机制和实施方法等程序性的规定，好的实施机制和实施方法是达到理想的实施效率的重要制度安排。在党内法规制度建设保障体系构建方面，应加强党内法规监督检查制度和巡视巡察制度建设。

　　责任制度和执纪问责制度是党内法规制度的牙齿，当然这是非常的重要。但是在如何发现违反党规责任，并应当受到纪律处分，或纪律处理，失职失责应当被问责的行为，这些问题上程序性的制度安排是必不可少的。监督检查制度和巡视巡察制度当然就是这种发现机制了，它成为发现违纪和失职失责问题的重要制度安排，但是无论哪种制度保障都不能成为监督主体干涉被监督单位的幌子。

　　同时监督检查主体和巡视巡察主体在发现问题后，也要根据被发现问题的具体情况，依法依程序来进行处理。要将这个案件移送到有权处理机关和部门，而不能越俎代庖超越职权范围或违反法定程序乱处理。相关党内法规应当对监督检查和巡视巡察的原则和内容做出规定。

监督检查主体和巡视主体应当在实践中不断总结监督检查和巡视巡察的机制形式方法，尤其是现在巡视制度比较健全了，总结成熟的巡视制度，全面落实向市县基层延伸的巡察制度，使巡视制度全覆盖。基层群众的感受是最重要的，所以市县基层的巡察制度要运转起来，在程序性制度建设方面，把程序性制度提高到与实际制度并重的地位。

正义不仅要实现，还要以看得见的方式实现，这是我们大家都经常说的，程序性制度正是实现党内法规实体正义，提升党内法规制度执行力的有效方式。

程序性制度不仅有利于实现实体正义，其本身还具有重要的价值意义。程序对于执规者是一种义务，但是对应的对于执规对象和执纪问责对象来说，它又是一种权利，所以程序先于权利，没有程序则权利就无以保证。提高党内法规制度执行力，意在惩戒各种违反党规责任和义务的行为，而维护各项党内权利，这也包括程序性权利。如果程序性制度不健全或者是不规范，那就会影响到党内法规的执行效果，影响党内法规制度的执行力。

基于程序性制度对于实现党内法规实体正义的重要性，对于执规对象和执纪问责对象的重要性，对于提高党内法规制度执行力的重要性，在制定党内法规时，必须加强党内法规的程序性制度建设，做到程序规范和实体规范并重。在执行党规时应严格遵守程序性的规定，规范执规和执纪问责，不得侵犯程序性权利。

第二个建议是完善党内法规制定质量保障体系，抓好制定的全流程管理。从系统论的视角，完善党内法规立项阶段、起草阶段、备案审批阶段和评估清理阶段四个阶段的制度，每一个阶段都自成一个系统，四个子系统形成四个大的系统，每个小系统内部的各项要素之间形成一个互相联系、互相制约、互相促进的生态体系。

四个小生态又组成一个大系统，形成一个互相联系、互相制约、互相促进的大生态，制度生态达到完美的平衡，从而可以有力地提高党内法规的质量。强化党内法规制度的制定，质量保障体系是为了动态地系统地全面地把握党内法规的制度质量，防止立规工作当中为了立规而立规，把各阶段的制度割裂开来。

为了提升党内法规制定质量，不仅要重视党内法规制定过程中，每一个阶段的制度构建,还要抓好每一阶段的制度落实。不仅要重视起草阶段的制度落实,也要重视立项阶段、备案审批阶段和实施后的评估和清理阶段的问题。抓好立项阶段工作,要使管党治党、治国理政急需的党内法规列入制定议程。

做好备案审批工作,激活备案审批制度。在纵向上要避免党内法规同宪法和国家法律不一致,同党章和上位党内法规相抵触;在横向上避免与其他同位阶的党内法规和规范性文件,对同一规定相冲突,解决与同位阶其他党内法规和规范性文件对同一事项的协调问题;在内容上避免规定的内容明显不当,保持和提升党内法规的合理性和现实适应性。

第三个建议是不断完善并创新科学的党内法规治理机制,充分发挥制度效用。我认为规划阶段是建立党内法规立项科学论证制度,就是立项的法定主体可以亲自主持论证,在做好保密工作的前提下,如通过调研、会议、问卷调查、论证会等多种形式,就急需列入立项的党规征询相关组织和专家学者的建议,也可以将不具有保密性质的立项工作,委托专家学者进行科学论证。当然为了保密期间可以在委托协议中加入保密条款。

二是构建制度化、规范化、程序化的党规立项工作机制。根据中国共产党党内法规制定条例的规定,党规立项分为三类,中央党规立项,中纪委和中央各部门的党规以及省区市党规立项。中央党规立项的工作机制已经明确了,在制定条例中有具体的规定,但是中纪委和中央各部门的党规立项,以及省区市党规立项的工作机制,这个是没有在条例上予以明确,没有具体化。

我建议:为了强化党规立项工作机制的效力层级和可受监督性,建议在修订中国共产党党内法规制定条例时,将中纪委中央各部门的党规立项工作机制和省区市的党规立项工作机制具体化明确化,从而可以实现党规立项工作机制制度化、规范化、程序化。

因为,如果把党规立项工作机制当成是一种内部工作机制的话,一方面因为部门、地方、领导的不同,工作机制可能会五花八门,甚至有些地方会缺乏内部的工作机制。而党规立项工作机制的不科学,它当然直接会影响到党规立项的质量。另一方面,明确化的法治化的党规立项工作机制,也成为党规立项工作人员的法定职责,这样便于对党规立项工作的监督,以及对党规立项过程中失职失责者予以问责。

党内法规立项科学论证制度和党规立项工作机制的建立,可以确保应当立项的党内法规予以立项,不成熟的就暂不立项。也有的学者还提出了三个原则,合法性原则、可行性原则、科学性原则，这些都是很有见地的。起草阶段，我认为可以构建党内法规起草责任主体和起草实施主体相分离的制度。党内法规制定条例确立了起草的法定主体。我认为法定的起草主体，主要是从职责层面解决谁对起草承担责任的问题，是赋予了制定机关、起草机关的职责，这是起草的责任问题。但在起草模式或者是起草机制上是可以进行创新的。

至于法定的起草主体，是亲自进行起草，还是委托第三方进行起草，我认为是法定起草主体的自主权，党规是没有进行干预的。所谓起草责任主体和实施主体相分离的制度就是指法定的起草主体，在开展实施落实起草工作时，可以亲自起草，也可以委托具有党规专业背景的专家学者进行起草工作，这样就可以积极地吸纳党内法规专家学者直接参与到党内法规起草工作中来，而不是间接地、被动地参与到起草工作中来。这样一来可以充分发挥专家学者的专业化能力和水平，二来专家学者具有主体和利益上的中立性，它可以避免立规主体通过立规为本部门争取利益。

实施后的清理评估阶段，我认为，一是要建立党内法规的集中清理，定期清理和专项清理机制。党内法规清理要遵循一些原则，要以党章为基本遵循，严格遵守宪法法律，从体系内容上进行审查分析和整理审查党内法规的合法性、合理性、适应性、冲突性、协调性等问题。通过对党内法规的清理，及时发现问题，并分别作出解释或者修改或者废止等活动，对那些落后的不合时宜的党内法规制度条款进行修改，对整体上已经过时的党内法规制度，当然要予以废止。

二是创新评估机制，完善评估结果应用。要做好评估工作，要使党内法规评估工作制度化、规范化和经常化。《执行责任制规定》第15条，对党内法规的评估作出了原则性的规定。一是明确了评估的法定主体或责任主体，即党内法规制定机关。二是明确了五方面的评估范围。三是明确了两种评估方式，即专项评估和一揽子评估。这些规定对今后开展评估工作和创新机制也确立了依据，但是还不够，我认为我们可以制定一个中国共产党党内法规评估办法，现在地方有，但是我们中央级别的是没有的。这是为了使评估工作制度化、规范化，增强评估结果的可信度，提升评估结果的应用性。

我建议借鉴各个地方党内法规评估办法的成熟经验、成熟做法，适时制定《中国共产党党内法规评估办法》，建立健全党内法规的评估制度，明确评估的指导思想、评估原则、评估范围、评估内容、评估机制、评估标准、评估方法、评估方式、评估程序、评估结果应用等等，构建起科学的党内法规评估制度体系。

　　第二个，实行评估责任主体和评估实施主体相分离的制度。党内法规制度的评估主体是责任主体，也就是赋予评估责任主体的一种法定义务、法定职责。评估责任主体可以自己评估，也可以委托第三方评估，比如评估的机制，评估的模式可以不断地进行创新，当然最后的评估的责任由谁来承担，可以法定。

　　也就是说评估责任主体制度的确立，丝毫不影响在实际评估工作中委托第三方专家学者进行评估。或者换句话说，党内法规确定了评估主体，但具体的评估机制，评估模式是可以创新的。法定评估主体是可以自主构建科学的中立的第三方社会评估机制，使党内法规专家学者直接参与到评估工作中来。我这里强调是直接参与，而不是让专家学者间接参与。

　　第三个，强化评估结果的应用。

　　第四个建议是科学立规，不断提高党内法规制度的制定质量，提高党内法规制度的可操作性。

　　科学立规首先要尊重和体现客观规律。习近平指出，科学立法的核心在于尊重和体现客观规律，制定党内法规制度也要尊重和体现客观规律，尊重的是管党治党、治国理政的客观规律。科学立规的核心在于，制定党内法规要尊重和体现党的制度建设规律，妥善处理数量与质量、前瞻性与现实性之间的关系，确保党内法规适应党的建设和党的工作需要，经得起实践和历史的检验。

　　要科学立规，还要提升党内法规制度的针对性。要坚持问题导向，切实提高党内法规的针对性、及时性、系统性、协调性，增强党内法规的可执行性和可操作性，使每一部党内法规都切实管用。要科学立规，还要不断改进党内法规制度的制定技术。在形式上要严格按照于法周延、于事简便的原则，提高党内法规制度的制定水平，做到内容翔实、措施管用、逻辑严密、表述准确、文字精练、格式规范，使制定出的党内法规更具有现实针对性和具体可操作性。使党内法规真正成为活"法"，从而提高党内法规制度的执行力。

　　在内容上，党内法规的内容不应存在制度模块上的空白，以及具体规范上的漏洞，并实现原则性规范与具体性规范，实体性规范与程序性规范，主体性规范与配套性规范、倡导性规范与惩戒性规范的均衡布局。

　　在党规规则的逻辑结构上，应借鉴法律规则的逻辑结构。党规规则的逻辑结构也应当有三部分构成，即假定条件、行为模式和法律后果。务必要明确规定党规的后果，在体系上提高制定技术，解决党内法规之间的相抵触不一致相冲突等等问题，形成党内法规体系的内在协调。

第五个建议是民主立规，建立并完善党内法规制定中的参与制度，党内法规制定需要贯彻民主立规理念，这是发扬党内民主的一个重要方面。党内民主不仅需要党内树立起民主的观念、民主的作风，而且需要通过党内法规建立起民主的制度。民主的理念可以通过建立参与制度予以体现。党内法规的制定首先要贯彻党内民主参与，也就是党员和基层党组织的参与。党内法规的制定过程，应向基层党组织和普通党员开放。

"在党内法规建设过程中，理应建立基层党组织和普通党员的参与机制、党内法规制定过程的信息公开机制，以及党内法规的民主表决机制，充分吸收基层党组织和普通党员参与到党内法规的制定过程中来，从而不断提高党内法规的民主性，使党内法规在党内具有更加充分的民主。"党内法规制定过程中，除了贯彻党内民主参与之外，还要吸收党外民主和党外智慧，建立和完善党外群众参与和专家参与制度。

强化党内法规制定中的参与制度，一方面可以提高党内法规制度的现实适应性和执行中的可操作性，另一方面可以充分反映全党的意志和绝大多数党员的利益，尊重党内法规制度执行的合法性基础。

在党内法规制定的各个环节，强化党员参与、基层党组织参与的党内参与制度和专家参与、群众参与的党外参与制度，立项阶段、起草阶段、备案审批阶段和清理评估阶段，在不违反保密制度的前提下，都应当不同程度地引入参与制度。党内法规制定过程中的参与方式，通过座谈评估公布法律方案等扩大党内和党外有序参与立规的途径。通过询问、特定问题调查、备案审查等广泛听取各方面的意见和建议。

这是我汇报的主要内容，谢谢大家，有不当之处请批评指正。

王建芹： 主持人好，段老师好，各位老师各位同学好，非常感谢我们上海社科院法学所提供这么好的一个交流的机会。

党内法规制度的研究，制定质量的问题，它关系到不仅仅是一个制度技术的问题，所以从文本的角度来讲，这个报告跟以前我们看到的大量的法学论文和党内法规的论文非常的像，他仍然处于抄作业的层次，虽然段老师上来以后，首先就介绍方向正确是第一位的，但是从各种各样的制度技术概念的角度来讲，仍然是以西方的标准，拿着这个概念和标准再论证，最后必然是走进死胡同。

世界上没有完美无缺的制度，任何一个制度都是有其利必有其弊，我要享受它的利，我就要承担它的弊。当然在这个过程中，在我们的制度大框架之下，我们去强弱项、补短板、堵漏洞。

我对这方面是花了比较多的精力去研究，先是研究宪法、行政法，后是研究西方的非政府组织，再后来研究了西方的基督教，背后支撑西方当代制度的政治哲学是自由主义，而自由主义的基础是个人主义。

个人主义并不是我们中国人所理解的，是自私、狭隘、个人为中心，他的个人主义是讲的个人与集体的关系。西方式的个人与集体的关系中，个人是第一位，集体第二位，集体的利益服从个人的利益，各个人的利益高于集体的利益，这就是所有的制度奠定的基础，我们首先要知道它是什么，为什么在这个基础之上我们再来看选择的利弊。

殷啸虎（上海社会科学院法学所研究员）：我想到了三个问题，第一个也就是我们当时在研究的时候，考虑到党内法规的必要性到底是什么？我们是因为提出了党内法规这个概念以后大家再研究的，还是确确实实是我们党建的需要。有了国家法，有了党纪，为什么还要有党规？

第二个问题，党内法规在党内乃至国内的认同度有多高？党纪属于党内法规，但是党内法规不等于党纪，但是很多人从广义上把党纪和党内法规等同起来的，党内对党纪的认同度非常高的，但是对党内法规可能相对比较模糊，所以这就引出了第三个问题，就是党内法规与党内规范性文件的关系。

这两者从党内法规制定条例来看的时候，它是有明确区分的，包括形式要件和实质要件。但实际上到目前为止编撰的党内法规，两者都是不分的。

刘长秋（上海政法学院党内法规研究中心执行副主任）：段老师刚才他在讲座中提出一点，提高党内法规的质量，增加党员的参与度，增加基层党组织参与度。

但实际上党内法规跟国家法都会纳入社会主义法制体系，它实际是两种文化的支撑，国家法更强调权利优位，党内法规可能更强调义务优位，尽管在理念上都是权利义务相一致，但是它着眼点是不同的，比如说国家可能更强调规范性、程序性，党内法规可能更强调政治性。

党规可能几个月的时间就制定出来了，法律法规的修改不经历三五年甚至10多年是不可能的。这是一个非常大的区别，恰恰可能也是党内法规的优势，因为它能够适应政治形态变化，更适于管党治党的需要。问题就是，尽量扩大基层党组织和党员的参与，但是考虑到党内法规这样一个特点，要求基层党组织和党员介入的话，可能就会导致制定时间、修改的时间被无限拉长，而政治形势变化非常快，这样就不利于我们管党治党。

段占朝：我所提的这些问题，并不是说每一项的党内法规制定过程中都要经历一遍党员参与。基层党组织的参与或者党外的参与也是有限度的，而不是整个党内法规的每一个条款都需要让大家来参与，可以是个别的部分，个别的条款，适当让专家参与，基层党组织参与，党员参与。

邓少岭（上海社会科学院法学所副研究员）：您在报告当中提到了一个党规制定过程当中有保密的问题，这点我实际上还是有一点惊诧的。我个人觉得党内法规确确实实在中国的政治生活当中，在国家的治国理政过程当中，在中国特色的社会主义法治的整个框架当中，起到非常重要而独特的作用，所以研究也是非常有意义的。我想问刚才所讲的保密到底是什么情况，比如说它存在在哪些环节，存在的情况多吗，我们该怎么样去认识这样的一个现象。

段占朝：为什么不公开，我觉得是有些条款不涉及所有党员和党组织来遵守，但如果制定的党内法规，对全体的党员都适用的时候，应该是不能保密的。这些法规影响到党员的权利义务的时候，再进行保密，党员就不知道该怎么办。

中国古代讼师文化：
《公堂内外：明清讼师与州县衙门》解读

　　主讲人：**殷啸虎**，上海社科院法学研究所原副所长，教授、研究员，兼任中国港澳基本法研究会副会长，中国宪法学研究会常务理事，上海市法学会宪法学研究会副会长，上海市法学会"一带一路"法律研究会副会长等，第十、十一、十二届上海市政协委员，第十一、十二届上海市政协常委。

　　与谈人：**程维荣**，法学硕士。南斯拉夫萨拉热窝大学、日本金泽大学、美国加州大学圣迭戈分校等进修或培训。从事中国法制史、行政法专业，使用英语、日语。现为本院法学所宪法室研究员。

　　主持人：**姚建龙**，上海社会科学院法学研究所所长、研究员、博士生导师

　　时间：2020年1月10日9:30

　　殷啸虎：姚所长、各位老师，大家好，今天非常高兴就古代讼师这个主题和大家进行交流。关于该话题，我很早就想和大家交流一下，但是一直没有时间。巧合的是，前年（2018年）《法制日报》"法学院"栏目主编蒋安杰女士邀请我在报纸上开设专栏，其中一部分内容都是在谈古代讼师。这些文章发表后，被一些媒体和网络不断转载，有朋友建议我将这些内容做进一步研究、整理出版。于是便有了这本《公堂内外：明清讼师与州县衙门》，于2019年出版。前一段时间我们姚建龙所长和我讲在内部分享一下，我就说蛮好、可以讲，但是我在纠结的是它的现实意义在哪里？如何和现实联系起来？刚好最近有一部热播剧《精英律师》，网络上炒作很多，据说收视率很高，但是恶评如潮。当然法律常识问题先不

说，大家吵得最多的是诉讼费 6 000—10 万，这个和我们今天的话题有些关系。今天主要是内部交流，不是学术讲座、文化论坛之类的，我今天的汇报主要从四个方面讲解，刚才说了时间有限，尽量不占用大家更多时间。

讼师和律师有本质的区别，但在中国，他们又有很多相似之处。中国古代的讼师是依托于衙门而存在，并通过衙门的诉讼活动牟利，而衙门又将讼师作为扰乱诉讼秩序的"恶棍"而予以制裁。中国古代讼师鼻祖现在一般认为是春秋时期的邓析，他是著名的法学家。邓析是郑国的大夫，也是一位著名的法律专家。他一面潜心研究法律、编纂刑书；一面还广招门徒、聚众讲学，传授法律知识和诉讼技巧，并为那些打官司的人提供帮助，根据案件大小和案情轻重的不同，收取不等数额的费用。邓析的这一做法，很受那些打官司的当事人的欢迎，但在执政者看来，邓析此举无疑是在鼓励人们打官司，只能使打官司的人越来越多，扰乱了封建诉讼秩序。结果，邓析被郑国执政者抓起来杀掉了。

古代讼师是标准的"地下工作者"，官府对帮助别人打官司的行为是不提倡的甚至是禁止的。在传统社会以"无讼"为核心的诉讼价值观指导下，调处息讼无疑成了处理诉讼的最佳途径，而那些不愿接受调解、继续打官司的人，不论他是否有理，都会被人视为"健讼"和"刁讼"，受到舆论的谴责乃至法律的制裁。至于"讼师"，更是被视为一种不道德的乃至"非法"的行当，不仅遭到人们的唾弃，而且受到法律的严厉禁止。但由于讼师有着专门的法律知识和诉讼技巧，所以人们在非打官司不可的时候，又不得不向讼师寻求帮助。这就是中国古代讼师文化一个很奇特的现象：一方面法律衙门禁止，另一方面民间舆论批评，但遇到问题的时候，大家又都很希望有个讼师帮忙。而有时候讼师确实能够仅凭一纸诉状就打赢官司。给大家讲几个小故事。

第一个故事是这样的，胡家的儿子看上孙家小姐，所以前去求亲。孙小姐了解到他品行不端，便拒绝了。有一天，胡公子看到孙小姐在楼上，便对她做出下流动作。孙小姐觉得羞愧难当，而且还是原来向自己求亲的人，顿时觉得自己受到了侮辱，所以便自杀了。孙小姐的父母知道此事后痛不欲生，自己女儿被别人害死了，要到法院去告状。但是问题来了，俩人并没有接触，而且我也没骂你没打你，我自己做动作，你看不下去你死掉了，这个是很难判刑的。但是孙家家大业大，不管花多少钱都要置胡公子于死地，于是请讼师写了一纸讼状，这张讼状前面讲了很多要点，但是后面 12 个字最为关键，叫"调戏虽无言语，勾引甚于手足"。这 12 个字放上去，怎么看怎么有道理。所以仅凭这 12 个字，就坐实了犯罪事实。因为在古代，一般基层只是提审判意见的，这是死刑案件，重刑是指出上报的，上面的官员一致觉得，从情理上来看，这小子实在太可恶了，而后判了死刑。但是这个案件如果放在今天，哪个法官这么判的话，肯定是违法乱纪的。

第二个故事是关于贞节牌坊的。苏州某乡绅门外有一贞节牌坊，牌坊对门住着某翰林家，两家关系本来就不好，经常吵架。而翰林家的佣人老是喜欢把竹竿架在牌坊上晒衣服，有一天，佣人又把竹竿架上去，不小心把牌坊上的圣旨石给碰下来了。这下可不得了了，乡绅立刻要家人去报官，要追究翰林家蔑视侮辱圣旨的罪名，这在清朝法律可是属于"十恶"中的"大不敬"！翰林家非常害怕，赶紧去找一个叫诸福葆的求助。于是诸福葆假装是去看热闹，对乡绅说：这件事非同儿戏，要证明这圣旨石确实是从这牌坊上掉下去的，应当看放圣旨石的地方大小是否相同。乡绅一听有道理，便让人把圣旨石放上去试了一下，果然完全吻合。这时诸福葆立刻大声说：圣旨无恙，谁再敢搬动，罪无赦！乡绅一听，知道上当了，但后悔无及，只得眼睁睁地看着诸福葆扬长而去。这时有看热闹的人说："如果著名讼师谢方樽还活着，不知会有什么办法？"诸福葆听后寻思：我现在虽是中了一个举人，但还未必出人头地。我何不也去做一个讼师，不是要比现在强得多吗？从此以后，他就一心一意地做讼师了。

第三个故事可能不少人都知道，是关于谢方樽的。阳澄湖口发现一具男尸，身上没有伤痕，很有可能是深夜失足落水而死的。乡民发现后，就去向地保报告。地保前去一看，大吃一惊，原来是当地恶霸王某的父亲。地保担心王某回来后因此事生出是非，便请讼师谢方樽撰写一纸讼状。谢方樽向他要 100 两银子作为报酬，地保没有那么多钱，也不太愿意，只肯出 20 两银子，谢方樽便草草替他写了一张"阳澄湖口，发现浮尸一具……"的呈文。地保拿到后，心里不踏实，想想后还是另筹了 80 两，补足了 100 两银子给谢方梅。谢方樽拿到钱后，在呈文上的"阳澄湖口"的"口"字上加了"丨"，变成了"阳澄湖中"。这样一来，湖中发现浮尸，与湖口的地保就没有关系了。果然，地保向县衙上报后，县衙以湖中浮尸既无伤痕，不用立案验尸，着令家人领回安葬。等到王某回来，再想追究地保的责任也是来不及了。

第二个方面是讼师文化有很强的地域性。民间诉讼所涉及的当事人包括了官僚、乡绅、地主、农民、商人等当时社会上几乎所有的阶层，其中甚至不乏发生在亲属之间的诉讼，可以是说整个社会都已卷入了诉讼之中。明朝之后，尤其是江南地区，市场经济发展较快，人与人之间往来多了，而且商品经济发展以后，人们的私权意识增强，所以问题的背景都一样。清代著名的四大恶讼师谢方樽、诸福葆、杨瑟严和冯执中都是江南人，也充分体现了这一点。在这种情况下，明清时期讼师发达的地方集中在江南地区，实际上和宋代以来的商品经济的发展有很大的关系。古代讼师主要集中在长三角地区，为什么？因为商品经济发展较快，尤其苏州地区。所以我们说长三角这一带历来就是讼师聚集的地方。到了近代以来，我们中国的律师也在上海这里先弄起来的，讼师文化和商品经济发展有很大的关系。此外，民间文化，尤其是所谓"面子"文化，也是造成"好讼"和"健讼"之风盛行的一个社会心理方面的因素。因为一旦打输了官司，是一件很没面子的事情；而为了要打赢官司，就不得不去求助那些所谓的"专业人士"。当然，除了个人原因外，明清时期特殊的社会条件，也是讼师这个"职业"得以普及的重要外部原因。这个重要的外部原因，推动社会普遍的"好讼"与"健讼"之风的形成。因此，讼师的出现，正是反映了社会现实的需求。所以讼师文化的背后，我觉得很多问题值得我们去探讨的，今天由于时间关系，我这里不展开讲了，等有机会的话我们可以再交流。

　　第三个想谈的问题是大家对于讼师的误解。因为刚才我们讲到，讼师是一个贬义词。讼师被视为一种不道德的乃至"非法"的行当，不仅遭到人们的唾弃，而且受到法律的严厉禁止。无论是国家的法律，还是民间的文学作品，讼师均以负面的形象出现。然而，尽管百姓对讼师深恶痛绝，公堂内外，法律也严厉禁止，但由于讼师有着专业的法律知识和诉讼技巧，所以人们在非打官司不可的时候，又不得不向讼师寻求帮助。这样，一方面是法律的禁止和衙门的查禁，以及民间舆论的批评；另一方面又是普遍的社会需求。讼师依托于衙门而存在，并通过衙门的诉讼活动牟利，而衙门又将讼师作为扰乱诉讼秩序的"恶棍"而予以制裁。当然，从今天的视角来看，讼师似乎也并非都是一无是处，因为讼师是以帮助他人诉讼打官司为业的，为了赢得诉讼，他们钻研法律条文和诉讼技巧，积累了不少诉讼经验，有的在今天看来依然有一定的价值。同样，讼师作为明清时期商品经济发展背景下的一种社会存在，对于我们研究当时的社会生活无疑也提供了很多鲜活的材料。

　　讼师虽然是靠教唆词讼才能赚钱，否则就挣不到钱，但古代的讼师有时候也是有底线的。中国传统的诉讼文化，是以"无讼"为最高境界，在《易经》中就有"讼则终凶"的话，它把诉讼打官司看成是一件非常可怕的事。孔子也说过："听讼吾犹人也，必也使无讼乎。"清朝康熙年间，有一位著名的清官，他的名字叫陆陇其。每当老百姓来打官司，他总是要开导他们，向他们分析打官司的坏处，劝他们息讼和好。他说，为了婚姻、田产、钱债方面的事，一时忍不下这口气而打官司，但是会有种种费用，结果所费多于所争；而且一经官断，必有输赢，从此乡邻变成仇人，微薄的产业也因打官司而荡尽，得不偿失，等到后悔已经来不及了。所以，陆陇其对民间一般的纠纷，往往调处息讼。当然为了生计，讼师还是希望甚至是挑唆打官司。所以讼师这一行当本身就与传统的司法价值观相冲突，自然要受到官方的禁止。但社会的需求，又给他们提供了生存的土壤和空间。明清时期的讼师，正是在这种复杂和矛盾的环境中，畸形生长与发展的。有时候，讼师也会提醒当事人，不到万不得已，尽量不要去打官司。讼师秘本《法笔惊天雷》"法家须知"中就说："讼之一道，身家所系。非抱不白之冤，不是戴天之仇，切戒轻举，以贻后患。若睚眦之隙，牙角之非，切宜暂退一步，少忍片时，自然风恬浪静，海阔天高，不至裸体受刑，倾家荡产矣。慎之，慎之！"而真正要打官司的话，也应当合情合理合法，合法必先合情，然后合理。讼师秘本《词家便览萧曹遗笔》"法家体要"中说："诉讼者人心不平之鸣也。凡举笔必须情真理真，然后顺理陈情，不可颠倒是非，变乱曲直，以陷人于非罪也。天鉴在兹，不可不慎。"

最后一个想和大家交流的，就怎么来看待讼师文化的这种现象。衙门中虽然专门有替当事人书写诉状的"官代书"，但由于民间的法律事务是非常烦琐复杂，百姓不仅在诉讼时需要专业人士的法律帮助，而且在平时的生活和交往中，也需要相关的服务和帮助。因此，仅仅靠"官代书"无法满足需求，这也使得讼师所提供的法律服务是多元的和多样的，也是必不可少的。刚才说过了，反正从讼师出现那天起，社会的主流评价基本上都是负面的，说讼师不是好人，但是关键时刻又不得不求助讼师。所以等于讼师他承担着两种角色，一种就是颠倒黑白的小人，一种就是敢言的丈夫。所以这中间实际上给讼师这个群体贴上了标签，我们在研究讼师文化的时候，不能只看到它的不好。讼师最为人所不齿的，是使有罪者逃脱法律制裁，而无辜者有冤难伸。我们在之前也多有谈到，这应该说是一个比较普遍的现象，但也不是全部。有时候，讼师也能从情理和法理两个层面，分清被告人的责任，避免滥杀无辜。但是主流社会认为他不好，为什么？说实话打了官司之后赢了官司，想想付出这么多钱，输了官司更生气，我们等下会有些案例可以跟大家一起来欣赏的。

明清时期的讼师，基本上是以"恶讼师"的面目展现在世人面前。清末民初的两本最为有名的关于讼师的书，分别是《中国四大恶讼师传奇》和《中国恶讼师》，都是以恶讼师为书名的。连讼师撰写的诉状，也被称为"恶禀"，尽管有不少诉状不仅不"恶"，还富有正义感，但因为沾了讼师的"光"，所以就不得不"恶"了。首先，我们不妨来看看清朝著名的四大"恶讼师"的经历。他们四人分别是常熟的谢方樽、苏州的诸福葆、崇明的杨瑟严、昆山的冯执中。他们大体上生活在乾隆、嘉庆和道光年间，都以诡辩巧言、手段阴毒闻名于世，恶名远播。谢方樽是一个秀才，从小聪慧，熟读四书五经，但始终未能中举。他的学问很好，乡里人遇到各种纷争都来向他请教，他也喜欢去管这些"闲事"。久而久之，成了一个四乡闻名的恶讼师。诸福葆幼时也非常聪明，虽不喜欢读书，却侥幸中了一个举人。中举后恰巧母亲去世，丁忧三年，错过了参加会试，他在家里没事做，就开始替人打官司了。冯执中本是一位禀生，家里也还过得去，他工于心计，手段也辣。他本来瞧不起那些讼师，但还同那些讼师打了一场官司，居然还打赢了，从此也开始干起了讼师的勾当。杨瑟严家境很是穷困，但非常刻苦，到20多岁才进了学，做了秀才，30岁才娶亲靠着教书糊口。一次偶然的机会，他开始了讼师的生涯。所以在中国你看《中国四大恶讼师传奇》，很多故事都是正面的，他们并不仅仅是欺软怕硬、唯利是图的。真的是不管怎么样，他还是帮你申了冤了，但是在古代，确实只要是讼师都称之为恶。那么恶在哪里？从相关文献的描述和记载来看，讼师之"恶"，主要在于以下4个方面。

第一个是教唆讼词，这大概是讼师之"恶"的主要方面。我们前面说过，中国古代的诉讼观是以"无讼"为主，而讼师的职业就是帮助人们打官司。诉讼越多，讼师牟利的机会也就越多。所以在官府衙门看来，民间"健讼"之风盛行，很大程度上就是讼师教唆的结果。第二个就是混淆是非。这就是形容讼师的混淆事情、颠倒黑白。讼师作为一种以牟利为目的的"法律职业"，只有当事人赢得了官司，他们才有利可图。因此，为了赢得官司，不惜颠倒黑白、混淆是非。而要做到这一点，除了对法律的精熟之外，更需要心狠手辣、巧舌如簧。第三个是讹诈钱财。讼师是以图财谋利为目的的，因此，"拨弄乡愚，恐吓诈财"可以说是讼师展示给世人的一个直观的形象。虽然当事人支付给讼师的高额报酬从表面上看都是"自愿"的，因为讼师的确维护了他们的利益，但是如果钱财没有满足讼师的要求，事情就不是这么简单了。第四个是愚弄乡民。在古代人们习惯将讼师称为"讼棍"，不仅因为他们任意颠倒是非、混淆黑白，挑唆、教唆他人兴讼，而且凭借着他们与衙门之间的一层特殊的关系，外加尖嘴利舌，在地方上横行霸道，欺压百姓；更为可恶的是，他们常常拿平民百姓来寻开心。再和大家分享几个小故事。

杨瑟严的邻居王翁和他素来不和，一天杨瑟严的狗把王翁的羊咬死了，王翁去找他理论："有一件小事请先生裁决，我家的羊被别人家的狗咬死了，是羊不对还是狗不对？"杨瑟严说："当然是狗不对。"王翁又问："那么是谁家应该赔偿呢？"杨瑟严说："当然是养狗的赔偿给养羊的。"王翁一听大喜，说："那么你应该赔偿我羊价5元钱，快给我。"杨瑟严一听，正色道："明明是你应当给我5元钱啊！"王翁大怒："岂有此理，你怎敢当场要赖？"杨瑟严对他说："你别急，听我把道理给你讲清楚。你知道，我替人决一言、断一事的酬金是5元钱。刚才你问了我两个问题，我都回答你了，所以按规定你应当给我10元钱，我赔偿你羊价5元，你不是还要给我5元钱吗？另外，我已经把钱赔给你了，这个死羊也应当给我。"最终不仅得到了羊，还用王翁的5元钱买酒，王翁只得吃了哑巴亏。

清代的讼师袁叔丹请人装修粉刷书房。工匠告诉他，只有用鸡蛋和白垩土合成的三和土覆墙面，再粉刷，才能使墙壁更白。袁叔丹说："这好办。"正好门前一个卖鸡蛋的小孩路过，袁叔丹便喊他进来，提出用300文买下这百来个鸡蛋，小孩偏要卖5文钱一个，袁叔丹也同意了。他叫小孩用双臂在桌上围成一个圈儿，让仆人一五一十地把鸡蛋放进去，一共是94个，共计470文。就在仆人去取钱的时候，突然窜出一条大狼狗，朝小孩扑来。小孩一吓，双手一松，桌上的鸡蛋也都全部滚到地上打碎了。小孩一见，不知如何是好。这时，袁叔丹假意同情小孩，提出用半价买下这些破鸡蛋，条件是小孩替他干3天小工。小孩立即答应了。3天活干完了，小孩拿了钱，高高兴兴地回家了。小孩的爹还认为袁叔丹是个好人，花钱买下那些没用的破鸡蛋。这就是明显地被骗了，还觉得别人是好人。

清代的赵耕石是一个远近闻名的恶讼师。人们恨得咬牙切齿，可当着面谁也不敢得罪他。一次，赵耕石外出。在船上，几个农夫在一起聊天，一个农夫将在城里听到的关于赵耕石的种种劣迹，添油加醋地讲给同路的人听，可他压根儿也没想到，赵耕石就坐在他们的中间。赵耕石听他当着众人说自己的坏话，心里恨得痒痒的，但表面上若无其事地听着，并暗暗记下了那个农夫的相貌。结果，第二天赵耕石在乡间行走，远远看见一个农夫挑着满满一担粪迎面而来。走近一看，正是昨天在船上痛骂自己的那个人。他想出了一条计谋，他先是假意向农夫问路，然后又自告奋勇，愿意帮助农夫将粪抬过前面的独木桥。农夫知道一个人挑着两桶粪过独木桥确实不方便，自然很乐意接受赵耕石的帮助。于是两人一前一后，抬着粪过了独木桥。可等折回来抬第二桶时，赵耕石却不愿再帮忙了，他告诉农夫："我就是你昨天在船上痛骂的赵耕石。"说完，便扬长而去。要知道农夫这下更不好挑了，桥两头一头一桶，怎么过桥都会失去平衡。所以我们看，有些讼师确实是坏，愚弄乡里。但是如果讼师都是这样的话，为什么会有人想要去找讼师帮忙呢？所以讼师还是会有好坏之分，有的讼师还是真情实意地帮助邻里，对吧。

其实，这个问题古人也已经意识到了。清代的王有孚在《一得偶谈》中就试图将"讼师"与"讼棍"区分开来，这个就是很有意思了。"彼播弄乡愚、恐吓良善，从而取财者，乃讼棍耳，安得以师字加之。"王有孚提出的讼师"实有功于世"的观点，应该说有一定道理的。讼师的存在，从某种意义上说就是由衙门枉法裁判所催生的。由于衙门官员大多是科举出身，他们熟读经书，但对法律却往往是一窍不通，面临复杂的案件，常常是凭所谓情理去判断；而讼师的一纸诉状凭借其对法律的理解和情与法的融合，加上高超的诉讼技巧，将衙门官员玩弄于股掌之上而不自知。这也正是不少衙门官员对讼师既恨又怕的原因，也是讼师伎俩往往得逞的原因。这也在客观上促使衙门官员去了解和熟悉法律，避免枉法裁判的发生。

从今天的视角来看，讼师并非都是一无是处，他们的诉讼技巧积累了很多诉讼经验，特别是那些"讼师秘本"，在今天依然有一定价值。讼师秘本是传授诉讼知识和技巧的书籍，用官方的说法，是一种"构讼之书"。自宋朝以来，以诉讼打官司为研究对象的学问成为一门专门的学科，被称为"讼学"。南宋周密的《癸辛杂识》中说："江西人好讼，是以有簪笔之讥，往往有开讼学以教人者，如金科之法，出甲乙对答及哗评之语，盖专门於此，从之者常数百人。"到了明清时期，讼学得到了很大的发展，成为一种撷取官方律学的精要内容、增加刀笔理语的状纸书写技巧，并且进一步融合了判例判牍中的案例。其试图以民间社会诉讼书写者的立场进行阐述，希望诉讼当事人能够胜诉的一门学问。而讼学的核心载体，就是讼师秘本，因为有特定的社会需求。而讼师秘本在私下里的广泛传播，也从另一个侧面反映了讼师业的兴盛。因此，要了解讼师，首先应当了解讼师秘本。

我今天的汇报大概就到这里了，剩下的时间留给大家自由交流，今天这不算是一个讲座，算是我们的内部交流会。

程维荣：今天殷老师关于讼师文化的观点很新颖也很有启发意义，我也从中学到了很多，古代讼师文化确实很有趣。我有一个小问题，想请教一下殷老师。就是针对你刚才讲到讼师、师爷和幕僚，那么这三者之间有什么区别和联系呢？可不可以简单和我们讲解一下。

殷啸虎：这些内容在我的书里其实都有提及，师爷其实是一种民间称呼，其存在与我国的选官制度有一定的关系。师爷帮助州县官处理案件。州县衙门的案件审理是由州县官负责的，从案件的调查、审讯直到作出判决或是判决意见，都是由州县官一人主持的。州县官事实上对基本的法律知识知之甚少，因此衙门中有关刑事及民事案件的审理，都是由师爷经办。一般来说，斗殴、凶杀、奸情、继承、婚姻等案件，归刑名师爷经办；争房产、钱债文易等案件，归钱粮师爷经办。从清代的情况来看，县太爷共同的特点是，对于管理地方所实际需要的知识，如刑法、会计以及基本的文书知识等甚少了解，有的甚至是一窍不通。这就给他们处理日常政务带来极大的困难，不仅会常常闹出种种"笑话"，而且会出现严重的工作差错，直接影响到自己的"前程"。清代名儒章学诚的《章实斋文钞》一书中就记载了一位为人正直、为官清廉，却仅仅因为不懂衙门文书格式而遭罢免的官员。我国古代读书人取得功名成为所谓的"县太爷"后将处理当地的法律纠纷，但是"县太爷"又不具备相应的法律专业知识，由此所谓的"刑名师爷"应运而生。"刑名师爷"就是"县太爷"自费聘请帮助自己处理法律纠纷的人，从这个角度上来说师爷具有一定的官方地位，可以说是半个"体制内人员"。而讼师则完全不同，其是体制之外的以处理诉讼纠纷为生的人。但是二者也不是完全对立的，二者经常会发生身份的转化。例如有的师爷之前是讼师出身，而有的师爷则会选择离开官府成为讼师。在讼师如何炼成的书中提到，讼师是那些专门替别人打官司出谋划策、撰写诉状、提供法律服务的人，而且这种提供法律服务的行为都是私下进行的，是非法的。所以讼师基本上是有学识的。说到这里，我想简单讲一下关于绍兴师爷的内容。幕友俗称"师爷"，由于清代绍兴一带的人做幕友的比较多，所以被人们统称为"绍兴师爷"。

程维荣：殷老师讲得非常清楚，这个问题也非常有意思，符合中国社会的特点，考不上可以多次考，考上也可以不去，这种机制导致人才在体制内和体制外流动，和西方的社会是完全不一样的。所以是不是有可能今天做官，明天不做官，那么古代知识分子的体制内外流动对古代讼师文化会产生怎样的影响？

殷啸虎：程老师刚问的问题很对，古代人对这些人身份转变是比较抗拒的，一般的讼师放弃既得的利益，头悬梁锥刺股去苦读，而且到底考出还是考不出还是个未知数，他们大多是不愿意的。而且这些人很怪，即便是地下工作，他们也是可以接受的。通常而言一个较为成功的讼师是不太愿意放弃既得利益去参加科举考试进入体制内成为政府官员的。因为成功的讼师具有一定的社会地位和较高的经济收入，他进入体制内反而要放弃这些既得利益。其实这个问题与当前中国社会面临的"律师群体是否要进入司法体制内"这一问题有一定相似性。

邓少岭（上海社会科学院法学所副研究员）： 听了殷老师的讲座我受益匪浅，尤其是提到四大恶讼师的事情。那我有两个小问题想请教一下殷老师。第一个是在特定历史背景下讼师的数量有多少，这个是我们可以估算出来的吗？这些讼师的社会经济地位和社会影响力怎么样呢？第二个问题是讼师在古代是非法的，是不能见到太阳的职业，那他们的收入是不是不稳定，是否仅依靠帮助他人诉讼为生？会有其他的经济来源吗？

殷啸虎： 讼师主要以牟利为目的，不排除有个别讼师伸张正义，扶助弱小。从地域文化的角度而言，在商品经济和私权观念发达的地区，讼师是一群有着较高经济收入和社会地位的特殊人群。在部分地区其甚至成为了社会名流，官府对于讼师较为忌惮，因为师爷和讼师往往勾结，而县太爷法律知识较为薄弱。因此在某些地区讼师这一群体拥有其独特的社会影响力。对于第二个问题，讼师之所以能够成为一个独立的社会群体，其必然是以帮人诉讼为其主要收入来源，这在我上面讲到的案例也有提到，如果钱不够，可能讼师会在辩护中有所保留，但是其也将收入用于置办田产等，因此讼师也有其他收入作为补充。

李建伟（上海社会科学院法学所副所长、特聘研究员）： 听完殷老师的报告，我主要有以下三方面的感悟。一是讲座结合现实，最开始从热播剧引入今天的主题，可以启示中国法治进程中法律职业主体、共同体发展演进的规律；二是今天讲了很多案例，列举了很多生动形象的古代讼师案例，从讲座案例继而结合现实，体现了诉讼技术和诉讼规则的重要性及其发展进步，这个我觉得非常好、很有趣；三是在当今社会，律师和古代的讼师有本质的区别，现在的律师职业是被认可的，这一点和古代的讼师就可以完全区分开，因为我们知道古代讼师是非法的职业，我相信随着社会发展进步和主体利益丰盈，法治会逐步成为国家治理的必由之路和基本方式。谢谢殷老师的汇报。

姚建龙： 我一直认为殷老师有深厚的学术底蕴，今天我们也见识到了，他用通俗易懂的语言向大家分享了深刻的学术问题。我对殷老师讲的古代讼师文化有很大的兴趣，讼师是一种矛盾的存在，一方面不想要讼师存在，一方面又不得不让讼师存在。深入研究我国古代讼师文化对当前我国律师制度的健全有很大的启发意义。当前中国社会正在推进法律职业共同体的形成与完善，法律职业间的相互转化机制问题也需要得到更好的解决。从新时代法治建设推进以及中西比较角度而言，中国法律职业者应得到全社会更高更多的尊重，本主题报告可以提供从由来到未来的积极有益的思路和思考。法学所的同仁，我们要进一步多学习、多交流，继续为盈科·上社法学讲坛带来更多高质量的学术报告，最后感谢大家的参加。

平政院编制立法考

主讲人：**胡译之**，上海社会科学院法学研究所助理研究员，华东政法大学法学博士。主要研究领域为近代中国法律制度史、中西方法律文化交流史。曾在核心刊物发表文章数篇。

与谈人：**汪强**，上海师范大学法政学院副教授，华东政法大学法学博士，任全国外国法制史研究会理事、中国法学会比较法学研究会理事。主要研究领域为近代中国与法，主要关注近代中国法学知识建构、近代中国宪制发展。曾在核心刊物发表文章十余篇。

主持人：**姚建龙**，上海社会科学院法学研究所所长、研究员、博士生导师。

时间：2021 年 1 月 14 日 9:45

胡译之：各位老师上午好，感谢所里提供的交流平台，今天非常高兴向大家汇报我近期的一点研究心得。

我研究的方向是近代中国法律制度史，主要集中于平政院这个机构。平政院是中国近代历史上的第一个行政法院，在民国北京政府时期存续了长达 14 年之久。与我们现在所熟悉的人民法院的行政庭不同，当时的平政院是一个独立于法院的机构，全国只有一所设在北京，隶属于大总统。与各国的行政法院非常不同的一点是，平政院下设一个叫作肃政厅的机构，是专门负责弹劾违法官员的。肃政厅显然从传统的台谏制度也就是御史台来的，所以说当时的人们也认为平政院是一个"中西合璧、古今混杂"的构造。我们知道，传统中国是没有行政诉讼这样的一个制度的,所以说平政院这个制度其实是模仿西方而来的一种设计。但是当时西方的行政诉讼制度其实是有很多不同的形态的,主流的西方行政诉讼制度有三种模式,第一种是普通法院兼理行政诉讼,第二种是以行政机构之一种为行政诉讼,第三种是以独立机关为行政诉讼审判,大概是这样三种模式。而第三种模式里面,还有三级制、二级制和一级制三种不同的模式。所以我主要想解决的一个问题就是,平政院的一级制(即只设一所在北京),还有中西合璧式的构造,它是怎么被设计出来的? 是不是制度设计者一开始就把它设计成这个样子? 我主要依据的材料是中国第二历史档案馆馆藏的国务院档案中和平政院相关的立法文献。因为在当时的法律起草部门叫法制局,它是隶属于国务院下面的,所以说在国务院卷宗里面就包含了当时法制局起草平政院编制法的一些过程性的文本。在当时的报刊上面也刊登了其中一部分草案,但当时的报刊有一个特点就是"有闻必录",就是报纸上面刊登的消息,其实有很多不实的地方,所以说我把档案和报纸两相对照,就得到了一些相对可靠的立法文件。通过整理,从 1912 年的第一案到 1914 年的最终稿,前前后后大概整理出了 6 个文本。第一案到第五案是平政院编制相关的草案,最后一稿就是《平政院编制令》的一个定稿。

首先我要对第一案的时间做一个说明。表格里的第一案我在时间和负责机构旁边分别打了问号,其实这个是我考证出来的。这六个文本它的制定时间和机构并不都是十分明确的,第二案到第六案的时间和负责机构基本上有史可考,但是第一案的时间和负责机构并不是很明确的,所以我就以这个草案为例,简单分析一下当时我是怎么确定这一版草案制定机构和时间的。这一版草案叫作《行政审判法》,目前在两个地方保存着这个草案的文本。第一个是在《民国法规集成》的出版物里面有一个影印的行政审判法,书的目录处标注草案的制定时间是 1912 年 9 月,但内页没有时间信息。随后我又在二档馆的国务院档案中发现了这个草案,两个草案的版式是一样的,但字体不同。二档馆馆藏的这份档案和《民国法规集成》中引用的这份草案一样,也没有显示草案的编纂时间,所以究竟这一版草案是不是 1912 年 9 月份制定的,其实是要存疑的。我为什么这么说呢? 因为当时出版物的编撰者,有的时候是会把时间弄错的。我举一个例子,在《北洋政府档案》出版物里边收录了一份叫做《平政院职员薪俸单》的文献,也就是平政院职员的工资单,出版物里面标注它的时间为 1914 年。但是后来通过比较这份人员名单和政府公报上的职员任免记录之后,我发现这份薪俸单并不是

1914 年的，而是 1917 年 2 月的。为什么整理人员会弄错？因为档案里面显示当时的院长是周树模，周树模曾经 1914 年在平政院当过院长，所以整理人员就想当然地认为这是一份 1914 年的名单。他们没有注意到周树模曾经两度在平政院出任院长，在 1916 年 7 月的时候他还复出过一次。所以说当文本里面没有明确的对应时间信息的时候，其实单靠整理人员给出的时间信息是非常不可靠的。

那《行政审判法》究竟是什么时间由谁来制定的呢？因为这份草案它是保存在国务院卷里面的，所以我初步判断它应该是由法制局制定的。接下来，我把它和已知为法制局 1912 年 11 月制定的草案做了一个逐条的对比，发现除了审级上的不同，这两部草案有很多相同或者相似条款，连表述都是非常一致的。大家可以看一下，两条法律其实表述几乎是完全一致的。那究竟哪一版草案的次序比较靠前呢？我最终发现在措辞方面，其中一部草案里边在提到行政机关的时候，都称为"行政衙门"，而另外一部称为"行政署"。法院也是一样，一部在提到法院的时候称为"司法审判衙门"，而另外一案里面称为"法院"。所以基本上可以判断出，用"衙门"这个词的草案应该是时间较早的草案，用这种方法就判断出了第一案和第二案的次序。

回到六草案的表格，接下来我们再来看一下起草者，其中绝大多数都是由法制局起草的，只有第四稿是由"某秘书"起草的，而这份草案又非常重要，后面我会具体地讲为什么这份草案是非常重要的。这六版草案之间其实变化是非常大的。经过仔细地梳理，我发现这六版草案里面主要有三个问题比较值得剖析，也就是我今天主要分享的三个问题：第一个是，平政院的审级经历了一个由三级制变为二级制，最后变为一级制的这样一个过程。第二个是，从第三案开始，在平政院下面设置了一个叫作"监察厅"的机构，也就是后来的肃政厅。为什么会多了一个监察厅？它的职能作用是什么？这是我要解决的第二个问题。第三个问题就是在这个草案的整个制定过程中，由"某秘书"起草的第四版草案事实上成为了一个关键的转折点，决定了后来这部法律的走向，但是第四版草案在程序制定上是存在一定的问题的。这是我主要要讨论的三个问题。

接下来首先我要讲的是平政院审级变化的问题。在第一稿当中很明显地，当时的制度设计者是希望设计一个三级制的法院，在中央设立一个平政院，地方上的行政诉讼则是由县参事会和省参事会来受理。这个制度其实是完全照搬当时普鲁士的制度，但在当时的中国，它其实有一定的可行性。因为中国的国土面积比较辽阔,如果全国只设立一所法院的话,其实是不太方便民众诉讼的。但是又因为当时北京政府的经费很拮据,所以说要在地方上设立很多平政院,在经费上面其实是有困难的。这个方案它其实就是利用了地方上的议事机构来作为行政裁判机构,既考虑了诉讼的便利程度,又兼顾了经费问题。但是为什么最后三级制的行政法院没有能实行?其实问题并不是出在行政诉讼本身,而是出在省一级机构如何构建的问题上。在我们现在的人看来,省作为地方上的一级是非常天经地义的一个事情,但在当时民国刚建立的时候,央地关系是一个值得厘定的问题。因为当时是强地方弱中央的一种状态,省一级拥有不少财政和军事方面的实权,所以说在中央和地方之间究竟应该是集权还是应该分权,究竟应该是中央统治还是由各省自治,省一级的政权应该怎么构建,其实是存在很多博弈的。最后博弈的结果实际就是省参事会和省议会没能建立起来。既然省参事会没能建立起来,用省参事会和县参事会来审理行政诉讼的这样一个制度,自然也就没有办法实现了。

因为三级制没有办法实现,所以起草者们就在第二个草案里面设计了一种两级制的行政诉讼,也就是在中央和地方各设立一级平政院。具体的操作上有两种不同的意见,一种就是在地方一级设立地方平政院,另外一种操作方法就是,把地方一级的行政诉讼交由地方高等审判厅来审理。当时法制局起草了草案之后,是要先把草案交给国务会议来讨论的,在各部总长组成的国务会议审议的时候,其实有比较大的争议。当时的司法总长许世英就认为,应该把地方一级行政审判交给法院来审理,表面上的意见是认为这样可以节省经费,但是实际上背后可能是有私心的,就是希望通过这种设置来扩大司法部门的权力。当时的工商总长刘揆一则坚决反对。这事跟工商总长有什么关系呢?这里面其实是有一个小插曲的。在1912年的时候,曾经发生了一起民国"行政衙门控告司法衙门第一案"的案件。当时的国务院经由民国大学的申请,把一处地产拨给该校使用。当民国大学去接收地产的时候,发现这块地已经被工商部给占了去了,双方协商未果,民国大学就把工商部告到了地方审判厅。因为这起案件事实上涉及到了行政处分问题,可以算是一起行政诉讼案件。根据临时约法的规定,行政诉讼案件是要提交给平政院来审理的,可是当时平政院还没有建立,所以说究竟地方审判厅是不是有权审理这起案件,其实是有疑问的。但是地方审判厅不但受理了这起案件,还一纸公文发给了当时的工商总长刘揆一,不但让他答辩,还让他补交诉讼费,所以刘揆一"人在家中坐,祸从天上来",就非常生气,于是在国务会议上很坚决地反对让法院兼理行政诉讼的方案，所以说当时双方是一个各执一词的状态，谁也没能说服谁。

直到第四版草案的时候，我们会发现地方一级平政院已经被取消了，仅仅保留了中央一级平政院。为什么会有这样的一个结果？其实最终原因还是落在经费的问题上。我们知道北洋政府时期，经费一直非常紧张，北洋政府在建立的时候就是一个濒临破产的状态，很长一段时间都要靠举外债来过日子。当时袁世凯要建立中央一级平政院的时候，就有很多反对的声音，觉得这是一个不紧缺的机构，不应该在经费这样紧张的时间建立这样的一个机构，那么要在地方一级建立平政院更加耗时费力，所以说最终决定取消也是一个可以理解的选择。

我们到这里就可以先做一个小的总结，在讨论平政院及近代制度移植的时候，我们以往的研究多半认为平政院是直接模仿日本过来的。即因为日本是一级制的行政诉讼，所以我们也设立一级制的行政诉讼。但是通过梳理立法草案，我们就会发现，一级制的行政诉讼并不是当时设计者们的首选，它其实是本国经济政治的因素限制下被迫无奈的选择。所谓的一级制模仿自日本，也就是一个表面的现象而已。这是我要讨论的第一个问题。

说完了行政诉讼的审级问题，我们再来看一下第二个问题，就是平政院的机构设置问题。在前两版草案里面，平政院都是一个单独的机构，从第三版草案开始，在平政院之下设立了一个名为"监察厅"的部门。在第四版草案中，监察厅的职能扩大了，这种情况一直延续到最终的定稿。

我们先来看一下第三稿，在第三稿中监察厅的职能用我们现在的眼光来看，非常类似于检察院之于法院的关系。对于当事人能够提起而没有提起的行政诉讼，监察厅可以以职权代为提起。这个制度构造其实非常奇怪，因为我们现在都知道，行政诉讼制度有一个非常重要的特点就是"不告不理"，对于当事人来说，行政诉讼的诉权是一种可以处分的权利，即便是在公益诉讼里面可以依职权起诉，但是毕竟有很多的限制，而且公益诉讼只是很小的一类。但在第三案中规定，"单纯违法者""违法并侵害权利者""单纯侵害权利者"，这三类加起来几乎涵盖了所有的行政诉讼案件。也就是说，几乎所有的行政诉讼案件都可以依职权提起。为什么会有这样的一个规定？这背后其实反映出当时的人们对于行政诉讼的理解，和我们现在是有很大的差异的。在当时的人们的眼中，行政诉讼这样一个制度，它的作用与其说是为了保护当事人的权利，不如说是为了监督行政官员。我们从清末行政诉讼制度刚刚被介绍到国内的时候就可以看出来，从当时人们的一些言论里和官方的态度都可以看出这一点。在清末的《行政裁判院官制草案说帖》里边，就可以看到这样的言论，认为行政裁判是"用以尊国法、防吏蠹"，"蠹"就是蛀虫的意思，这个意思就是说，行政诉讼主要是用来防止贪官污吏的。在民国建立起来之后，人们对于行政诉讼制度其实还是这样一个认识。比方说袁世凯就曾经提出，前清"政纲不振"是吏治败坏的缘故，我们设立了行政诉讼机关，就可以"救弊补偏"，达到"惩奸剔蠹"的功效。在当时报纸上的评论文章也有类似的观点，就是说因为我们国家没有行政诉讼制度，所以就导致吏治非常败坏，设立平政院之后有利于吏治。那么"吏治"为什么重要？韩非子有一句话叫作"明主治吏不治民"，就是说因为中国实在是太大了，有亿万百姓，管理起来实在是太复杂了，所以说统治者要想管好这个国家，就得要先管好官吏，然后再由官吏管理百姓。这一条可以说是我国帝制时期治国的总纲。既然"吏治"这么重要，自然就不同于我们现代人所理解的私权，不可以被轻易地放弃。这是第三稿的一个情况。

我们再来看一下第四稿，会发现这种通过平政院来管理官吏的目标被进一步明确了，直接就把它写进了第一条。在第四稿当中监察厅的职能也发生了变化，在依职权提起行政诉讼这样一个基础之上，还增加了一个功能，就是可以弹劾和查办官吏违法事件。它的性质其实跟古代的御史台非常接近，但是又比御史台的权力更大，因为它还可以审理官吏违法事件，甚至情节严重的可以判到死刑。而且因为官吏违法案件里面很大一部分是属于刑事案件，这就为后来平政院和大理院在权限上面的争议埋下了一个伏笔。这是我们要谈的第二点，就是有关监察厅的问题。

接下来我们再来看一下第三个问题，就是由"某秘书"草拟的第四稿以及第四稿存在的程序问题。在六版草案里面，我们会发现前三版草案，虽然在审级方面有很大的变化，但是其他方面，不管从草案的篇幅，还是在机构的性质上面，其实都是没有太大改变的。但是从第四案开始，不管是草案的结构还是平政院的性质，其实都发生了很大的变化。大家可以看到，第三案一共是 59 条，但到第四案条文数只剩一半，而四、五、六稿基本上没有太大的变化，所以说第四案的修改对于后面平政院的走向是很重要的。

我们来看一下第四稿究竟是一个什么情况。其中最值得注意的是，第四案的一系列修改，其实是朝着与大总统绑定的方向发展的，主要体现为三个方面：第一点是第四案的第一条，"平政院直隶于大总统"，在以往的三版草案里边都是没有出现的。平政院既然隶属于大总统，就意味着大总统本人及其命令都是不在平政院的审查之下，这是第一点。第二点我们刚刚已经说过了，平政院下设肃政厅，当时在第四版里面叫"监察厅"，增加了一个弹劾官吏的职能。所有和官吏违法相关的事件都必须要呈报给大总统，监察厅相当于成为了一个大总统用来监督官吏的辅助机构。第三点是对于平政院及其下设监察厅里的所有官吏的任用，都必须直接由大总统任命。通过这三点我们就会发现，从第四案开始，平政院的职能和权力开始变得与大总统密不可分。

这一版草案究竟是在什么情况下制定出来的？我们先来看一下第四案的形成背景。在当时，法律文件一般是由法制局来起草的，但是根据当时一个很有名的记者黄远庸的报道，第四案是"某秘书所草"，他虽然只是这样信口说了一句，也没有其他的直接证据，但是很值得我们引起重视。其次是程序方面，我们刚刚说过了，一般草案在制定以后要先提交给各部总长组成的国务会议来进行审议，由国务会议通过并副署之后才能够提交给国会。这份第四案在提交给国务会议审议的时候，曾经引发了很激烈的反对意见。时任交通总长的朱启钤一个人就提了五条意见，几乎是逐条反驳了第四案里修改的部分，最后第四版草案其实是没有通过国务会议的审议，被打回去重新制定。

但是问题来了，在其后公布的第五稿和最后公布的定稿里面，对于第四案制定的这几条，其实并没有修改，当时国务会议上面提出了很多修改意见，在第五案里一条也没有改，在最终的定稿里面也是一条都没有改。那么，我们刚刚不是说了这个草案必须要经过国务会议的通过之后才能够出台吗？但是为什么第五案和最后一案根本没有改，也照样通过了呢？事实上，当时的国务会议对于大总统的制约其实是很有限的。我们知道国务院副署是临时约法的规定，临时约法在当时的背景下，其实是针对袁世凯个人制定的一部法律，目的是限制袁世凯的权力。但在当时，我们知道袁世凯其实是掌握了军政实权的，所以仅仅希望通过这样一部临时约法就能够限制大总统的权力，是一个非常不切实际的设想。

我们再看接下来的问题，就是前三个草案的名称都是"法"，为什么到了第四案的时候突然变成了"令"呢？首先我们要明确"法"和"令"的区别。"法"就是根据临时约法的规定，要经过最高的立法机构（一开始是参议院，后来是国会）通过之后才能称之为法。"令"其实就是大总统为了执行一个法律或者是基于法律之委任，可以自己发布命令。简单地说，就是令可以由大总统自行发布，但是法必须要经过国会的议决。那么这时候国会去哪了？我们把时间切换到第四案起草和公布的时间点就会发现,当时国会已经被袁世凯给解散了。所以既然立法机关已经不存在了,那么平政院编制就不可能以符合法律的这样一种法的形式公布,而只能以令的形式公布。可能有人会问,平政院编制究竟可不可以以令的形式公布? 答案是否定的。因为根据临时约法第49条,关于行政诉讼及其他特别诉讼要以"法律定之"。包括第33条规定,平政院编制令应该是属于官制官规,临时大总统可以制定官制官规,但是必须要提交给参议院议决。所以,某种程度上《平政院编制令》算是一部"违宪之法"。从上面的这些分析,我们就可以大致得出结论,行政权和立法权的博弈,包括政治传统、央地关系、经济形势等等因素,都在制定和通过《平政院编制令》过程中起到了非常关键的作用。与我们以往对平政院的想象不同,平政院编制的规定既不是对于国外的经验的一个简单的模仿,也不是和本土模式的一个简单的融合。用王志强教授的话来说,"虽然制定法的立法权在形式上归属于立法主体,但实际上许多规则在形成过程中并非由某一单方面的意志任意专断,而是多种力量和关系共同作用的结果"。

以上就是我今天要分享的内容,请多提宝贵意见。谢谢大家。

汪强: 今天非常荣幸来法学所进行学术交流。今天的报告很精彩,我谈谈我的学习体会。我先在地图上展示一下平政院的位置。在图中,红点的位置就是以前平政院的位置,在西城区,这是1921年的北京市地图,右边是现在的地图,大家可以大概对比一下。它就在西四大街再往西面一点,这胡同现在还叫丰盛胡同,但是现在已经没什么东西了,这就是平政院的位置。

还有一个就是译之刚才提到了民国大学的案件,我把民国大学的案件简单地说一下,补充一些比较细节化的东西。民国大学就是很著名的朝阳大学,民国大学正式招生时,是以民国大学的名字招生的,但是后来它更名成朝阳大学,就是"北朝阳南东吴"的那个朝阳大学。这个案件本身还是比较有趣的,刚刚译只提到了刘揆一,刘揆一是湖南人,是革命党,是华兴会的领袖人物之一。刚才还提到了许世英,因为许世英和刘揆一本身在这个问题上是有争议的,他的争议形式上看是对于事权的一个争议,但实际上在我看来,它不是事权的争议,主要是派系斗争的问题。当时许世英形式上是一个传统官僚,他深度参与了晚清的法制变革,到了民国以后为司法总长,他从派系上说是属于袁世凯一系。他是安徽人,后来归结为皖系。我认为民国时期的权力相关的斗争,最后都可以归结到派系之间的斗争。朝阳大学本身的背景就是浙江人办的学校,它和北京法学会的关系是很深刻的。为什么京师地方审判厅能够接受这个案件? 因为京师地方审判厅的很多人都参加了当时的北京法学会这样一个组织，作出裁判的李受益可能也是法学会的一个成员。该判决虽然有是不是行政诉讼这样一个争议，但是因为没有行政诉讼制度，他没有采取这方面的措施去解决，而是用的民事裁判把这个案件解决了。他认为国家已经给民国大学拨付了土地，民国大学就享有了财产权，所以就判决工商部败诉。工商部说判决执行不了，确实执行不了，这方面执行是很难的。最后怎么解决的呢？是有力人士在中间不停地沟通，通过走后门的形式又重新拨付了一块土地，就是后来著名的朝阳大学校址。因为时间比较紧张，我把这个细节稍微简单说一下，做历史其实最重要的还是细节。

关于译之的报告本身我提两点我觉得可取的地方，因为我们做法律史的研究，就常常会被人问到你这个研究有用吗？刚才姚所长也说法律史的文章很难发，为什么难发？因为编辑一看那有用吗？没用，对当下没有任何意义。所以很多人写法律史的文章很痛苦，他一定要想方设法地要搞一些启示借鉴。因为做历史论文一个很重要的点其实并不是它到底有没有什么用，或者说当下有什么用，它最重要的是一个求真的过程，过去大概是一个什么样子，这个求真的过程是怎样的。另外一方面译之做得比较好的地方是，她一定要通过原始的材料去展现当时的过程，所以译之用了一些档案、报纸等，而且难能可贵的是她的选择不是单一的，她有意地使用了多种的材料。译之在写这篇论文的时候，她用了不同的政治态度的报纸，这个是很重要的，尽量比较真实地反映了平政院编制法案文本生成的过程。

再谈一下译之忽略的地方。虽然在论文当中提到了临时约法、政治态度等问题，但是她没有做充分的论证，但是这个问题又很重要。因为平政院本身是一个权力配置问题，它和根本法是有密切关系的，根本法确定了什么样的权力构架，所以说如果从比较大的一个背景下去考虑平政院的立法本身，并且考虑根本法和组织法之间的关系，可能更合适一点。译之主要考虑文本本身可能产生的一些细节方面的东西。其实接下来还可以再写一些延伸的文章，因为平政院这个机构本身的创意还是和晚清有关系的，晚清改革的时候有一种想法，要把以前的都察院改造成平政院，但是后来宋教仁坚决反对这个观点，他想的办法就是，不要把都察院改造成平政院，而把它作为惩戒机关，即文官惩戒委员会，就像是一个行政机关的内部组织，不是一个行政机关的外部组织。

另外，未来平政院该怎么样研究，我看到如今研究平政院的论文大概百分之九十以上都是讨论平政院的行政诉讼问题，重复的东西太多了。而肃政厅监察方面的问题,这块做的人很少,而且监察问题是中国传统宪制里面很重要的内容,一直到当下的监察体系,所以我想未来可以更好做的应该是监察这一块内容,我希望译之能在这方面做一些具体的工作。还可以运用一些新的方法去研究平政院行政诉讼,我觉得比较好的新的方法主要是新史学用的一些方法,比如诉讼形态、诉讼行为,还有人类学的一些方法可以运用到史学里面去。

肖军(上海社会科学院法学所副研究员):平政院的"平政"二字来源为何?

胡译之:该问题存在争议,台湾的黄源盛教授认为"平政"的语源似来源于传统典籍中的"平章",还有学者认为来源于"政平讼理",目前并无定论。

肖军:草案名称中的"编制"与"组织"有何区别?

胡译之:似乎清末民初时候,机构组织法多是以"编制"命名的。

姚魏(上海社会科学院法学所助理研究员):根据王锴教授的《论组织性法律保留》,似乎德国通说认为组织包含编制,在我国,尤其是立法法,组织等同于设置和编制。在民国初期,似乎"组织"一词表示国家机构的总体结构,单个国家机关的内部组织用"编制",比如临时约法之前是《临时政府组织大纲》,新中国初期也是用的《中央人民政府组织法》,组织法具有宪法性法律的性质,但编制法层次就低一些,可以不属于法律保留的范围。

涂龙科(上海社会科学院法学所研究员):我提一个问题,因为我对法律移植的问题比较感兴趣,一个制度为什么要想引进过来?其中肯定有多种力量进行博弈,具体有哪些力量?最终是谁来决定的?是不是谁权力大谁说了算?还是说谁掌握枪杆子谁说了算?

胡译之:清末官制改革的时候,其实有试图引入行政裁判院,当时其实可能是一个"日本有我们也要有"的态度,但到了民国之后又不太一样。到民国之后,我感觉平政院其实是靠袁世凯的个人力量推动的一个结果,因为在起草天坛宪草的时候,其实制宪方是不主张设立平政院的。当时其实是有一个行政力量与立法权博弈的过程,在起草天坛宪草的时候,宪法的起草者试图通过制度来限制袁世凯的权力,而袁世凯个人是希望能够增加自己的行政权,所以当时平政院在这里面是一个有争议的点。从后面这个制度的走向来看,设立平政院对于大总统的集权是一个有利的制度。所以说,从我的推论来看,平政院是袁世凯个人力量,甚或个人意志的一个体现。如果要是当时不是袁世凯,很可能平政院就设立不起来,而根据第四案以后的走向来看,平政院的制度设计也确实是有利于大总统集权的。他首先控制了人事任免权,他还可以用平政院来监察百官。

邓少岭（上海社会科学院法学所副研究员）：应如何理解平政院运作过程中中西观念的博弈与选择？

汪强：平政院制度的设计关涉现代国家建构过程中处理传统政制资源问题。御史监察在传统政制中长期存在，必有其合理性；民国初期的宪制建设，不可能忽视这一历史悠久的政制资源。

姚建龙：我最后做个小结。今天这个讲座很精彩，但总体看来讨论比讲座更精彩。其实法学研究包括研究中国的法制，仍然要去回答哲学上的终极三问：你是谁，从哪里来，到哪里去。很多人并没有完全想明白这个问题，特别是最基本的从哪里来的问题。这个可能是法律史研究的意义所在。今天的讲座听完后，我有这三个感受，第一个就是把法史研究做出趣味来不太容易。第二个是把法史研究做出本事来，也非常不容易，做一个纯粹的法律史的研究，说清楚一件事，而不问对现实的借鉴意义，非常难得。第三个是把法史研究做得扎实，也是非常不容易的。胡译之综合运用各种原始史料，基于对原始资料的判断，以客观的方式成熟地表现出来，做的是比较纯正的法律史研究。当然从法学所的角度来说，我们希望你做纯正的法史研究，但还是要考虑法治智库的特点，实现两者之间的衔接与结合。最后我们再以热烈掌声感谢胡译之的精彩的讲座和汪强教授的精彩与谈，谢谢大家的参与。

罗马法和中世纪法律
思想中的法权、正义和自然观

主讲人：**董能**，意大利佛罗伦萨大学法学博士，上海社科院法学所助理研究员，研究方向为中世纪和近代民法史和法学思想。

与谈人：**陈颐**，法学博士，同济大学法学院教授，全国外国法制史研究会常务理事，上海市外国法与比较法研究会副会长。研究领域为中国法学史和西方法律思想。发表论文 20 余篇，出版个人专著 2 册、合著近 10 种，点校、整理类文献近 6 种，主持省部级以上课题 2 项，主持或共同主持国家出版基金项目 2 项，荣获省部级以上科研、教学成果奖 5 项，是国家级精品课程团队、国家级教学团队主要成员。

主持人：**姚建龙**，上海社会科学院法学研究所所长、研究员、博士生导师。

时间：2020 年 12 月 17 日 9:45

董能：今天非常荣幸请到了法律史方面的资深教授陈颐老师来作为与谈人，还望陈老师能高抬贵手，轻拍砖。另外对我个人来说，陈颐老师的点评及他的来访也是很有意义的，因为陈老师是我本科入学第一课的老师，所以至今记忆犹新，恍如昨日。

今天我们这个题目 Ius 之辨：罗马法和中世纪法律思想中的法权、正义和自然观，或者我们可以翻译成法权之辩，罗马法和中世纪法律思想中的法权、正义和自然观。为什么会挑选这个题目，这个题目的起因或者说我的动机是，姚所长在各种场合曾多次援引过一句话——法是善良与衡平的艺术。那个时候我就一直在思考这句话，它看上去是一句大白话，非常浅显非常直观，但是为什么它值得我们过去了这么多年还一直挂在嘴边，如果把这句话放到罗马法具体的技术和法律思想的语境当中去理解，就会发现它不只是一个大白话，而是有非常深的含义。本论坛之前不少老师他讲的都是本领域比较有深度的一些技术性的课题，如果不是在这个领域里面浸淫多年，未免听了就会有曲高和寡之嫌，所以我今天的讲座打算挑一个应该大家都可以接受、都能够听得懂的一个涉及法律本体论方面的这样的一个题目，希望能够抛砖引玉，来谈谈古代的罗马法学家，还有中世纪的法学家，是怎么来理解这个问题的。

这个是我的目录，分为四个部分，第一个是讲法权或叫 ius 这个词的词义之辨，第二个是列举一些经典片段加以简单的评述；第三个部分是先讲一下中世纪法学思想当中的法权，它大体是一个怎么回事；第四部分是引述一下中世纪一些经典法学家的论述。

我们先进入第一个片段，第一个部分是拉丁文的 ius 或者叫法权，它是一个古老的印欧语系的词汇，最初的意思可能是"长期、终生"，与其同源的梵语词 yos 则有"生命、活力、幸福"的意思。而在法律当中，法权 ius 这个词根据不同的词源大致有四种不同的含义，命令/畏惧、需求/要求、约束/义务、生命。这个是在《学说汇纂》第一卷第一题"论正义与法"当中列举的 ius 法权这个词的几种含义，来自保罗的一个片段，他说人们在多种意义上使用 ius 一词，既可以包括表示永恒善良和公正的事物，比如说自然法，第二个是包括对某个城邦当中所有人或多数人有益的事物，比如说市民法，比如说荣誉法或者叫裁判官法，以及裁判官应该如何进行司法公正司法的一个标准，还可以指裁决的地方，裁判官他在哪里进行司法，法院开在哪里，这个地方就可以被叫作 ius。除了上述这三种，保罗说还可以表示血亲或者因亲之间的人和人之间的关系。从这里我们就这几个片段可以看出，法权它是一个非常有灵活性和弹性的概念，它既可以极为周延，扩大到任何涉及善良和公正的东西，也可以非常的具体，指的是法官具体执行职务或法院开设的地方。

接下来我们来看一下《学说汇纂》第一章第一卷第一题的逻辑上的段落分布，首先解释什么是法，一共有两个片段，接下来是进行法的分类，公法、私法、自然法、万民法、市民法以及裁判官法/荣誉法等等这样的分类，一共涉及到 13 个片段。接下来第三部分他又回到了谈什么是正义，法的准则有哪些以及什么是法学，还有法权的那几种分类，一共有 5 个片段，这是第一章第一卷的大致的分类，而我的侧重点在第二部分，主要是谈第一部分和第三部分。

我主要提出的是三个问题，围绕着三个问题展开，第一个问题是既然优士丁尼汇编它的名称叫作国法大全，是法的一个总的汇编，而且在《学说汇纂》的第一段开篇出现的第一个词就是法，在第一段当中出现最多的一个词也是法，那么为什么标题命名为论正义与法，而不是论法与正义。第二个问题，法既然来自正义，为什么在乌尔比安的第一个片段当中，他要在确实连词以后说法是良善和衡平的技艺，而没有说法是正义的技艺。第三个问题是乌尔比安在第一个开头的片段之后，紧接着的另一个片段，他说有人或许称我们法学家为祭司，然后罗列了法学家的几个主要功能，最后一句他说的是，因此我们追求的是真正的哲学。这里的首尾之间存在一个对应关系，因为提到的是两种职业，开篇讲的是祭司这种职业，然后最后一句话提到的是哲学家这种职业，我们就不得不问了，在庙堂里面主持祭祀仪式的祭司，和在学院里面进行思辨思考的哲学家，这两种职业是一回事吗？他们之间是有什么内在的联系吗？

要来解答这几个问题，我们就要先来看一看经典片段的考释，我一共列举了4个片段，先是前两个片段为一组，然后后两个片段为一组。我们先来看一看前两个片段，是两个乌尔比亚的片段开头的片段，第一个是"将要致力于法的人们首先应知道'法'这个词从何而来。而它被称作来自正义：确实，正如切尔苏斯的出色定义，法是良善和衡平的技艺。"在这里我们看到它开篇的第一个词，这个又是刚才说的 ius 的变革，也就是说整个《学说汇纂》它开篇的第一个词就是法，然后在这一段中除了这里有一个法，然后又有法这个名称，以及最后这又出现了法，就像我刚才说的，第一段中出现了三次法，而且他表示法来自正义，但是他接下来转折以后说的却是，法是善良和衡平的技艺，而没有说法是正义的技艺，然后接下来的一段又说，有人或许称我们为祭司，这里出现了祭司这个词。最后一句话他说我们追求的是一种真正的哲学，追求哲学的当然是哲学家，祭司同时也是哲学家吗？首先我们来分析的是第一个片段，按照乌尔比安的词源的考证，显然是认为法和正义之间存在鲜明的派生关系。但是根据我们刚才列举的现代语言学的观点，这种词汇写法上存在近似是不是？一个是 ius，正义叫 iustitiam，这两个看上去好像是有点相似，但是这种表面上的相似其实是站不住脚的。实际上乌尔比安这里指的或许并不是词源上的派生关系，或者说他指的并不是历时性的先后关系。因为他原文中，来自这个词，用的是 descendat，descendat 的字面意思是掉下来，降落。而他在另外一个片段 d. 1. 1. 1. 3 当中，他也使用了这个词,原文是：自然法是一切动物,包括飞禽的共有法,由此产生了男女的结合等等。这里产生这个词,他用的也是 descendat。而显然我们肯定不会认为在自然法男女的结合片段当中,时间上先有抽象的自然法,然后才出现了动物的雌雄性之间的匹配和人类男女之间的婚姻。所以这里的法和正义的派生关系应该理解为共时性的价值观的分享,而不是历时性的先后诞生的关系。

接下来乌尔比安他从法和正义的关系递进到了法和良善与衡平的技艺递进的关系。他这里用的这个词是"确实",显然这里反映的是,他是从法和正义,然后从逻辑上推演到是良善和衡平的技艺,认为这几组概念之间存在着很强烈的交互的关系,但是他为什么不直接说法是正义的技艺？显然这几个词组之间虽然存在价值观上的分享,但他们是不能完全等值的。比如说良善和衡平之间的差异,这两个词之间的差异是更容易理解,大致有点类似于中国传统法经常说的天理、人情、国法的区别。原文当中良善这个词是 boni,它的字面意思就是好的、良好的或者是美丽的等等。后来中世纪的法学家常常把良善解释成有用的,而衡平这个词在中世纪的思想,包括在希腊罗马的哲学思想当中,常常和上帝的仁慈、上帝的宽恕联系起来。如果这样理解的话,我们就会发现这两者的差别是挺明显的。因为他们并不是总是可以兼顾良善和衡平,有的法律拟制的制度,比如说时效取得制度,一个人捡到一个丢失的东西,过多少时间没有人认领,就归国家所有或者拾得者所有。这种制度它是有用的,是良善的,但是它并不是衡平的。

而有些制度,比如说奴隶制它是衡平的,但是它算不上良善,如果可以兼顾良善和衡平,并且用一种技艺、专业技术的手段将它提升到正义的高度,那么这个时候就可以被称为法。读到这里,读者可能会急于想知道你说了法是什么,你又说法来自于正义,那正义是什么？自然而然的就会想知道什么是正义。但是乌尔比安在这里卖了个关子,他没有说什么是正义,而是开始说什么是法学家的职能,法学家的职责包括了几组相反概念之间的严格的精确的对称关系,是公正和不公正、合法和不合法、刑罚、恐吓、奖励、鼓舞,以及真正的哲学和表面的哲学之间的四种对立,四种关系分别对应 4 个动词,这里是区分、辨别、敦促以及追求。把这四个动词,再加上冒号之后的第一句话,他说我们耕耘正义、传播善良和公正的知识,也就是构成了祭司主要的五种职能,实际上后面的四种职能区分、辨别、敦促、追求,都是对第一种职能"耕耘正义,传播善良和公正的知识"的具体的说明。一个祭司要身兼这五种职能,他才可以被称为祭司,也就是一个合格的法学家。在这个片段当中法具体体现为公正、合法、为善以及真实这四种品质。而在这之前的前一个片段中也大致对应这几种素质，一个是善良、衡平还有正义或者叫公正。在这里我们还要注意到第二段开篇有"因此"两个字，显然表示在第一段和第二段之间存在一个逻辑上的自然而然的推演的关系。但是我们仔细问一下，因为在这第一段里面他提到了正义，提到了善良，提到了衡平，提到了法，"因此"在原文里是一个关系代词，它特指的是一个单数的关系代词，而不是复数的关系代词。因此它因的是哪个"此"？是正义还是良善还是衡平？我从距离"此"这个词的距离的远近，以及从逻辑意义上来说，这个词指的是"法"，而不是离这句话更远的正义。因为法具有这样的品性，所以人们会或许称我们为祭司，也就是说是从正义当中派生了法，然后因为法具有这样的一种技术性的或者叫艺术性的本质的特征，而又派生出了祭司的职能，而不是说直接从正义的要求递进到了祭司的功能。也就是说作为祭司的一个法学家，他在履行技艺的过程中，必须要时刻能够回溯到正义的要求，这样才能被称为一个真正的祭司。而在第二个片段当中提纲挈领的词就是祭司，法学家的这些职能都是他作为祭司的身份才拥有的。

但是这里就像我刚才说过的又有一个疑难的问题，祭司和哲学家这两种身份是可以兼容的吗？在我们一般人的印象中，作为宗教职业者的祭司的职能是要信奉、要顺从、要循规蹈矩，而一个真正的哲学家他的功能是什么？他的使命是要质疑、思辨、要突破常规。为什么一个法学家可以身兼这两种看上去矛盾的身份。而另外在第二段当中，乌尔比安又说了一句，除非我弄错，不然我们追求的是一种真正的而非表面的哲学。他这里为什么要说"除非我弄错"，这不是说明他心虚了吗？是不是他暗示了法学家身兼祭司和哲学家这两种身份，在当时其实是有很大的争议的，所以他要补充一句让步性的话语"除非我弄错"。要解答这个问题，我们不妨援引一段不是严格意义上的法学内容，而是有政治思想的一个片段，也就是来自西塞罗的《论责任》。根据商务印书馆的这部《论责任》的译文，他在开篇对儿子说，如果某个哲学流派不弄清至善和至恶之间的关系。而且流派如果始终如一，不受善良本性的支配，那么他就无法重视友谊、宽宏和正义这些优秀的品质。而在西塞罗的原文当中"重视"这个词，他用的恰恰就是乌尔比安这里"耕耘"这个词，这样在耕耘正义和哲学家所说的职能之间就产生了直接的联系，同样也暗示在西塞罗看来，有的哲学流派恰恰提倡的不是耕耘正义和美德。

　　如果我们还记得柏拉图的《理想国》的话，整个作品就是来自于一番对话，几个朋友在一起讨论什么是正义。但是最先发言的那几个客人，他们口中所说的正义恰恰是我们一般人认为的非正义，比如说自私自利、崇尚武力等等。最先发言的人说这些才是正义，你说的那些正义不算正义是假的正义。这种非正义才是正义的观点在希腊哲学流派中绝非毫无影响。比如说是西塞罗，还有很多罗马时期的斯多葛哲学家批判的逍遥学派等等，这恰恰都是西塞罗和乌尔比安要加以批判加以批驳的。所以如果结合西塞罗的《论责任》的话，我们就会发现"除非我弄错了"这句话，它并不是表示一种退让，一种让步，甚至是妥协，而是表示一种坚信，言下之意就是只有当是非善恶颠倒的时候，我才会弄错。但如果是这样的话，正义就不能再被称为正义，那法也就不再是一个真正意义上的法了。同时《理想国》这部作品，我们知道它的整个文本脉络也是从正义的讨论最后延伸到了国家必须由哲学家来根据正义进行治理，才能建设一个良好的国家，这是其最后推出的观点。这些例子都说明在古典时期人的心目当中，哲学和正义之间存在须臾不可分离的关系。一个人如果他能够耕耘正义，他当然是真正的哲学家，而不是表面的哲学家。

　　我们接下来再看后面的两个片段，这是终于在隔开好几个片段之后，乌尔比安开始重新论述什么是正义，他说正义是分配给每个人属于他自己的权利的永恒不变的意志。然后接下来一个片段说的是什么是法学，法学是关于神事和人事的知识是正义和非正义的学科。关于第一个片段我会在接下来详谈，我先谈第二个片段，第一个片段只想提醒大家注意一个地方，因为在翻译当中，中文一般会把这句话翻译成正义是分配给每个人、属于他自己的权利的永恒不变的意志。我们在读到翻译成单人旁的他的时候，我们自然而然地会认为他指的就是每个人。但是如果我们看一下原文，原文的他是没有性别之分的，在原文当中，可以解读成他指的是每个人。但还有另一种解读的可能性就是，"他"指的是：正义就是分配给每个人、属于正义的权利的、永恒不变的意志，这就产生了两个解读的可能性，他自己的权利的"他"指的到底是哪个他。

　　我接下来先说一下第二个片段。第二个片段他说的是法学是关于神事和人事的知识。这个定义是有渊源的，其来自于直接承袭了罗马时代流行的斯多葛哲学学派，比如说在公元 1 世纪的大哲学家塞内卡，他说过这样的一句话：有些人是如此的通晓智慧，以至于他们能够传授神和人的学问。这里很明显，神和人的学问、神事和人事的知识，是来自于一个哲学的思想。根据西塞罗的这句话和乌尔比安的这句话，把知识和智慧这两个概念之间是可以对应上去，而研究智慧的学问也就是哲学，这句话他又和刚才说的乌尔比安那句话又对应上去。根据斯多葛学派的观点，哲学是由三个部分组成的，一个是物理学，一个是伦理学，一个是逻辑学，分别对应的是神事，对应物理学，这个物理学当中包括了神学，第二个是人事伦理学，第三个知识是逻辑学。换句话说，物理加上伦理加上逻辑就等于哲学，就等于热爱智慧，因为哲学在希腊人中是热爱智慧的意思，而智慧又和知识对上了。而爱哲学又能对上我们刚才说的"我们追求的是一种真正的哲学"，这样作为哲学研究的对象的智慧，就可以被理解成三种学科的统一，也就是了解神事和人事，并且拥有理性的逻辑推演的才能。在这个时候一个人就具备了认识论方面的健全的性格，他可以正确地作出判断，作出定夺，也就是下半句说的正义和非正义的科学，他就能知道如何去辨别正义和非正义。

刚才说的是关于比较重大的罗马法片段的思考。我们接下来看一下在中世纪法学当中是怎么认识这几个片段的。在列举片段之前，我们先来看一下中世纪法权观的四个重要的转向。第一个转向是人格化的上帝和上帝化的自然，这句话是什么意思？我们知道中世纪不管是前期还是后期，他都一直是一个基督教思想支配整个社会的时代。在基督教当中他理解的上帝或者叫自然、最高的存在，是一个有情感，有喜怒，会施加惩罚，同时也会进行宽恕的一个上帝。这和希腊罗马时代古典时代信奉的多神神灵并没有太大的差别，但是同时基督教的上帝是一个全能的无限的终极的上帝，万物的自然本性都被认为是上帝的一种普世的规划的结果，一切不管是好的还是坏的，都无法脱离他的最高意志。如果说罗马法理解的正义是建立在观察物质自然基础上的那种自然的正义的话，那么在中世纪思想当中，其自然就具有了意志性的色彩，这就是我说的上帝化的自然。从第一点推演出来第二点，因为这种意志性的上帝化的自然，潜在存在一种失衡的可能性。因为上帝他所意欲的这种法或者是权利法权，体现在自然万物当中，但是随着人类的原罪和堕落，脱离了自然法的时代，来到了万民法的时代以及更具体的市民法的时代。那么作为最高意志的上帝的正义，应该如何在人类社会中实现？法学家就为此提出了双重衡平的概念，也就是原始的衡平和建构的衡平。原始衡平根据字面就能够理解，它指的是自然法意义上的那种不折不扣原汁原味的绝对的衡平。而后者则是立法者，他在对自然进行归纳进行观察以后，把它转化为人类能够看得懂的、能够理解的，以成文形式颁布的法律，或者是不成文的口耳相传的习惯这种形式，也就是实在法。原始衡平对应上帝的正义,建构衡平对应的是实证的实在法的正义。通过这种区别,两种衡平之间就达到了沟通天人之际的作用,上帝的衡平就不再有术高莫用的危险。

第三点是 ius 的伦理化的转变。也就是说在中世纪的解释当中,ius 它被首先理解为一种伦理或者说是一种美德德性,被赋予了强烈的道德意义。我们接下来在托马斯·阿奎那的论述当中会看到这一点。还有第四点就是法权有一个主观化的倾向,主观化的倾向非常明显地体现在 13 世纪中期以来的围绕方济各修会的争论当中,方济会它是建立在意大利北部,它是对当时比较腐败的一些教会组织进行改革,它执行非常严格的纪律,效仿耶稣,还有它的门徒,凡是加入这个会都必须发誓要抛弃一切的财产,以前有过的财产要全部抛弃,未来也不许获得财产的所有权,只保留生活必需品的使用权和收益权。在这里和上述的论证显然会产生一个潜在的悖论。刚才我们说正义是每个人都得到他所拥有的东西,各得其所的这样的一种永恒的意志,而法又来自于或者说权利又来自于正义,这里就客观地暗示了,每个人都天然地应当享有某些权利,这种某些权利肯定就包括对客观物质的所有权的,让它变成自己的财产的这种权利。为什么一个人说我不要所有权,那么所有权就不属于他,因为他抛弃的不只是对某个具体的财物的所有权,而是对整个世界所有的事物的所有权。为什么他凭自己的意志就可以放弃? 这个问题牵扯到非常复杂的神学争论,一共持续了 150 多年,到最后著名的奥卡姆也参与到了这场争论。这个争论涉及到很多内容,比如说所有权的本质,原罪的关系,耶稣在世的时候他是否享有世俗财物的所有权等等。但是在方济会修士的心目中,他们认为人至少拥有对自己意志的所有权,如果他可以选择放弃这种所有权,那么他外在的,对客观物质的财产权也自然而然地被放弃。如果说所有权表示的是法律上人对物的一种支配关系,那么人也可以运用他的意志自由来终结这种支配,而回到一个事实性的事实使用的状态,什么叫事实使用的状态? 方济会的作家举了一个例子,他说就好像是一匹马吃草料一样,马确实在事实的意义上在使用这个财产,在消耗财产,但人们不能说马在法律的意义上,在权利的意义上支配了财产。

在这四种转向的技术上,我们来看一看托马斯·阿奎那是怎么样理解正义问题的。首先,他把刚才我们说的双重衡平的概念推演到了正义上面,区分了两种正义,一种是叫自然正义,另一种叫作实证正义。他说第一种正义是由事物本身的性质来决定的,也就是所谓的自然正义。而第二种是由人们之间根据某种约定来形成的,被称为实证的正义。成文法当中必然包含了自然的正义,但不能说是成文法决定了自然的正义。因为自然正义的约束力来自于它的本性，也就是上帝赋予它的这种正义的特征，而不是来自于成文法。托马斯·阿奎那在评注亚里士多德的伦理学的时候，他说有些东西是自然地被知道的，有些东西是靠人的思考发现的，以及从这些发现当中得到的推论，一些原则是自然地被知道的，比如说必须避免邪恶，不得无缘无故妨害他人，不能偷东西等等。还有另外一些是由人类发明的，也就是正义的法律规定，当然这里的法律规定肯定指的是实证法的规定。

而在另一方面，托马斯·阿奎那还要从道德哲学的层面去理解正义，就是刚才说的法权观念的伦理化、道德化。他认为正义是一种德性或者说是一种美德，是天主教所提倡的四枢德之一。这四枢德是智、勇、节、义。智和勇顾名思义是智慧和勇敢，节就是节制、克制，还有正义。他认为德性本身是一种习惯，所以智德指的就是正确地做某一件事的习惯，勇德就是在正确或理智的事情面前毫不退缩的情感上的习惯，节德是抵挡做不理智的、不正确的行为的情感习惯。这个正义被认为是行动方面的一个习惯，阿奎那给正义下了一个定义，他说正义是这样的一种习惯，通过它可以使得每个人都得到应得的东西的持久的愿望，这后半句基本就是乌尔比安刚才那句话的翻版，只不过他又加上了习惯、德性这样的限定词。

接下来让我们进入第四个部分，也就是关于中世纪法学片段的一些辨析。首先是挑选了几位注释法学派的著名的法学家，首先是伊尔内留斯，他是著名的注释法学派的创始人，在他的一个片段当中分析了衡平和正义这两种概念的区别。他说衡平不同于正义，因为衡平是在事物的本身当中被感知的，因为它源自意志，在接受了具体形式后才成为了正义。也就是说衡平是个案中的衡平，衡平必须采用具体的形式才能体现正义。另一句话是他的学生马尔蒂诺说的，马尔蒂诺说因为正义是衡平的源头或者说起源，所以我们先来看看什么是衡平，接下来是马尔蒂诺的一段话，我们来念一下：衡平就是义务的对称，也就是在相似的案件当中，根据相似的法权进行决定，上帝因其裁决而被认为是衡平的，除了上帝之外，再无衡平。如果这样的衡平持久地存在于人的意志当中，那么就被称为正义。如果这样的意志被编撰为成文的律令，就被称为成文法，如果没有被编纂为成文的律令，那么就是习惯法。但是因为正义是美德的种类，所以我们来看看什么是美德，一种美德需要什么样的效果。他说美德是被良好地构建的心灵的习性，习性这个词非常重要，另外有一个意思就是衣服，习性被认为像一个衣服一样固有地附着在一个人的身上，所以美德被称为良好地组建的心灵的习性。这种习性它有四种区别，智慧、节制、勇敢、正义这四方面，托马斯·阿奎那的四枢德的理论被马尔蒂诺接受过去，运用到了衡平的理论当中。如果说马尔蒂诺这个人他对四种德性的叙述延续了阿奎那的思想，那么他对乌尔比安的正义的定义，也就是刚才说的各得其所的意志体现了鲜明的法学特征。他说因为正义是公共的，所以乌尔比安说正义是一种意志，又因为正义是把属于每个人的权利分配给他，而这种意志可能是好的，也可能是坏的，可能是公正，也可能是不公正。所以为了区分不公正，他补充了"永久的持续的"这两个形容词。因为持续和永久通常只被理解为善良方面的意义，而不能是一种邪恶的东西，不能是持续的和永久的。他又说持续这个词来自于刚才说的勇敢的那种德性，但其他几种德性也同样具有永恒性，所以为了把正义和其他几种德性区分开来，他又说各得其所，也就是把每个人的权利都分配给他。在这里，马尔蒂诺特别指明这里的各得其所的"其"，不是说正义支配了法权，而是说万物都各有其自己的法权。所谓永恒也就是只要人们还生活着，在他的心灵当中，对这种正义的追求就不会有丝毫的减少。所以他总结说永恒和持久来源于勇敢这种品德。但是从定义上来说，他们属于正义，这就是马尔蒂诺把刚才说的正义的定义当中的他理解为每个人自己的权利。

但实际上马尔蒂诺的观点并不是唯一的，在注释法学家当中，对于这个问题的认识要更加复杂，因为有些人主张他指的是每个人，还有一些人主张他指的是正义。如果问为什么我们今天会把它翻译成单人旁的，指的是每个人的他呢？为什么中世纪法学界有很多人把他理解为正义的"他"？我认为这里就反映出来古今法律人看待问题的很显著的差异，今天的人比较习惯于把法律看成是人类意志的产物，属于主观法权的层面。但是在中世纪的人看来，很多法学家看来，法律具有先天的特征，除了上帝之外，再没有衡平，具有先天和自然的特征，派生自正义这一个客观的绝对的标准，因此就进入了客观法权的范畴，所以我们才会在理解"他"的时候出现这方面的差异。有一个著名的法史学家叫赫尔曼·卡托罗维奇，他在分析这个问题的时候指出，他自己的权力把"他"理解为单人旁的他，理解为每个人的话，指的是权利的合法性，而并不是指正义性。因为如果不去诉诸于终极的正义，每个人是谈不上有自己的权利的，这个是中世纪时候许多法学家的认知。卡托罗维奇在这里还引用了西塞罗的例子来表达这种客观的意义上的正义和主观意义上的权利之间可能存在的矛盾。西塞罗举了这样一个例子,他说如果有一个人在你这里寄存了一大笔钱,然后这个人发动武装叛乱,反对自己的祖国。这个时候你是不是应该把这笔钱归还给他。如果你解释成单人旁的"他",即每个人他自己的权利,那么他对于这笔钱是有财产权,他寄放在你这里,你当然应该还给他。但是如果你把"他"理解成正义的话,显然应该服从于更高的正义的原则,不能把这笔钱还给他,还给他后他就要用来做不正义的事情。

马尔蒂诺有一个师兄弟,他在谈论同样的正义问题时说法权也就是被建构的正义,法权被理解为尊严,或者被理解为一种品质。当正义被编纂为人类的律令之前,正义就已经被这样认为了。因为正义分配他自己的法权,也就是品质或者叫品行,在这个时候被正确地称为法权,而在那之前实际上是尊严和品质。他的意思说得很明确,也就是支持那种把"他"理解为正义的那种观点,正义的"他"要分配自己的品质,在分配之前是一种尊严、一种品质或者说是一种美德。而在分配之后,让每一个人都分享了正义的这种品德之后才被称为法权,也就是每个人享有的权利。这个权利必须是合乎正义,必须派生自正义,不然的话他就谈不上完全主观意义上的权利。

接下来我们说一下注释法派的集大成者阿库修斯,他生活在 13 世纪中期,他在他著名的大注释当中,对这个问题提出了相对来说更有体系性的本体论的论述。因为他的注释的特点就是在一段罗马法的原文,挑出若干个词,一个个进行评注,有这种比较琐碎的特点,所以我仅限于挑几个关键词进行解释。首先是阿库修斯对正义这个词的评价,他这里提出了几个可能性的相反的别人会来反驳的观点。首先,既然说法来自于正义,但是在乌尔比安的正义的定义当中,他说正义是让每个人得到其权利的永恒意志,这里似乎自相矛盾。因为根据后一句话,好像是先有权利、先有法权,然后正义才会把这种法权进行分配,法权又跑到正义前面去了。但是之前说法学是从正义派生出来的,到底谁在前面谁在后面? 阿库修斯在这里就进行了解释,他这个解释是符合我们刚才说的把"他"理解为正义的这种观点,他说一个人自己的权利,也就是这个人的品德或者是德性,既然正义是一种德性,那么他当然可以把自己的德性分配给不同的人,使之成为一种权利。他又提出了另外一种解释这个矛盾的学说,他说正义本身就是衡平和良善这两种品质,因此正义可以被称为法的母亲,也就是价值观上的分享。最后阿库修斯提出了自己的正义的概念,他说正义就是在个别案件当中正确地进行裁决的恰当的规划,于是又回到了在实在法当中实现良善和衡平,从而最终达到正义这个主题。

阿库修斯解释的第二个词是技艺，也就是刚才说的法是善良和衡平的技艺。他说技艺可以有三种方式来理解，第一种方式是一般性地进行定义，也就是针对无限的事物展开的有限的学问，第一种理解方式是来自于希腊哲学家波菲里。第二种理解方式可以被说成是任何种类的法，比如说裁判官法、市民法、自然法、万民法等等，也就是经过精简压缩的教条，但这种观点并不令人满意。因为此时说的并不是完整的技艺，而只是技艺的分支的部分。第三种理解方法，他认为技艺指的可以是巧术，因为法权的创造，具体的法权的创造者是人，而正义的创造者是上帝，从这个角度去理解良善和衡平的话，也就是指的是有用的、公平的东西。他同时指出良善是一回事，衡平是另一回事，就像刚才说的，他说有些东西是良善而又衡平的，有些东西是良善，但是不衡平，有些东西衡平，但是不良善，而还有些东西甚至比衡平还要衡平。所以要怎么样实现，既要良善又要衡平，就要靠人施加这种巧术，这种巧术就被理解为技艺。

最后值得一提的是阿库修斯他对正义、法权、法学这三个微妙概念的辨析，他说正义就是一种美德，法权是这种美德的实践，而法学是有关这种法权的学问，或者他说得更透彻，即正义本身是最好的，是至善的，而这个法本身是中庸的，而法学是不完善。他又有一种说法来阐述这三种关系，即正义是正当地进行分配，把每个人应得的权利给每个人，法是在分配过程当中加以辅助的，而法学是具体的教人们应该怎么去做，怎么去分配。

我们下一位说的是作者巴尔多，他是生活在 14 世纪的评注法学派的集大成者，他的风格就不再是跟阿库修斯刚才那样一个字一个字地去解释，而是列举要点的方式进行归纳式的论述。比如说针对论正义与法这个题目，其中的第一条法律，他一共列举了 22 个要点，根据要点逐点地来进行评述。阿库修斯使用的方法还是比较老的经验哲学的辩证法，而巴尔多引用了大量刚刚在西欧复兴的亚里士多德的哲学思想，比如说有四原因说等等，我在这里仅限于阐述紧扣题眼的几个要点。首先关于正义的来源，他这里说得更加清楚，他直接就说正义的来源就是上帝，上帝就是正义。法来自正义，也就是法诞生自正义。正义在法之前，造物主的正义无可置疑，他在万物被创造之前就存在。这里体现出的这种自然的正义，具有神圣的规划的意义，并不是说从客观的这种物质自然、自发的，冥冥之中有一种力量自发形成的，而是一种精心设计好的创世计划当中的一环，是来自于某个至高的主观意志的精心设计的结果。但是尽管如此，这并不意味着他的观点和乌尔比安的自然观大相径庭。他在解释法来自正义，正义就是上帝的时候，他紧接着笔锋一转，他说法并不是类似于上帝主观性的意志性的那种正义，并不是像上帝创造天穹创造万物一样那样的那种创造，而是类似于自然哲学家所说的，有生气的、生灵万物的秩序和规划。除了正义是上帝，他还有另外一句话来给正义下定义，他说正义就是永久的、不朽的智慧。正义作为一种法律，存在于神圣的意志当中，存在于强壮的、完美的人的灵魂当中。就像刚才说的，正义是一种美德，是一种习性，这种习性是不会消亡的，就像灵魂是不朽的和永久的那样。换言之，他这里强调的是正义的意志因素，这是一种强烈的意志，而这种意志既反映在上帝的身上，又因为刚才说的分配的过程存在于人类的精神的深处，存在于人类的灵魂当中，他是如此的强烈，以至于绝对不会消亡。巴尔多又把正义的理解方式，又像辩证法一样，列了三种理解的方式，第一种方式正义可以被理解为某种自然事物当中的品质，比如说鸟会飞、鱼会游、木头会燃烧等等，这是一种先天的品质习性。第二种方式是被理解为习性，也就是品质下面的一个分支，而习性也可以被说成是一种品质。第三点又回到了美德这个概念，正义是某种抽象的美德，也就是乌尔比安定义当中的原汁原味的正宗意义上的正义。这几种观念其实都是一回事，它指的就是正义是附着在人的头脑当中的根深蒂固的意志，同时也会反映在日常的生活当中，自然万物当中。

最后我要列举的一个法学家是 16 世纪的居亚斯，居亚斯是人文主义法学派当中的一个主要的人物，我这里仅限于阐述他对于永恒这个词的定义，他说永恒是虚弱、无能为力的处境、对权势的偏爱或恩典或卑劣的贪欲都无法将其从端正的心智的状态上动摇的状态。依靠刑罚的恐惧、获利或受宠的渴望、或者得到好处的欲望无法使得并引导人自己的行为符合衡平的规范，而只能靠对良善的热爱。他这里举了一个例子，参考亚里士多德《伦理学》的第二卷第四节，这里有一个非常巧妙的辨析："做正义的事情和正义地做事情的区别。不公道的人也可以做正义的事情；但正义地做事的只能是正义者，因为他有意识地、习以为常、持续不断地保持正义。"这就是永恒的意志的含义，他接下来又说："正如正义是意志的习性，同样法学是智慧的习性，因为法学体现在学问和认知当中，而不是在意志当中。故而，法学家不是永远正确的，但他充分知道善恶、非法和合法、公正和不公正等等。也就是说，法学不是别的东西，只能是'戒律的集合'"。作为一种知识，作为一种学问，然后他又进一步解释正义地做事和做正义的事之间的区别，他说欲行正义的人，也就是正义地做事的人，这样的人他不是做正义之事的人，他也不是不做非正义之事的人，他也不是身为法学专家的人。因为大多数不公正的人也可能会做公正的事情，不公正的人也可能不做不公正的事情，或者法学家也可能做不公正的事情。他列举了这三种人：不做不公正的事情的不公正的人、做公正的事情的不公正的人，还有做不公正的事情的法学家，这三类人即使在做一个公正的事情或者不做不公正的事情，但在他的意志层面，他想到的并不是让人各得其所，只有发自内心地去这样做，以至于持续不断地想要让每个人都得到他自己的权利的人，这样的人才是公正的。换言之，实现公正并不是只有法学家专有的使命，任何一个正义地做事情的人，其实都是在体现公正，都是在执行法、执行法权。这是我讲座的主要内容。

最后我想谈一下我个人的认识，从这些片段和刚才的辨析当中，我们可以清楚地看到，在作为西方法律文明源头的罗马法，它不但讲道德，而且还把道德提升到了法的本体论的高度。认为东方人讲道德，西方人讲规则的认识未免失之肤浅。从法的本体论的角度来说，东西方在认识论的层面是大体一致的，差异仅仅体现在阿库修斯所说的技艺的分支，作为巧术的具体运用的方面，但是分支，像阿库修斯所说，只是部分，并不是完整的技艺本身。既然正义是一种人的习性，一种人的美德，那么凡是存在推崇作为习性的美德的地方，就一定存在从正义派生的法以及对良善和衡平的追求。罗马法学家和中世纪的注释家，他们的最终目的始终是终极的至善，而不仅仅是作为手段的一种巧术。这就是我今天的报告的内容，感谢各位聆听，谢谢。

姚建龙：谢谢董能。确实学问很深，讲得非常好，但是没怎么听明白，而且也不太好反驳你的东西，我也不能判断出你说得对还是不对，因为我也没有这些背景知识，特别是你这种语言的、文献的这种背景，确实有挑战性。要不我们还是先请陈教授做点评。

陈颐：感谢法学所，谢谢董能博士的邀请。董能博士所作的学问其实是一个非常艰难的领域，以前我们只能借助于二三手、四手的材料才能知道罗马法，知道中世纪的注释法学，中世纪的评论法学。董能博士的研究不仅仅是国内极少有的，目前整个世界研究法律史研究中古的法律史当中也确实很少。因为董能博士的语言优势是很多人不具备的，也能从意大利语到拉丁文。那么这些语言我都不懂，所以我来评议其实是不适格的，我只能谈谈我的一些简单的理解。

如果从大的范围来说，我们接受西洋的整套法律观念其实也有百余年，但我们会始终有一些隔膜，就像我们会不断地援引《学说汇纂》开编乌尔比安的这句话,我们在各个地方都用它,那么似乎我们的理解跟他们的理解是一样的,但是董能博士通过非常严格的注经的方式进行精细的考辨。这样的一个研究试图得出一个什么样的结论呢?我们对于实证法的理解或者在我们的文化背景下,我们会宽泛地去讨论道德跟法律的关联。在乌尔比安开始经由中世纪,尤其是经过阿奎那和亚里士多德主义的复兴,对于主观权利和客观法的体系的建构而把它视为一个统一的法权是如此重要呢?因为他需要去解决一个永恒的正义跟现实当中人的意志参与的关联,如何去解决其中的张力,这种张力使得人的意志不会背离正义本身,能够持续地去实现正义。所以在这个意义上来说,中世纪的神学,阿奎那的神学以及经过亚里士多德复兴所改造的中世纪的神学的意义就凸显出来了,而且这种意义的凸显在我看来,我不一定理解正确,也许已经超越了乌尔比安在他的片段当中所表达的内涵。因为在乌尔比安所表达的片段的内涵当中,也许并不是非常明确地能够关联起实践当中的法律技艺和抽象的斯多葛哲学之间的自然正义观念的关联。在我看来乌尔比安的表达是一种时兴的哲学观念的套用,但是未经过整体的梳理,未能够建立起来从正义到世俗的技艺之间的层级的关系,这个层级的关系在法学自身内部也许是难以完成的。这种建构可能还是要依赖于法律之外的知识,这种知识需要神之正义的体系的介入,或者按照阿奎那的观点,需要上帝意志的参与,对上帝意志的参悟才能连接客观的法律以及主观的正义的关联。

那么如果从表扬上来说,这其实不是一般人能够做的工作,这是其一。其二,能够从《学说汇纂》的第一段话去做研究,这是非同寻常的野心,只有通过理解法权的观念,才能真正地去接受西洋的法律,如何在强调人的意志、强调世俗的生活本身的时候不背离正义。在我看来董能博士的解释最重要的意义所在,他使得处理世俗事务的法律有了一个更宏大的或者说更为重要的正义之学的支撑,我不知道这样理解对不对。

如果从拍砖的角度来说的话,也许这里有一个问题,就是《学说汇纂》本身是公元 6 世纪古罗马的法学家们,对于距离他们 300 多年前的罗马的这些法学家的著述的一个摘编,这个摘编是如何摘编的,比如说董能博士刚才提到的乌尔比安的四个片段,这四个片段来自于乌尔比安的两本书,所以这些文字在乌尔比安自身的著述当中处于什么位置,就成了一个很关键的问题。到现在为止我们也没办法去复原乌尔比安的著述,因此乌尔比安的原意是什么也许缺乏更进一步的证据去证明,这可能是我们做论断的时候需要注意的一个地方。第二个,特里波尼安这批人，他们是根据什么样的方式选中这些话，并且把它编排在一起？是根据什么原则去选的，又根据什么原则去编排的，前后顺序有什么样的讲究？这个讲究是不是一定要通过对于前人著述的编辑才能实现？如果可能的话，是不是我们也可以理解为特里波尼安他们的这一批三百年后的法学家们，他们脑袋里有一个自己的著作，但是借助于前人的话语把它给书写下来了。那么如果这样的话就偏离了乌尔比安。就像是他们的那一代人文主义法学家对注释法学家和评注法学家的批评一样，法国人认为意大利人在国法大学上附着了太多的枝蔓，这些枝蔓二次遮蔽了罗马法学家的伟大的作品，因为在他们看来《国法大全》的编撰本身就已经遮蔽了古典的罗马法。对他们经文的考辨也需要做一些类似的清理工作，那么董能博士把论述的下限转到了居亚斯，他恰恰是以恢复古典时期的罗马法作为自己毕生的重任，而且他所编撰的、所清理的罗马古典法学家的著述，在某种程度上还原了罗马的古典法学的原貌。古典法学的原貌某种程度上有助于我们去理解斯多葛观念和罗马法的结合，到诞生西方特有的法权观念的这个过程是怎么完成的。这是我对董能博士的讲述的理解，不知道是不是妥当。

姚建龙： 陈颐教授很谦虚。我在华政的时候也知道他的学问是做得非常扎实，是华政比较少的能够真正静下心来琢磨学问的教授之一。所以今天你的点评尽管我也没怎么听明白，但是总觉得讲得很不错。接下来看看大家有什么问题需要提问或者发表观点的。

涂龙科（上海社会科学院法学所研究员）： 作为美德的基础的习性，是个别的还是普遍的？

董能： 美德和习性其实也是来自于罗马古典时期，比如说是西塞罗的《论发明》当中，他提出了刚才说的四德说。然后习性是出现在亚里士多德的《伦理学》当中，习性在翻译成拉丁文的时候，用到的词汇还有衣服的意思，就像一个衣服穿在人身上一样，是人天然地赋予的这样的一种性情，是人天然会倾向于这么做的一种本性、特性。而美德指的是从积极的、善良的角度的习性。

涂龙科： 这个逻辑我没理清楚，一般来说正义应该是普遍的，甚至说正义是基于上帝在造万物之前，就存在的一个客观的东西。这样来说产生的问题应当是如何实现在个体身上，要不然如何在实践中体现？

董能： 因为正义被认为是一种意志性的东西，这种意志可以说成是上帝造物的意志，也可以是被分配在每个人内心当中的对正义的追求，这种持续的不灭的意志。要怎么样把这种意志在每个个案当中实现,就要靠法学家来,靠他的这种技艺来区分公正和不公正,辨别合法和非法等。就像乌尔比安一开始的定义一样,法是产生自正义,经过法学家的工作正义也掉入人事的层面,从而在个案当中实现正义。所以法学被称为神事和人事的知识,要兼顾神事,即最顶层的正义,还要兼顾人事在个案当中的衡平。

王佩芬(上海社会科学院法学所助理研究员):现在我们对正义的理解是跨越了好多个阶段,到现在这样的一个概念,董能在研究时是会带着现在的正义观去理解和反思,还是会沉浸在语境中去了解它,研究它?

董能:谢谢王老师的问题。这个问题好像其实挺难回答的,我可能尽量从原文、从片段来入手,片段他是怎么说的,我们就怎么去理解。会不会带着现代人的思想去误读文本,多多少少也不能避免,但是我们要注意认识到自己的认识的这个特点在哪里以及时人的认识的特点又在哪里,尽量从文本本身去还原。

姚建龙:乌尔比安"法律是善良和公正的艺术"这句话我经常引用,把善良改成叫良善,不知道有没有区别,把公正译为衡平,把艺术译成了技艺,哪个更准确?

董能:译为"法"而不是"法律"是为了将本次报告中的法的概念与成文的法律条文区分开来;译为"良善"而不是"善良"是因为善良一词在现在的语境中更多指人的品质,缺少了法律技术上的含义;译为"衡平"而不是"公正"基于以下两个原因:其一,从词源考察,与英国的衡平法同源,其二,在汉语的语境下,翻译成公正可能会与正义的概念相混淆;译为"技艺"而不是"艺术"的原因在于,相较于浪漫的艺术一词,技艺体现了法律的专业性、技术性与严谨性。

陈颐:我接着董能老师的话来说,ius 这个词,如果说译成法律的话会限制住它的范围,因为法本身被人所呈现出来的只是部分。所以如果用法律这个词,只能是实证的、实际发生的、对人有效力的规范,它本身呈现出来的价值只是部分。第二个是善良带有主观性,而良善带有客观的评判的意味。梅因讲古代法律变革的时候,是专门用的衡平这样的一个技艺的,衡平本身是对不平等的纠正,是衡量的过程,衡量过程本身未必就是正义的,平等在古代世界当中未必就是正义的,所以衡平这个词是不能用来代替公正的。衡平可以矫正不平等,但衡平并不必然是公正的。那么技艺的用法在柏拉图那里就已经区分了匠人跟艺术家之间的区别,那么西塞罗也延续了这个区分。

董能:补充一点就是我们现在可能更多的是读英语的文本,英语就是 law,

不区分是我们说的法权还是具体写出来的法律，所以我们可能在认识上就没有敏感性。而比如说拉丁文、意大利语或者法语当中，这两个观念都是有专门的词去对应。但是在汉语当中，如果我们只是说法律的话，就可能会产生概念上的混淆，这是我的一个考虑方向。

姚建龙：尽管你解释之后，我觉得确实很准确了，但是这句话的格调就降下来了，它的传播跟引用率肯定也会下降下来。我估计这句话应该是从日文或者英文中转译过来的。

尹琳（上海社会科学院法学所副研究员）：日本的话，日语当中经常用的是法的权利而不是法律权利，我记得何勤华老师写的那本《西方法学史》里面有时候用的是法学，有的时候用的是法律，这可能跟他在日本待过有关系。

董能：我们比如说本科刚刚进来的时候，大家说要去法律系。虽然一级学科叫法学，我们为什么会说法律系？因为我们刚刚还没有这个观念的时候，我们想什么是法律，就是一本书，一部法律典籍翻开了，上面一个个条文叫法律，不会再有跳出法律更高的正义的理念，这可能也是社会大众对法律的了解。

陈颐：董能刚才说的受英语的影响比较大的地方在哪里呢？建国以后我们在翻译经典著作的时候，我们都是使用法权这个词的，因为法权有对应的德文词，对应的德文词可以追溯到拉丁文，但英文当中没有这样的区分。恢复高考以后大家读的都是英语，大家用的材料都是英文材料，那么英文材料当中没办法把"law"翻译成法权，所以只能用法这个词而不是法权。这些年陆陆续续有一些研究法理学的老师会重新使用法权这个词，但是法权这个词和马列经典著作当中的法权的用法容易形成某种联想，所以这个词是比较麻烦的。因为现在再用法权，人家会联想到经典著作当中的用法，你如果不用法权，那么当我们使用德日文献的时候，其用法权的频率比我们要高很多，我们就很难去轻易地解释主观权利客观法的问题。因为主观权利客观法是融合在法权的概念当中的，如果没有法权这个概念，我们没法去呈现主管权利客观法。

姚建龙：接下来我做一下小结。实话说这么多年很少有听到一个讲座之后，不怎么好去提问、不好去发表意见的，因为董能用的那些材料我也都没看过。而且今天这个讲座我一个最深的感受是让我们知道建设法治智库也不能忘记纯粹的学问。我们法学所在历史上那些老先生，他们的学问都是这样非常扎实地做出来的。所以我非常感谢董能博士和陈颐教授今天给我们带来一个非常纯粹的学术的讲座，最后我想再次请大家以热烈掌声感谢二位。

"一网通办"面临的
主要法律问题及其纾解

主讲人：**彭辉**，上海社科院法学所研究员。复旦大学法学硕士(2005年)、同济大学管理科学与工程博士(2011年)，上海交通大学凯原法学院博士后(2013—2017年)，先后在加拿大不列颠哥伦比亚大学法学院(2014.9—2015.9)，香港大学法学院(2014.1—2014.2)，德国马克斯-普朗克知识产权法、竞争法研究所(2013.9—2013.12)(2009.3—2009.9)进行访问交流，现任上海市法学会法社会学研究会副秘书长，中国法学会立法学研究会理事。研究领域为法律实证研究、司法改革、法社会学、知识管理等。迄今为止在法律出版社等出版专著5部，在《现代法学》《法学》《行政法学研究》等发表CSSCI来源期刊30余篇，负责主持国家级课题一项，省部级课题10余项，其余课题30余项目。相关研究成果获得"第十一届上海市决策咨询研究成果奖"一等奖。

与谈人：**李幸祥**，上海市政府办公厅法律事务协调处副处长，长期从事法治政府建设相关工作，包括重大行政决策程序制度的实施推进，市政府规范性文件的合法性审查，市政部门的备案审查，地方立法行政执法。

主持人：**李建伟**，上海社会科学院法学研究所副所长、特聘研究员。

时间：2020年9月24日9:45

彭辉：非常高兴今天跟大家围绕"一网通办"做一个分享，我将汇报的时间控制在一个小时之内。

大家知道从2018年上海就开始主推"一网通办"这项工作，到今年的上半年，我们也搞了"一网统管"，这实际上是围绕两个不同的层面进行展开。"一网通办"面对的对象是我们的市民，"高效便民、一网通办"是对我们每个市民在围绕政府办事的时候碰到的一系列政务处理的问题所提出来的一个命题。而现在提出的"一网统管"，它所面对的问题是政府如何高效地处置一件事情，是政府内部对事物的处置或者纠纷的调解，以及如何形成自身框架。这两者一个是对外的，一个是对内的，"一网通办"是对社会、对大众、对普通市民，"一网统管"是对政府内部。所以李强书记所提出的"一屏观天下、一网管全程"，实际上既涵盖了"一网通办"的一些内容，但更主要的是相对于"一网统管"而言的。今天我和大家分享一下目前"一网通办"的现状以及一些法律的问题。

"一网通办"在上海已经开展了三年了，三年过来应该说走得是很不平凡的。从 2018 年开始"一网通办"这个主题就已经两次登上了《人民日报》的头版头条，而且这也是李强书记主政上海后提出的一个重要的核心命题，这是一个重要的抓手。为什么会提"一网通办"？内在的核心要义就在于对政府的事务从两个维度展开：一个是政府对于加强便民服务、"放管服"改革，加强"事中事后监管"等等一系列命题的展开碰到了很大的瓶颈；改革进入深水区之后，进一步深入改革的抓手在哪里？政府失去了方向。这时候"一网通办"这个命题的展开，就为政府如何便民，如何为社会、为市民、高效地处置这些事情，如何让"数据多跑路""群众少跑腿"提出了一个切实有效的抓手和一个切入点，提出了一个行动的路径。另外一个方面，政府在当下提出的五个人人建设都提出了更高的诉求，也面临着更高的行政执法需求，而"放管服改革""721 工作法"这一系列改革都遇到了瓶颈。"一网通办"在我理解看来恰恰就是打破瓶颈、打破制约、打破障碍的一个重要切入点。

所以尽管上海提出了很多概念，四大品牌建设、五大中心建设等，但每个市民感受最深、接触面最广，在全市全区全街道，楼宇三级五个层面的展开都会看到的无疑是"一网通办"的身影。从这个角度来说，我觉得"一网通办"不仅仅是一个暂时的阶段性的任务，而且要陪伴着我们不断成长，伴随着整个城市化不断进步，也要始终迭代地更新。这也是上海实现习近平总书记在 2019 年提出的城市发展两个绣——一个是锈迹斑斑的锈，一个是绣花的绣，也就是由城市粗放式的发展向精细化的管理一个重要的切入点。"一网通办"可以说非常的重要，及时而生，应势而生。

这里给大家分享三个核心的命题，第一，"一网通办"它到底是什么？为什么要做这件事情？它的理论基础是什么？第二，"一网通办"它该怎么实施？它自身的发展有个生命周期，我们如何把它做下来？第三，我们要面对哪些问题？以及面对这些问题需要破除哪些障碍？

"一网通办"实际上是一个很响亮的名字，因为名不正则言不顺。我们普法时，闵行有闵晓法，闵行的闵，知晓的晓，法律的法；杨浦的叫杨晓惠，杨浦的杨，知晓的晓，贤惠的惠；普陀叫普晓安，普陀人要知晓法律然后就安全了……这些的关键在于名字的重要性，在于"文眼"；像嘉兴叫"云管嘉"，包括上海的随申码、随申办。"一网通办"拆文解字，"一"就是只跑一次、一次办成，第二是这种通过网络的方式，通过数据的方式，线上和线下相互融通的方式来解决问题，而且线上的效果和线下的效果都是一样的。第三是"通"，例如你在杨浦、黄浦就可以办理闵行的事情，全市都是通的，而且街道的事情可以在市里的渠道办，市里的事情也可以在街道里办，全网全市全覆盖，能够一网办成。第四个就是"办"。"办"有统一的入口，统一的出口，就像办公室一样，上面千根线、下面一根针，实际上就是要依托线上的平台和线下的窗口，将数据整合共享、流程再造、集成融合，实现一个总门户，一次登录全网通办，只进一扇门最多跑一次，这就是"一网通办"最核心的要义，也是它想达到的技术设计的初衷。

美好的蓝图已经构想好了，接下来又是怎么做的呢？今年的"一网通办"已经是3.0版本了，实际上已经实现了一个跨越式的发展。上海政府一直是智慧政府，包括法院的206工程，包括智慧检务，包括智慧政府建设、智慧人大建设，一直是全国创新发展改革的排头兵。2015年上海大数据中心成立，这应该是向贵州学习的，为什么在贵州率先成立大数据局？因为贵州适合搞大数据，其地震很少，能源丰富又消耗不了，而大数据需要大量电力的消耗。当时设置"一网通办"的时候，才想将这种大数据中心设在公安局，因为公安局的数据是最全的，和平年代涉及到我们社会生活细胞的各个层面的只有公安系统，其他任何一个政府机构都达不到公安系统的这个层面，所以当时就想"一网通办"能不能设在公安局？但是这个想法恐怕不行，因为如果全社会最好的资源都聚集在公安系统，这给外界带来一个什么样的观点？——这是一个"警察国家"。所以为了和这个世界对接，为了以一个开放的眼光看世界，将原来附属于经信委的一个处也成立了一个大数据中心，设在市政府办公厅下面。2018年各个区就随之展开，2018年7月份"一网通办"的总门户开始上线，大家可以随手下载APP。2020年2月6日中央政治局常务会议上说到：疫情越是吃紧的时候，越是要加强法制保障、法制先行。2018年上海又出台了公共数据和"一网通办"管理办法的市政府层面的规章。到2020年7月，我们的调查显示，全上海目前个人用户登录"一网通办"的有2836万人次。这个APP非常的方便，你的献血证、你的驾驶证、你的身份证、你的无犯罪证明、你的一些相关信息等等都可以在我们的APP里面集成。比如说以后如果有了献血证要输血时，就可以直接通过APP办理，而不需要带一大沓文件，四大行的大大小小的银行卡也是一样。现在就要打造一个超级的APP，这个APP可以结合基层很多运用产品的一些功能的设计和展开；有了这个APP之后，在上海不需要实体身份证就可以住星级酒店了，可以刷随申码亮码入住、当然健康码也是在不断更迭的，现在有207万企业法人也开展了随申码的一些服务和功能，所以整体上来说，特别是疫情期间，它已经得到了更加跨越式的发展。同时我们出台的法律还不仅仅是刚才所说的那些，我们还有数据开放，因为政府的数据它有一个全生命周期，核心要点就是四个：第一步，数据需要采集，比如公安局采集公安的，民政采集民政的，城管采集城管的，市场监督采集市场监督管理的，这么多部门都会采集相关的在政务服务过程中的办事。我们这一辈子可能不会和公检法打交道，但一定都会和政府打交道，比如骑车到行人道上就要被处罚，开车违规了也要被处罚，甚至是申诫罚，也是一种行政处罚。所有的处罚都会收集我们个人的数据。数据采集之后，要按照共同的一个标准归集到一个池子里，"一网通办"就是解决第一步，即数据采集的整合问题。A部门是按照A部门的数据采集方式，B部门是按照B部门的，C部门就是按照C部门的，数据没有办法得到有机融合，所以采集之后，第二个很重要的步骤就是将它们逐一归集起来。第三步是要共享，我们要成立个人的数据库，法人的法人库。第四步是要向社会开放。政府的数据、政府的信息、社会的资源百分之八十是掌握在政府手里的，政府信息的公开程度体现了一个国家的开明程度。我们知道最早实行政府信息公开的是北欧国家，如瑞典芬兰等，在两三百年前他们就已经开始了这些方面的工作，伴随着开放又会产生新的问题，比如政府开放的这些公共的数据可能会包括一些个人的数据，这些包括个人信息的数据可不可以开放，会不会有泄露隐私的隐患？现在疫情期间每个小区都采集了我们个人的信息，疫情结束后我们肯定不希望我们的信息被政府以每天刷脸五百次的方式被持续地跟踪。当然这也有好处，张学友演唱会为什么能抓住那么多逃犯？因为通过人脸信息的比对。传统的侦查方式根本就没有办法抓住像劳荣枝这样潜藏那么多年的罪犯；但是通过大数据的方式，通过人脸识别的方式，使得一些传统上很难被抓捕的罪犯得以落网,侦查犯罪、精准打击,使得保护人民的财产安全有了一个很好的抓手,但也会涉及到对隐私权的侵害。

接下来谈谈元数据的完备。我们希望提供的都是元数据,这是底层的数据,而不是被加工的数据,包括企业的数据。静止下的数据是没有价值的,数据只有动起来才能够有变现的可能。变现的可能必须要保证我们的数据是能够被加工的,能够提供启动服务的。我们的民法典也并不禁止数据流动,当然也是在一定的条件下才允许数据有效地对社会开放。

推行"一网通办"的意义和价值在于:第一是治理能力和治理体系的现代化,这是获得感和满意度的重要指标。比如说我们营商环境最关注的是三个环节,一个是办事的时间成本,第二个是办事的手续环节,比如要证明是"我妈是我妈",要敲 100 个章,这个环节就太多了。第三个是手续的成本,如果敲一个章要 10 块钱,那敲出 100 个就需要 1 000 块钱。时间、手续和成本这三个环节是非常重要的,而实施"一网通办"之后,这些顾虑可以基本上被排除。第二是智慧政府的建设。上海一直引领着中国智慧政府的建设,通过"一网通办"又凸显了它的新高度,其他的省份很难超越上海,成为国内乃至国际城市智慧活动的天花板这就是基于"一网通办"的实现。这也是打造国际化、法治化,还有便利化营商环境一个重要的节点。我们就说两个"精简",一个是环节尽可能减少,比如原来的10 个环节现在只需要 1 个环节;原来是串联的现在搞为并联;比如以前是民政局开了去民政局,税务局开了去税务局,工商局开了去工商局,现在我们一口受理,内部形成一个并联的环节,不再是传统意义上的串联,这样的话可以缩减政府办事环节的手续和时间的成本,从而提高城市的核心竞争力。特别是疫情对营商环境造成了很大的冲击,接下来"六稳""六保"、新基建是工作的重中之重。根据国家统计局的数据,今年上半年第一季度我们整个财政收入是负 3.2,第二季度是正 6.7。上海前两天又推出了新的留沪政策。原来是北大、清华才能落户,现在是上海四所 985 高校的本科生就可以进行落户了。上海的老龄化问题非常严重的,三个人里面就有一个是 60 岁的老人。这些环节都面临着挑战。首先要把冗余的环节全部砍掉,什么是两个"简(减)"? 一个是简单的简、精简的简,一个是减少的减。第三是潜在的智慧化,这有利于政府获得更多的数据,增加政府对社会的控制和管理能力。100 年前通过卓别林的《摩登时代》看到了流水线的生产,现在我们看到的是社会大进步,但我们真的解放了劳动力,可以享受更多的自由吗? 英国的光荣革命是资本主义第一次工业革命,它是最早开始的也是最早结束的。但到现在整个人类社会也并没有呈现出闲暇时间的增多。原来需要工作八小时，现在还是要工作八小时。前两天有个新闻报道，城市发展最悲催的三个职业是什么？第一个是外卖小哥，他们在不停地倒计时，晚到一分钟就是差评，差评意味着被罚钱。第二个是快递小哥，第三个是网约车司机，每时每刻都有一个无声的铃铛不停地在背后敲击他们。所以说我们的数据已经帮我们做了这么多工作，但整个行业还是在这么疲劳地工作。我们有了人工智能，我们有了机器化手臂，机器帮我们干了很多人类原来不可想象的事情，但我们整个人类原来该干什么活，现在还是干什么活。于是哲学家发问：这个世界会好吗？这也是一个很深刻的哲学命题。

第二个是国家增强了监视和监控能力，通过算法的方式可以控制每个人。现在个人还有透明的生活吗？还有个人隐私吗？手中的信用卡、微信的转账，每天去哪个地方等信息都会被锁定。第三个是它打造了一种新的权力形式，实际上在这个数据的年代，实现了一种"裸奔"的状态，个人信息没有办法被很好地保护。

当然，"一网通"除了通过数据驱动，也有很多优势。第一，它具有系统性，不是一个部门在单干，不是民政系统、司法系统在单打独斗，而是整个社会合力干一件事情，体现了我们社会治理的整体性，它不是部门碎片式的改革，而是全领域的、跨领域的、更深层次的社会职能的改造、再造和完善。第二，它具有非常清晰的改革理念，就是让人民获得更大的满足感、幸福感，提高便民意识。第三，它具有金融意识。大家知道"一网通办"是要投入金钱的，科技的尽头绝对是金融，所以上海的五大中心必然会将我们的金融行业、我们的科创板上市，还有我们的金融行业要关联起来，如果只搞科技，不搞股票，不管融资也是不行的。现在尽管有特斯拉，但我们并不能否认巴菲特对于金融行业的精准把脉。前期已经投入了那么多，后面"一网通办"能否可持续？人类也做了一个尝试，如何在马拉松42多公里内跑进两个小时。只有去年年底在挪威的时候，在一整个团队精细化管控的情况下，保证适当的湿度、温度的情况下，围绕一个固定的圈才能跑进两个小时。如果在自然的条件下，在自然的一个赛道里，只有到2070年，整个人类的发展和进化才有可能在自然状态下突破到两个小时之内。所以说我们也需要一个逐步的迭进，进入到现在这个阶段，未来的发展还有待进一步深化。一个仪器在那里，它的维护管理的费用是1∶10，也就是说一个仪器花了1万块钱，它的维护成本是非常高昂的。特别是今年疫情的冲击，给"一网通办"的进一步深化带来了一定的影响。所以很多人就提出异议，这是不是一个政绩工程？是不是在劳民伤财？迭代优化之后是否能带来更大的喜悦？就像一个人现在一个月赚 1 000 块钱，当赚到 2 000 块钱的时候他会感到非常喜悦；但如果像马云一样，在他存款后再加一个零，他也没有太大的感觉了。这个财富对他的幸福指数的提升没有太大的跃迁。2007 年乔布斯发明了第一台苹果手机之后，手机行业实际上有了革命式的进步；但 13 年之后，手机行业并没有实现彻底性的进步和优化，只不过我们的内存更大、屏幕更大，除了能折叠起来，便再无其他。所以要投入很大的人力、物力、财力，才可能使手机行业飞跃一点点。包括现在大家吐槽，为什么要花 1 万多块钱买一个苹果手机？因为没有办法呈现一个跃迁式的革命发展，必然会导致幸福的代入感不如原来那样强烈。但改革依然有它深远的意义。改革的意义在于它实现了线上和线下的双重融合，原来部门内部的一些流程，部门和部门之间的流程都是写在黑板上的，写在墙上的；但是现在通过"一网通办"和数据工程，实现了突破和融合。这个是我觉得数据带给整个经济社会，包括政府的职能转变最强烈的冲击了。写在纸上的一些潜在的流程甚至可以被抹去不去遵守，而数据化实际上就可以去追踪这些流程。实际上它对市场改革，对政府职能的再造和转变会留下非常深刻的影响。再通俗地讲一遍，例如我们资金的分配，科级拿科级的钱，副科拿副科的，每个级别相差不会太大。而有了"一网通办"之后，他们的工作强度就可以被看到，一个人一天办 10 个案件，另一个人办五个案件；当然两个人的办案系数是不一样的，一个人可能是处理知识产权，一个人可能是处理交通肇事，那么办一件知识产权乘以 1.5 的系数，办一件交通肇事乘以 0.5 的系数，将两者平衡，年终要统计薪水就折算成一个分数，多劳就要多得，办了 100 件的工作人员凭什么和办 50 件的人拿同样的收入？原来没有办法去进行评估，但是现在有了"一网通办"之后，就能够实行后台的锁定。从这个角度来说，我觉得这种改革会实现政府从线下的操作向线上的转变，线上的一些操作流程会对线下的流程进行再造。

所以"一网通办"对实现这种功能的再造也有一定的影响，一方面它方便了老百姓，另一方面对政府自身的一个改革，是刀口向内的改革。全国各地可能并不都叫"一网通办"这个名字，但是全国也有很多类似的。李强书记在温州时，其任期里也实行了"最多跑一次"，江苏省叫"不见面审批"，广东叫"一门式、一网式"等。但唯独上海的声誉度、美誉度还有领导人的重视程度是最高的，而且效果是最好的。现在最起码有多个环节可以被引用。一个是咨询。上海政府的口号是找政府办事以后要像网购一样方便，政府应该打造这种没有上下班时间的服务窗口。原来到法院去立案，可能下班了就立不上案了，但苏州中院就搞了一个立案机器在门口，像银行的 24 小时柜台机一样提供 24 小时立案服务，材料输进去就自动翻页装订贴上二维码，第二天就可以自动锁定案件卷宗到了哪个环节，甚至到了哪个法官，办理到什么流程。包括现在打一些市民服务的热线，首先都是电脑和我们对话，不是人工和我们对话。芯片最核心的功能是它的图像处理功能，"一网通办"最核心的功能就在于它的图像处理和识别的能力。机器有了数据之后，就能不断地学习、不断地成长、不断地进步。比如我们提出的一些问题，可能第一次机器也不是很明白，但随着问的人越来越多，它就会逐渐掌握、做出准确的回答。之前我们打客服电话非常难，至少有了这个东西后，可以非常便捷地向你提供准确的、高效的解决方案。

二是节省办事时间，这一点之前已经讲过。第三是身份核验，因为要登录到网上就必须要保证安全，还有就是并联审批和智能协助办公，第四是自助服务，就像全家便利店全年 24 小时都是开门的一样，政府也应当是永远不停业的，人加班以后也得回家，但机器人永远是 24 小时在线，永远都是可以进行服务的，这有利于推进科学的决策。

第一，原来获得信息是派协管员满大街地去路口抓取，现在我要向人机互动型转变；徐汇区的一个街道小区里面有 2 000 多个探头，小区外面有 2 000 多个探头，只要出了门洞就有探头，信息的抓取就不需要通过人工的方式了，可以通过机器的方式实时地抓取。现在城管试点非接触式执法，通过探头就可以知道你有没有跨门店经营，卖蛋糕的、卖面包的有没有摆出摊位；通过探头还可以自动预警，行政执法人员可以远程警告你。很多洗车店污水很多，也可以随时警告，而不要等到老百姓打电话举报，第一时间就将违法行为制止了，这是很重要、很有效的及时止损。第二个，由自我经验判断向科学决策转变。有了数据以后我们就可以依案类推。上海有很多大白一号、大白二号，它可以事先告诉你结果是胜诉还是败诉，如果 90％都败诉了，那还打什么官司，还出诉讼费用干嘛？这是一种参考和借鉴。第三个是融合智力的互动。现在东西都是摆到台面上来的，原来都是在底下暗箱操作，现在都是用留痕的方式来保证政府的决策的公开透明。英国哲学家培根说的，"不公的审判就像将源头的水污染了"。所以需要从源头上保证整个过程是阳光的、透明的，是高效的、便民的。公检法都能看到数据是怎样进行流转的，它是不可逆的，只能往前进。比如酒驾之后，一旦录入系统就不可能把这个信息给消除了,除非在最原初的时候不把它录入系统,否则任何人都不可以对这个信息进行调整或者更改,这就是保证了公正阳光的客观执法,否则很可能会出现一些不公平的现象。当然还有助于加强协同治理,因为要数据共享,不同的部门之间就必须进行衔接,除此之外要向社会开放就必须要进行共享,很多数据库因此形成。人人参与、人人尽力、人人享有、政府主导、部门联动、企业支持、社会参与,这是它基本打造的一个格局和一个方向,这是非常重要的一点。

另外,我讲一讲"一网通办"的全生命周期和管理,刚才说到数据的属性有很多种。数据有国家主权的属性,像斯诺登,为什么他跑到俄罗斯之后,美国总是盯住他不放? 因为认为他侵害美国国家利益;为什么特朗普要这么坚决地打击微信? 因为认为它有泄密的风险。所以数据看似是个人的资源,是企业的资源,从大的意义上来讲它也是国家主权。所以数据的主权是一个不可避免的问题。数据应该从两个层面看,一个是理论,一个是运用。从理论上来讲,我们并没有走在世界的前面,还有很多薄弱环节,但是数据应用端我们基本实现了弯道超车。我们有 2020 年、2025 年、2035 年三步走方针,2017 年国务院大数据发展纲要里就明确地说出了我们接下来怎么规划和怎么发展。

"一网通办"还面临着很多发展的瓶颈。首先未来的发展广度要宽,但现在公安网点还不够多。经过世博会、进博会从 2018 年到现在,青浦从 16 个区倒数第二、第三一下子进入到了全市的前三甲。原来我们看公安的装备都去黄浦的半淞园街道,但进博会为了维护社会治安增加了很多的探头,青浦社会面智能安防走在全市前列。现在疫情期间资金缺乏,确实面临一些问题,接下来要如何保证可持续发展? 如何实现内部规划的流程化管理,向度要准,精度要高,真度要强,融度要深,速度要快,这个是未来采集数据的诉求和发展的方向。当然数据还存在共享的问题,上下级利益、不同部门之间的利益存在着难以破解的冲突。一旦有的部门把数据交接了,这个部门也可以消失了,就没有它存在的价值了。中国各个部门的利益都是很分散的,法律的体系就很多,一支队伍、一套执法、一套数据,都很复杂。所以很多部门其实都不愿意交出自己的数据,会制造一些不配合的理由。因为现在上海市主要领导在极力推行这件事情,很多部门才会妥协。但依然会碰到一些瓶颈,比如说上级法律没有修改,怎么能随便将数据交出来? 海关的数据、税收的数据、国家电网的数据,凭什么交给地方政府? 碰到这种场景就很难在地方层面有效地加以解决了,改革的难度还是比较大的。

　　数据共享还有很多的分类，可以快速讲一下。上海出台了很多法律明确了无条件共享、授权共享和一些不共享的情况。数据只有具备可获得和普遍参与的性质，才具有开放的价值，但如果政府只是把数据开放给社会公众随意浏览，就没有任何意义。比如财政局的、税务局的税收报告展示出来，如果没有专业的眼光，没有专业的背景根本就看不懂这里面的门道。所以这种数据开放必须要对数据进行加工，再对社会开放才有价值。如果都是一些原始的、根本就没有整理过的数据，看不出问题也提不出问题。如果政府不加工，可以请社会第三方的公司对它进行加工，我觉得这也是一种有效的方法。还有只有先界定数据权限开放的边界，才能讨论数据的开发问题。也要确定哪些数据可以开放，哪些可以有条件地开放，哪些数据不能开放。很多APP都要个体同意使用才能用，不同意就没法用；但很多数据只有到达一定的数量级之后，才能实现跃迁和增加。没有数据的话也很难提供彻底的解决方案。所以一个方面是保证数据的开放，另一方面要保证隐私，这两个端点之间如何实现有效的平衡很重要。

　　我们认为这几大数据必须开放：交通数据、环境数据、气象数据、统计数据、地理位置数据、文化类数据、科学数据、经济数据，这些数据一定程度上应向社会进行开放。但在数据开放中个人也享有一些基本的权利。首先个人隐私不能随意公开，比如身份证号码，其次个人有信息权，可以删除自己的信息，个人还有知情权，需要知道自己的信息用到哪里去了。个人同样可以有反对权，个人始终有权随时拒绝提供数据给数据控制者。个人可以有数据的可携带权、修改权、被遗忘权。就像现在征信信息，如果闯红灯记录有3年或者5年了，这个数据我不想被别人知道，这个数据本身可以被"遗忘"，系统里就查不到了。

　　接下来着重讲一讲"一网通办"碰到的一些重要问题。第一个就是数据的权属，这个问题始终没有得到破解。举一个很简单的例子，青藏高原是很多河流的发源地。到了重庆有嘉陵江，到了湖南有湘江。怎么界定水的源头，从哪里流的，流到哪里去？政府最初数据的原本都是采取个体的数据，个体数据汇到池子里面去，该怎么界定数据的流向呢？数据被采用了，获得了增值又该怎么算呢？

　　第二个数据的接口不一样。一些部门数据的共享容易失准、失效、失稳。虽然通道有了，大数据中心也有了，但是数据真正的话语权不是掌握在大数据中心主任或者副主任的手上，还是在各个委办局、信息处的处长手上。是什么时候将数据归到大数据中心的？不知道。给的是不是完整的信息？也没法检验。所以虽然可以实时上传的途径有了，但现在还是很难做到完整、真实、客观、及时。还有就是责任的归属问题。比如市场监督管理局提供了数据，但这些数据侵权了，他们的数据是从哪来的？谁拿来的数据谁就要承担责任，但是很多人不愿意承担这种责任。

第三个是数据的成本无法平摊。法院投资206工程花了那么多钱，现在要它把数据交出去，这些成本可以报销吗？这些都是很实在的利益问题，如果法律没有强迫其这么做，就能拖一天就是一天。

以上就是我今天讲座的全部内容，谢谢大家！

李建伟：感谢彭老师的分享！彭老师准备得很充分，内容非常丰富。"一网通办""一网统管"其实是现代化和数字化这样一个双重背景之下政府的自我改革。所以我们今天非常有幸请到专门负责这个事务的李处长，来给我们讲讲政府自我改革的心路历程和实践过程中的一些感受和经验。大家欢迎！

李幸祥：尊敬的建伟所长，还有各位专家，各位老师，大家好！非常高兴今天能够有机会接受邀请来我们社科院法学所参加这样一个学术活动。今天这个讲坛已经是第20讲了，从今年1月份开始坚持到现在不容易，当然这也成为了一个学习活动的品牌，以前很多时候因为工作时间的冲突也没有机会参加，今天能够参加，对我来说也是一个很好的学习机会。

首先我觉得彭老师"一网通办"的选题非常好，这的确是实务部门关注的一个话题。这个话题对于我们治理能力与体系现代化、对于下一步工作的推进都有很大的帮助。可以看出彭老师PPT里面的内容非常详实，可见他的确做了大量的调研工作。彭老师不光学问做得好，也经常活跃在实务界，人大、政府、法院、检察院经常能看到他的身影，所以我觉得他对这些实务部门确实也都十分地了解。

今天彭老师以此作为选题，从学术的角度对我们"一网通办"的实务工作进行了深入的思考，实现了实务与学术的对话，理论的意义或者实践的意义都非常重大。那么我就结合我所掌握的信息，比如办公厅里看到的一些领导的讲话稿和一些专报，包括领导的一些批示等，跟大家分享一下现在上海"一网通办"的大致情况。

上海的"一网通办"工作从2018年开始全面推行，两年多下来获得了高度的认可。包括"一网通办"这个概念，实际上也被国务院在宣传文件里所采用。另外"一网通办"工作也成为了上海营商环境的一个金字招牌，领导也这么说过，上海的营商环境好，很大程度归功于"一网通办"工作的推进，因为它的确在方便企业、方便个人办事、提供公共服务等方面提供了很大的帮助。前两天正好看到一个国办的报告，它引用了2020年联合国电子政务调查报告，里面有一项数据就是地方在线服务指数，上海排在全球第九，应该说排名是非常高的，第一次进入前十。实际上这也是对上海"一网通办"工作在全球层面上的高度肯定，不光是和我们国家北上广这几个大城市之间比较，在全球范围内，上海的"一网通办"工作也处于前列。上海的政务网站的政务公开也经常排名靠前，包括第三方机构的评估排在第一的情形也是非常多的。2018年成立大数据中心迄今可以获得50个机构的1.6万多个数据来源，还有140亿个数据点，也提供了1000多种的电子服务，对于提升我们的服务水平有很大的帮助。

　　第二个方面就是"一网通办"相关的基础理论，彭老师讲得也非常清楚，即为什么要推行"一网通办"？"一网通办"是什么，怎么样推进？包括一些推进的过程也做了很详细的介绍，以及在此基础上进行了相关问题的分析。

　　实际上"一网通办"主要有四大方面的经验：第一个是"做大一朵云"，这朵云就是"电子政务云"。上海在"一网通办"建设过程当中，到今年6月底已经有1712个信息系统的相关数据被上门清理，通过电子政务云把相关的数据整合起来。下一步不光光是政府部门，学校、医院这些公共服务机构的一些数据也可能会迁移过去。第二个是"做强一张网"，这个网就是"政务外网"。"一网通办"门户网站实际上就是依靠原来的中国商业门户网站，它是一个典型的政务外网的服务。现在全市有大概90％的政务服务是可以在网上实行的，应当说这个功能还是很强大的。第三个是"打造两个终端"。前面彭老师也介绍过，一个就是"一网通办"里的"随申办"，驾驶证、结婚证，包括上海图书馆的借书证，社保的、投行的记录等，所有的数据都可以固定在APP里面，方便被查阅。另外一个就是"一网统管"。它的主要功能跟"一网通办"的功能有点不一样，"一网通办"主要是为社会公众提供一种服务，给老百姓提供服务；"一网统管"更多地侧重于从政府的角度来实现更好的一个管理，比如要搞政务微信，当然这也是逐步推进的过程，下一步可能就是给各级政府的工作人员安装政务微信这样一个举措。第四个要做深"4＋N"数据库，这个"4"主要包括4个方面，第一个是自然人的数据库，第二个是法人的数据库，第三个是空间地理的数据库，第四个是经济数据库。这些都是推进"一网通办"工作的基础。还有就是要搞n个主题库，比方说政务服务的主题，城市运行的主题，还有社区治理的法治机构……通过"4＋N"数据库的建设，推进"一网通办"工作，加强社会数据的治理，应当也有非常大的帮助。

第三个方面就是目前"一网通办"的一些总体要求和 2020 年的主要目标，"一网通办"在逐年地推进，所以必然有年度的目标。今年 4 月 13 日，全市召开了一个"一网通办、一网统管"培训大会，李强书记在会上概括得非常精准到位。他强调总的要求还是要在三方面下功夫，第一个是更高效，第二个更便捷，第三个更精准。所谓"更高效"就是要从"能办"向"好办"转变。在网上能办理是"能办"，"好办"就是用起来很方便；有的时候"能办"，但是不方便，还不如去现场办理。所谓"更便捷"就是要从部门管理导向向用户体验导向转变。因为政府部门搞信息化、数字化最早的出发点可能是为了方便自己的管理；最典型的例子，好多单位推进 OA 无纸化，但很多时候尽管信息系统建起来了，领导还没有习惯在系统上面签字。"一网通办"除了方便管理之外，还要体现用户导向的原则。它不仅仅是为政府部门提供管理上的便利，更重要的是为社会公众提供服务上的便利。所谓"更精准"就是说要从被动服务向主动服务转变。因为有的时候政府提供的服务可能不是自然人或者法人所需要的服务，所以还要提供一个更加均等的市场，这样又有助于提升获得感。我也一直在关注 2018、2019、2020 年"一网通办"工作的改革要点，其主要目标确实不断地在推进。2020 年的主要目标是市委市政府统一发布的，明确提到了"两个免于提交"，一是凡是本市政府部门核发的材料原则上一律免于提交，二是凡是能够提供电子证照的原则上一律免于提交实体证照。当然实际运用中也还是存在问题。很多时候我们会发现有的地方还是要实体身份证。因为它要求"读卡"，可是 APP 上是没法实现这个操作的。我也问了相关人员，APP 上有"亮证"的功能，通过扫描二维码就可以进行比对，但是很多单位没有更新这种功能。这方面下一步还有进一步改善的空间。主要目标就举这样一个例子。

第四个方面就是需要研究的法律问题。刚才彭老师也讲了我们在实践过程当中关注的一些问题，说实话在当前阶段有些可能也没有什么解决的方法，就只是把问题提出来了，这个答案还是开放性的，最佳的、最合适的答案还没有形成，但能够把问题提出来也非常有意义。彭老师提到的公共数据的权属问题，这个问题很好。公共数据到底是谁的？它本来是自然人的数据，是法人的数据；归到了数据库里面，这个权属是自然人、法人的，还是数据中心或者说其他提供数据的公共机构的？数据共享的问题也的确存在。很多部门不愿意提供数据，因为这个数据是他们花钱收集的，现在免费共享给你，对你推进工作是有帮助，但是对他们的工作却没什么大的帮助。虽然我们有一个整体政府的理念，各部门理所应当共同协作，但这只是一个理念，在实际当中部门有部门的利益，部门有部门的想法，所以在数据共享的推进过程当中还是有一定的难度。

另外我自己也整理了4个问题。第一个是数据安全的保障问题。在"一网通办"的推进当中，注册用户已经超过了1000万，相对于上海2400万的人口来说的确是个超级APP。这样一来数据安全的问题怎么来实现？如果数据库受到攻击，数据泄露可能会带来的风险是非常大的，这个可能还是要关注。第二个是个人隐私的把控问题。比方说"一网通办"的数据可能还是会跟其他的一些机构来进行共享，有时还会和政府签订战略合作协议的企业进行分享。我们在支付宝上实现"随申码"这个功能，通过把相关的数据共享给阿里，尤其是在疫情之下，权衡再三开放给了阿里。开放以后里面涉及到个人隐私等这些大量的个人信息保护问题。第二对相关部门来说要有一个数据保护的底线意识。第三个是个老问题。我们推进的"一网通办"的确是一个先进的理念，但是一些现实问题还是无法回避，比方说社区服务中心，窗口线下办理等等的保留问题。有人提出：既然线上办理那么便捷，实体窗口是不是就可以逐渐地关闭？从而可以降低政府行政运行的成本。但也有一些特殊情况存在。比方说一些老年人可能不会上网，也不会用智能手机。在所谓的数字鸿沟面前，这些人的平等获得公共服务的权利怎么来实现？这个时候就涉及到线上线下两者共存的问题。我们提供线上办理，实际上是在给老百姓提供一个选择权——你可以选择到线上去办，你也可以选择到线下去办。而不是政府给你做主，你只能到线上去办而不能去窗口办理，这反而会给政府工作带来很大的怨言，所以应当保留当事人的选择权。第四个是一个比较具体的问题，也就是在推进过程当中出现的法律责任的问题。在2020年的工作要求里，提到要推进"无人干预"的自动办理，这个概念可能很早就出现了，但是要在实务部门落实的话，应该还是近两年的需求。针对一些办件量大、流程简易的政务服务事项，以事项的标准化为基础，数据共享安全为手段，通过严格的程序来代替个人工的判断。实际上这带来一个问题：在无人干预、智能办理的情况下，办理结果的法律责任由谁来承担？法律责任怎么分配？如果真的办出了问题，后面要追责，这个责任是谁的？既然是机器的自动办理，最后要对应谁来承担这个责任？这些问题实际上也是在"一网通办"推进过程当中要关注的。

我大概从这些方面对彭老师的发言做一个适当的补充。他做了大量的调研，我只是看了一些文件和报告，有些情况不一定有他掌握的全，只能根据现有的材料跟大家做些分享。谢谢大家！

李建伟：谢谢李处从改革主体这个角度进行的阐释，这也是我们身边的一个重要改革。各位老师有什么需要跟彭老师、跟李处共同探讨的问题吗？

王海峰（上海社会科学院法学所研究员）：彭老师在“一网通办”这个问题上做了长时间的跟踪研究，那么我就想跟彭老师探讨一下。“一网通办”它必须要涉及到数据的采集和数据的使用。我们国家关于数据的立法只有数据安全法，并且目前还在草案阶段。我也考察了一下其他国家关于数据立法的一些基本概况。比如说美国，美国关于数据立法的一个原则还是以数据的自由流通为主，所以它的国内的立法还是侧重于对数据的自由使用，同时它也在推动数据跨境的自由使用。欧盟的数据立法是以人权保护为它的宗旨，所以欧盟对于数据的自由流动持一个比较保守的态度，对数据的跨境流动也相对来说比较保守一点。所以欧盟和美国之间达成的“隐私盾”和“安全港”，目前欧盟的法院都通过立法把这两个协议给推翻了，通过司法判定的形式废除了这两个协议。

我们国家的信息安全法目前仍然是草案，但是在现在这个草案的阶段，已经有专家提出来，我们国家是以保护数据安全为立法的一个宗旨。对于数据的跨境也好，数据的使用也好，基本上采取的是数据本地化的这么一个立法的指向。那么在信息这么发展的情况下，我们国家关于数据立法的精神或者指向，符不符合目前经贸规则新的这种发展的潮流？这是第一个问题。

第二个问题，“一网通办”是否只是一种提高效率的手段？我们讲法律的实施要公开、公平、公正，那么“一网通办”似乎只符合公开的这种指标。法律的实施还要有人性化。类案是一种类型的案件，但是这种类案里的个别案件所涉及到的证据、所涉及到的当事人的情况、客观事实和法律事实，每个案件之间还是不一样的。“一网通办”这种类型化处理符不符合目前法律在中国实施的这样一种客观现状？我们知道刑事案件一般来说是要追求客观事实，但民商事案件的法律事实和客观事实不能够100％的接近，它无法追求客观事实，只能追求法律事实。“一网通办”这种网络化的办案形式，符不符合这种民商事的法律特征？就这两个问题。

彭辉：谢谢王老师。我简要地回应一下。第一个“一网通办”价值最大化的呈现就在于数据必须要动起来，它未来的发展方向也必须要向社会公开。如果数据仅仅掌握在政府手里，它的意义就会大打折扣。政府的信息公开立法，最早是北欧的一些国家在引领着我们。现在中国在实践运用的层面，特别强调数据的利用、获取和共享，还有如何促进社会经济的发展。中国的中央集权制度，相对来说比较适合大数据自上而下的体系化构建，而不像美国这种体制，州里、州外权力制衡比较明显。从这个角度来说，尽管各个国家政治体制不一样，但是对于保证数据的采集、归类、共享、开放这四个全生命周期各个国家都还是兼顾的。一个国家只要搞大数据，都必然会涉及这些领域；尽管依旧提倡数据安全的立法，但是它的核心仍然在于数据要共享、要开放、要交流、要交易、要向社会公开。安全不是目的，安全最终的方向还是为了交易。所以我们国内的立法，包括民法典、网络安全法第 42 条也有这样的规定：信息的收集持有人不得泄露、篡改或损毁其收集存储的个人信息，未经收集者同意不得向他人提供个人信息，但是经过特殊处理，无法识别特定个人且不能复原的除外。这句话就为我们数据的交易埋下了一个很好的切入点。如果这些数据经过了匿名化、假名化处理，这个数据就可以向社会进行开放。所以在保证安全的前提下，民法典实际上为数据交易提供一些法律支撑和依据。在国外它也是一样的。欧盟提出匿名化的数据不属于个人数据。这句话的核心要义就在于匿名化的数据完全可以拿来交易，个人没法对数据再提出很强有力的控制权利。大数据运用最广的是在医疗，也就是互联网诊疗，特别是在疫情期间。比如在贵州偏远地区，有一个妇女要分娩，就可以通过互联网诊疗的方式。在 5G 时代万物互联的影响下，保证了互联网诊疗行业对大数据的运用，或者说互联网的运用走在了时代的前列。在这些过程中，只要将张三李四身体部分的一些数据特征隐藏起来，就根本不知道这是谁的身体了，在匿名化的时候数据根本就没法识别；这些数据对医学领域或者说特定领域的运用，我觉得是可以对外开放的。日本的个人信息保护法也允许企业向第三方出售充分匿名化的数据，但要求不得实现身份识别功能且不能复原。所以对全世界来说，数据交易是允许的；让数据流动起来，这是一个未来发展的一个基本方向。只不过强调的安全系数是不一样的。像疫情期间为了避免人口集聚，防止摘下口罩增加感染的风险，大家戴着口罩也可以通过安检，也可以坐高铁，它调低了识别率和分辨率。所以国内和国外只是在对安全的把控上可能会略有差异，这是我想回应的第一个问题。

　　那么下面回答第二个问题。法律上我觉得有两种规则，一种是混沌规则，一种是玻璃规则。法律为了保证它的适用性，一定不是运用玻璃规则，它一定是混沌规则；就是将一些个案性的情况，将具象化的条件全部剥离，保留抽象化的规则。像故意杀人的方法有很多，但刑法规定只要你是剥夺侵害他人生命健康权那就是故意杀人。搞了司法体制改革之后，法院领导最关心的就是审判质量水平会下降——因为法官直接就可以签发，判决立即就可以生效，不再需要院领导进行审批。实际上类案类推就是提供一个预值，超过这个范围之内的，要重点抽查，而在范围之内的案件就可以直接通过。

魏昌东(上海社会科学院法学所研究员)：我也有两个问题。首先彭老师刚才所讲到的，审判员在审判当中的功能实际上可能是一个非常理想化的功能。在实践当中审判员、审判长、合议庭组成人员，特别是陪审员，我认为他们基本没有发挥他们应有的职能，他们做出的决定和他们自己对法律的认知，可能在很大的程度上并不统一。比如说当下许多扫黑除恶的案件当中，审判员、审判长、合议庭的组成人员，他们对法律的判断、评价几乎是非常微弱的。因此在这样的情况之下，我的问题就是"一网通办"的"办"的范围目前是否仅限于行政权？司法权是否也纳入了"一网通办"的范围，是否也应该纳入"一网通办"的范围？

第二个问题是"一网通办"的"办"是仅限于对事物的简单化处理处置，降低了处理处置问题的繁琐程度，还是同时也包含了具有部分价值判断的性质和层次的问题？举个最简单的例子，上个月引起了巨大的影响和轰动的张玉环案件，这个案件打破了中国冤案重新公正处理处置的一个记录，是关押时间最长才重新恢复了正确判决的案子，包括上周也引起了新的轰动的，纸上坐牢 15 年的巴图孟河。对于这样一些公众反反复复向政府的相关部门、司法机关的相关部门申诉申诉再申诉的情况，这些机制为何没有发挥应有的作用，在长达十几年的过程当中，始终没有处在"一网通办"的监控之下，"一网通办"的"办"的权利的属性和"办"的层次是否也应当成为一个值得关注的问题？

李幸祥："一网通办"是将附属于办公厅的网站架构，经过相关数据的整合而形成的门户网站。其中主要执行的还是政府行政机关，包括里面的一些服务事项基本上是属于政府部门的，比方说民政的、公安的、教委的一些相关事项。但是司法机关，如法院、检察院、监察委员会目前还没有归纳进去。目前还没有推进，但是从长远来看如果对它再进一步拓展，我觉得也未尝不可。只不过就涉及行政机关的数据和法院数据的对接共享的问题，可能难度会更大。现在主要是市政府在推行，可以要求部门来这样做，但法检的推行可能要涉及到两个机关的互相协商。

魏昌东：像我们学刑法的，关注的很多都社会最黑暗层面的一些问题。我们也关注了很多微信公众号，很多机关并没有实现在某日之前给予明确的答复，实际上这种答复根本遥遥无期而且不受任何的限制。那么在这样的情况下"一网通办"是否要将权利的范围进行一些必要的拓展？

我再补充一下魏老师和李处的一些观点。"一网通办"就像跑步，而跑步特别是跑马拉松有个叫"极点"的效应，这时候必须要调整运动姿态还有呼吸以及跑步的步伐，才会克服这一段瓶颈。"一网通办"现在也确实面临了一些瓶颈，对应的有几种方案或者几种未来的发展通道，其中最核心的就是"办"的外延应该进一步拓展，"办"的内容进一步的升华，真正的使"好用、愿用、管用"三者结合起来。暂时"一网通办"只是上海市政府在推，没有太多涉及到司法。整个中国目前都在提倡智慧中国建设，包括智慧人大、智慧立法、智慧司法、智慧检务、智慧律协……它都是各自做各自的，没有将其中两者有序地结合，但是也开始出现一些结合的痕迹了。比如行政案件如何和刑事案件进行关联，特别是破产案件，如何判断当事人的资产是否资不抵债，这不是法院说了算，因为法院也找不到被执行人的具体情况，必须要通过政府、通过银行、通过大数据才能得到结论。在最高院和各个委办局有总对总的对接，在各个基层分行有点对点的对接，今后肯定会朝着司法数据和政府数据逐步打通的方向发展，那么数据共享的对等、互惠互利就要能够被保证。为什么"赋强文书"能得到最高院的支持？因为推行它四方受益。借贷的大学生没有损失，普惠金融的金融机构能够尽快地清偿，对它而言肯定有利，做公证的第三方有了案源，法院不用再审判可以直接执行。能不能找到这么一个点真正触动各方的利益，这样大家才愿意合作。大家都能从大数据里面看到利益，看到对工作的促进，这样才能够真正地推动大数据"一网通办"的工作。

李建伟：今天非常感谢彭老师和李处。上海在"一网通办"方面确实走在了世界的前列，但真正办好这件事情太难，又必须要做。

总体来说，我有几点非常赞同。第一，我们要统筹看"一网通办"和"一网统管"，包括彭老师也讲到了，要看他的定位。"一网通办"它更多的可能还是一种公共服务，"一网统管"可能又是一种社会管理。从法律角度来讲，"一网通办"是履职，"一网统管"是执法，"一网通办"是办好，"一网统管"是处置。"一网通办"的数据可能更多是一个点对点的问题，而"一网统管"还要更加复杂。因为"一网通办"已经有了一个基础了，最多在这个层面上让事情更加便捷而已。

第二，我们的关注点大多都在数据上。数据是主线这是没问题的，但能不能拓展出另外一条主线？我们的本质是不是还是管理改革？回到这个本源可能有利于我们理清这个问题。比如我们政府承担的公共服务、理念,职责、依据、流程、标准、功能,怎么改? 怎么去优化依据?

第三,法律究竟在其中发挥着一个什么样的作用? 第一是提供依据,第二是归置,第三是促进,第四是指引。

总的来说,"一网通办""一网统管"与数据研究导向和政府履职导向可做进一步探讨。这需要政府站在法治的基点上重新审视自身的行政理念和履职标准,也需要法律制度提供更为明确的指引和规制。谢谢大家!

民法典编撰背景下的高空抛物责任

主讲人：**孟祥沛**，上海社会科学院研究员，法学博士，现任上海社科院法学所民商法室主任，担任中国民法学研究会、中国比较法学研究会、中国法律史学研究会等学会的理事，长期从事民法学、法律史学、比较法学以及实证法学的研究，他的代表作包括《中日民法近代化比较研究》《中国传统行刑文化研究》《房地产法律制度比较研究》，在《比较法研究》《社会科学》等国内核心期刊发表论文 20 余篇，在国外法学期刊发表学术论文 4 篇，参与多项国家哲社课题，主持近 10 项省部级课题，获得 2 项省部级科研成果二等奖。国际交流方面，曾在日本山梨学院大学和东京大学学习，是法国马赛第三大学、日本广岛大学、美国密歇根大学等校的访问学者。

与谈人：**孙大伟**，上海社会科学院副研究员，法学博士，主要从事民法总则、侵权法、物权法以及比较民法的研究。曾经受国家留学资金资助，两次在瑞士巴塞尔大学法学院交流访问，先后在上海市委宣传部、上海市人民检察院第三分院挂职，他的代表作是《市场份额规制理论研究》《侵权法律制度比较研究》两部个人专著，同时发表 20 多篇论文，曾经多次获奖，目前也为法学所的研究生讲授民商法总论课程。

主持人：**姚建龙**，上海社会科学院法学研究所所长、研究员、博士生导师。

时间：2020 年 5 月 21 日 10:30

孟祥沛：大家上午好。今天我汇报的题目是"民法典编撰背景下的高空抛物责任"。概念是逻辑的起点,我想首先对某些概念及其范围进行探讨。第一点是关于高空抛物。抛物,顾名思义就是抛掷物品,高空抛物是人的从高空抛掷物品的行为。如果离开人的行为,仅仅是自然力的作用,比如说是风把高处的物品吹下,或者高层建筑物的组成部分脱落掉下,这都是高空坠物,而不属于今天我们探讨的高空抛物。

第二点,我们探讨的话题实际上隐含了一个前提,即"具体加害人不明"。如果具体加害人能够明确,解决问题就非常容易,该追究刑事责任的就追究刑事责任,该追究民事责任的就以我国《侵权责任法》第 6 条的一般侵权责任规则来追究具体加害人的责任。

所以,我们今天探讨的对象是具体加害人不明情况下的高空抛物责任。PPT 上面这张图,我觉得非常形象地展示了当前司法实务中解决这个案子的基本做法,也就是说,找不到肇事者由全楼业主赔偿。

对于高空抛物责任这个问题,2009 年我国《侵权责任法》颁布后不久,我就完成了一篇对该法第 87 条关于高空抛物责任规定进行反思的论文,这篇论文后来被收录 2010 年中国民法学年会的论文集。其后,我 2012 年以日文完成的论文《中国侵权责任法第 87 条的考察》发表在日本《广岛法学》2012 年第 4 期。2019 年,在民法典编撰的背景下,我完成了《连坐恶法岂能死灰复燃——论〈侵权责任法〉第 87 条及民法典编撰中的高空抛物责任》一文,这篇论文将于近期发表在《上海政法学院学报》。

今天我的汇报内容主要包括 6 个部分:第一部分是高空抛物责任制度的由来;第二部分是从连坐到自己责任和替代责任制度;第三部分是高空抛物责任与公平责任;第四部分是高空抛物责任相关规定的其他弊端;第五部分是《民法典侵权责任编(草案)》相关规定的不足;第六部分是高空抛物致害事件的解决之道。

首先是高空抛物责任制度的由来,让我们从两个典型案件说起。

第一个典型案件是重庆烟灰缸案。2001 年重庆市的郝某正在与他人在市区内某一临街的楼房下面谈话,结果被空中而来的烟灰缸砸伤,花费医疗费用 9 万元,在既不能确定烟灰缸的所有人,又无法确定是谁抛下这只烟灰缸的情况下,郝某将受害处临街两栋楼二层以上的 22 户居民一起作为被告告上法庭。最后法院审理认为:因难以确定烟灰缸的所有人,除事发当晚无人居住的两户外,其余的房屋居住人都不能排除扔烟灰缸的可能性,因此根据过错推定原则,将举证责任倒置，只要不能排除自己有扔烟灰缸的可能性，就要承担赔偿责任。因此法院判决郝某的医药费、误工费、护理费等共计 17 万多元由王某等 20 个住户各赔偿 8 000 余元。20 个住户不服，提起上诉，被驳回。后来又申请再审，也被驳回。

第二个典型案件是山东菜板案，和重庆烟灰缸案的案情非常相似，但是处理结果不同。2001 年，山东省济南市孟老太在自家居民楼的楼道入口前，被从空中而来的一块菜板砸到头部，当场昏迷，后来抢救无效死亡，死者近亲属就将该楼二楼以上 15 家居民告上法庭，要求其共同赔偿医药费、丧葬费共计 15 万多元。一审法院认为无法确定菜板所有人是谁，裁定驳回原告起诉。原告对裁定不服提起上诉，济南市中级人民法院维持了一审法院的裁定。

这两个案子可以说是案情基本相似，但是法院的处理结果却迥然不同，因此这两个案例在当时引发了广泛的争论，尤其是建筑物的使用人是否应该对受害人的损失承担赔偿责任成为争论的焦点。然而，就在争论尚未形成一致意见之时，我国在 2009 年颁布了《侵权责任法》，以立法形式明确规定了建筑物使用人的补偿义务。

我国《侵权责任法》第 87 条规定：从建筑物中抛掷物品，或者从建筑物上坠落的物品造成他人损害，难以确定具体侵权人的，除能够证明自己不是侵权人之外，由可能加害的建筑物使用人给予补偿。实际上，《侵权责任法》在出台之前有过第一草案和第二草案，用的都是"赔偿"而不是"补偿"这个词。后来《侵权责任法》第三草案和出台之时把"赔偿"改成了"补偿"，所以有的专家认为"补偿"可能不是一种侵权责任，而是一种公平责任。但是，且不论是侵权责任还是公平责任，为可能加害的建筑物使用人课以这种法定责任是否合理，我觉得应该展开足够的反思。

最后就是我们的民法典草案，目前我们的民法典草案已经马上要提交全国人大审议通过，而民法典草案基本是继承了《侵权责任法》第 87 条的规定，当然也进行了一些修改，这个稍后我会具体谈到。

第二部分我想谈一下从连坐到自己责任和替代责任制度。

所谓连坐是指因为某人犯罪而使与犯罪者有一定关系的人连带受刑的制度。

连坐制度可以说在我国历史上由来已久。我国最早的《周礼》就有记载，后来商鞅在秦国变法，把连坐制度法律化和规范化。在秦之后的各朝各代的法律中,虽然连坐的范围、惩罚的轻重均因时因地有所变化,但是连坐的做法一直沿用,甚至有时被发挥到极致。例如明朝郭恒一案,株连被杀的有7万多人,可谓是实施连坐制度的登峰造极。连坐制度后来在清末推行法治改革时被废除,当时刑法制度引进西方的罪责自负原则,取消了连坐。

在近代民法的建立过程中,可以说一些近代民法原则的建立,基本采取了与连坐制度完全相反的做法。例如自己责任原则,它作为近代民法的基本原则,与近代民法的人格平等、私有财产神圣不可侵犯,契约自由等原则相伴而生。从世界法制史发展的角度来看,正是自己责任原则的确立,才在民事领域彻底地将那种导致无辜者受到株连的连坐恶法送到了历史的垃圾堆。

就侵权责任来说,侵权责任是民事主体因实施不法行为而应承担的民事法律后果。所以,无论是一般侵权还是特殊侵权、不法行为的存在都是成立侵权责任所不可或缺的构成要件。不法行为不存在,侵权责任也就不能存在,不能成立,而高空抛物致害民事责任的前提和核心便是高空抛物这一真实而具体的不法行为。

回过头来看我国《侵权责任法》第87条所规定的高空抛物责任,对于那些建筑物使用人来说,他们并不是高空抛物行为的实施者,因此不存在不法行为。既然不存在不法行为,要求他们为某一个具体加害人的不法行为承担民事责任,实质上就是连坐。

有人主张将高空抛物责任看成是一种共同危险行为的责任,认为其符合我国《侵权责任法》第10条的规定,也就是说,两人以上实施危及他人人身财产安全的行为,其中一人或数人的行为造成他人损害,如果能够确定具体侵权人的,由侵权人承担责任;不能确定具体侵权人的,由行为人承担连带责任。但是,把高空抛物责任看作是这种共同危险行为明显不妥,这种观点混淆了房屋使用行为和高空抛物行为。因为房屋使用行为责任是一种正当的行为,不是一种危险行为。高空抛物致害事件中的危险行为只能是"高空抛物"这个可能危及他人人身和财产安全的行为。如果要构成共同危险行为,除非是住在该建筑物二层以上的20余户居民,每个人手持一个同样的烟灰缸,在同一时间一起向楼下抛掷,结果导致他人受害,又无法确定究竟是哪一户居民抛掷的烟灰缸真正造成了受害人的损害,也只有在这种情况下才属于共同危险行为致害,要求投掷烟灰缸的20余户居民共同承担损害赔偿责任才是合法合理的,因为于此情形,每一户居民都存在具体的不法行为。但是,20户居民在同一时间一起向楼下抛掷同样烟灰缸，这样的场景在现实生活中是不可能发生的。高空抛物致害行为中实施不法行为的只有加害人一人，其他建筑物使用人都没有实施不法行为，在这种情况下要求其承担相应的法律责任，显然与侵权责任法的基本理论存在冲突。也就是说，让建筑物使用人仅仅因为自己居住在高空抛物事件发生的建筑物内，就要为自己所无法预见、无法阻止的他人的不法行为承担法律责任，这种规定实质上就是株连无辜的连坐制度。如果不考虑不法行为的有无，一概为可能的加害人设定法律上的损害赔偿义务，凡是符合合法权益受到侵害的情形，只要难以确定具体加害人的，现场又不能证明自己不是加害人的，就要承担相应的责任，那么如果在公共汽车上发生盗窃而查不到盗贼，是不是要由全车人共同承担责任呢？在游泳池中被踢伤，是不是要当时在游泳池的所有人都承担责任呢？这样推理下来让人感到非常的可笑。

与自己责任原则相对应的，或者说自己责任原则的例外，是民法中的替代责任制度。所谓替代责任是指依照法律的明文规定，行为人对他人的侵权行为，或者是对自己所有或管理的动物和物件的侵权行为承担责任的一种侵权责任形态。

替代责任是一种特殊的侵权责任形态，有的地方或者有的国家把它称为是准侵权行为责任。之所以存在替代责任，是因为：第一，责任人最有可能防止损害的发生；第二，责任人是加害人活动的受益人；第三，由责任人承担责任比由其他人承担责任或者由受害人承担责任更加公平；第四，责任人与致害物件具有利益关系。替代责任的应用一般是在这 4 种情况之下。

回头来看高空抛物致人损害事件，就会发现高空抛物致人损害事件不符合替代责任适用的条件。首先，建筑物使用人既无义务又无能力对他人抛掷物品的行为进行阻止或预防。其次，建筑物使用人从加害人抛掷物品致人损害的行为中并未获取任何利益，所以它不是加害人活动的受益人。再次，没有任何理由证明由建筑物使用人承担责任，就比由其他人承担责任或者由受害人承担责任更加公平。最后，建筑物使用人与致害物件也没有利益关系，因为在高空抛物致人损害事件中，致害物件不是房屋，而是具体的致害物件，比如烟灰缸、菜板。

法律的功能之一就是使人们对自己行为的后果有明确的预期，可是我国目前关于高空抛物责任的规定使这种可预期性荡然无存。自己所无法预知、无法控制的他人的行为造成了损害，却需要自己来承担法律责任，正所谓"人在家中坐，祸从天上来"，一旦自家楼下发生抛掷物致害事件，无辜的建筑物使用人在第一时间即被有罪推定,除非能证明自己无罪。只要你不能自证清白,不管客观上是否实施了加害行为,都要为自己所谓的"可能的加害行为"承担责任。立法为了追求受害人一家的公平,到头来牺牲的是大多数无辜之人的公平;以维护公共安全为出发点,到头来却导致大多数人社会安全感的丧失。这样的法律实在称不上善法。

综上可见,高空抛物责任既不属于自己责任,也不符合替代责任的适用条件。那么,它是不是属于一种公平责任呢?从法律规定来看,我国《侵权责任法》第 24 条规定了公平责任,公平责任是指受害人和行为人对损害的发生都没有过错的,可以根据实际情况,由双方分担损失。从这一条可以看出,公平责任适用的主体,是受害人和行为人。但是对于具体责任人不明的高空抛物致害事件来说,不存在明确的行为人,故也不符合公平责任适用的条件。

同时,从司法实践来看,法院在确定损失的分担时,实际上并没有或者说是完全没有考虑当事人经济状况,高空抛物责任的分担不符合公平责任的要求。因为根据公平责任,法院在确定损失的分担时,应充分考虑和依据当事人的经济状况。经济能力强的,要多承担一些损失;经济能力弱的可以少负担一些损失。但是从近年来的司法实践来看,法院基本没有考虑双方当事人的实际经济状况。重庆烟灰缸案的判决结果基本是把受害人的损失平均分配由楼上的 20 个住户承担。当然,重庆烟灰缸案发生在我国《侵权责任法》颁布之前,但在《侵权责任法》颁布之后,情况仍然是这样。以辽宁酒瓶伤人案为例:2016 年霍某被从楼上飞下的酒瓶砸伤,造成了住院等各种医疗费用共计 4 万余元。辽宁省某基层人民法院受理之后,判决楼上的 82 户居民共同承担 4 万余元的损失,基本上是每户分担损失 500 元。受害人的损失总共是 4 万元,而法院判决另一方当事人承担责任的总额也是 4 万元,这种将损害 100% 归于一方当事人承担的做法完全是赔偿而不是补偿。同时法院对于楼上的 82 户居民,丝毫不考虑每家的经济状况,判决每户居民平均分担损失 500 元,这显然也不符合公平责任的要求。

高空抛物致害事件中公平责任的承担或者适用,体现出近年来人们在法律价值上越来越突出的转变趋势,那就是责任的分配,从"应该由谁赔"到"谁能赔得起",从加害人承担责任,到富人承担责任。这种富人承担责任,最早源于瑞士法学家布伦齐里提出的"富者生债务"理论,包括日本法学家牧野英一在内的许多人非常赞同这种观点。

可是,如果在民事责任的分担中无视不法行为的具体特征,无视法律和道德的区别，将公平和正义简单地理解为劫富济贫，将审判目的简单地理解为通过救济弱者来消除纷争，随意肢解法律，其结果实际上是摒弃了法治的基本精神和基本原则，最终将导致法律成为一纸空文。脱离开法律，公平和正义又如何能够实现？

我国目前规定的高空抛物责任，除了我刚才讲的既不符合侵权责任的条件也不符合公平责任的要求之外，还存在很多其他的弊端，主要体现在以下三个方面。

第一，举证责任倒置不合理。《侵权责任法》第87条采用过错推定的原则，导致举证责任的倒置，将本应由受害人承担证明何人实施侵权行为致其损害的责任转由建筑物使用人承担证明自己不是侵权人的责任。建筑物使用人只要不能证明自己不是侵权人，就要承担不利的法律后果。众所周知，我国民事诉讼法所贯彻的证据规则是"谁主张，谁举证"，只有在个别类型案件中才实行举证责任倒置的规则。是否实行举证责任倒置规则，考虑的主要因素就是当事人举证的难易程度的差异即当事人在证据掌握上是否存在不对称的地位，以及是否存在不负举证责任的一方当事人妨害对方举证的情形。然而，在高空抛物致害事件中，受害人举证何人实施抛掷行为当然不容易，但是让相关的建筑物的使用人举证他从未实施过抛掷行为，可以说是更加难上加难。同时，建筑物使用人也不存在妨害受害人举证的行为。当事人双方在举证能力上没有差别，没有证据证明建筑物使用人一定比受害人具有举证上的优势。因此在这种情况之下，立法者又怎么能够因受害人举证不易，就轻易地更改举证规则，从而将举证责任倒置给举证更加困难的建筑物使用人？证明自己从未做过一件事，远比证明自己做过一件事困难太多。在《侵权责任法》第87条所规定的情况之下，只要受害人举证说我受到损失了，那就完成了举证任务。而相关建筑物的使用人很难证明自己不是真正的加害人。因此，即使面对一些欺诈诉讼或恶意诉讼，也没有办法，只能被戴上"可能加害人"的帽子而任人宰割，所以高空抛物责任中的举证责任倒置，不仅不能保护无辜之人，反而成为套在无辜之人脖子上的一道枷锁。

同时，高空抛物责任中举证责任倒置的规则的实施，在客观效果上既放纵了真正的加害人，又不当地宽容了办事不力的公安机关。高空抛物致人伤害或死亡事件完全可能构成刑事案件。如果抛掷人存在主观故意，可能成立故意杀人犯罪或故意伤害犯罪。如果抛掷人不存在主观故意，那也有可能成立过失杀人犯罪、过失伤害犯罪或者其他过失危害公共安全的犯罪。无论哪一种情况，公安机关都有义务查明案件事实,将肇事凶手绳之以法。如果公安机关找不到具体的明确的加害人,那只能说明是公安机关的失职、无能、办事不力、怠于作为,怎么能够在此情况之下让真正的凶手逃之夭夭而让无辜的建筑物使用人埋单呢?

此外,对于高空抛物致害的案件,真正的加害人往往只有一人,建筑物的使用人往往是几十户甚至更多,其经济实力远远胜于一人。如果受害人找到了加害人,受害人只能追究加害人一人的侵权赔偿责任。万一加害人不具备赔偿能力,受害人的损失就得不到任何救济。但是,如果依据现在的立法,找不到明确的加害人,受害人的损失就会由众多的建筑物使用人承担。在责任人人多力量大的情况之下,受害人的损失反而更容易得到救济。因此权衡利弊,受害人从维护自身利益出发,宁可选择对十几户甚至几十户建筑物使用人提起诉讼,也不愿意只追究加害人一人的责任,这在无形之中降低了受害人寻找真正加害人的意愿,从而不利于追究和制裁真正的加害人。从这个角度来看,《侵权责任法》的客观效果,本来应该是预防和制止加害行为,现在反而是放纵了真正的加害人,不能不让人感到遗憾。

第二个弊端是混淆了行为致害与物件损害责任。

《侵权责任法》第87条的规定是放在该法第11章,而这一章规定的都是物件损害责任,比如建筑物、构筑物或其他设施及其搁置物、悬挂物发生脱落、坠落造成他人的损害,堆放物倒塌造成他人的损害,在公共道路上堆放、倾倒妨害通行的物品造成他人损害,在公共道路上挖坑、修缮、安装地下设施没有明显标志或未采取安全措施造成他人损害的情况等,这些都属于物件损害责任。他们有共同的特点,即都属于物件损害所产生的责任,即物件的所有人、使用人或管理人未能尽到充分注意义务而应承担的一种不作为的责任。

以建筑物的脱落致人损害为例,物件的脱落并不是某个人人为地利用这种脱落来致人损害,而只是他未尽到维修、保养、妥善保管等注意义务而导致他人遭受损害。然而高空抛物致人损害责任不是一种不作为的责任,它是一种高空抛物侵权行为人主动实施不法行为造成他人伤害的责任。在高空抛物致害事件中,虽然致人损害的直接标的物是物,比如说是酒瓶、烟灰缸,但是致害的根本原因是人的抛掷行为。高空抛物致人损害的特点,体现了该类致害的侵权行为是抛物人的作为行为,这和物件损害责任中纯粹的物的损害或侵权人的不作为行为显然不同,因此《侵权责任法》把第87条的"行为致害"放在"物件致害"这一章也是不合理的。

　　同时，《侵权责任法》第87条的规定还可能引起被告不适格的问题。我国《民事诉讼法》第108条规定的起诉条件之一是有明确的被告。什么叫"有明确的被告"？它不单单要求原告在起诉时应提供被告的姓名、性别、年龄、民族、职业、工作单位、住所等明确的身份信息，还包括被告适格的问题。也就是说，原告所诉的被告必须是侵犯了原告民事权益的人。

　　根据一般的诉讼理论，判断主体是否适格，就要看该主体是否与本案有直接利害关系。所谓"直接利害关系"是指公民、法人或者其他组织的财产权或者人身权或者其他权益，直接遭到他人的侵害，或者直接与之发生权利义务归属的争执。

　　但是，在高空抛物事件中，真正的加害人无法找到，法律规定了由"可能加害的建筑物使用人"进行补偿，而"可能加害的建筑物使用人"并不符合我国诉讼理论上的所说的"被告应该是实施了具体的侵害了原告财产权或人身权益或其他权益的主体"的要求。

　　如果将"可能加害的建筑物使用人"理解为建筑物的固定使用人或者长期使用人，真正的加害人完全可能不存在于这个范围之中。因为建筑物往往不是军事禁地，普通人一般都可以自由出入，谁能肯定说高空抛物者一定是建筑物的长期使用人或固定使用人而不是一位来也匆匆、去也匆匆的过客？事实上，能够进入建筑物的人，除了固定使用人和长期使用人之外，还包括许许多多、形形色色的临时进入者如建筑物使用人的亲朋好友、商品推销员、水电抄表工、大楼清洁工、设备维修工，甚至包括临时进入大楼来准备行窃的小偷等，这些人都具备实施抛物行为的可能。因此，如果法律所规定的"可能加害的建筑物使用人"的范围连真正的加害人都不包括在内，确认"可能加害的建筑物使用人"的范围又有何意义？让不包含真正加害人的这些建筑物使用人承担责任怎么能够合理呢？因此，在高空抛物致害案件中，如果受害人不能确定，那就说明没有明确地实施侵权行为的主体。在这种情况之下，相关建筑物的使用人不是诉讼的适格被告，受害人以他们为被告提起诉讼的，人民法院应当以"无明确的被告"为由不予受理，或者在受理审查之后，以同样理由裁定驳回起诉。从这个角度来说，我同意山东菜板案中一审法院裁定驳回原告起诉的做法。

　　下面我来谈谈目前民法典编撰中的高空抛物责任。民法典草案第1254条是这样规定的：禁止从建筑物中抛出物品，从建筑物中抛出物品或者从建筑物上的物品造成他人损害的，由侵权人依法承担侵权责任。经调查难以确定具体侵权人的,除能够证明自己不是侵权人的外,由可能加害的建筑物使用人给予补偿。可能加害的建筑物使用人补偿后,有权向侵权人追偿。物业服务企业等建筑物管理人应当采取必要的安全保障措施,防止前款规定的情形的发生。未采取必要的安全保障措施的,应当依法承担未履行安全保障义务的侵权责任。发生本条第一款规定的情形的,有关机关应当依法及时调查,查清责任人。马上我们的全国人大就要开会讨论民法典草案了,如果不出意外或者是没有人对这一条提出异议的话,很可能这一条马上变成我们的民法典的条文了。但是我认为,这一条文的内容要么不合理,要么重复,整体上没有保留的必要。下面我就逐句分析。

第一句"禁止从建筑物中抛掷物品"。从建筑物中抛掷物品这种行为的性质和后果都不只是或者完全不是民法领域的内容。如果说我抛了东西,但抛掷行为没有造成任何他人的人身和财产损害,那就完全不会引发民事主体之间的纠纷,不属于私法调整的范围。因此对于这种一般行为的禁止性规定,不宜放在民法典之中。

第二句"从建筑物中抛掷物品,或者从建筑物上坠落的物体造成他人损害的,由侵权人依法承担侵权责任"。这一条规定完全属于我国民法典草案第1165条所规定的一般侵权情形。一般侵权行为即某个行为造成他人损害的,由侵权人依法承担侵权责任。民法典既然已在一般侵权中有明确规定,没有必要再次重复规定。

第三句"经调查难以确定具体侵权人的,除能够证明自己不是侵权人的外,由可能加害的建筑物使用人给予补偿,可能加害的建筑物使用人补偿后有权向侵权人追偿。"这一条继承了我国《侵权责任法》第87条的规定,我刚才已经谈了第87条规定的种种弊端,因此其不合理之处在此不再重复。

第四句"物业服务企业等建筑物管理人应当采取必要的安全保障措施,防止前款规定的情形发生。未采取必要的安全保障措施的,应当依法承担未履行安全保障义务的侵权责任"。这个完全是我国《侵权责任法》第37条和我国民法典草案第1198条所规定的安全保障义务。既然已专门规定了安全保障义务,在此没有必要重复。

第二款说"发生本条第一款规定的情形的,有关机关应当依法及时调查,查清责任人",这种对有关机关执法义务的管理性规范,不宜规定在民法典之中,不然会在一定程度上破坏民法典私法的纯正性。

此外，民法典草案仍然是将第 1254 条放在第 10 章"建筑物和物件损害责任"之下，同样是混淆了行为致害和物件致害的区别。

综上，民法典草案第 1254 条的内容要么不合理，要么是重复，整体上没有保留的必要。

最后我想谈一下高空抛物责任的解决之道。事实上，哪怕完全删掉《侵权责任法》第 87 条和民法典草案第 1254 条的内容，也不影响高空抛物致害案件的合理解决。

第一是刑事责任和一般侵权民事责任的追究。当高空抛物的加害人能够确定时，受害人完全可以依据我国《侵权责任法》第 6 条所规定的一般侵权规则来追究加害人的侵权责任。同时如果高空抛物行为构成刑事犯罪的，完全可以按照我国的相关刑事法律规定追究当事人的刑事责任。2019 年最高人民法院专门印发了《关于依法妥善审理高空抛物坠物案件的意见》，明确规定故意从高空抛掷物品尚未造成严重后果但足以危害公共安全的，依照刑法第 114 条的规定以危险方法危害公共安全罪定罪处罚；如果是致人重伤死亡或者是使公私财产遭受重大损失的，依照刑法第 115 条第一款规定处罚；为伤害、杀害特定人员实施上述行为的，依照故意伤害罪、故意杀人罪定罪处罚。这为将高空抛物行为定罪量刑提供了直接的法律依据。

第二是追究管理人的安全保障义务。不管是否找到具体的高空抛物行为的实施人，我们都可以来考虑管理人的安全保障义务是不是充分尽到。如果管理人未尽到充分的安全保障义务，这时候追究管理人的怠于管理的过失侵权责任，也能够有助于促使管理人采取各种措施，比如安装摄像头，比如提高管理能力，提高管理水平，这在一定程度上对于高空抛物行为也是一种威慑和遏制，对于减少此类致害事件的发生具有积极的作用。例如新闻媒体报道说，深圳某小区发生了高空落下玻璃伤人事件之后，受害人将业主和物业公司都告上了法庭，后来法院判决物业承担相应的赔偿责任，物业公司感到很冤枉，就在居民楼前安装了好多的探头，结果效果非常好，没有人再高空抛物。

在高空抛物致害事件中，如果加害人不能够确定，而且管理人又尽到了安全保障义务，这种情况之下，受害人的损失怎么去填补的？我国《侵权责任法》以及现在的民法典草案的相关条文的法律规定，其立法目的就是发挥法律的救济功能，使受害人的损失得到有效的填补。但是，"有损害就应当有救济"并不等于说有损害就应当通过法律得到救济，更不等于说有损害就应当通过侵权责任法或者通过民法的侵权责任编得到救济。法律从来不是万能的,《侵权责任法》也更非无所不能,许多损害根本无法通过法律得到救济,例如人在野外行走,被雷电击中致死,损害结果是存在的,但受害人及其家属也只能自认倒霉。法律对解决这些天灾人祸、找不到侵权行为人的问题提供不了任何帮助。在任何社会中从来都不是有损害就一定会得到法律上的救济的,有些损害是没有救济的,有些是通过别的途径来得到救济的。

在现实生活中可以对受害人进行救济的途径,我觉得主要有三种方式。第一种是国家赔偿模式。对于国家赔偿模式,近邻日本在很多方面做出了一些值得我们学习的尝试,日本很早就颁布了很多法律,包括《农业灾害补偿法》《渔业灾害补偿法》《灾害抚恤金发放法》《公害健康被害补偿法》《医药品副作用被害补偿法》等法律,对由自然灾害或者是某一类侵权行为所造成损害的受害人发放抚恤金,由此来填补受害人的损失。当然另外有些国家如新西兰就做得更突出了。新西兰在1972年颁布了意外事故补偿法,规定在新西兰领域之内的任何人,因意外事故遭受损害,都可以从国家设立的意外伤害赔偿局获得补偿金,无需向法院提起侵权民事诉讼,也无需负担加害人过错的证明义务,使意外事故的赔偿更加跳出了侵权责任法的范畴。

第二种是社会基金救助模式。由政府或社会团体承担起应有的责任,一些特殊的社会基金可以采取政府拨款、企业捐款或者慈善募捐等形式。例如可以设立高空抛物致害赔偿基金,或者设立民事侵权行为赔偿基金等,不仅对于高空抛物致害的受害人,对那些打了民事官司,但是因为种种原因,自己的损失仍然得不到救济的当事人,都可以给予一定的经济上的补助,最终真正实现社会的公平和正义。

第三个途径是商业上的保险赔付模式,主要是购买商业上相关的保险等。

今天我讲的主要内容就是这些,若有不当之处,请批评指正。

孙大伟:我简单地先说一下自己的想法。今天孟老师进行了非常全面得解读,高空抛物的致害人不明情况下侵权法的规制是怎么样的,以及我国《侵权责任法》第87条,还有"民法典草案"第1254条的不合理之处,我觉得孟老师讲的非常全面。因为时间也不多,姚所长规定就10分钟,所以我可以换思路,对孟老师的观点进行一下述评,或者是提出一点点自己的想法。

首先在我国民法学界,目前对于高空抛物致害人不明的研究,总结一下,主要分两种态度,第一种态度实际是侵权责任说,包括报告中检讨过的各种观点都属于侵权责任说的主张，比如说共同危险责任说、公平责任说、安保义务说，还有替代责任说，都试图从侵权法内部对高空抛物致害人不明责任进行解说，但是的确是都有问题，无法很明确地或者是很圆满地把这个问题说清楚。

第二种态度实际上就是侵权责任否定说，我觉得孟老师实际上也是持侵权责任否定说的，就是说不是侵权责任法能解决的问题，然后侵权责任否定说自然就会引入第二个阶段，就是通过商业保险或者是通过损害赔偿的社会化体系来解决这种高空抛物问题，所以说这里边我把否定说分成两个阶段，第一个阶段就是侵权责任的不适用。第二个阶段就是保险和损害赔偿社会化体系的正当性。针对于目前否定说对于高空抛物致害人不明侵权责任的否定态度，即因果关系、过错确定、责任承担等都是没法解决的问题，那么我们再回过头看一下，否定说是不是就真的没有瑕疵。

首先，否定说给我们提出来的说这不是侵权法的问题，但回过头来我们看，这是不是侵权法问题。首先，我们看高空抛物诉讼，就诉的性质而言，这都是民事诉讼，从最高法案由区分来看，也都是民事诉由。第二从保护的利益来看，所要保护的当事人的生命、健康或者是身体这样的权益，都是民法上所要保护的利益。还有从适用程序来看，也是民事诉讼法调整的领域。从这个角度来看，我们说这就是民法的问题，是没有疑问的，民法为什么要退出高空抛物致害人不明的解决过程呢？

其次，进入第二个问题，就是为什么侵权法没法解决这样问题？这里面需要解决的是，到底是没有法律规则的问题，还是说有了法律规则，但该规则与现有的基础理论不相适合。如果说2009年《侵权责任法》第87条颁布前，高空抛物致害没有法律规则解决的话，包括山东莱板案，确实是因为没有法律规则，然后不认定侵权责任，最后也没有获得赔偿。但是从2009年侵权法颁布以后，这个就是有法律规则来解决的问题。换句话说，现在面临的问题，不是说没有法律规则解决，而是说缺少法律上更有解释力的理论，来为第87条和民法典第1254条进行理论上的支持。由此，第二个问题就是要搞清楚到底是没有规则解决这样问题，还是说现有的规则没有和既有侵权法理论相衔接，是哪个问题，我觉得是后者。

还有我们再讨论一下，就是说否定说主张通过保险、社会化保障体系来解决问题，是不是可行的？我们说保险和社会保障是怎么来确立的？比如所有的居住人给自己投一份商业保险，这里就有人会提出质疑，为什么是由我给自己投保,而不是国家给我投保,为什么要我给其他在楼下经过的人可能受到的损害投保,这个依据在哪里？而且还有国家社会保障体系,这明明是由致害人造成的问题,为什么要用国家的财政资金或者设立基金来为这些人买单？这个问题也是没有得到很好解决的。

还有一个问题就是,保险建立的前提是精算,而精算的重要基础,实际上是有法律的明确,保险公司的精算师能够知道在这种情况下规则是怎么来规定的,然后才决定保险公司能不能确立这样一种保险、保险有没有盈利的空间,但是恰恰是在这里,没有法律的明确规定。因此,保险公司是没法进行精算的,这样的话,要对高空抛物致害人不明进行商业保险调整的话,恰恰就进入了鸡生蛋还是蛋生鸡的逻辑困境。

接下来我简单地说一下我自己对这个问题的想法,即民法理论怎么来应对这个问题。民法领域的规则是,法官不得以法无明文规定为由拒绝审判。如上所述,这类案件的处理不是缺少法律规则,而是现有的规则也就是《侵权责任法》第87条,或者是《民法典》第1254条,如何与现有侵权法进行衔接的问题。实际上这更多的是考验我国的民法的理论界如何发展出这样理论,让这样规则和我们既有的侵权法传统结合起来。

实际上高空抛物致害人不明的问题,是我国法在社会转型阶段所遇到的独特问题。首先,世界上人多的国家不只中国,印度人也多,但是其实我们看印度很多人实际上是居住在居民区,或者说是棚户区里面,没有很多的高层建筑；还有在欧洲,一般居民居住的房子层数都不高,四五层五六层是最高的了,房子比较矮,居民的素质相对也比较高,所以高空抛物的问题在这些国家也不是很严重。但是在我国,尤其是近20年以来,大规模的房地产开发,把很多的老百姓从原来的单层的或者是很矮的建筑里面,全部集中到了高层建筑,在这种情况下,虽然我们说老百姓人已经上楼了,但是一些习惯,一些思想,包括对于公和私的这样一种界定,实际上还没有达到一种很高的程度。这些因素综合起来,就导致了高空抛物的问题,对于我国是非常现实的,实际上也是非常独特的问题。既然这是我国特有的问题,民法理论能不能以既有的理论没有包容这样的规定,就拒绝用民法来调整？也就是说,不能把民法应当解决的问题拱手让出去,推给刑法、推给了行政法来解决。实际上可以看1254条,由公安等相关机关处理是有前提的,其前提是公安机关可以查到致害人是谁,如果致害人不明,公安机关也没有办法,这个时候刑法是更不允许连坐的。所以想通过刑法来解决致害人不明的问题是更不可能的，而行政法也没有解决纠纷的这样的手段，所以可能分析下来，这个问题还是民法理论必须要解决的问题。

怎么来解决，我只是想谈一点自己的想法，就是说实际上对于高空抛物的责任问题，可以回到最早的罗马法里边就有相关的规定。在进入共和时代以后，因为罗马特别的兴盛，所以建了很多七八层的高层建筑。这个时候因为罗马人他之前也是那种很矮的房子，突然进入高层建筑以后可能没有下水，那个时候它们就会把一些杂物，甚至把粪便从楼上扔下去，这时候罗马会有很多人在楼下受伤，或者是被粪便淋，然后找不到致害人，所以在罗马法上我们说准非行之债，也就是类似于像我们说的准侵权行为。设立了这样抛掷和倒泼的责任，也恰恰就是为了解决在致害人不明的情况下，由居住在这个楼里所有的人共同承担责任，这就是罗马法里边的抛掷和倒泼的责任。所以说对于传统的民法来讲，这并不是离经叛道的或者是不可接受的一种责任形势。

当然罗马法里面的规则为什么到近代的民法以后，到德国法、到法国法里面会被抛弃掉，包括在我国为什么我们现在看到的是基于德国法和法国法的理论来否定这样一种责任，而不是回到罗马法为这样一种责任寻找违法理论的基础或者是本源，这恰恰是我们民法所要探究的，或者是民法理论界所要面对的问题。以上是我的评论，谢谢。

姚建龙： 在你的角度对公安机关给予了很高的期待，但据我所知，现在绝大多数派出所也很难有查出责任人的能力。在这个问题上如何处理好刑法与民法的关系值得进一步思考。

孟祥沛： 我稍微做一点回应，我觉得我们在高空抛物责任上可能或多或少存在一种认识误区，就是说首先认定受害人一定是弱者，所以需要通过《侵权责任法》的明确规定给予一定的救济。但是什么是强者？什么是弱者？在法律上的判断更多可能还是以经济实力为标准，经济实力强，就是强者。但在高空抛物致害事件中，受害者就一定是弱者吗？我觉得不一定。如果被高空抛物砸伤的人是百万富翁，但楼上的几十户居民是低保的穷人？在这种情况之下，依据《侵权责任法》的相关规定，只要加害人找不到，就要让楼上的贫困户对百万富翁予以补偿，这样的结果真的公平公正吗？同时，受害人就一定要得到《侵权责任法》的救济吗？法律从来就不是万能的，《侵权责任法》更不是万能的，有很多我们平时受到的伤害都没法通过法律来救济。此外，刚才我提到了几个解决方式也只是供参考，这种解决方式是不是有可行性、是不是合理都有待于进一步探讨。

尹琳(上海社会科学院法学所副研究员)：我问一下孟老师，就是你刚才提出的三种解决方法，比如说国家补偿的制度，在我看来国家补偿的制度的话，那是要使用国民的税金，住这栋楼的人的责任不去追究，而让全体公民承担这个费用，我觉得这更有失于公平。

孟祥沛：尹老师刚才说到"住这栋楼的人的责任"未去追究，然而，人们住在这栋楼，仅仅因为居住行为，怎么会产生法律责任呢？居住行为是很正常的合法行为，我又不是高空抛物的投掷人，我既没有能力也没有义务去预防和阻止他人实施高空抛物，为什么我要承担这份责任呢？这份责任对我来说是公平的吗？所以与其考虑居住人的责任，倒不如去追究真正加害人的责任。

姚建龙：因为时间关系，我们今天的讲座至此结束。非常感谢孟老师精彩的讲座，也感谢大家的积极参与。谢谢大家。

主动退市中投资者保护模式的反思与重构

　　主讲人：**张艳**，上海社会科学院法学研究所副研究员，中国法学会证券法学研究会理事。德国柏林洪堡大学法学博士，研究方向为公司法、证券法。迄今已出版一部德文专著及多部译著，在《环球法律评论》《法学》《当代法学》等核心期刊发表多篇论文。主持国家社科基金一般项目、上海市社科规划青年课题、司法部中青年课题、中国法学会法学研究一般课题等多项国家级与省部级课题。

　　与谈人：**丁勇**，华东政法大学副教授，上海市"曙光学者""浦江人才"。德国慕尼黑大学法学博士、德国哥廷根大学法学硕士、南京大学法学硕士和学士。目前担任国际金融法律学院副院长、比较商法教研室主任。主要研究领域为民商法、公司法、金融法等。主持完成国家社科基金、教育部等十多项国家级和省部级项目。在《法学研究》《中国法学》等法学核心期刊发表论文多篇，出版中文及德文法学专著各一部。荣获华东政法大学中金缘法等多项奖教金。曾获第三届"上证法治论坛"优秀论文一等奖。

　　主持人：**姚建龙**，上海社会科学院法学研究所所长、研究员、博士生导师。

　　时间：2020 年 12 月 3 日 9:45

　　张艳：尊敬的各位老师，各位同学，大家好，非常荣幸今天有这么一个机会，把我最近的研究心得向大家做一个汇报。因为我研究退市问题的时间不长，如果讲得有不对不好的地方,还请大家多多批评。

今天我报告的题目是"主动退市中投资者保护模式的反思与重构"。主动退市中的投资者保护问题是一个非常现实、非常接地气,同时也非常容易理解的问题。我们可以设想这样一个场景,假如我们自己就是一个在二级市场上购买股票的投资者,可能费了很大的劲,听了很多人的推荐,又搜集了公司的信息进行分析,最后选择了一只心仪的股票。买好了这只股票之后,我们会想如果这只股票能增值,就把它卖出去,通过价差来盈利。在还没有卖出股票之前,有一天你收到了上市公司的公告,上面写着:亲爱的投资者你好,由于我们公司重大的经营战略的考量,我们马上要退市了。看到这样的一份公告,你想到的第一个问题就是你退市了,我手里的股票怎么办呢?因为退市就意味着上市公司的股票要丧失在当前的交易市场上继续交易的机会了。退市了之后,比如说这个公司是在沪市 A 股上市,退市就意味着它的股票不能继续在沪市 A 股交易了。一般来说,在我们国家股票退市后的去向是股转中心,也就是我们说的"老三板"。在那样的一个市场里面,交易的股票基本上都是被强制退市的股票,这个交易场所的流动性是非常差的,股票也卖不上价格,我们可以想一下谁会去买一只已经被强制退市的股票。而且老三板市场的监管制度也非常薄弱,所以说在那样的一个市场,投资者持有的股票很难找到一个合适的买家,没有人肯成为你的下一个买家,想到这里你就很慌,退市会对我们投资者造成这么大的损害,我们国家没有保护制度?保护像我这样的遭受退市损失的投资者吗?是有的。

我们国家目前主要在三个法律层级对退市投资者保护问题进行规定。最高的法律的层级是我们国家的《证券法》,它规定退市这个问题要看各个交易所是怎么规定的,所以《证券法》中的规定是一个援引性的规定,直接让你去看交易所的自律管理规定。我们国家沪深两市的证交所在各自的《上市规则》里规定退市投资者保护问题。我们会发现,如果从比较法的视角去看其他的国家,一个国家的两个或多个证券交易所,可能对退市投资者保护问题有不同程度的规定,不同程度的保护,但是我们国家的沪深两地的交易所对主动退市投资者保护基本上是一模一样的规定,这是怎么回事呢?回到我们刚才说的,我们国家是三个法律层级规定,除了最高层级的法律和低层级的交易所的自律管理规定之外,还有一个中间的层级,就是证监会出过一个《退市意见》。实际上沪深两地的交易所悉数落实了证监会的退市意见中的规定,退市意见中规定了两个主要的投资者保护机制,第一个,退市是大事情,肯定是要经过上市公司股东大会决议通过。为了保护中小投资者的利益，股东大会决议不是做出来就生效的，而是要通过参加股东大会的中小投资者同意才能生效，中小投资者指的是持股5％以下的投资者，只有中小投资者所持表决权的2/3以上同意这个公司退市，股东大会的决议才生效，不然的话不能生效，这是第一个保护制度。第二个保护制度，中小投资者里边不同意退市的投资者，叫异议股东，异议股东不同意退市，法律就赋予异议股东的退出权，就是既然不同意我们公司退市，那我们可以回购你的股票，我把钱给你，你把股还给我，既然你不同意我退市，以后我们就没有关系了。所以我们国家目前主要是通过中小投资者对退市的决定权，可以叫特别决议或叫类别决议及异议股东的退出权来保护投资者。

回到我们刚才假想的场景，你作为一个小投资者，了解了我们国家现在的投资退市投资者保护制度，就会觉得松了一口气：这个规定对我们太有利了，搞了半天能不能退市，是我们这些持股5％以下的小投资者说了算，好像安心了，这是我们今天设想的第一个场景。我们接下来再设想一个场景，这回你不是一个小投资者了，这回你就是上市公司，你可以把自己想象成是一个代表上市公司利益的主体。上市公司很不容易，现在很风光是上市公司，它原来也曾经是一个默默无闻的小企业，是很多人花了很多的辛苦、费了很大的力气把它打造成了一个上市公司。这个公司之前之所以要上市，是因为它有融资需求，所以要到股票市场上进行融资。融资上市的这几年公司发展得越来越好，赚了很多的钱，现在公司已经没有融资的需求了，公司上市这件事情反倒让他觉得很烦恼，为什么这么说？一方面因为它是上市公司，所以说公司大事小情，都要向公众进行一个披露，搞得公司现在一点隐私都没有。另一方面，也是最重要的是，因为上市公司要接受证监会、交易所发布的各种监管规则、自律管理规则的监管，每年要疲于应付各种审计、各种审查以满足监管要求，每年要花费大量的人力物力和财力。上市这件事情给公司带来的利益和公司要花在这件事情上的成本已经不成比例了，从公司更好发展的角度出发，退市是最好的选择。

我们通过假想了这样两个情景，就可以特别清楚地发现，在主动退市这样一个情况里边，存在着一组相互冲突得非常严重的利益。一方面是公司的主动退市的需求，公司的退市自由，一方面是中小投资者保护，怎么来更好规制这两组相互冲突的利益，是退市法律规制的核心，其中怎么来保护好中小投资者的利益是重中之重。

通过刚才的讲解，我们知道我们国家目前的保护模式，一个是类别决议，一个是异议股东退出权,也就是说现在的保护思路是我把能不能退市的决定权赋予投资者,让投资者来决定。退市不是会对你的利益造成损害吗? 你来决定它能不能退市,如果你没能阻止成功的话,那作为异议股东可以退出这个公司。我给它起名叫决议模式,决议模式就揭示出了证监会对退市投资者保护问题的一个基本立场,就是我要强化中小投资者的表决权,从而实现对他们的保护。这样的一个立场合不合理,取决于对以下这几个问题的回答。第一个,中小投资者在主动退市情形的受保护需求到底是什么? 退市的确会对其利益造成损害,但是他们的受保护需求是说你要把退市的生杀大权放到我的手里,我来决定你的上市公司可不可以退市吗? 如果不是这样,主动退市的中小投资者的受保护需求又是什么呢? 这是第一个问题。第二个问题,我们到底应该怎么来平衡主动退市中公司自治和投资者保护之间的利益冲突,我们会发现现行法的规定,认为投资者保护可以完全压制公司退市,投资者不同意退市就不能退市,是这样的吗? 如果不是这样,这组相互冲突的利益之间的关系又该是什么样子呢? 第三个问题,退市是证券法的一个事件,投资者也是证券法的主体,但是我们现行法中的无论是类别决议还是异议股东退出权,都是公司法中对股东的保护制度,我们可不可以用公司法中的股东保护机制来解决证券法中的投资者保护问题? 如果不可以的话,应该是什么样子的? 接下来我就开始报告的主体部分,我的报告主要分四个部分,第一个部分是决议模式的不足,就是我要探讨一下现在的决议模式到底有哪些不好的地方。第二个部分是域外保护模式的展开和借鉴,我调研了大概世界上 10 多个国家,看他们在主动退市投资者保护这个领域是如何规定的,然后归纳出来三种主要的保护模式,展开来探讨。剩下的部分是反思与重构,重构后的保护模式我称之为补偿模式。第三个部分要证成为什么补偿模式是最好的模式,是最适当的模式。第四个部分探讨的是补偿模式的落地,我们要如何对补偿模式进行制度设计。

首先我们来看一下第一个部分就是决议模式的不足,决议模式的不足又分成两个方面,第一个就是决议模式之误用,也就是说现行法中的保护制度,是规则制定者用错了,这个制度不应该用在退市投资者保护这个领域。第二个层面是决议模式的弊端,你不只是用错了,而且现在错用了这个制度之后,会引发一系列的不好的后果。

我们首先来看一下决议模式的误用。类别决议是一种资本多数决的矫正机制,主要是要保护类别股股东的特别权利不受股东大会决议的侵害。类别决议其实是根植于下面的这样一种民法的基本理论，即社团成员的特权不经过他们的允许不得以社团全体成员大会的决议加以侵害。类别决议和股东大会的关系是，它是股东大会决议的额外生效条件。在退市类别决议这个情况下，其实投资者的类别决议就是投资者群体对退市的同意权，在投资者群体同意你退市之前，股东大会的决议处于效力待定的状态，只有当退市类别决议通过的时候，股东大会决议才生效。把类别决议制度适用于退市投资者保护领域，是对这个制度的滥用。类别决议的适用条件是类别股股东的特别权利被股东大会决议侵害了，但是在主动退市这个情形中并不满足这个条件。首先类别决议是以类别股的存在为前提的，什么是类别股？类别股是和普通股相对应的，指的是股东的权利在财产利益或者在表决控制方面有所扩张或者有所限制的股份类型，具有相同权利的股份构成一个类别。但是我们想一下赋予上市公司投资者类别决议表决权的理由何在？因为他是持股 5％以下的投资者吗？我们不能说投资者持股数量的多寡是构成类别股的原因，你虽然持股 5％以下，可是你的每一股和其他股东的每一股在权利的内容上有什么区别吗？并没有任何的区别，所以说类别决议以类别股的存在为前提，这个条件在退市投资者保护这个情形是不存在的。

还有第二点就是类别决议必须以股东大会的决议直接侵害或者是在特定的法定情形间接侵害了类别股股东的利益为前提，直接侵害是什么意思？比如说一个股东他获得了类别股，这个类别股的内容是他在分红的时候，在财产利益方面他可以获得更多的权利。如果这个公司在事后做出了一个股东大会决议，说之前我们发行了能多分红的类别股，现在要取消掉类别股中的特别权利，现在做出的股东大会决议就是直接侵害了类别股股东的特别权利，这个叫直接侵害型的股东大会决议，法律规定在这样的一种直接侵害型的股东大会决议里边，一定要经过类别决议的同意才能够最终生效。什么是间接侵害型？就是股东大会的决议并不是以侵害类别股股东的特别权利为主要的内容和目的。本来决议的是另外一个事情，只是说它导致了类别股股东的权利会受到影响，这样叫间接侵害。间接侵害的时候，我们是以不设置类别决议为原则，而只是在少数特定的情形设置类别决议为例外的。退市决议无疑是属于这种间接侵害的范畴，因为公司退市是公司的商业决定，属于公司自治的范畴，只是说将导致投资者的利益受损的法律效果。退市属不属于应该设置类别决议的少数情形，答案是否定的。因为一般来说间接侵害情形下，类别决议的适用范围要严格限定于那些对类别股股东的特别权利产生影响的股东大会决议。我们还是可以举刚才的例子，如果一个股东确实是类别股的股东，他持有的股份的内容是在分红的时候有一个特别的优势，我们想公司上市也好，退市也好，对股东的特别权利有任何影响吗？退市了之后他仍然是股东，仍然持有股份，特别的分红权不会因为公司退市了，这个权利就不存在了，退市影响的只是持有的股票不能够在现在的市场上继续交易了，所以我们就很清楚地可以看到，退市的情形也不属于在间接侵害情形下可以适用类别决议的情形。我们再来看一下异议股东退出制度的误用。异议股东退出制度，它是以异议股东回购请求权为主要内容的，它的法理基础是衡平理论，也就是说在公司发生重大结构性措施的时候赋予异议股东在获得合理的补偿后退出公司的权利。目前我们国家的《公司法》在142条第4项，对股份有限公司中的异议股东回购请求权作出了规定，只是适用于公司的合并和公司的分立这两类决议，也就是说现行法的规定认为异议股东退出权是一个适用范围比较有限的权利，在股份公司中只适用于公司的合并和分立这两类决议。

主动退市领域并不存在适用异议股东退出权的空间，这个制度的正当性基础是公司的重大结构性措施会严重影响股东的成员权。比如说在公司合并的时候，出让公司的股东将成为另一个公司的股东，可见异议股东得以退出的根本原因在于公司的结构变更将导致成员权的丧失或者重大变更，而退市显然没有办法和公司的合并分立相提并论。一方面退市根本不属于公司的重大结构性措施，它既不改变公司的内部结构，也不影响公司的股权结构。退市之后，公司的股权结构和内部结构不会受到任何的影响。另一方面退市也不影响股东身份和相对应的成员权，退市之后投资者仍是公司的股东，上市给投资者的成员资格带来的影响是什么？有一个学者认为如果我们从投资者的成员资格的角度进行观察，上市只是外界附加的额外的东西，而不是成员资格的一部分，所以说退市也只是导致股票丧失了上市给他带来的高流动性，而不是股东的身份。因此在主动退市这个领域也不满足适用异议股东回购请求权的一个基础条件。我们认为证监会用错了这两个制度，这两个制度不该被用到这个领域。

第二部分我们来看一下，用错了之后有哪些弊端？就像我们刚才所讲的，类别决议容易使投资者保护制度嬗变为阻碍退市制度。类别决议是把退市的生杀大权赋予利益将因退市严重受损的投资者，其实质是把退市否决权赋予给投资者，虽然目的是投资者保护，但是当把退市的否决权赋予给了投资者之后，这就不是投资者保护了，而是投资者控制，甚至投资者独裁，无疑将导致阻碍退市的法律后果。在这里我可以给大家讲一个小故事，我们要知道退市否决权的出身其实就蕴含着以保护投资者之名行阻止退市之实的内涵。在1939年的时候，有一个加拿大的公司，申请从纽交所退市，我们知道纽约证券交易所可以说是世界上最负盛名的证交所之一。加拿大的公司申请从纽交所主动退市，那个时候纽交所还没有制定任何一项能够阻止公司退市的制度，所以它没有办法拦住那个公司，公司就退市了。在事后，纽交所当年就推出了一统该所退市制度将近60年的规则，我们称之为Rule 500，其内容是什么？它说主动退市必须要经过持股2/3以上表决权的股东同意，这没有什么，但是后半句说，而且在股东大会里否决票不得超过10%，这个就很厉害了。Rule 500一经公布，因为它的退市标准过于严苛，在业界引起了轩然大波。美国的证券交易商协会批评纽交所说，你制订这个规则的意图根本就是阻止退市。随着其他的交易所，比如说纳斯达克，新兴交易所的兴盛，美国证券交易委员会（相当于美国的证监会这类），它也认为纽交所的Rule 500已经不是一个必要的投资者保护制度了，而已经成为一个限制公司退市，甚至是阻止国内交易所进行公平竞争的阻碍机制。实证研究也贡献了比较有说服力的数据。在Rule 500适用后的将近60年的时间里，只有一家公司成功从纽交所退市，60年只退市了一家公司，可见规定的阻止效力有多么强大，而只在1998年这一年，在纳斯达克就有66家公司退市，可以看一下对比有多么强烈。后来在诸多的压力下，纽交所终于放弃了Rule 500中规定的这样一个非常严苛的退市条件，目前从纽交所退市只需要公司的董事会决议通过就可以了，甚至都不需要股东大会决议通过。鉴于主动退市除了损害投资者的利益之外，其实也会损害交易所的利益，所以我们要避免交易所把自身的利益掺杂进公司和投资者之间的利益冲突中，从而以投资者保护的名义不当地提高退市门槛，使交易所成为蟑螂陷阱，就是交易所好像诱捕蟑螂的捕虫器，上市公司虽然可以进来，但是我不会再让你出去。

以上是类别决议的弊端，我们接下来看一下异议股东退出制度的弊端。和类别决议搭配使用的异议股东退出权彻底瓦解了投资者同意退市的动机。我们现在的规则根据投资者的表决内容把投资者分成两类，一类是同意退市的投资者，一类是异议投资者，同意退市的投资者赞成退市，但是却会在退市成功之后丧失继续交易的机会，得不到任何的补偿，而异议投资者反对退市，却会在获得补偿后成功退出公司。这样一种不恰当的差异化处理，无疑会进一步地阻碍投资者在类别决议中投出赞成票，这样现行法中的投资者保护制度就会彻底地沦为阻碍退市制度。

　　另外异议股东退出权在根本上混淆了投资者在退市情形下的受保护原因，它错误地把投资者保护的问题和表决内容绑定在一起，狭隘地认为投资者受保护的原因是异议，所以要给他补偿，要让他退出，从而不当缩小了受保护投资者的范围，导致大量的投资者没有获得相应的保护。退市投资者保护问题和退市的中小投资者的表决内容有关吗？是因为他反对退市所以他值得保护吗？不是这样的。退市投资者需要保护，是因为退市这件事情会对他的利益造成损失，同意退市的投资者，也因为退市遭受了损失，也应该有机会获得补偿。由于异议股东退出权没有办法有针对性地满足退市投资者的受保护需求，所以在实践中我们已经弃用了这个制度。我们会看到在证监会发布的退市意见发布后的主动退市案例里，目前有两个退市的案例，一个是 * ST 二重，一个是 * ST 上普，这两个公司都没有把接受补偿的主体限定为异议股东，而是扩大为公司登记在册的所有的股东。

　　以上是对报告的第一部分的介绍，接下来我开始第二部分的介绍，就是域外保护模式的展开和借鉴。目前在国际主要存在三种主动退市的投资者保护模式，分别是等待期模式、决议模式和补偿模式。这三种模式彰显出了各具特色的投资者保护理念，而且根植于不同国家差异化的资本市场发展水平和退市的法律文化。所以我们从比较法的视角来深入地探究一下域外的经验。

　　首先我们来看一下等待期模式，等待期模式的核心就是要推迟退市的生效时间，等待期是一个期间，这个期间起始于退市意向的公开披露，也就是说这个公司公开向所有人披露说我要退市了，投资者听到这个消息就知道我要有所准备了，终止于退市的最终生效。等待期模式的目的就是要让投资者在知道这个公司要退市之后，给他充足的时间，让他可以在获知信息后，继续在当前的市场把他的股票转让出去，进而和即将退市的股票相分割。

　　通过我们刚才的介绍，我们知道即将退市的股票一般是乏人问津的，谁会去买一个马上要退市的股票，所以说即使规定了等待期，这个投资者他卖股票时，也没有人买，所以等待期模式能够实现的投资者保护的功能是比较有限的，因此在实践中通常是作为一个辅助性的模式和其他模式配合使用的。比如说德国同时规定了补偿模式和等待期模式，英国同时规定了决议模式和等待期模式，泰国甚至同时对三种模式都做出了规定。

　　世界范围内只有极少数的国家把等待期模式作为唯一的退市投资者保护模式，代表性的国家是美国，我们知道美国拥有世界范围内最发达最成熟的多层次资本市场，而且投资者保护是美国证券法的使命，但是它却在主动退市这样一个会对投资者的利益造成损害的情况中把保护效果最微弱的等待期模式作为自己唯一的保护模式，而这个模式在实践中又比较好地实现了保护效果，没有面临什么根本性的挑战，没有听到批评的声音说美国的等待期制度的保护功能太屠弱了，投资者没有得到好的保护。这样一种看似不可理喻的选择和这样一种让我们觉得很吃惊的结果背后，隐藏着什么样的逻辑和合理性呢？我们可以看一下，美国的主动退市法律制度和我们国家一样，也主要体现在三个法律层级，一个是他们的《证券交易法》，一个是他们的 SEC 规则，也就是他们监管机构发布的监管规则，一个就是他们的交易所规则。证券法也和我们国家一样没有规定实质性的退市条件，如果满足了交易所的退市条件，就可以向 SEC 提交你的退市申请了。纽交所和纳斯达克是美国最著名的交易所，他们两个都在交易所规则中对主动退市作出了规定。纳斯达克一贯是自由放任的态度，没有针对主动退市提出交易所层面的新要求，纽交所我们刚才也介绍了，最开始是非常严格的 Rule 500，但是 80 年过去了，现在已经经历了一个从收紧到放松的演进过程。目前证券法和交易所规则层面其实都没有为主动退市设定特别的门槛。美国的退市投资者保护制度就主要体现在它的 SEC 规则中，也就是它的监管规则，主要在公告程序里规定了等待期制度。退市申请到达 SEC 之后 10 天退市才生效，规定了 10 天的等待期。需要注意的就是除了等待期制度，证券法还赋予了作为退市决策机关的 SEC 自由裁量权，监管机构在收到一个公司的退市申请后，如果它认为目前公司拟定的投资者保护方案还不足够保护投资者，它有权利提出更高的投资者保护的要求，但是近年来 SEC 并没有行使过这个权利。在两个案例中，面对投资者的诉求，投资者认为自己没有得到更好的保护，要求 SEC 提高投资者保护的门槛，要求上市公司给予他们更好的保护。但是 SEC 并没有这样做，因为它认为等待期制度已经赋予投资者足够的时间在退市前转让股份，所以投资者不应该再要求 SEC 阻碍公司退市。和 SEC 现在的这种克制的态度形成鲜明对比的，是在早年他激进的作风，在 1944 年的一个案例里，SEC 认为退市是对投资者重大利益的剥夺，所以它认为主动退市不只要求股东大会资本多数决，还要求出席股东大会半数以上股东同意，也就是说他认为退市对投资者利益造成这么大的损害，所以我不止要求你股东大会要资本多数决，你还要人头多数决议。在 1945 年的一个案例里，SEC 进一步提高了要求，它说只有在全体股东至少半数以上出席股东大会并参与表决的时候，退市决议才能发生效力。在

SEC 的强势的干预下，1944 和 1945 年的这两起公司退市的申请都以失败告终了。可见 SEC 它目前对于等待期模式保护效果的评价已经发生了一个根本性的转变。

随着 SEC 不断地回撤自己在退市投资者领域的裁量空间，等待期模式已经从原来的一个边缘的地位逐渐走向了美国退市投资者保护舞台的中央。主要存在两方面的原因，一方面是这些年来美国多层次资本市场发展得越来越完善，尤其是近年来场外市场，即公司退市后股票交易的市场，在流动性、公司治理和报价机制方面发展得越来越成熟，即便公司退市了，投资者仍然可以在一个相对成熟的交易市场转让股份，这在很大程度上弥补了退市给投资者造成的损害。另一方面，也是更重要的是，在 1964 年的时候，美国的证券法引入了一个新的条款，退市并不会导致公司报告义务的终止。我们知道美国的上市公司被称为报告公司，就是因为为其施加了一系列的信息披露义务，美国的证券法规定达到一定规模的，就算是在场外市场交易的公众公司，同样负有重新向 SEC 申请注册并且承担基于注册的报告义务。美国的证券法规定，即便公司从主板退市了，投资者仍然可以源源不断从公司获取到信息。所以 SEC 就认为，如果退市不终止公司的报告义务，退市对投资者的不利影响已经非常有限了。因此我们可以看到美国把等待期模式作为主要的退市投资者保护模式的底气就在于，这个国家发达的多层次资本市场和成熟完善的注册制法律保障体系，等待期模式能够在美国独当一面，不是因为这个制度有多么强大的保护功能，而是和其他的国家相比，美国的投资者在主动退市的情形，本来就不存在突出的受保护需求。我们也知道美国的经验是不具有普世性的，因为世界上只有几个像美国拥有这么强大的资本市场的国家，以上是对域外保护模式的第一个模式，等待期模式的一个介绍。

我们再来看一下决议模式，我们国家采取的就是决议模式，决议模式其实就是投资者被赋予了额外的表决权或者表决利益，我们国家现行的以类别决议为主要内容的决议模式其实是和英国的保护模式如出一辙的，和我们国家证监会没有阐明它选择决议模式的原因不同，英国的立法文件对于整个修法的过程都进行了详细而且完整的记录。如果我们从历史的维度探讨一下英国的演进逻辑，有助于我们深刻地理解决议模式的制度内涵。在 2014 年的时候，英国行为监管局 FCA 通过引入了少数股东投票权提高了高级市场退市环节投资者保护的要求。FCA 认为，当上市公司存在控股股东的时候，股东大会作出的股东大会的退市决议，根本就不能体现中小投资者的意志，所以说股东大会的决议机制是不足以实现投资者保护的，因为少数股东的利益非常容易被控股股东滥用控制权所侵害。为了保护作为少数股东的中小投资者，FCA 决定要通过修改法律加强少数股东的保护，其对四种方案进行了取舍和论证，第一个方案是有人提出我们可以把股东大会退市决议通过的多数要求提升到 90%，这样的话肯定就能体现中小投资者的声音了。FCA 认为这个方案不可以，因为提高到 90% 就赋予了小部分少数股东阻碍退市的权利，少数保护就异化为少数控制了，中间还有两个方案我们就不多说了。第四个方案是，除了股东大会特定多数同意之外，退市还需要经过独立股东，也就是英国的中小股东的简单多数决议通过，这个跟我们国家的决议模式就非常像了。第四个方案最后就受到了 FCA 的青睐，最终被引入了英国的上市规则。FCA 认为第四个方案非常好，因为我们赋予少数股东额外的投票权，我们会使少数股东富有效率且合理地参与公司的退市决策，既不会让他们拥有不相匹配的退市决策权，又能保护他不受制于控股股东心血来潮的退市决定。

我们会发现其实决议模式的核心就是把退市视为是控股股东和作为小股东的投资者就退市决策权的一个争夺和拉距。试图通过赋予中小股东退市决定权，在保护不足和过度保护之间寻求一个平衡。就选择决议模式的国家而言，它的核心问题是怎么使投资者产生同意退市的动机，就像我们一直在讲的，投资者没有同意退市的动机，这是一个会对他的利益造成严重损害的事件。目前的主流做法是我们把股票公开收购要约作为决议模式的一个有力支撑，也就是说我收购你的股票，我把钱给你，你把股票给我，这样的话你不就可以同意了吗？目前主要体现为两种方式，一种是把这个要求在退市规则中予以落实，比如说新加坡、泰国，它就在各自的交易所规则中落实了这样一个收购的要求。第二个是虽然没有在规则层面作出落实，但是实践中就是这么做的。我们需要注意的是，如果这个决议模式要以股票公开收购邀约作为它的前提，实际上已经是补偿模式的主要内容了，如果决议模式必须要以补偿模式作为支撑，才能实现完整的保护效果，其作为一个独立模式的存在性基础就会被削弱。

补偿模式的核心是补偿投资者因退市遭受的财产损失，主要存在两种类型。一是作为决议模式的保障手段从而与决议模式相挂钩的补偿模式，以泰国为典型代表。二是独立的补偿模式，代表性国家为德国、西班牙、巴西等国。在众多国家中，德国的补偿模式引入瞩目。起源于英美资本市场的主动退市对德国而言是新鲜事物，德国对退市投资者保护问题的处理主要由司法推动，经历了由资本市场法至公司法，又回归至资本市场法的发展过程。

2002年以前，退市投资者保护制度体现为旧版《交易所法》第39条第2款中简洁的原则性规定："退市不得与投资者保护相冲突。"此时投资者保护方面最突出的矛盾是，若退市由大股东推动，则投资者除无法对退市决议施加任何影响外，还面临被迫以低价出售股票的危险，因为退市公告引发股价下跌后大股东极有可能是市场上唯一的买家，而投资者为了及时止损只能依赖于大股东的收购。为加强投资者保护，2002年联邦最高法院在Macrotron判决中进行了法律续造，认为退市直接侵害了宪法中作为基本权的所有权，而股东大会决议并不足以实现对少数股东的充分保护。上述目标只能通过由公司或者大股东向异议股东提出收购要约方可实现。该判决引入大股东概念并将其与中小股东概念相对立，从法技术角度来看，其所涉及的已不是资本市场法上的投资者保护，而是公司法上的少数股东保护。

然而，2012年联邦宪法法院在MVS/Lindner判决中明确抽离了Macrotron判决的裁判基础。宪法法院的核心观点是，退市并不会侵害《基本法》第14条所保护的作为基本权的股份所有权，因为退市并不牵涉股份所有权中的管理权与财产权因素。宪法法院在该判决中第一次对社团法与市场规制法做出区分。在社团法层面，如果股东丧失了成员地位或者其地位被公司结构性措施所限制，那么宪法应支持对其损失进行全额赔偿。但是宪法的保护范围并不包括市场监管法对股票盈利机会的影响，退市所影响的股票流动性只是单纯的盈利机会，而这绝非宪法所有权保障的客体。一年后联邦最高法院通过Frosta判决放弃了其所设立的公司法上的全部保护要求，标志着德国退市投资者保护问题的教义学归属发生了由公司法转回资本市场法的巨变。联邦最高法院认为，退市具有纯粹的资本市场法品格，故退市投资者保护问题的法教义学归属是资本市场法。立法者最终也遵循了这一思路，于2015年对《交易所法》第39条进行了大幅扩充。根据该条第2款的规定，除非股票仍将在另一个国内交易所或者另一个具有和德国相适应的投资者保护标准的欧盟或欧洲经济区国家的交易市场流通，否则退市申请只能在发行人提出申请时已公开面向所有股东的要约收购文件的条件下，方能被允许。该条第3款至第6款对主动退市中的补偿要求作出了细化规定。

从宏观维度观察可知，一国多层次资本市场的发展水平与退市投资者保护模式的强度息息相关。具言之，多层次资本市场越成熟完善，退市给投资者造成的损失就越小，投资者保护模式就越宽松。其中最重要的衡量标尺是场外市场的流动性、定价机制以及监管强度。美、德两国差异化的制度安排可为此提供极佳论据。美国拥有高度发达的场外市场且各层次市场均具有较高流动性，更为重要的是，场外市场亦受到美国证券交易委员会的严格监管。鉴于退市给投资者造成的损失有限，美国拥有世界范围内最为宽松的投资者保护制度。反观德国，场外市场被称为自由市场，与受规制市场接受严格监管不同，自由市场完全由民法中的一般交易条款规制。基于此，德国的退市投资者保护制度较为严格，以足额补偿投资者的经济损失为主要内容。此外，现有经验表明一国的投资者保护制度并非一成不变，而是处于一个动态调整的过程之中，调整的推动力来自多层次资本市场的发展与变化，因此最佳的制度就是最适合一国发展现状的制度。

从微观维度观察可知，各模式践行了差异化的投资者保护路径，彰显出对退市投资者保护理念的不同认知。决议模式与补偿模式可谓典型代表。以比较的视角观察两种模式，可得出如下区别。第一，决议模式与补偿模式对"投资者的受保护需求"有不同理解，前者认为，大股东压制问题的存在使退市决议未能充分体现投资者的意志，因此投资者的受保护需求体现为被弱化的成员权中的表决权；后者则聚焦退市给投资者带来的财产损失，认为受保护需求为对财产损失的补偿。第二，两种模式对退市中公司自治与投资者保护之间的关系理解不同。决议模式认为公司自治应让位于投资者保护，是否退市应由少数股东决定。而补偿模式则主张更均衡地处理公司自治与投资者保护之间的利益冲突，只要投资者能够获得足额经济补偿，法律就不应当阻碍公司退市。第三，两种模式分别遵循了不同部门法中的保护理念。决议模式遵循公司法中的少数股东保护思路，将投资者视为股份的"所有者"，继而强化其表决权；而补偿模式则将投资者定位为资本市场中的"交易者"，试图通过证券法保护方案弥补投资者因交易可能性受损而产生的财产损失。

结合比较法经验可知，一方面，作为新兴加转轨市场国家，我国多层次资本市场正处于有序建设的进程中，退市后股票挂牌的"全国中小企业股份转让系统"在流动性、定价机制与监管制度等方面与主板尚存在较大差距。退市将使我国投资者承受较大的经济损失，因此补偿模式是现阶段最适合我国的保护模式。另一方面，补偿模式能够在法理上弥补决议模式的诸多缺陷。具体而言，其能够精准地满足退市投资者的受保护需求，均衡地处理退市中的利益冲突且更契合退市投资者保护问题的法教义学归属。在退市投资者保护模式亟须重构之际，补偿模式是我国的应然选择。下文将具体分析补偿模式之于我国的正当性。

以上就是对第二部分的介绍，接下来我们来讲一下第三部分，也就是决议模式的正当性基础。决议模式更加关注投资者在退市决议中受到压制的表决权，进而将表决权的强化作为主要的投资者保护手段。此种模式混淆了投资者在退市中的受保护需求，形成错位式保护。为了构建有针对性的保护模式，亟须澄清投资者在退市情形的受保护需求，相关论述将围绕投资者在上市公司中的利益格局、在退市中的损失类型以及受保护需求这三个问题渐次展开。

投资者持有的股权可细分为管理权与财产权两个层面，前者指表决权、抗辩权等管理性权利，后者包括参与利润分配等财产性权利。绝大多数情况下，投资者因持股数量有限不具备影响上市公司经营的现实可能性，其更加重视股票的高流动性赋予其在经济上的自主决定空间，即依其意愿随时买进卖出股票从而实现盈利的可能性。尽管投资者亦因持股成为上市公司的小股东，然而人们鲜少从社团成员的角度对其进行观察，而主要将其视为追求投资收益的主体。可以说投资者在上市公司中的利益格局主要体现为财产性利益，具有纯粹的投资属性。

退市不影响投资者的股东资格。一方面，退市并不影响股权中的管理权因素，因为管理权的存在以及由此衍生而来的其他权利均不会因退市受到波及。另一方面，退市亦不影响股权中的财产权因素，退市后投资者仍可基于股东身份享有分红权等财产性权利。退市意味着投资者无法在挂牌市场继续转让股份，将使股份丧失因上市而在信息披露、监管环境等方面获得的有利交易条件，故股份因上市而获得的强流动性将受到严重限制。

股份在特定挂牌市场上的可交易性应被归为何种利益？对此，德国联邦宪法法院曾在著名的 MVS/Lindner 判决中以该利益是否属于所有权基本权的保护范围为切口展开探讨，并对股份"法律上的流动性"与"事实上的流动性"两个概念做出界分。前者指股份在法律上的可转让性，其并非基于上市获得，非上市公司的股份亦具备此功能；后者指股份基于上市而获得的高流动性，属于股份在特定市场上的单纯的盈利与交易机会，仅为股份的"价值构成要素"，是投资者在资本市场上获得股份的伴生风险。可见德国司法界将股票因上市而获得的高流动性视为能够确定股份价值的要素。该认知对我国亦富有启发，股份在特定挂牌市场上的流动性是因上市而获得的在交易设施与交易机制等方面能够确定股份实际价值的有利条件，属于附着于股份之上的财产利益范畴。此外，退市还将导致股票挂牌价格的降低。实证研究表明，退市信息的披露将导致股票挂牌价格出现5%—12%的跌幅，此亦属于财产利益范畴。可见，退市主要对股票在资本市场上的流动性与交易价值产生影响，此皆属于财产利益范畴。

结合投资者在上市公司中的利益格局与在退市中的损失类型，其在退市情形的受保护需求已呼之欲出，即对财产损失的补偿。因此退市投资者保护问题的核心是财产保护，而非对表决权等管理性权利的强化或者股东资格的存续保护。故退市投资者保护问题应通过补偿财产损失，而非借助强化表决权的方式来解决。实际上，鉴于投资者在公司中轻管理、重投资的利益格局，财产补偿早已成为主流的投资者保护思路，并在众多投资者保护领域中得以应用。财产补偿相对于管理权甚至股东资格的超然地位早已得到较为充分的论证，正如德国联邦宪法法院在具有里程碑意义的"Moto Meter"案中所指出的，投资者的股东资格或者管理性权利应让位于经济补偿，只要能够给予投资者与其股权价值相当的经济补偿，就可以认为其利益并未遭受较大程度的损害，甚至成员资格的丧失亦可接受，因为投资者一定可以在获得补偿后在同类企业中找到替代性的投资机会。鉴于此，退市情形不应被例外对待，投资者因退市而遭受经济损失，其受保护需求集中体现为对经济损失的弥补。因此应通过补偿模式及时且足额补偿投资者的损失。

主动退市法律规制是公司自治与投资者保护之间的利益平衡，亦即效率与公平的博弈。现行决议模式不仅压制了上市公司正常的退市需求，而且长此以往将对整个资本市场的可持续发展产生不利影响，因此应以均衡的全局思路考察退市中的投资者保护问题。

决议模式将退市的最终决定权赋予投资者，从中可以解读出证监会对退市中利益衡量的基本立场：投资者保护可压制公司自治。此种利益衡量的结果因对制度利益存在误解而表现出极大的恣意性，因此有必要对退市投资者保护规则的制度利益予以澄清。

在利益的层次结构中，处于中心地位的制度利益指法律制度所固有的根本性利益。从内部观察，退市投资者保护制度的核心利益在于均衡地处理投资者保护与公司自治之间的关系，使其各安其位，各取所需，从而相互协调地促进退市制度的健康发展。因此投资者保护制度的目的绝非阻止退市，而是通过使投资者获得妥善保护减少退市的负外部性,最终保障公司的退市自由。从外部观察,与社会公共利益相协调是衡量制度利益的基准,退市投资者保护制度除了承载着保障投资者合法权益的使命外,还关涉多层次资本市场的可持续健康发展,而后者作为经济秩序的一部分属于公共利益的当然内容。以赋予投资者退市否决权为内容的决议模式失当地将投资者的个体利益凌驾于公共利益之上,此时制度利益不仅无法与公共利益相协调,甚至可能阻碍公共利益的实现,应予修正。从制度利益与公共利益出发,不应以公平不当压制效率,而应追求效率指导下的公平。

"效率指导下的公平"是在宏观层面对退市投资者保护制度进行利益衡量所得出的结论,针对该理念在解决利益冲突时的具体落实,宜在退市投资者保护领域引入"容忍与补偿"原则。1962 年德国联邦宪法法院在 Feldmühle 案中首次将"容忍与补偿"原则引入投资者保护领域,在该案中持有公司 75％以上股份的大股东通过股东大会决议将公司的全部资产转移给自己,同时少数股东退出公司并以合理金额获得补偿。法院在进行利益衡量时认为,资本多数决规则下小股东只能承担股权可能被股东大会决议侵害的不利后果,基于重要的公共利益理由小股东具有投资属性的利益应劣后于企业集团自由开展经营的利益。原因在于,小股东所持股份具有纯粹的投资属性,其利益可通过足额经济补偿得以保障。可见"容忍与补偿"原则在投资者保护领域的内涵是:鉴于投资者持股数量极为有限故股权中的管理权功能微弱,其股权在根本上属于资产投资,因此投资者不具备影响公司决策的可能性,只能"容忍"股东大会决议给其造成的损害,但可就其损失获得足额经济补偿。

"容忍与补偿"原则可谓投资者保护领域中"效率指导下的公平"理念的完美注脚,亟须被引入退市投资者保护领域。一方面,持股数量有限的投资者需要容忍股东大会退市决议的生效。从风险的角度来看,主动退市是投资者在购买股票时应当预见到的风险,正如美国证券交易委员会所言:投资者必须清楚,上市许可并非一项不会终止的既得权利。退市是上市公司基于自身利益考量的商业决策,且符合公共利益,任何公司皆有在未来主动退市的可能,投资者无权阻止。另一方面,退市投资者保护问题应交由补偿机制解决。退市给投资者造成的损失主要体现为财产利益损失,足额的经济补偿能够弥补投资者的损失。只要上市公司做好补偿投资者的准备并具备补偿能力,法律就不应阻止退市。

决议模式无视退市的证券法属性将其与其他公司结构性措施混为一谈,将证券市场中的投资者视为与大股东相对立的小股东并强化其表决权，是僵化地依循公司法中的少数股东保护理念理解投资者保护的产物。虽然投资者因持股成为股东从而同时受到公司法与证券法的保护，但两法在保护的层次与功能上存在区别。

第一，保护层次不同。首先，对于上市公司的投资者而言，公司法所提供的是基于持股而享有的"最低程度"的保护，例如表决权、分红权等。上述权利与公司是否上市无关，即便公司退市投资者亦可基于持股享有公司法层面统一的股东保护。其次，投资者亦因公司上市获得证券法层面的保护，例如包括信息披露义务与行为义务在内的上市后续义务。此类保护与公司的上市状态息息相关，退市后投资者将无法享受此类保护。

第二，保护功能不同。公司法属于社团法范畴，以为公司内部事务设立组织与行为规则为主要内容，核心理念是将作为社员的股东联合起来，通过行使共同管理权追求公司目标。证券法属于市场监管法范畴，以证券的发行与交易为主要调整对象，旨在通过一系列监管规则保障证券市场的有序运行与投资者的合法权益。公司法与证券法的不同属性赋予其不同的保护功能。具体而言，公司法主要将股东视为股权的"所有者"进行保护，着眼于股东对股权的"持有"进而保护成员权中的管理权与财产权，而证券法主要将投资者视为股权的"交易者"进行保护，以股权在证券市场上的交易为核心，旨在提供公平的交易价格与公正透明的交易环境。

决议模式错误地将退市投资者保护问题的法教义学归属确定为公司法，从公司法的工具箱中选取类别决议与异议股东退出权两项股东保护制度，试图强化投资者的表决权以对抗公司退市。公司法中的股东保护思路不仅无法解开证券法中的退市投资者保护难题，而且严重损害了法律的体系性与内在逻辑的一致性。退市是典型的证券法行为，退市后投资者仍为公司股东，只是将丧失股票在特定证券市场中的可交易性。从保护层次的角度来看，退市仅影响投资者在证券法层面因上市而获得的利益，而非投资者基于持股而享有公司法层面的保护。从保护功能的角度来看，退市影响股票在挂牌市场的可交易性，属于作为股权交易者的投资者的交易性利益，而非作为股权所有者的股东的持有性利益。因此退市投资者保护问题的法教义学归属是证券法，该问题宜通过证券法中的补偿机制来解决。

补偿模式高度契合注册制理念，可以说注册制改革为退市制度改革提供了空前的历史机遇。作为"入口"的上市与作为"出口"的退市是资本市场中的两个关键环节,股票的发行上市与退市制度亦为资本市场中重要的基础性制度,二者不可割裂且相互作用与影响。一方面,失当的上市制度无法滋养出成熟的退市实践。以我国为例,与成熟资本市场主动退市比例较高不同,我国的主动退市实践寥寥无几,迄今 A 股市场仅有 ＊ST 二重(2015 年)与 ＊ST 上普(2019 年)两起"非典型"主动退市案例。究其根源,核准制下壳资源的稀缺性使我国股市陷入"上市难、退市更难"的窘境,严重阻碍了市场的出入自由,扭曲了股市的供需平衡,亦使主动退市制度形同虚设。另一方面,有缺陷的退市制度同样会反噬上市制度改革为资本市场建设所付出的努力。尽管注册制改革与新《证券法》的正式实施已为资本市场畅通了"入口",但如果作为"出口"的退市制度不随之改革,那么我国股市将罹患只进不出的疾病,从而极大减损注册制改革的成效。上市与退市是有机统一体,注册制改革须与退市制度配套改革方可实现良性互动的制度协同效应。

随着注册制改革的有序开展,一个进出更自由、主体责任更明晰、投资者得到更适当保护的健康运转的多层次资本市场已初见雏形。照此趋势,主动退市有望回归商业决定的本质,即上市公司通过上市获取的利益已与上市的负担不成比例。注册制时代市场化、常态化的主动退市实践已经呼之欲出,而以决议模式为主要内容的现行退市投资者保护制度显然无法与之相匹配。

补偿模式是注册制改革背景下退市投资者保护模式的应然选择。注册制改革要求退市制度应充分体现市场化、法治化的要求,良性循环的资本市场要有进有出且遵循正常的新陈代谢规律,唯此方可充分发挥资本市场的资源配置作用。在法政策层面,在"充分发挥市场在资源配置中的决定性作用"的新时代,补偿模式既能妥善安置投资者在退市中的利益,又无碍市场化退市中市场要素的自由流动与要素配置效率。落实到法技术层面,补偿模式能够切断投资者对退市决定的控制权,将退市投资者保护问题聚焦于经济补偿,通过退市投资者保护制度的供给侧改革保障注册制改革下主动退市制度的顺畅运行。

最后我们来看一下第四个部分,补偿模式的落地。退市分为完全退市与转板退市,前者指股票退出在所有交易场所的交易,后者指股票退出当前交易板块后将继续转至其他板块进行交易,此亦可细分为升板退市与降板退市。目前我国尚未对完全退市与转板退市中的投资者保护方案进行类型化区分,这种一刀切式的做法应予修正。鉴于补偿的前提是经济损失的存在,故应对补偿模式的适用范围进行类型化区分。首先，补偿模式适用于完全退市情形。其次，补偿模式不适用于升板退市。因为升板意味着股票交易将在更高层次的交易板块接受更为严格的监管，退市不但不会导致投资者遭受损失，反而将使投资者受到更为全面的保护，故投资者不存在突出的受保护需求。最后，降板退市中宜设置细致的差异化补偿方案。目前我国多层次资本市场正在如火如荼的建设过程中，各层次资本市场总体上呈现错位发展、良性竞争的态势。鉴于各层次市场的流动性与监管程度不一，降板退市给投资者造成的损失并不一致。例如，相对于由主板降至科创板，降至创业板或者新三板无疑将给投资者造成更大的损失。对前者来说，随着科创板与主板差距的不断缩小，降板至科创板在不远的将来或许无需补偿。而对后者来说，根据特定板块与主板的差距设置不同程度的补偿仍属必要。总之，降板退市是否以及在多大程度上适用完全退市的补偿规定还有赖于专业人士的精细研判。

实际上，补偿模式已在我国主动退市实践中得到应用，在＊ST二重与＊ST上普案例中，上市公司主动为投资者提供了有别于现行保护标准的补偿方案，为控股股东之外的所有股东提供了现金选择权。从保护效果来看，现金选择权赋予所有投资者以较为合理的价格退出公司的权利，属于可供选择的补偿工具。值得探讨的是，上述现金选择权在法教义学中的定位是什么？有学者对实践中应用的现金选择权与公司法中的异议股东回购权进行比较分析，得出前者可吸纳后者的结论。该观点值得商榷，因为两种制度的法教义学归属与功能完全不同。上市公司在实践中屡屡应用的现金选择权属于证券法中的证券收购制度范畴，该制度与《证券法》中的"上市公司的收购"制度是一般与特殊的关系。区别在于前者是收购人向所有投资者发出的公开收购要约，而后者仅指以控股为目的收购证券。反观异议股东回购权，其为公司法上的资本多数决纠正机制，旨在保护异议股东免受其不赞成的公司重大结构性措施的伤害。因此两种制度是平行存在于两个部门法中且具有不同功能的制度，不宜混淆。

我国退市投资者保护规定主要体现在《证券法》、证监会《退市意见》与交易所自律规则三个法律层级。鉴于法律的稳定性与退市投资者保护制度的动态调整性，鲜有国家直接在法律层面对后者做出规定，我国亦不例外。《证券法》第48条将退市法律规制转引至交易所规则，因此亟须在交易所规则层面推动主动退市投资者保护模式由决议模式向补偿模式转换。然而由于沪、深两市的《上市规则》基本上照搬了《退市意见》中的保护模式，可知证监会是现行模式的实际决策者,因此应首先推动《退市意见》的相关修改。建议证监会在《退市意见》中对交易所在保护规则设定方面的自主空间及其边界予以明确。补偿模式作为底线式保护,应允许各交易所在不违反法律强制性规定与基本精神的前提下设置差异化的保护路径。

在完成《退市意见》的修改工作后,交易所应对其《上市规则》进行相应修订。在此需注意两个问题:第一,宜针对不同的交易板块设置有针对性的保护路径。例如主板市场与科创板市场、创业板市场是否应设置同等程度的保护,尚需专家进行细致的论证。第二,在厘清现金选择权法教义学归属的基础上,仍可继续将其作为具体的补偿工具。沪、深交易所皆已发布关于现金选择权的业务指引,建议增加主动退市这一适用情形,并增补与证券收购相关的具体规定。

以上就是我今天的报告,谢谢大家的聆听。

丁勇:好,谢谢姚老师,也感谢张老师的邀请,非常高兴来法学所进行学术交流。

刚才张老师对她的文章做了非常详细的解读,我觉得非常清晰,非常仔细。我看这篇文章以后的一个总体感觉,就是文章的观点非常的明确,而论证是非常的细致,读下来以后有一种酣畅淋漓的感觉,非常吸引读者一直往下看,最后的结论也能够颠覆我们一般人的理解,所以我觉得这个文章还是给人非常深刻的印象。从几个方面来说,一个是选题上,就像刚才张老师提到的,现在不可能有真正主动退市的,所以一开始我觉得这个是不是有点曲高和寡,或者说选择比较偏,可能大家讨论更多的是强制退市的比较多一些。但是我看到后面,其实跟注册制的对应的入口和出口的关系的时候,我觉得讲得非常在理。我们虽然目前现实不一定发展到那个阶段,但是我们提前做好一些制度上的安排,纠正目前因为制度设计从不合理导致的出口出不去的问题,我觉得这个同样也是非常重要的因素,所以在选题上来看,是一个非常有眼光有价值的一个选题。

在具体的论证的过程当中,张老师文章的层次结构也是非常清晰,首先从现行法决议模式的不足做一些讨论,尤其是对类别决议。因为我自己虽然研究股东类别决议,但是我还真的没有关注过主动退市上的决议的要求,我也没想到居然还有这么一个类别决议的要求,确实像张老师文章论证的,它是对类别决议的错用,因为它就不涉及到股东特别权利的问题,所以对类比决议的批评,我觉得非常在理。同样对于异议股东回购权作为公司法上的基础的一个批评,我觉得也是非常的合理。公司法上的异议股东回购是以公司的合并分立这种重大的结构性的改变作为前提的，是给股东重新选择投资机会的一个权利，它和这边退市显然也不是同一回事，所以这两个批评我觉得都是非常尖锐，但是也非常合理的。后续张老师归纳了很多国家，把不同的模式都起了一个让人一看就能明白的名称，等待期模式以美国为代表，决议模式以英国为代表，补偿模式以德国为代表，都做了非常细致的一个梳理。而且每一个模式和他们国家特别的国情都做了很详细的解读，这是非常令人惊叹的一个地方，做的工作非常的细致。最后她从德国的发展过程出发，得出补偿模式应该是一个更为正确的做法。在论证的过程当中层层地递进，所以从论文的写作和论证的角度来说，非常有说服力。

从总体上而言的话，文章所讨论的问题其实也涉及到公司法，或者说是整个的资本市场法的核心问题。就是投资者保护和公司的利益的平衡的问题，这个其实是整个公司法、证券法最核心的问题。因为我们一直强调公司法证券法强调对债权人的保护，对公共利益的保护，中小股东的保护，似乎这些受保护的对象就跟大熊猫一样，有一个天然的正当性，任何的做法都是合理的，都是政治正确的。这其实就会造成忽视了这个问题的另外一头的问题，忽视了公司本身的利益。很多的保护措施用我们法律上的话来说的话是不符合比例原则的。这其实不是一种正当的保护，对中小股东来说最后也未必是得到一个积极的保护，而且对于公司来说的话是最直接受损。看似对股东的保护，我们用民法上的决议法律行为的模式保护他，只要决议有瑕疵，就要一棒子打死，这是对中小股东最周到最体贴的保护。但是会发现最后把公司也给整死了。皮之不存，毛将焉附。所以很多时候不管是出于善意，还是出于对制度工具的误解所做的一些我们以为的保护手段，最后的结果未必是我们所希望的。所以怎么样在每一个不同的中小股东保护的问题上，去寻找一个和公司利益更为平衡的安排，让他得到适当的、但是同时也是充分的合理的保护，同时不损害公司整体的利益，我觉得这可能是整个公司法证券法所面临的最核心的问题。因为它和普通的民法最大的区别就在于，股东和公司之间是一种我中有你的关系，所以不是说像合同一样，一方违约了，就进行赔偿等后续的措施。而公司法证券法在这种你中有我、我中有你的局面下，股东作为一个公司的成员，他其实天然有一种要对公司利益进行照顾的义务，所以从他本人的角度来说，也并不希望以牺牲公司利益的方式换来对我的保护。

从这个论文涉及到另外一个点，随着资本市场的发展，股东当中其实也要分类，大家不都是公司法意义上的股东。公司法意义上的股东其实很大程度上是按照有限责任公司的模型来的，公司和股东的利益是紧密结合在一起的，是关心公司的长远利益的，是不会轻易走掉的，因为股东就锁定在公司里边，和公司是非常紧密的关系。随着资本市场法的发展，公司，尤其是股份公司、上市公司股东的数量越来越大，特别是上市公司，大多数的股东已经脱离了我们公司法上对股东的原始形象的描述，已经成为一种纯粹的投资者。虽然原始意义上、公司法意义上也能叫股东，但是他其实并不关心公司长远利益，更多是关心他自己的投机利益，这种股东只能说他是一种投资者股东，和我们原始意义上的社团意义上的关心企业利益的企业主股东，是有本质的区别的。所以区分这两种股东的不同的身份，对他提供不同的保护，是一个很重要的方面。不管是在国外还是国内都体现出这种趋势，我觉得在这个文章当中同样也是体现得非常明显。所谓的德国法上容忍和补偿原则表现得非常明显，这些投资者股东，他们其实都不把自己当股东。所以在这一点上的话，我们做一个区分，对于投资者股东以价值补偿，以损害赔偿作为权利保护的主要方式，对于那些真正关心公司长期利益的，特别是持股达到一定规模的这种企业主股东，可以以股权的所有权的方式来进行保护。这种区分是非常有价值的，也是非常符合资本市场发展的现实要求的。在最后的结论上，我也是非常同意张老师提出的直接以补偿模式作为对这些投资者股东的保护方式。

当然在具体的构造上面，没有看到张老师对于将来要构造的补偿模式，是否还需要以股东大会决议为前提，还是说就像外国一样，只需董事会决议。如果还是以股东大会决议为前提，对于投反对票的异议股东进行现金补偿的话，已经开始接近于公司法上的异议股东回购了，但是它和补偿模式的区别在于，补偿模式是一股脑面向所有的人，而异议股东则必须要反对，所以就充分看得出来异议股东回购的模式的问题在于逼着他反对这个事，最后他自己作茧自缚了。另外还有一个小问题，如果都选择选现金回购的模式的话，还有没有其他的模式？比如说有些股东也不一定想退出公司，有没有其他的补偿的可能性？一些细节上的问题还可以再做一个拓展，但是总体上而言，这个文章是给我的印象非常深刻。我觉得在很多方面，因为跟我自己的研究的经历也很有关系，所以我是非常有同感的。

肖军(上海社会科学院法学所副研究员)：张艳副研究员在本文中尖锐地批判了我国现有的主动退市的保护模式，在学界的研究中是否有赞同的观点？

张艳：《关于改革完善并严格实施上市公司退市制度的若干意见》于 2014

年出台，出台时间不长，且在此之后也只有两个主动退市的实践，因此目前研究主动退市投资者保护模式的学者较少。

姚建龙：本次报告论证的逻辑结构十分清晰，具有典型的德国式论文的写作方法与研究思路，总体上还是非常不错的。再次感谢张艳老师和丁勇老师的精彩的讲座和与谈，今天我们到这里结束。

商标在先使用规则中
应赋予在先使用人排他权的证伪

主讲人：**邓文**，民进会员，上海社会科学院法学研究所助理研究员，华东政法大学知识产权法学博士。著有个人专著1部，在《新疆社会科学》《电子知识产权》《科技与法律》《解放日报》等核心刊物上独立发表论文多篇。参与国家社科基金重大项目《新时代国家安全法治的体系建设与实施措施研究》《驱动知识产权强国战略的职务发明制度研究》2项，参与国家新闻出版广电总局、上海市知识产权局、上海知识产权法院、上海市经信委、广东省市场监督管理局等部门委托的课题项目十余项。

与谈人：**曹丽荣**，生物学博士，华东政法大学知识产权博士后，美国华盛顿大学法学院访问学者。现为同济大学国际知识产权学院副教授，同济大学医药法律与知识产权研究中心副主任，中国卫生法学会医药知识产权专业委员会秘书长，上海法学会公共卫生与生命法研究会副秘书长。

主持人：**李建伟**，上海社会科学院法学研究所副所长、特聘研究员。

时间：2021年3月4日9:45

李建伟：今天是我们盈科·上社法学讲坛的第35讲，主讲人是邓文老师。邓老师目前是咱们法学所助理研究员，毕业于华东政法大学，是知识产权方向的法学博士。目前有专著一部，在《电子知识产权》《解放日报》等核心刊物上发表多篇文章，参与国家社科等课题两项，以及相关的市知识产权局等部门委托的课题十余项。今天我们还有幸邀请到了曹丽荣教授。曹教授是华东政法大学的知识产权法博士后，美国华盛顿大学法学院的访问学者，现在是同济大学国际知识产权学院的副教授，同济大学医药法律知识产权研究中心的副主任，同时也是中国卫生法学会医药知识产权专业委员会秘书长。知识产权法相关的主题是近阶段我们方方面面比较关注的。不久前，我们习近平总书记也专门就知识产权的问题在《求是》上发了重要的文章，所以说今天我们非常期待，也感谢邓老师和曹老师主讲和评议我们这个主题。

邓文：各位老师上午好，作为一个新人，很荣幸向大家就我近期的研究做个汇报。

我今天向各位老师汇报的题目是"商标在先使用规则中应赋予在先使用人排他权的证伪"。这个题目看上去比较复杂，但是它要论述的其实是个比较简单的问题。需明确的是这里指的商标在先使用规则，实是《商标法》第59条第3款确立的在先使用规则，具体条文后面会有。在确立的商标在先使用规则中，根据商标法的现有规定是不主张赋予在先使用人排他权的，其认定在先使用仅是一种抗辩的手段，或者将它作为一种权利限制的一种。但是有部分学者从《商标法》与《反不正当竞争法》（以下简称《反法》）冲突的视角，认定应赋予在先使用人排他权。

讲比较简单的例子，假设武大郎卖炊饼，他从古代穿越到了现代，在现行商标法规定的情况下，他原来在清河县卖炊饼，因为他开始不懂知识产权，也不知道商标要注册，这种情况下他一直在清河县卖他的炊饼，并且在清河县远近闻名，很多人都知道武大郎牌的炊饼。但武大郎炊饼被他人抢先注册了商标。有一天商标权人拿着商标权证书跑到清河县当地的法院去告武大郎，说你使用的武大郎炊饼这个商标侵犯了我的商标权，这种情况下，武大郎他可以依据这个商标在先使用规则，即《商标法》第59条第3款去进行抗辩，抗辩后他能获得的是对在先商标的继续使用，但现在有部分学者认定对在先商标武大郎不仅可以继续使用，还可以在清河县内排除包括商标权人在内的任何第三人的使用。

这是这次汇报的目录，主要有4个方面。第一是明确理论界存在应否赋予在先使用人排他权的争议。因为多数学者在解读《商标法》第59条第3款时，认定依据《商标法》第59条第3款，商标在先使用人仅是获得一种对抗商标权人的抗辩手段，而不具有排他权的效力。但是有部分学者从《商标法》第59条第3款与《反法》第6条第1项内容相冲突的视角，论证应赋予在先使用人排他权，并且在本文第一部分详细论述了此部分学者认定的应赋予在先使用人排他权的具体逻辑。第二部分是论述域外关于赋予在先使用人排他权的具体规定。一般多数域外国家或地区也是认可"商标在先使用"仅是一种抗辩的效力或者手段，并不具有排他性，但是也有部分域外国家或地区存在赋予在先使用人排他权的规定，这里主要是做相应的比较及解读。第三部分是论述本文关于之所以不认可赋予在先使用人在原使用范围内排他权的理由。第四部分是基于对在先使用人合法利益的保护，本文主张特定情形下赋予在先使用人一定限度的排他力，主要阐述了在特定情形下赋予在先使用人一定限度排他力的合理性，以及何为在特定情形下，特定情形下的四项构成要件为何。

《商标法》第 59 条第 3 款及《反法》第 6 条第 1 项。因为刚刚一直在讲《商标法》第 59 条第 3 款，此处所指的商标在先使用规则的具体内容，其实就是由《商标法》第 59 条第 3 款确立的。以下为《商标法》第 59 条第 3 款的具体内容："商标注册人申请商标注册前，他人已经在同一种商品或者类似商品上先于商标注册人使用与注册商标相同或者近似并有一定影响的商标，注册商标专用权人无权禁止该使用人在原使用范围内继续使用该商标，但可以要求其附加适当区别标识"。该条文蕴含了商标在先使用规则的构成要件，及在先使用人的行使限制，标红的部分就是说明这个商标在先使用规则中的构成要件及行使限制。首先第一个是要求在同一种或类似商品上使用，第二个是要求使用在先，第三个是要求使用达到一定影响。对于这个商标在先使用规则中的构成要件，学界还有主张并非是三要件，而是四要件，即强调"善意"作为构成要件之一。第二个就是行使限制这一方面，商标注册专用权人无权禁止该使用人在原使用范围内继续使用，但商标权人可以要求在先使用人附加适当区别标识，这是行使限制的规定。它简单的意思是，还是举武大郎的例子，武大郎要适用商标在先使用规则，要证明以下四项要件，第一要先于商标权人注册前使用，第二个要件是在同一种商品或类似商品上使用相同或近似商标。这个也好理解，就是他卖的是炊饼，商标权人注册的也是炊饼，这是同一种商品或类似商品上使用相同或近似商标，使用的武大郎或与武大郎相近似的商标，这是第二个要件。第三个要件有一定影响，就是说武大郎炊饼这品牌在清河县已经产生了一定影响。然后第四个就是善意的要件，意在证明武大郎不存在任何非基于不正当竞争目的而使用武大郎牌炊饼商标。

之所以会存在有部分学者主张应赋予在先使用人排他权，主要是因为存在《商标法》第 59 条第 3 款与《反不正当竞争法》第 6 条第 1 项相冲突，具体是怎么冲突的呢？其实从这个条文本身来看，第 59 条第 3 款与《反法》第 6 条第 1 项都是关于未注册在先使用商标标识的保护。这种情况下，既然都是有关未注册在先使用商标的保护，而且使用的都是有一定影响、相同或者近似等字眼，这样在满足相同要件的在先使用人，他既可以依据商标法第 59 条第 3 款主张权利，又可以依据《反法》第 6 条第 1 项主张权利。他依据商标法第 59 条第 3 款主张权利的时候，他只能在原使用范围内继续使用该商标，但是他依据《反法》第 6 条第 1 项主张权利的时候，可以排除他人的使用，所以基于此冲突部分学者认定应赋予在先使用人在原使用范围内排他权。但是，多数学者还是认定在先使用人不具有排他权，从条文解读来看条文所确定的商标在先使用规则还是对商标权权利限制的一部分，它其实还是平衡在先使用的利益与商标注册人的权益，而由法律拟制的一种权利的限制，或者权利的例外。

多数学者其实还是认为在先使用人是不具有排他权的，它仅是一种消极对抗，是商标权人提出侵权请求时在先使用人的抗辩，是在先使用人被动防御的工具，并未赋予在先使用人在原使用范围内排除他人使用的排他权。但是有部分学者认为应赋予在先使用人排他权，其理由在于，早期没有商标在先使用规定的时候，在先使用人其实是通过《反法》第 6 条第 1 项的规定去维护自身权益的，"经营者不得实施下列混淆行为，引人误认为是他人商品或者与他人存在特定联系"。但是自从有了商标法第 59 条第 3 款之后，反而造成了商标法第 59 条第 3 款及《反法》第 6 条第 1 项在适用时候的冲突。之前有部分学者认定《反法》第 6 条第 1 项，其实不是以保护商标为主，因为从《反法》第 6 条第 1 项解读来看，它的主体就是商品名称、包装、装潢等相同或者近似的标识，没有讲这个商标，它只是提到商品名称、包装、装潢，但是基本上所有学者都是主张反不正当竞争法是可以对未注册商标标识一并纳入进行保护的，因为它保护未注册标识的理论基础没有改变。具体而言是指商业标识通过使用达到了一定知名度的要求，就具有了《反法》所保护的正当利益。他人擅自使用该商业标识，且容易造成相关公众混淆时，商标使用人就可以依照《反法》第 6 条第 1 项，向法院主张排除第三人的使用，既然商标法第 59 条第 3 款可以适用对在先使用人进行保护，《反法》第 6 条第 1 项又可以适用对在先使用人进行保护，这种情况下就容易形成商标权利同反不正当竞争权益相冲突的局面。

这种冲突具体表现在，若满足商标在先使用规则构成要件的在先使用人向法院提出诉请，要求依据《反法》第 6 条第 1 项的规定，排除商标权人在其原有使用范围内的使用，法院应否支持在先商标使用人的主张，即法院应否根据在先使用人的反不正当竞争权益,排除商标权人的权利。在在先使用人不依据商标法第 59 条第 3 款,而是依据《反法》第 6 条第 1 项去排除商标权人在原使用范围继续使用的情况下,法院是否应该支持他的主张,其实就产生了权利的冲突。再比如,如果有第三人使用该在先商标,且恰巧是在在先使用人原使用范围内使用,此时商标权人当然可以依据商标法的规定,出于维护其商标权利的目的,要求此第三人停止使用并赔偿损失。但是在先使用人也可以依照《反法》第 6 条第 1 项的规定,出于维护其反不正当竞争权益的目的,要求第三人停止使用并赔偿损失。这个时候第三人他究竟是应该向商标权人赔还是向在先使用人赔? 这种情况下,法律未做规定。如此,造成了基于注册制度拟制的商标权与基于使用制度而承认的反不正当竞争权益的冲突。

之所以有部分学者主张应依据反不正当竞争法去赋予在先使用人排他权,而不应根据商标法第 59 条第 3 款的规定,他亦作有解释。其认为从商标法以及反法对商誉保护的视角,不管是商标法也好,还是反法也好,核心还是保护在先使用人或者保护商业标识的使用人,通过使用行为所产生的商业标识的商誉。但是,商标注册制度是为宏观效率的目的而建立的商标使用秩序,反法是为保护真实商誉和确立商业标志使用秩序。鉴于商誉不管是在反法还是在商标法的视角上,都具有重要的地位,因此主张效率目的的价值追求必须为商誉保护作出足够的妥协。这个时候就要求在后商标注册人在在先使用人建立商誉的地域内,不仅不能使用其商标,也不应享有请求权,该地域范围内的排他权应被完整地赋予在先使用人。简单来讲就是对于在先使用人利益的保护,既可以是商标法,也可以是反法,商标法它是对在先使用人合法利益的保护,因为商誉的存在,反法也是对具有知名度的在先商标进行保护,都是承载了部分的商誉。既然商誉在商标法以及反法的地位上如此重要,基于商标注册制应该效率目的的价值,必须为商誉的保护做出足够妥协。这个时候就要求在后商标注册人在在先使用人建立商誉的地域范围内,不仅不能使用其商标,也不能享有请求权。这是部分学者的论证逻辑,其实还提到了其他的几种观点和主张,因为都比较分散,所以放到后面在证伪里面去做详述。

从域外关于赋予在先使用人排他权的规定及比较来看,多数国家或地区一般将商标在先使用认定为仅是一种消极对抗商标权人侵权请求的抗辩。我国台湾地区"商标法"对商标在先使用的规定放在商标权效力之限制这一章节里面。具体条文是:"在他人申请商标注册日前,善意使用相同或近似之商标,与同一或类似之商品或服务者不受他人商标权之效力所拘束，但以原使用之商品或服务为先，商标权人乃得要求其附加适当区别标识"。从我国台湾地区商标法的规定与现行商标法第 59 条第 3 款的规定来看，唯一的区别可能就存在善意上。因为现行商标法关于商标在先使用规则没有提出善意这一构成要件，但台湾地区商标法则明确提出了"善意"的要求，且基本上还是认定在先使用人仅能在原使用之商品或服务为限的范围内使用其在先商标。

韩国商标法第 57 条第 3 款与我们国家商标法第 59 条第 3 款的规定基本来说是近似的，它规定："在同一种或类似的商品上使用与他人注册的商标相同或近似的商标，且符合下列全部要件的人，有权在其适用的商品上继续使用该商标。一、在他申请注册该商标之前，该人已经在国内开始使用其商标，却没有故意从事不正当竞争的意图，持续使用该商标。"跟台湾地区商标法还有我国商标法第 59 条第 3 款的区别是，韩国商标法直接用没有故意从事不正当竞争的意图来取代了善意，这里还是有一点区别的。"二、商标权人或者专有使用权人可以要求在先使用人在其商品上做出适当的标记，以防止自己的商品与在先使用人的商品之间产生对商品来源的互认或混淆。"从此的规定来看，跟我们国家的商标法第 59 条第 3 款商标在先使用规则是相类似的。

瑞士商标法也是一样，也是要求在先使用人仅能在现有程度范围内继续使用，英文表述是"the same extent"，即在先使用人仅可在商标权人对其提出主张时被动防御，并只能在现有程度内继续使用其在先商标。同样它认定商标在先使用仅是对抗商标权人禁止权的一种手段。

还有日本商标法，日本商标法最早将商标在先使用规定在权利的部分而非权利限制的部分。因此早期有部分学者认定商标在先使用是权利，在先使用人当然具有抗辩权，具有排除他人在原使用范围内继续使用的排他权。但是除了早期有部分日本学者认为商标在先使用应被定性为权利外，现今的日本学者基本上一致地认为在先使用人不能依商标在先使用获得权利，仅可以凭商标在先使用进行抗辩，并不具有排他之权利，代表性学者有纲野诚、丰崎光卫、小野昌延等。

但是从域外关于商标在先使用规则中在原使用范围内具有排他权的规定来看，欧盟和英国通过条文或者案例的形式，认可了在先使用人在原使用范围内具有排他权的情形。《欧盟商标指令》中规定，"如果欧盟成员国国内的法律承认在先使用标志在局部地区的权利，则在后的商标权人无权禁止该在先使用标识在该局部地区的继续使用"。这个条文规定是什么意思？就是如果成员国国内的法律承认了在先使用标志，则在后注册的商标权人无权禁止该在先使用标志在该局部地区的继续使用，它其实对应的还是我们商标法第 59 条第 3 款。但是它在第 6 章第 2 节中又另外规定，"如果成员国法律允许效力仅及于局部地区的在先权益，所有人有权禁止在后注册的欧盟商标在该局部地区进行使用"，其实就是通过第 6 章第 2 节赋予了在先使用人在原使用范围内排他权。

我当时很疑惑，因为域外多数国家或地区都认可在先使用人在原有使用范围内是不具有排他权的，而仅是一种抗辩的手段，为什么欧盟成员国会认可在先使用人在原有使用范围内的排他权呢？后来通过我自己的论证才知道原因。在欧盟成员国以内部分国家，并不全是像我们国家一样都是商标注册取得制，欧盟关于商标获权的形式除了注册，还有部分国家认可商标使用取得，即通过使用而非注册获权，也有部分国家施行使用与注册混合取得制，就是既可以通过使用获权，也可以通过注册获权。如果欧盟部分国家认定商标权可以通过使用取得的情况下，在先使用人通过在商标注册权人注册商标之前的使用行为，其实已经产生了相应的权利，而不仅仅是一种抗辩的效力或者是一种手段。既然有权利，当然可以有权禁止在后注册的欧盟商标在该局部地区内继续使用。商标混合取得制其实是同样的意思，所以欧盟附前提认可在先使用人排他权的主要理由还是基于商标注册取得制的差异，而非单纯认可在先使用人有权禁止在后注册的欧盟商标在该局部地区进行使用。

英国通过反假冒诉讼认可在先使用人排他权。主要代表性案例为 hotpick 商标纠纷案。本案存在商标在先使用的情况，商标权人起诉过程中，在先使用人向法院另诉，主张通过反假冒诉讼的形式排除商标权人在该地域范围内的使用。被告商标权人抗辩称，法律对其通过注册获得注册商标专用权的保护应优先于在先使用人通过在先使用形成的竞争权益的保护，即使在先使用人通过在先使用形成竞争权益的时间早于其商标注册的时间。即是说，在先使用人依据反法去排除商标权人使用的时候，商标权人说，"我基于注册获得的商标权效率位阶应该是高于通过反法形成的竞争权益的，即使在先使用人形成的竞争权益的时间早于我的商标注册时间"。但是法院对被告的这种主张进行了否定，法院认为，"除非被告商标形成的注册商标专用权早于原告通过商标使用行为形成的竞争权益，否则原告基于在先使用行为形成的竞争权益，应是优先于商标注册权的权利的"，"申请注册的商标可以因为违反保护未注册标识的法律而被禁止"。通过这个案例可以知道，在先使用人可以通过反假冒诉讼的手段排除商标权人在局部地区的使用，实质就是认可了在先使用人在原有使用范围内具有排他权。但是英国的商标注册取得模式也并非简单的商标注册取得制，而是混合取得制，意味着它的使用与注册均可以获得商标权。既然在先使用人通过在先使用行为能够获得权利，当然可以阻止这种在后的商标权人通过在后注册的手段获得的注册商标权。

第三部分是赋予在先使用人在原使用范围内排他权的证伪，是我对原来部分学者主张赋予在先使用人在原使用范围内排他权的辨证。这里列明了原观点。原观点认为，商标在先使用人在一定影响范围内形成了可供保护的商誉，并在事实层面在后注册商标很可能未在该地域内建立商誉，基于对在先使用人员一定影响范围内商誉的保护，赋予其在原使用范围内排他权。我的观点是在后注册商标在先使用的原使用范围内影响力的形成，可以完全不基于在后注册人在此范围内的使用，什么意思呢？对于在先使用人来说，他继续使用的地域范围只能限于原使用范围，但是商标权人他的影响力的形成，其实是可以在全国范围内进行的，包括在使用范围内。即使在先使用商标权人不在原使用范围内进行使用，通过他在其他地区的使用，也会在在先使用的原使用范围内形成一定的影响力。在这种背景下，还是会对一定影响范围内相关公众的识别利益造成侵害，所以原观点有失偏颇。

第二个，原观点认为赋予在先使用人在原使用范围内排他权，并不会撼动商标注册取得制度。因为从主张权利保护的难度来说，通过注册获得保护仍然是最有效的方式。简单解释一下，就是说赋予在先使用人在原使用范围内排他权，在先使用人要主张权利的时候必须向法院提供足够的使用证据，但是对于通过注册获得商标权保护的商标权人而言，他只要通过简单的注册，向法院出示注册证书证明其是商标权利人即可。在这种前提下，即使认可赋予在先使用人在原使用范围排他权，这种情况对于普通公众来说，也是不会去选择更为复杂的、不停收集自己使用证据的方式，而选择更为便捷的注册去对自己商标权进行保护，因此不会撼动商标注册权的制度。但是我个人观点是，在现有的社会环境制度环境下，如果认可可以通过使用这种形式来获得商标权，可能就会使相关公众造成一种认识误区，即商标并不需要注册才能保护，通过自己的使用也可以获得保护。在这种情况下，普通公众可能就不会去申请商标注册了，他觉得自己只要使用了就能获得商标权，如此亦然，会对我们的商标注册取得制度造成冲击的。这个还跟之所以最早我国采取商标注册取得制度的原因有关系,因为之所以认定采取商标注册取得制度,是因为注册相对于使用保护而言有独特的优势,有相应的公示系统,其他人可以通过简单的商标检索就查询到在先商标的注册情况,但是通过使用的话,他人并不能通过简单检索的方式发现他人对商标的权利。注册制有其独特的优势,如果承认通过实际使用可以获得商标权,实质破坏了商标注册制度的功能。

第三个应先适用商标法解决商标在先使用问题,之前主要观点是商标法与反法都可以来解决商标在先使用的问题,这就造成了冲突。但是事实上而言,反法规范的主要是不正当的摹仿和假借商誉的行为,本文的观点是认定涉及到商标财产侵权的,只能由商标法予以规定,只有在商标法无法规制时才可由反法予以补充。如果能适用商标法解决的,当然是尽量适用商标法,只有在商标法无法解决时才主张适用反法。

第四部分是特定情形下赋予在先使用人一定限度的排他力。这主要是基于既然在先使用人仅能在原使用范围内继续使用,如果存在第三人也在在先使用人原使用范围内使用了该商标,这种情况下在先使用人其实是没有办法保护自己的,除非他请求商标权人对第三人的这种侵权行为向法院提出禁止使用的请求,否则他就只能看着第三人在原使用范围内继续使用。这种情况下其实对在先使用人合法利益保护是不合理的。因此我主张,在"特定情形下赋予在先使用人一定限度的排他力。"以下论述赋予在先使用的一定限度排他力的合理性。第一,在先使用人通过自己的在先使用行为已经形成了一定的合法利益或者商誉,这种商誉应该获得法律的保护。第二,这种排他力,只能限于特定情形下行使。举个例子来说,在先使用人最早可能只在上海使用这个商标,但是商标权人集中的使用范围是在中西部地区,这种情况下存在第三人也在上海销售在先使用人使用商标的商品,商标权人基于自己的考量,他认定自己可能接下来不会到上海去发展,或者出于什么原因还没有到上海去经营发展的方向,他不愿意去主张排除第三人的侵权使用行为,在先使用人才可以基于这种特定情形去行使自己的这种排他力。第三,特定情形下赋予在先使用人一定限度排他力的规定并不复杂,相反还有具体规则可以参照。商标法里面,在排他许可使用合同中,商标权人与其被许可人均可以使用其注册商标。在侵权行为发生时,商标权人可以单独提起诉讼,同时被许可人与商标权人也可以作为共同原告一起提起诉讼。如果商标权人因某种原因一直不提起诉讼,或在被许可人通知下明确拒绝被许可人的要求不提起诉讼，此时应当允许排他使用的被许可人可以自行提起诉讼维护其合法利益，在先使用人可以参照排他许可使用的模式去行使法律赋予他的一定限度排他力的手段。

文章后面就提出了应赋予在先使用人一定限度排他力应满足的要件。第一个要件——前提要件，"商标在先使用要成立"。商标在先使用成立要符合商标法第 59 条第 3 款规定的四个构成要件，一定影响、在先使用、同一种或类似商品上使用相同或近似标识、善意。第二个是事实要件，"存在第三人在原始范围内使用商标权人商标的侵权行为"。只有这种侵权行为的存在，在先使用人才可以主张行使这种一定限度的排他力。第三个是通知要件，"在先使用人已经明确请求了商标权人，请求其履行其排他权利，只有在商标权人明确拒绝或以沉默方式拒不履行其排他权利的情况下，在先使用人才可以向法院申请排除第三人的使用"。第四个是结果要件，即因果关系。"第三人的侵权行为已经危害到了在先使用人的合法利益，第三人的侵权行为与在先使用人的合法利益的受损之间，具有相应的因果关系"。在满足以上 4 个要件的情况下，赋予在先使用人一定限度的排他力。

对今天的报告进行总结，主要有两个：第一，在先使用人在原使用范围内具有排他权观点并不正确。第二，对特定情形下在先使用人合法利益的维护，建议增设相关规则，在特定情形下赋予商标在先使用人一定限度的排他力。

我的汇报到此结束，请各位老师多指教。

曹丽荣： 各位老师，大家早上好。首先非常感谢社科院给我这次来学习交流的机会，也谈不上什么点评，我就把我自己在该问题上的一些想法跟大家汇报一下。

在我们国家《商标法》第 59 条第 3 款里面规定商标注册申请人在申请商标之前，他人已经在同一种商品或者类似商品上先于商标注册人使用与注册商标相同或者相近似的，并且有一定影响力的商标的，注册商标专用权人也就是商标权人无权去禁止使用人在原有的范围内继续使用该商标，但是可以要求他增加一些适当性的区别标识。从这个规定来看，商标在先使用规则，它仅仅是法律赋予商标在先使用人一种消极对抗商标权人侵权请求的一种抗辩的手段。在先使用人也仅仅是在业务范围内继续使用，但是学术界对于是不是赋予在先使用人在原有范围内的排他权上面是存在不同观点的，大部分的学者认为商标在先使用权人的权益是一种侵权的抗辩，在先使用人仅仅对他在先使用产生的合法利益给予保护,在原有的范围内继续使用,但是不享有任何的权利,但是也有跟这个观点相冲突的。相反的观点认为商标的在先使用规则与我们的《反不正当竞争法》第6条第1款第一项的规则是相冲突的,从商标权和反不正当竞争权益的冲突的角度上面来看,应该是支持给予在先使用人在他原有范围内的一种排他的权利。

　　这个问题一直存在争议。因为理论上有争议,所以影响着在具体案件之中我们对这类问题的处理,基于此文章选择这个问题来探讨,我个人认为还是很有理论价值,然后同时也具有很强的现实意义。在其他法律之中,比如说欧盟,欧盟附前提条件赋予商标在先使用人排他权,英国通过反假冒诉讼认可在先使用人的排他权。我个人的观点,目前结合我们现有的这种制度和环境,在这个问题上我很赞同邓文老师的观点,能够通过商标法解决的问题,即符合商标在先使用规则构成要件的在先使用人,在原有的范围内继续使用,但是不具有排他权。我个人认为这篇文章在这个问题上论述的还是比较充分的,同时考虑的也比较全面,他考虑到了如果不给予在先使用人这样的排他权利,当未经许可的第三人在商标在先使用人原有的范围内如果使用商标权人的商标的这种侵权行为,但是商标权人他不去履行或行使这样的权利,在先使用人的合法利益就会难以受到保障。为了维护商标在先使用人的合法利益,能考虑到我们商标法的立法的本意,给予赋予在先的商标使用人一定的排他力,来保障商标在先使用人的权益不受损害,我觉得这篇文章的观点很巧妙,也很有创新性,解决了我们现有的商标法第59条第3款和反不正当竞争法第6条第1项规则之间的冲突,同时后面又论述了要赋予在先商标使用人排他力应该满足的构成要件,我个人认为这是这篇文章的很大的创新点。我再提一个建议,如果有可能的话,可以具体化研究在先商标使用人如何行使排他力,为司法实践提供具有可操作性的建议。

孟祥沛(上海社会科学院法学所研究员):我说三点:第一点,因为邓文反驳的观点是商标在先使用规则中应当赋予在先使用的人排他权利,但是所反驳的既不是我们国家现有的法律的规定,也不是主流的观点,因此这篇论文整体的重要性和价值可能多少打了一些折扣。第二点,《商标法》和《反不正当竞争法》的冲突能不能叫冲突?如果我是商标权人,我自己本身就注册了国家赋予的商标,我就不属于在先使用,因此这一点我觉得可以用来对商标权之外的第三人非法使用商标的行为来进行限制,因此商标法第59条第3款和《反法》第6条第1项是否存在冲突我觉得也值得商榷。第三点是,刚才邓文提到的四个构成要件中,我建议是不是考虑一下，在先使用人的善意要件。因为如果在先使用人在知道别人要申请的情况下恶意使用，他的权利不应该进行保护。尤其是像日本和韩国的相关法律都有善意的规定，实际上我们是可以借鉴的。

邓文：我主要回应一下第三点，即关于善意要件的问题。其实在商标法第59条第3款2013年正式确定以前，早期的研究学者就已经提到了，融入善意构成要件的主张，因为确实存在您说的那一种情况，他知道商标权人要申请了，赶紧地大量使用。但是当时立法的时候没有把善意构成要件纳入进去。但在司法实践中，法院在适用《商标法》第59条第3款的时候，一般都会考虑到善意的构成要件。

张亮（上海社会科学院法学所助理研究员）：《反法》第6条第1项是否可以对第三人侵害在先使用人在原使用范围内的行为进行规制？

邓文：虽然《反法》可以为解决该问题提供依据，但是在未注册在先使用商标保护大体系前提下，该问题的解决可以考虑通过补充商标法中相关法律规定去实现，而不建议继续寻求《反法》去解决。

李建伟：非常感谢邓老师和曹老师非常专业精彩的讲座和点评，也非常感谢刚才各位老师参与讨论。邓老师今天的讲座的选题非常好，现实中我们除了研究全局性问题，对一些具体问题的关注也非常重要。其次，邓老师的研究方法也非常丰富，比较研究，现状对比等，结论也站得住脚。

最后，再次感谢邓老师、曹老师包括在座各位老师共同的研讨，今天我们盈科·上社法学讲坛的新年第一讲顺利完成。

新证券法与国企改革

　　主讲人：李建伟，上海社会科学院法学所副所长、特聘研究员，经济法室主任，法学博士后（美国），上海市国资委、上海金融工委政府法律顾问。主要研究领域：经济法，金融法，国资监管，体制改革。

　　与谈人：孙宏涛，华东政法大学教授，经济法学院副院长，主要研究方向为保险合同法、保险监管、董事义务与公司治理等。

　　主持人：姚建龙，上海社会科学院法学研究所所长、研究员、博士生导师。

　　时间：2020 年 8 月 28 日 9：30

　　李建伟：首先对孙老师的到来表示感谢。我原来在上海财经大学法学院从事教学研究，后来到政府国资系统工作，2017 年初到法学所做研究工作。今天，向大家汇报一下近年来对国企改革的理解。

　　实事求是地讲，国企改革很复杂。最近几年我研究金融法和国企改革，发现了一个比较有意思的视角。下面我将从四个方面来阐述中国国企改革的初心、由来、现在和未来四个部分。

　　首先是绪言部分。从初心的角度讲，伟大导师马克思、恩格斯对于公司制度、证券制度都有非常高的评价，他们指出"公司是人类历史上最伟大的发明之一"，证券交易所是"蒸汽机那样的革命的因素"。确实，公司等制度确实对于人类社会的发展起到了非常重大的推动作用。从这一角度讲，其实我们社会科学的工程师创造的 GDP 也非常重大，我们法学、法律工作者也许可以说是人类社会工程师之一。

同时，证券化是西方经济文明或者经济制度文明的重要成果之一。近年证券市场较热，尤其是最近科创板包括创业板。我的一个观点是，如果从本源角度讲，中国证券市场之所以在当下有如此辉煌的一个发展，应该感谢国企改革。

简单来讲，我国证券市场的产生，初心就是为了推进国企改革或者国企减困。一段时期国企曾到了非常困难的阶段，1985 年、1986 年亏损面达 50%，有的领域甚至是 60%、70%。国企融资即资金来源的演进脉络，原来是财政，财政差不多以后；改成银行，结果银行也撑不住了；后来转到证券市场。

从这个角度讲，1990 年、1991 年沪、深证券交易所成立后 10 年间，证券市场经历了由最初作为国企改革试验田到成为推动国企改革的主要载体的过程。截至 1999 年底，深沪两市累计筹集资金 3 693.29 亿元，深沪上市公司总数达到947 家；各行业中的骨干企业基本已上市，它们获得了加速发展的资金，成功带动国有企业解困、发展。证券市场建立 10 年中，我国已经基本完成了居于主导地位的国有资产的证券化工作，以一个较长的时间跨度和较为充裕的资金保证了相当部分国有大中型企业的维持、改造和再发展。900 多家上市公司基本上都是国有企业。为什么是国有企业？我们都知道原来的审批制，最初上市名额直接分给各个部委、各个省市。从这个角度来讲，证券市场包括证券法的一个发展，其实是得益于国企改革这样一个背景。现在我们看证券法修订，离不开我们国企改革的一个初心和由来。

在此基础上，我们学习了马克思、恩格斯两位革命导师对公司及证券的一个高度评价之后，1986 年的 11 月份，发生了非常有名的事件，也就是在当时西方欧美是有巨大轰动效应的这张照片。1986 年的 11 月 14 日，邓小平见了纽交所的董事长范尔霖，把小飞乐的股票赠送给他。

此事件在欧美反响非常大，国际社会这样评价，说中国与股市握手。我们总设计师用非常简单而四两拨千斤的方式，把牌打得非常精彩。向世界宣布股票市场并非资本主义所专有，社会主义国家也可以利用这个工具来发展经济。

根据相关资料表述，纽交所范董事长拿到股票以后非常重视，9 天以后特地从北京来到上海——当时的交易所在静安区工商银行的一个小房间里——专门办理了过户，这是现在研究金融法或者证券法的一个事实的由来。我们经常讲历史路径，在这个事件之后现实的动作是什么？1990 年 12 月 19 日上交所开业，1991 年的 7 月份深交所开业，今天根据我粗浅的理解，证券法等经济法发展有这样一个特点,就是从政治到法治,先在政治层面政策层面定方向,立法再跟上。这样,1992 年 8 月份《中华人民共和国证券法》开始起草,10 月份证监会成立,然后经过 6 年多的努力,1998 年的 12 月 29 日颁布,1999 年 7 月 1 号实施,这就是证券法的由来。

时间关系,先把最初证券法出台的一个背景跟各位报告,然后跳跃到现在。2020 年 1 月 1 日新《证券法》实施,我参与了新《证券法》的三审稿的修改完善,实事求是地讲,三审稿和最终颁布实施稿的差异非常大。我提出的修改建议绝大部分得到了采纳。

当时我主要围绕《证券法》(审议稿)的大局性、功能性、系统性、操作性、协调性和规范性六个方面,即一是立足国内外经济金融发展大局、二是立法模式体例、三是立法的体系性和系统性、四是部分条款规定的可实施性、五是与其他法律的协调、六是立法表述规范性等六个方面,对《证券法》进一步修订提出了系统意见建议。

具体来说,一是三审稿对于我国经济从高速增长向高质量发展大局没有反映。二是证券法本质属于经济法而非商法,而审议稿基本是商法模式。三是注册制只在证券发行部分增设一节,其他部分没有任何安排规定。四是量化交易报告制度体量过于庞大,交易所监管不具有可实施性。五是部分条款体例表述不是法言法语、不严谨。六是国家审计对部分非国有证券公司的审计规定与《审计法》存在冲突。六个修改建议前五个采纳了,但第六个建议没有采纳,这其实我还是持保留意见。证券公司最初都是国有资本公司、实行国家审计是没问题的,但是现在很多证券公司都中外合资,还有民营公司的,而国家审计只适用于财政资金或国有资产,这样跟《审计法》冲突。

从文献来看,1978 年 12 月 13 日,邓小平《解放思想,实事求是,团结一致向前看》讲话,谈到了国企改革的问题,提到我国的经济管理体制权力过于集中。当时邓小平亲笔的一个手稿,关于十一届三中全会之前的中央工作会议,关于经营工作有 6 点意见,后来文件写进去的是 4 点。国企改革尤其是经济改革从最初就是改革开放的一个重点内容。

1978 年 12 月 22 日的三中全会写到公报当中的是,要改变经济管理体制,要改变权力过于集中的情况,要精简机构,把大部分职权转给企业性的专业公司。随后,从政治到法制等后续相关的一系列动作就颁布下来。在十一届三中全会之前,即 1978 年 7 月到 9 月,国务院已经在研究经济体制改革的问题,到 10

月份开始试点，即四川省 6 户国企扩大自主权的一个试点，然后是 1979 年扩大试点到 100 户，直到 1979 年 7 月 13 日《关于扩大国营工业企业经营管理自主权的若干规定》《国务院关于国营企业实行利润留成的规定》《关于开征国营工业企业固定资产税的暂行规定》《关于国营工业企业实行流动资产全额信贷的暂行规定》《关于提高国营工业企业固定资产折旧率和改进折旧费使用办法的暂行规定》等国务院关于企业改革的首批五大法律文件出台。

以上是国企改革最初的一个历程。从以上可以看出国企改革最初就是经济体制改革或者改革开放的重点内容之一。目前经过 40 多年改革开放，国企改革依然是改革的一个重点内容，是经济体制改革的中心环节。

习近平总书记对国有企业是如何定性的？他提出，国有企业是中国特色社会主义的重要物质基础和政治基础，从微观到了宏观角度，从经济到了政治。

习总书记另外提了两大要求，一是国有企业中党的领导的问题。从公司治理角度来讲，传统上已经习惯了股东会、董事会、监事会为主要治理机构，现在从理论和实际上都要坚持和完善党的领导。第二个要求是建立中国特色现代国有企业制度。在 2018 年 10 月份的全国国有企业改革座谈会产生两个提法，首先提出了习近平的国有企业改革重要思想，另一个提法就是要从战略高度认识新时代深化国有企业改革的中心地位。以上可以看出，经过 40 多年的改革开放，国有企业改革始终是我们经济体制改革的一个重要的内容或者核心环节。

第二个理解和体会是，证券市场其实是国企改革的产物. 这主要是从国有企业融资机制改革的角度来讲的。

最初的国有企业主要是靠国家财政的，其实就是国家整个经济运行的一个车间，财政部财政局负责资金问题，组织部负责干部问题，人事局负责职工问题，后来由银行来承担财务职能。同时这样的操作导致负债率大幅提高，银行利息负担过重。最终实现了从财政到银行，然后到股市的一个转变。由此国企的融资困境，从证券市场发展角度提供了一个出口。

从财政到银行、银行到股市，最初的想法是解决融资问题，另外，国企制度改革和证券市场或者说证券法治建设存在密不可分的关系。1979 年我国颁布了 5 大国企改革文件，主要是围绕放权让利、大力改革承包制，但实践证明这些探索都没有成功。最后实践发现公司制和公司法和证券法是很好的产物，基本解决了国企改革的主要问题。实践证明，改革的道路是对的。

从证券法治的进程角度来讲可以得到以下结论：国企改革运用证券市场就

是典型的增量改革,所有的主体都是获益者。最近科创板也是典型的增量改革的思路。另外,增量改革的基本逻辑是市场化,同时推进国企走上规范化发展的路径。此外,国企改革也是治理改革,从原来的管理到后边的监管到今天一个治理的阶段。

接下来我谈谈《证券法》修订与新时代国资改革。

《证券法》为什么修订、怎么修订?我有以下理解,首先是更大力度来支持企业发展,因为真正创造物质财富的主体就是企业。第二点是更好地推进法治化增量改革,利用证券法制来推进国资改革。第三点是要协调实体金融发展。第四是更好地发挥市场政府的作用。第五个是平衡风险的发展和风控。

从内容来看,新《证券法》主要有十大修订:一是全面推行分步实施发行注册制度,二是显著提高证券违法违规处罚力度,三是设专章创新规定投资者保护制度,四是设专章规定和强化信息披露制度,五是完善证券上市退市交易具体制度,六是落实"放管服"、取消相关行政许可,七是压实中介机构市场法律职责责任,八是健全完善多层次的证券市场体系,九是强化监管执法权责风险防控制度,十是扩大《证券法》适用、探索长臂管辖。

我的理解是,新《证券法》修订的基本目标逻辑主要有,一是更大力度支持服务企业,二是更好推进法治增量改革,三是更好协调实体金融发展,四是更好发挥市场政府作用,五是更好平衡发展风控关系,六是更好统筹民法、经济法功能。

现在向各位报告关于十八大以来出台的国企相关政策。十八大会议上提到深化国企改革完善机制。十一届三中全会上提到要以管资本为主,加强国有资产监管。具体的工作内容包括设立两大类型公司,在国资委和国有企业之间加一个层级,国有资本投资公司和运营公司,国资委履行社会管理职能,不直接管理企业,设两个公司去持股。第二个是混合所有制改革。第三个是管理层员工持股,这是直到今天中央层面关于国企改革的政策。

最近几年我关于国企改革的体会有以下几个方面。第一国企改革比较成熟的逻辑基本有了,主要包括三大逻辑,第一市场化,第二法治化,第三是证券化,以上三点是实践证明可行的一个路径和模式。

国资改革从十八大以来经过了很多摸索。2013年,总书记就国企改革提到,如何更好地体现和坚持公共制度主体地位、进一步探索基本经济制度、有效实现形式是摆在我们面前的一个主要课题,包括方向的问题。到2014年5月,国企改革确立了基本方向,不能削弱、要加强。到2014年年底,要坚定不移地把国有企业做强做优做大。到 2016 年 10 月份，强调在中国共产党领导下和社会主义制度下，国有企业必须不断发展壮大，坚定不移地把国有企业做强做大，这是习近平总书记亲自参加的关于国有企业最重要的一个会议。党的十九大于 2018 年 9 月召开，提到要继续做强做优做大国有企业。

十八大以来，其实国资改革的方向探索得非常不容易，但是作为一个规律来看的话，确实存在一定逻辑，一个是市场化、法治化，一个是证券化，这是正确的。

2018 年的财富 500 强中，我们国家略差于美国，美国前 500 强中有 160 多家，我们是 120 家，120 家中包括了香港和台湾地区；2019 年的时候我们已经超过美国了，在 2019 年，中国是 129 家，美国是 121 家；在 2020 年的数据中，我们 133 家，美国仍然是 121 家。前 5 位当中的 3 家都是中国的国有企业，第一位是沃尔玛，我们暂时还没超过，2、3、5 名都是我们国有企业。这个事实表明国资国企改革一定做对了什么，可能市场化、法治化、证券化是可以总结的一个理论方向。

此外，我认为有三大关系值得研究，即关于两个基础和竞争中心的问题。我们强调了国有企业的重要性，提到国有企业是中国特色社会主义的物质基础和政治基础，这种提法出来以后，社会上尤其是民营企业，有不同的理解和反应，民营企业认为是国进民退。为此，2018 年 10 月，习近平总书记亲自主持了民营企业座谈会强调："毫不动摇鼓励、支持、引导非公有制经济发展，保证各种所有制经济依法平等使用生产要素、公平参与市场竞争、同等受到法律保护"。第二个方面，实践证明国有企业制度有显著优势，证券市场有本身优势，但要注意一个问题，就是要发挥马太效应，很多国有企业进行上市，没上市之前还经营得不错，上市以后反而问题一大堆，这存在一个典型的负面效应。上市之后它们发现不用专注于主业，做市值管理提升股价一样赚钱。如何把国有企业和证券市场的优势结合发挥好，把劣势避免掉，是不可忽视的问题。第三个方面来讲，既要专向推进，又要综合改革。一个建议是最大化综合改革，特色化推进治理改革，法治化推进监管改革。

以上就是我对于当前新证券法修订和国企改革认识的简单汇报，谢谢大家。

姚建龙：谢谢。关于国有企业改革，媒体有很多误读，也非常容易被误读。今天我们请来了重量级的与谈专家，孙教授有非常丰富的海外法学经历，在国内的权威期刊发表很多论文，欢迎孙宏涛教授。

孙宏涛：很荣幸与大家探讨学习。李教授对于国企的研究非常深入。今天的报告有以下几个特点，一是信息量非常大，把公司改革的一个历程，包括证券法的产生、实施，以及对国企改革的影响有很深入的介绍。第二点是理论与实务相结合，研究政策也好，法律也好，必须要在实践中进行使用，如果实际东西不接触的话，肯定研究不好、研究不深、研究不透，这是很关键的一点。

资金池或者一些虚假标的，存在一些猫腻，有些是在做实业做企业，但很多人拿了钱之后跑路，据我了解，杭州这边很多的老板，其实就是拿钱跑路，包括温州也是，通过各种转移的方式就把钱转走，然后跑路，这样一来造成了严重损失。在 P2P 模式过程中怎么样加强监管，不规范相关指标就造成了很多麻烦，附近老百姓被骗，给政府带来很多上访的问题。

这也反映出我们国家经济发展中的一些问题，比如有的时候产品在创新、教育模式在创新、制度在创新，但是监管没有跟上，就容易出现问题。

第二个是国资问题，刚才李教授也讲得很到位，现在确实有的企业拿到钱之后，国有企业最后帮助去投，因为银行有信贷任务，需要把这些钱贷给相关的企业部门。但民营企业还款能力非常有限，又没有过硬的担保，没有增信，在这种情况下，银行贷款不良的审查是非常严格的，如果贷款收不回来就是终身负责制，影响非常大。所以目前银行合规流程做得非常严格、非常紧密。这里面就存在一个悖论：最需要融资的民营企业融不到资，而国有企业可能有很多比较容易拿到钱。国有企业可以通过各种资租赁公司、保理公司，或其他金融机构，把钱通过各种方式转回去，因为银行给国企贷款利率是非常低的，只有 6％ 左右，但是国企转出去的话可能要到 10％～15％ 之间。现在该问题也是值得我们考虑的问题，为什么民营企业急切需要钱，解决了国家 90％ 的就业，对国内经济做了很多贡献，但是没有办法得到贷款，而国有企业可以拿到贷款，但是没有好的途径进行投资，我们需要思考如何解决此类问题。

第三个问题是刚才李教授提到的投资，里面存在一个所有者缺位的问题。国有企业的所有者是中央政府、是地方政府，但是中央政府和地方政府如何行使所有权？里边还有一个很大的问题是主体确立。

第四点我想主要提一下《证券法》改革的问题，《证券法》的修改也是我们非常关注的。我在华东政法大学经济法学院工作，我们学院主要研究是三大法，证券法、经济法和金融法。我很赞成一个观点：证券法既有证券交易，又有证券监管，其实和保险法是一样的，既有金融商品交易也有金融商品监管这一块，是一个混合的内容，所以这块的内容非常复杂，问题也非常多。

　　但是到现在为止，虽然新法颁布了，依旧存在这些问题，包括处罚问题，新《证券法》和以前的《证券法》相比处罚力度加大，但是对于董事、监事、高管的相关义务和责任还没有很严厉的规定。

　　到现在为止，中国除了2001年的虚假陈述，2006年最高法院表示交易相关规定要出台，到目前为止依旧毫无进展。没有出台政策，法律就没办法受理。但是也有好的进度，比如说注册制改革，注册制改革其实是一把双刃剑，好处在于给很多企业不设置盈利标准，但是也有相关的风险点，可能有一些淘汰企业，因为业绩比较差或者造假，要有优胜劣汰，在进入市场当中买该类企业的股民的权益如何保护，始终是大家比较关心的问题。

　　目前解决办法主要有两种，一种是现金赔付，当时企业上市IPO的保荐人现金赔付；另外一种国务院提出来建立包括证监会配置保险，但是退市保险现在推起来也有很大压力，因为保险公司这一块业务没有相关产品，所以费率有一定风险，精算和其他的承保手续上都存在一些相关问题。所以我觉得总体来说，注册制改革这一块没有定，也是将来观察的一点。今天很有幸能够来到法学所来进行学习。谢谢。

　　姚建龙：感谢李建伟副所长的学术报告和孙宏涛教授的精彩与谈，本次讲座到此结束，谢谢大家。

三农问题的法律思考

主讲人：**夏晓龙**，法学所助理研究员。北京大学法律系国际法专业毕业生，合著有《美国日本证券犯罪实例精选》《亚洲证券市场指南》《领事法理论与实践》等著作，1988 年加入九三学社，现任九三学社上海市委社法委常务副主任。

与谈人：**倪正茂**，毕业于上海社科院政法系。1988 年获得上海的突出贡献中青年专家，1997 年起受聘为上海大学法学教授，法学学术委员会副主任，2006 年获得上海市首届五一劳动奖章，2008 年获聘上海政法学院终身教授。发表文章 500 多篇，曾经获得国家级著作奖 10 余次，5 次获得国家著作奖，十余次获得省市奖项。担任九三学社的中央常委，中央政法执委员会主任，九三学社上海市委政法主任，上海市政协常委、政协法制委员会主任，上海市人大代表等等，先后受聘为南开大学、上海教育学院、上海政法学院、中国科技大学、苏州大学、上海交通大学等院校特聘教授。

主持人：**姚建龙**，上海社会科学院法学研究所所长、研究员、博士生导师。

时间：2020 年 4 月 10 日 9:30

夏晓龙：谢谢倪老师，谢谢姚所长。自姚所长来所里后，学术报告制度逐渐健全，我在所里正儿八经地做学术报告，还是第一次。按照所里的要求，学术报告是分享自己对相关领域的研究，我的本行是国际法，现在是做比较法研究，然后再研究三农问题的相关法律问题。1986 年的时候，我刚进所里的时候，倪老师领衔承担的中央书记处农村研究室的一个课题叫乡镇企业法律制度建设，我也参加了部分的前期工作，包括项目联络员，在当时的上海川沙和南汇地区访谈、收集资料。2000 年左右的时候，九三学社中央希望搞若干问题法律对策研究。倪老师当时就提出一个建议，因为我是九三学社的社员，倪老师就希望我在若干个选题里，选一个好像看起来比较离政治因素远一点的，就决定研究三农问题。农业问题是一个比较复杂的问题，我学的是国际公法，但是互联网就是有一个可能让你可以比较多地去搜索资料和阅读文章。所以当时我考虑了半天，写了一篇关于制定农会法以及开始部分地区实施试点恢复农会的立法建议。坦率地讲，这个文章当时影响并不是很大，但是压力很大，包括我们当时九三学社中央的领导，包括也请示了相关领导部门以后，觉得这个问题比较敏感。但是我们上海市九三市委的领导，后来把这个文章登出来了。2000 年左右的时候是在大概是第二期的《上海九三》，他们当时的一个想法就是说不要影响我参政议政的积极性，甚至还给我提供了其他后续调研的机会，因为当时上海市农委实际上他们就关于农会方面的问题做了关于日本的、包括台湾的一些调研，甚至市委的领导都帮我说，你可以跟他们研究室的同志沟通，但考虑到这个问题当时比较敏感，所以后来也就停下来了，但是我有一个想法，我们的政权是工农联盟为基础的政权，那么共产党是代表了广大人民的利益。在这个研究受困的情况之下，我觉得可能政治意味是比较浓的情况，我开始搞了农村合作社法。这就是我跟三农问题的结缘。

　　现在我就开始讲我关于三农问题的一些法律的思考。三农问题其实最早是经济学家提出的，当然我们国家始终有从事农村政策研究的，但是作为一个政策建议，是北大的林毅夫教授给当时中央领导写了一篇内参中提出"三农问题"，包括后来的一些农村的基层干部也给当时的朱总理写了很多的建议。这次主要分享的是我 2006 年当时在一篇文章的一个框架，因为当时 2006 年我提出问题的背景是我们国家当时正在制定十一五规划，所以我在研究规划草案的时候，其中当时规划里面有两个词是比较醒目的，一个就是创新，一个就是和谐。同时那一年有一个较大的事件，我们以立法的形式废除了农业税条例。由此而带来的就是在两会期间相当多的代表、委员的议案和提案，提出了对农业问题要用法治化的法律手段来解决。在这个基础上，我个人认为从法律的角度来考虑，我觉得以下三个方面可能是必要的，即扶持、教育和组织。

我认为第一点是扶持，扶持是解决三农问题的必要前提。之所以讲扶持，我把它界定为就是说三农问题也好，后来到我这篇文章的时候，当时一直叫社会主义新农村建设，到现在我们的关于三农问题的认识一直到乡村振兴，这里边一步步地说明就是我们三农问题的解决是逐渐由当初的比较恶化到现在逐渐好转，甚至已经初步取得成效。众所周知，我们国家是一个农业大国，我们国家的农业以及9亿的农民，为我们中国的国家的工业化的发展与中国综合国力的提升做出了无可替代的贡献。但是由于我们国家长期存在的二元经济社会结构，以及我们国家客观的国情方面，比方说人多地少、农业基础薄弱、农业人口庞大，还有农村人口的受教育程度以及组织化程度比较低等重要的问题，造成了三农问题。

三农问题，在不同的时期有不同的反应，像早些年我们关注的可能更多的是失地农民的问题或者是农业产量的问题，而最主要的农村人口的贫困问题，始终是一个挥之不去的话题。现在从国内来讲，由于我们经过改革开放40年以后，国家综合实力的提高，我国现在已经是所谓全球的第二大经济体。所以从全国民众的角度考虑，工业要反哺农业、城市要扶持农村，这已经是一个大家能够取得的共识。

但是从我的角度考虑，我们的一系列惠农措施包括当时取消农业税，没有能从根本上解决农村的一些问题。取消农业税对于农业的发展是有相当大的促进作用，但是简单地取消农业税，并不能解决农村的一些危机和困难。因此要采取立法手段对农村进行必要的扶持，我们对农村的扶持其实也是有个过程的，从当时的历史来看，我们开始的扶贫还是要解决一个温饱的问题，但是这种实际上是一个比较低层次的。

现在由于国家国内的发展，扶贫一个有精准扶贫，从十九大的两个100年的奋斗任务来讲，这些问题以及目前取得的成效是比较明显的。从政府的具体投入来讲，从当初的村村通，比方讲村村通公路、村村通电视、村镇通电话这样一个初期的投入以外，我觉得我们现在于新农村的建设，应该是在这些惠民政策的基础上全面地去规划，对于农村的公共设施，特别是对于小城镇建设，投入必要的扶持资金和启动资金，这里面对于小城镇建设的规划和建设应该有相应的法律法规。

我们国家是农业大国，那么大家都知道，每年中共中央都会发布的第一号文件都是关于农业问题，但是农业问题中央的政策到政策传导，从上面到基层，存在这样那样的偏差，以及宣传力度种种方面不尽如人意。对于小城镇建设来讲，特别是从规划和建设这个角度，国家要有大的宏观规划，除了政策方面，应该以法律的形式固定下来。这里面其实我觉得主要是要从城镇的基础设施这个方面，包括了对于小城镇的建设规划，以及一些扶持和扶贫政策的具体措施。另外我们从扶持的角度，大家都知道现在我们是一个农业大国，但我们不是一个农业强国。其实在国际贸易中，农业的补贴始终是一个很热门的话题，即使像英美西方，包括日本这样的农业大国，他们都有相当强烈的农业产业政策支持。另一个方面来讲，我们对于农村的扶持，主要是对于农村的公共产品提供和保障方面，这里边主要是集中在教育、医疗以及养老等方面的保障。我们应该看到，社会保障体系在我们农村跟我们国家的经济社会发展水平是严重脱节的。这一部分是因为农村的地域广泛，人口众多，这就造成了我们现在保障体系的脱节。第二个原因就是由于我们农村的教育程度还是比较低的，包括文盲的比例，我们国家从建国之初 80％的文盲到现在差不多在 3％左右，这里面主要是农村的一些老年人的问题，尽管现在我们随着义务教育的问题，受教育率的提高和文盲率的减少，但是它不能排斥有一个客观的存在，我们近阶段的农村教育，包括义务教育，无论是投入，还是师资，还有其他一些方面，都有着这样那样的不足。

另外就是说农村的公共医疗体系的问题。原来农村缺医少药，随着国家经济社会的发展，农村的包括新农合这些试点，这里边解决了一些问题，但是现在我们农村真正一个比较难以回避的现象是，农村现在还是存在着一些小病不治大病等死、或者是因病致困或者因病返穷的这样一个问题的恶性循环。另外随着集体经济的退出，农村原有的养老保障难以为继，所以在目前城市经济的医疗体制改革目前还没有突破性的情况之下，我的建议应该是综合这几年新农合的一些经验，制定农村合作医疗保障，这样能够通过法律的形式让国家、社会、个人参与医疗保障制度，不仅能够解决农村的缺医少药的困境，而且也能够免除农民因为难以承受重病所产生的巨额医疗费用的后顾之忧。最近由于疫情的发展，国内关于公卫这一块，包括全国的医疗体制的建设这一块，城里因为包括分级诊疗这样一些东西已经做得很好，但是在我们的农村地区，比较好的医疗资源还是比较缺乏。

所以我的考虑就是，我们虽然从社会保障这个角度来讲，我们有所谓社保、镇保以及农保，这一块还是相对来说比较薄弱，所以至少将来在按照农村合作医疗法这样一个框架形成规划以后，至少在村一级应该有医务室的建制。当然这个投入是相当巨大的，但是坦率来讲，现在看起来是一个国家不可或缺的软实力,要成为一个真正的强国,公卫这一块以及医疗保障这一块的这个短板是一定要补上的。农村现在还有一个很大的问题,当然城里这个问题也是存在,就是农村的养老保障和公共救助这一块的需求。

总的来讲,国家在这方面的投入在增加,我觉得必须要通过制定相关的法律才能解决这样一个问题。我把扶持界定为乡村振兴的一个必要前提,这个是没有什么好值得犹豫和怀疑的。

第二个我想讲一讲我们国家的农村的教育。因为我认为农村的教育是社会主义新农村建设的必要的基础,因为教育对于国家来讲,对一个民族来讲,甚至对于一个家庭或者一个人来讲,它的重要性是不言而喻的。对于我们中国人来讲,农村人口的意义更是不同寻常。接受教育或许是改变命运的一个主要的途径。因此从利益上来讲,我们必须保证农村人口平等地接受教育。这里边我想分两块讲,一个是义务教育阶段,我们现在《义务教育法》也在修订,因为1980年制定《义务教育法》以后,9年制义务教育使得我们全国人民都受惠。我们现在目前国家还是9年制义务教育,但是这里面实际上有一个问题,因为我们《中华人民共和国宪法》规定了公民有服兵役的义务,然而我们在城里要招兵,你要去服兵役的话,你至少要有高中学历,这事实上就使得一部分公民丧失了履行公民义务的权利。所以从这个意义上讲,我一直是主张将来要普及12年制义务教育的,就是说从小学到高中教育,这是一个保证,一个国家的教育是一个国家国民基本素质的保障,以及国家将来科技进步的一个基础。从目前来讲,对于三农问题来讲,最主要的是要保证农村人口的子弟能够获得比较好的同等的义务教育。另外一方面随着经济社会的发展,大量农村人口进城务工,那么他们的子弟应该能够基本上享受同等的义务教育阶段的学习——现在基本已经做到了。但是现在很现实的问题是,他的子弟进城以后可以读到初中,但是他将来考高中的话,他是要回去的,那么事实上就会形成很多农村的子弟在初中阶段就必须要返回他的原籍,因为他必须适应当地的教育制度,包括中考,然后才能够走到高考。

因为高中阶段不是义务教育,所以你外地的,不要讲是农村的,就是外地户籍,也不能在上海读书。这里面其实从教育部来讲已经做了大量的工作,我当时提的建议就是解决农村的义务教育问题要像当初解决计划生育一样,必须要成为各级政府的考核的必要内容,而且要想办法支持。这里边我们国家现在义务教育的达标率小学阶段基本都是号称是100%,甚至我上次看了一个数据是超过100%,但是他的初中阶段是大概有98%—99%这样一个数据,那么说明也就是还是有脱学的，这里面有两方面原因，一个是确实还有一些贫困家庭，它无法负担起孩子的学习成本，因为虽然绝大部分不要学费，但是他家里有这样那样的麻烦，所以还是在初中阶段就有失学的。另外还有一个确实是有些孩子由于各种方面的原因，包括天赋的原因，有失学的情况。那么我觉得从义务教育阶段来讲，目前我们可以想象的应该是要把9年的义务教育扩展到12年的目标，教育部也收到了大量的建议，但是教育部部长也否定了，因为其实在我们国家有些地方已经开始做12年制义务教育，我们当时的建议是把城里先开始搞起来，但是教育部有全国统筹的问题，所以这个问题一直也没有解决，所以我是觉得至少农村的9年义务教育要做扎实。教育部的网站也表明了相关投入和措施确有成效，就是说这几年在9年义务教育农村的投入，包括师资的培训计划投入多少钱，教育部网站都可以看到，这里我就不多讲了。

我接下来想讲的一个问题是我目前在着力推动的事情，叫农村职业教育保障法。因为我们现在农民的孩子除了一些很优秀的孩子，他们考进大学，大量的农村人口他们在初中阶段就失学了。据我所知，在上海包括城里也都不是100%能够接受正规的全日制的高中教育，因为相当一部分人要分流到职业学校。当然现在由于农村经济社会的发展，父母收入的提高，农村有一部分孩子虽然没有读到正规的公办学校，但民办学校也读了，那么我这里面为什么要提农村的职业教育，因为这关系到一个是提高人口的素质，是彻底要解决农村的人口的就业以及富余劳动力的转移。其实很实在，现在由于我们实行计划生育以后，农村的很多家庭基本上也是1—2个孩子，但有一部分农村人口缺乏必要的谋生甚至劳动技能。所以他只能从事初级劳动，另外农村事实上也存在着大量的富余劳动力，因为从我们国家的人口统计的数据来讲也是这样的情况，我们2000年的人口统计数据和2018年的人口普查的数据，我们在乡村的人口已减少了差不多6成。也就是人口转移了，转移到城市去了，常住人口就转移到城市去了。但同时另外一方面，我们现在城里的产业又需要开发、培训大量的技术工人岗位，比方讲前一段相当长时间，而且这几年情况越来越严重的就是长三角珠三角用工荒的问题。合格成熟的技术工人对于企业、对于经济社会发展是一个相当大的问题。

这里面有几个方面的原因。我跟一些教育机构也有联系，比方说像安徽新华教育集团，他们还有一个新东方烹饪学校，这个集团是三个农民兄弟办的，现在有几十亿的资产规模，他们主要是搞电脑培训，这里面包括了电脑的维修，也包括一些图文处理、培养文秘，当然还有他们的新东方餐饮，餐饮学校当然培养厨师，另外当时还有著名的山东蓝翔技校我也去调研过。

那么我其中的一个核心的内容是什么呢？核心的内容就是我们作为国家或者作为政府，要保证农业人口终身至少享受一次免费职业劳动、职业技能的培训，因为他必须要有劳动技能，才能够生存、存续下来。另外我这里还有一个想法就是，政府可以有一定的能力去办这样的技术培训学校。另外一个方面，政府可以通过购买公共服务就是外包服务，比方说我每年向当地通过招标，可以向这些民办的教育集团去购买服务，然后来实现对农村人口的职业培训。

另外从费用的筹措的角度，除了政府投入一块以外，学校将来形成的成熟技术工人，你也可以一部分向企业收。因为现在在西方，你有成熟的工人的话，用人单位是要支付相当的费用的。这样我觉得可以使得这样一个工作能够可持续，也有一定的造血功能，从而能够保证这种职业培训可以持续地搞，而不是单纯地依赖于政府的投入和政府的购买公共服务。

第三个我就想讲一讲关于社会主义农村组织化的问题，我认为提高农村组织化是制约社会主义新农村建设成败的关键所在。我们国家从一个农业大国向一个农业强国转变，最大的一个关键因素是提高农村组织化的程度，因为我们强调了对农业的扶持这种投入以及普及义务教育和职业教育以后，制约社会的新农村建设的一个关键，就是我们现在存在的组织化程度偏低的问题。

这里边我想讲几个方面的问题，第一个就是随着集体经济的解体和市场经济的勃兴，很多地方集体经济解体以后，企业都是私人老板的，然后市场经济的转型后，我们基层党组织就存在着一定的涣散。这里边我想强调的情况，在我们的农村，在我们的基层，共产党的基层组织，发挥着不可或缺的或者定海神针的作用。但是基层党组织是由于我刚才讲的这两个问题，就存在着组织涣散，战斗力下降的问题。早些年我曾经也写过专报，因为这个问题，我们的忽视已经造成一些村民自治组织、甚至基层政权都发生问题（宗法、宗教势力的控制和涉黑组织的侵扰）。

另外一方面就是我们刚才讲的党努力，第二个是我们国家现在农村有村民自治组织法，那么法律的制定和实施就是说在实行村民自治、村务公开、特别是账务公开方面取得了长足的进步。但是村民自治组织由于存在一个比较狭小和封闭的区域，它不可能从根本上解决我国农业人口长期面临的组织化程度低下的问题，更谈不上去解决农村人口在转型时机所面临的各种问题。所以我国也是一样，温总理当时是在全国两会记者说的话，说他给农民兄弟讨工资。农民工的工资要由总理来讨！那么我们现在通过法律的规定，比方我们规定拖欠农民工工资可以入刑，从农民工的薪酬这一部分，国家通过法律的手段，由此也看来就是说法律的手段是要比政策的手段更来得直接和有效。

另外一个就是我们农村人口的正当权利得不到有效的保障，这是一方面，而且缺乏行之有效的意见和诉求表达渠道和机制，这是从农民的权益方面。另外一方面就是我们说从土改到合作化，然后七八年开始改革以后，也就是说家庭联产承包制，我们的农业农村的生产形势实际上是一个不小的推进，因为它解决了一个利益分配关系的问题，所以在七、八年以后，农村的经济得到较大的发展，在农村的经济得到较大发展的情况下，那么现在就又显得粗放的小农经济的这种生产方式不能适应市场竞争的问题尤为突出了。我们当时集中搞了所谓的农村合作社法，这里面主要想解决家庭承包制的小农经济向市场经济的过渡问题，包括当时我跟林毅夫教授也请教过，就是说我们国家的当时的农村主要是普遍存在一家一户的这种粗放型的小农经济的模式，机械化程度很低、科技含量也很低。实际上，它是无法适应激烈的市场竞争的冲击的。另外一个就是说我们现在也面临着外国农产品的较量，所以小农户的话实际上是很不利的，所以当时林毅夫教授比较著名的想法的一个模式就是农户＋基地＋上市公司，当时也取得很好的效果，以上市公司或者大公司对接农业基地和农户，小农经济必将融入这样一个合作模式。这种模式一定程度解决了农民的产出向市场的一个过渡，也就是说小农经济向大农业的过渡，但是农产品的收购和深加工的附加值，实际上为这些大企业大公司所获得，农民从增收或者增产增收这个角度，并没有得到太大的实惠，也就是说实际上无法解决农民增收问题。农户的生产经营以及农户产品，坦率地讲是完全听命于这种大公司的诚信以及大公司的经营成败。为了参与市场竞争和规避市场风险，农户自发组织了类似蘑菇合作社或草莓合作社，农民在生产经营活动中已经进行的有益尝试，形成了《农业合作社组织法》。当时我也跟张国炎老师聊过，当时我们立这个法主要是解决农民除了通过基地、通过大公司这样一个途径外，农户可以抱团参与市场竞争。通过给予合作社法人资格，鼓励它作为市场主体参与市场竞争，这类似于过去的这种合作社的组织。

就是说我们除了合作法以外，在这个基础上，国家是鼓励要实行几户几十户农户的或者一个村里农户联合，甚至一个区域、县域、市域或者省域的这样一个大的农民的联合，但是据我所知，好像这方面的东西都没有，因为坦率讲有了大量的规模,他们就自己成立公司了,也就不愿意再搞这样一个形式,那么当初立法的目的,坦率地讲,在这个方面,我们的初衷并没有得到一个比较好的发展。《农村合作社法》,它的设计实现了小农经济向中型农业的过渡,进而在可能的情况下实现合作农业的区域联合。第一个承认合作社的市场主体地位,使得它也可以去参与市场的竞争,当然农村我们知道还存在大量的这种所谓农业经纪人,那么这里边和经纪人融合,经纪人是通过经纪人之间,而农户通过经纪人比较适合粮食?

《农业合作社组织法》我们当初主要是考虑并借鉴了日本农协的这样一个组织,包括生产销售供应,包括其他活动甚至金融服务、养老服务教育等一系列的。那么这里面就是什么能够把农户的利益相对来说集中在一起,然后形成一种合力去参加市场竞争,也就是说产品的销售,所以他们有人讲日本水果比较贵,实际上也是通过这种办法,保障了农业的发展和农户的利益。

我们也有农村来的人大代表,全国人大代表有些很著名,但是大家开玩笑,他已经是厅级或处级农民了。所以他很可能在收集农民意见的时候是有些代表性,但是他提出的很多东西不能解决农民的一些切身的、具体的问题。他可能解决农民的一些大的方向性的问题,但是农民的一些具体的一些困难,包括利益的,包括生产经营这方面的这些例子实际上是模糊的。

另外农村的基层组织,包括村民自治组织,它往往是在有限的问题上能够解决,缺乏必要的协商机制。另外就是说像村民的自治组织,它只能是在一个很小的范围来解决或者协商问题。所以我当时讲,我从一开始的时候是从政治组织角度去考虑,就是要建立起类似工会法所规定的集体协商机制,就是说把农民的意见或者是根本的利益集中起来,然后通过在法律允许的范围建立这样一个来处理和维护整体的利益,进而能够完善并且畅通农业农村乃至农村利益的表达机制,从而让我们的农业人口彻底地融入我们国家的政治生活和经济社会活动,让他们能够充分地享受国家主人的权利,也承担起国家主人翁的责任。当然大家也看到,其实我们有很多的农工兄弟现在进城以后加入了工会,我们工会是有法律保障的,那么他在务工期间,他的权益是由工会法来给他保障,这也是个很好的解决方案。我是希望我们至少可以在区域性有农户组织,比方以台湾的农会来讲,开始也是一个经济性团体组织,但是随着农村的力量发展,农会、农林会、渔业协会、渔民协会已经在台湾选举政治之中有影响,也就是他们通常讲的所谓叫压力团体了,它已经在整个政治、经济、社会活动中发挥着不可小觑的作用。

现在这方面经济学界也在研究，我的想法，将来我们对农民真正的利益保障在于集体土地不再是简单地被国家征收，而是应该间接地转移给国家，然后会转移到城市。因为现在大家都不可否认的就是土地财政的问题，所以我们建议将来农村土地或者说集体土地在一定范围内流转，不再是出售产权或者以农村土地的形式，我们是建议在生活不生产的后续，农民可以得到一个持续的发展，而不是简单的一次性的我给你多少钱。坦率地讲，中国农业或者农村对于中国GDP 的贡献，这一部分价值是被大大地弱化了，所以这一块也是个问题，当然农村土地这一块是另外一个问题。我们国家的农业粮食安全问题，也是一个问题。我们也通过土地流转，包括当时跟政府说违反国家土地征管办法的那些土地要求复垦，这里边我基本上是比较清楚的，因为当时我们上海有好多情况是这样的。我们有好多土地抛荒以后的复垦，比方说圈了地、建开发区的问题，但开发区利用率不高，那么里面有些土地，事实上已经没法算清楚了，如果你不能覆耕的话，就会影响到将来土地的开发。举个例子，我们知道像浙江土地开发指标已经卖到每亩几百万元，所以我们当时提出来，一方面盘活了土地的存量，实在不能复耕的这份土地，也应该作为土地的储备加入工业用地，或者通过其他办法来解决，从总量上保持不变。当时上海也是采纳了这个建议，因为上海发展对土地是有需求的，包括用于土地储备红线，因此对于不能复耕的土地，可以采取这样一个办法。

坦率地讲，小农经济在今天，农业的投入和产出是不平均的，所以才造成我们国家有一段时间，在取得农村家庭联产承包的巨大进步的同时，会出现大量的土地抛荒，现在通过土地流转，让这些土地流转到当地的种粮大户或者种粮人手里，通过土地流转，农民能够从土地承包权、土地承包经营权的流转或者集体所有权利益分配中得到一部分收益，我个人认为这是在特定历史阶段妥协的产物。现在对于国家、对于土地，可以允许开发红线之外的土地开发，这种实际上就是从农村出血，应该把这部分现有的农村土地以另一种形式存在，让农民确确实实地以土地入股，无论是出租、还是将来投入其他产业，包括大农业的进来，让农民能够永续的得到。其实从农村来讲，真正给农民带来保障的土地，要求在国家法律上要有比较大的修改，不再是简单的把集体土地变成国有土地，然后给农民的一次性补偿，或者简单的从农村户口转成城里户口。还有一个问题就是，对于农民来说，他有了城里户口，但是他没有劳动地位，他们能干啥？我想在近期中央会要考虑这个问题，包括现在有传说小产权房的准入。现在我感觉小产权房，实际上就涉及到农村集体土地的开发和利用，应该通过一定的法律手段来保证，这一部分利益对农民来说是非常重要的，当然这是一个想法，可能目前来说还不是很成熟。

回到我刚才讲的农业，现在来说我们是农业大国，但我们不是一个农业强国。从我们国家目前的情况来讲，我们现在粮食的自给自足率大概应该是在85％，我前两天也看了新闻报道，现在所谓的谷物自给率是达到95％。坦率地讲，包括前两天我也看到有一个采访，虽然我们现在有农业大省，也有袁隆平这样的农业专家给我们粮食生产和粮食安全做了很多工作，通过杂交水稻，极大程度地扩大了粮食生产，但是事实上我们的粮食是不够吃的。所以三农问题的重要性在于它不只是简单地解决一个农民、农村、农业的问题，实际上这些问题都应该引起我们相当的重视。

现在相当多的农户都是混业经营的，就是说它除了从事农业以外，他还会从事一些商业或者从事其他一些行业，比如说投资办个小厂。那么我们国家目前来说，在土地这一块是没有太大问题的，包括现在的土壤修复问题或者环境污染问题，通过这几年的治理，也是有保障的。关键问题在于，农业产业的扶持，目前来讲还是不够。因为针对小农户来说，早些年由于农业生产投入和产出不平衡、入不敷出，造成了大量的抛荒。由于土地可以承包给他人，实际上土地已经变成了传统上的一家，现在很多人土地都是转包，出现了不少种粮大户，针对这种情况也要有相应的政策。另外一个是很多企业转型进入农业产业，这个情况跟日本完全一样，就是农业实际上是在市场化经营。此外，随着全球化经济的发展，农产品的竞争已经不是仅仅局限在国内了，比方讲我们的大豆，由于国外资金的介入，我们的食用油基本上已经被外资控制了，当然中央也是很重视我们粮食安全问题。不只是进口，我们国家每年有出口几百万吨，但是比较下来我们国家进口的量是比较大的。所以实际上说这些不是靠发布政策文件来解决，都是要有一定的法律或者法律制性的规范来解决这样的一类问题。

下面我简单地归纳一下我今天讲述的内容。从我们的国家来说，主要讲下改革开放以来我们国家农业农村农民所面临的问题。最开始的家庭农村承包责任制，这样一个改革激发了农民的积极性，使得农业能够有余力发展，从而加速了我们国家的工业化进程以及经济社会发展程度。但是在农业现代化的过程中，农民的利益受损。坦率地讲，我个人认为除了以前的教育失衡导致这种情况的出现，农村土地也是一方面的原因。从我今天的思考来讲，国家在教育和扶持这两块上的投入有所增加，包括我们现在所讲的精准扶贫或者是产业扶贫。在农村教育这块，例如农村职业教育保障，我想未来不久法律可能会出台相关政策。因为这是两方面的原因，一个是提高农村的发展动力，另外一个也是城里的产业转移和对劳动力的需求，因为我们现在不再简单地需要这种低层次的体力劳动，它更多地需要提供成熟的产业工人。当然了，现在也有人跟我开玩笑讲，人工智能以后如何如何，但可能事实上不是这样的。我们这一次能够顶住贸易战的压力，除了我们拥有成熟的完备的工业体系外，我们中国还有强大成熟的产业工人。这是西方国家包括发达的西方国家，或者比我们经济发展还要好的东南亚国家，目前为止还达不到的。我们国家保证了产业能够比较好的运转，这是一个很重要的因素。农村职业教育将会为完善全产业链提供一个更强大的保证，同时也能够保证农民工、农业人口有更好的一个发展。另外对于农村的土地，我觉得不应该单纯地把集体土地转化为国有土地这样的方式来从农村流转土地，而是要通过法律途径来保证农村的土地流转，甚至进而规定农村土地的流转。最后讲我们的农业和食品安全的问题，这些都是要有明确的法律的界定。那么我今天的汇报大概就到这里，请大家提出意见。

姚建龙： 非常感谢夏老师用一个多小时的时间，给大家呈现了作为一个法学学者对三农问题的关注和深刻的三农的情怀。其实夏老师是以他的公开发表的文章、还有他提交相关部门的政策研究报告作为基础，从学术探讨的层面，提出了很多他本人对三农问题非常深的一些思考，很多观点确实是非常发人深省，也非常有启发，特别是在他的讲座中体现出来的一种对中国三农问题关注的一些视角，包括他后面特别讲到的一些关于粮食安全的问题，确实非常的有启发。当然，夏老师有机会的话，后面可以再去做一些探讨，可能有一些观点我倒也不一定赞同。特别是十八大之后，新一代领导集体对三农问题高度重视，可以说十八大以来，我们解决了很多长期想解决但是没有解决的三农的问题。我基本上每一年会花一定的时间，在三区三州或者其他的贫困地区做调研，客观上说，最近几年我感到非常震惊，比如说像农村现在的两不愁三保障的落实力度确实非常到位。

刚才夏老师讲到了一些医疗的问题、教育的问题，甚至包括住房的问题、土地的问题，其实现在我可以负责任地说落实得非常好，特别是两不愁三保障，其实我当时做过一个调研，也感觉是真的完全落实了，每一个农民不愁吃不愁穿，义务教育、基本医疗住房能够有保障。我的调研确实体现了在我们十八大以来，我们党在解决长期积累的三农问题上的一种政治智慧和一种决心，总书记对三农问题也有非常准确的一些把握。在我看来，中国的政治家其实都对三农问题有非常深刻的认识，这也是我们中国共产党能够取得政权、并且能够长期执政的一个非常关键的原因。我读大学那会，当时对我影响最大的是毛主席的湖南农民运动考察报告，包括现在我带的学生，每次都是要求让大家去看一看调查报告。无论是他的调查方法，还是他的很多的一些认识，确实通过这个报告基本上就可以注定毛主席肯定可以领导共产党，肯定能够取得国家政权的。所以三农问题你能不能认识到，对中国农业农村农民问题，能不能认识到位，这是一个非常重要的检验标准。作为一个学者，其实我对今天的主题也非常感兴趣。我也特别注意到，就像总书记最近一些年，特别是他有几个政策的提出，他有一个论断，他讲到农业农村现代化，没有农业农村现代化，就没有中国整个国家的现代化。他说在现代化过程中如何能够处理好工农问题，城乡关系在一定程度上决定着现代化的成果，这些论断都非常关键。

包括后面讲的新时代的概念提出来之后，特别提到乡村振兴战略，作为新时代三农工作的主抓手，我们也做过一些调研，包括这次春节期间，我到有些地方去做调查。这几年可以这么说，现在农业户口农村户口要远远比城市户口吃香。甚至前几年回老家就发现了，你要转为城市户口可以马上给你办，但是城市户口要转成农村户口，那是不可能的，因为现在农村户口值钱了。我们所提到的一种生活，住在小别墅，然后在花园里种菜，再养条宠物，晒晒太阳看看蓝天。现在农村都已经有了翻天覆地的变化，包括现在农村公路的村村通，包括农村厕所的改革，我这是调查发言，我们老家所有的农村厕所都是被相关的部门承包的。原来印象中的脏乱差，早就已经都不存在了，所以我感到非常非常震惊，而且农村生态也得到了非常好的修复，包括现在农民权益的保证。尽管还是有很多问题，但是确实有很大的改进或者说是非常高的改进。我们作为法学学者，在我看来是不能忽略这样的话题，特别是十八大以来，我们党对三农问题一直保持这样一种高度关注。那么因为夏老师节约了点时间，所以我就多说了两句，现在我要把更多的时间留给我们的80后教授，倪老师他的涉猎非常广泛，说实话我们很多年轻人有时候都跟不上倪老师的步伐，他开辟出了很多新的研究领域，我们也非常想听听倪老师关于三农问题的一些看法。

倪正茂：尊敬的姚所长，尊敬的夏晓龙同志。原来我在上海政法学院的时候，姚所长是我们学校的院长，我们的办公室就在隔壁，经常看到他是最早到校、最晚离开的领导，工作非常积极。今天参会的同志可能不一定知道，他是我们中国研究青少年犯罪这一方面的，可以讲是最大的权威，从理论到实践都有很多贡献。那么夏晓龙同志，他从北大毕业以后就到我们法学所，我们一直在一起，在对农村调查等等，我们都是在一起的，一起搞农村问题研究，我们很多人因为各种原因大多转行了。夏晓龙就从头至尾到现在还坚持这一方面的研究，而且做出了很多贡献。因为我们大家都是各个单位来的，都不是专门来研究的，当然后来有很多同志坚持下来，但是更多的同志不再研究这个问题。其实到现在我认识到的只有夏晓龙一个人，他是兢兢业业长期坚定不移地在做这一方面的研究。我完全同意刚才姚所长和夏晓龙同志对我们中国农业发展农村面貌的改变和农村农民生活的改善，所做的研究提出来的建议。

现在总书记讲的青山绿水就是金山银山，对我们中国农村面貌的改变，整个中国社会环境面貌的改变作用是非常大。因为之前我们对环境的破坏是非常严重的，但是青山绿水就是金山银山，非常朴素的简单的话语，对我们中国社会环境面貌的改变，对农村的建设有重大的意义。再一个就是 2020 年一定要全部脱贫、扶贫攻坚这个问题。农村税收这个问题，几千年来没有解决的问题，在中国共产党的带领下解决了。我觉得夏晓龙能够长期坚持这个研究是非常有意义的。今天他的报告我觉得比较全面地谈到了他的研究范围，以及提出了很多建议，这些建议我觉得非常好。但是有一个非常大的问题，就是现在研究农业跟农村，尤其是社科机构研究农业问题和农村问题的人不是很多，像夏晓龙这样长期坚持的，是非常少的。所以这一方面，能不能两个单位碰碰头或者大家在一起联合起来做一些工作。我参加这个研究最开始是有得天独厚的条件，因为有一些北京的同志拉着我参加。当时参加他们活动的时候，可以得到很多信息。在这个过程当中，我看到共产党的领导对这一方面的研究是非常重视。所以我们中国共产党对农业问题、农村问题、农民的问题是非常关心的。夏晓龙提出的建议是非常好的，应该进一步去加强这一方面的研究，以及加强和中央领导的沟通。比如讲他提到在法律制度的建设上，加强对三农问题的支持保障力度，再比如讲关于村民委员会的有关的法律制度。我接触到的农村，宗教势力在贯彻党的领导这一方面的干扰是很大的，有的地方几乎完全被这个组织洗脑。所以针对现在存在的问题，应该是怎么样进一步地落实下去，这就需要村委会的帮助。

夏晓龙提出来，在法律制度方面加强对农村的振兴。从农业大国到农业强国这一方面，还有很多是我们法律工作者可以做、应该做的事情。尤其是农业科技进步，我觉得这是非常重要的，从农业大国到农业强国，强国不是人多，人山人海也并不是能够保持我们粮食供应，其他供应就行了，像美国只有3%的人口是从事农业的，但是这些人不仅保障了全美国农产品的需要，而且有大量的出口。我们的差距还是非常大的，所以在这一方面应该怎么样改进，让农业科技加以进一步的发展。我们考虑的是，农业科技振兴怎么样用法律来保证它可以做更多的事情。

刘长秋（上海政法学院党内法规研究中心执行副主任）： 非常感谢夏老师的演讲，真正的是把科研做到了中国的大地上，可能这是很多人可以一时做到、但是没有办法坚持这么久，听到您的讲座还是有不少的感触的。我想针对三农问题简单地谈一下看法，当前基层政权的"黑化""贿选"等问题已经得到了有效地打击和遏制，但仍然要予以高度重视。此外，集体经济过于依赖家族经营和领导者的个人能力问题也值得关注。当前乡村振兴的各项制度建设应该努力回应仍在一定程度上存在的农村因病致贫、因婚致贫等现实问题。对于这些问题，你的看法是什么样的呢？

夏晓龙： 首先回答一下我为什么要想继续研究，我们想要从农业大国向农业强国转变，要对农业科技进行支持，我觉得这是我想要去做的事情。接着回应长秋老师提到的"黑化""贿选"问题。我们九三学社对于农村基层组织权力问题也是特别担忧，因为我虽然是九三学社的成员，1988年入社，但是作为我们中国公民也有这个责任给政府部门建言，也要关注我们乡村的、市里的机构的一些改变。贿选是一个不正当、甚至是一个不光彩的行为。农民从纯粹的经济考量的角度，由于经济利益的关系、甚至由于物理空间的问题，很多农民其实无法去行使他的选举的权利，当然就更谈不上政治参与的问题。所以我的感觉就是这样的。

姚建龙： 首先非常感谢我们夏晓龙老师，还有特别地感谢我们的80后教授，倪老师今年是80大寿。今天夏晓龙做了一个非常精彩的讲座，包括自由发言，大家都抢着发言，而且都提出了非常精彩的一些观点或者说问题，确实也能够印证我们今天这个讲座确实是非常精彩的，而且也是非常激烈的、有启发的。除了感谢两位主讲人，还有我们的工作人员之外，也要特别感谢我们全体参加的人员。本次讲座圆满结束，谢谢大家。

劳动者辞职预告期的法律性质辨析

主讲人：**江锴**，法学博士，上海社会科学院法学研究所助理研究员，《政治与法律》编辑。复旦大学法学学士，上海社科院民商法学硕士，华东政法大学经济法学博士，华东政法大学在站博士后研究人员。主要研究方向为民商法学、社会法学。出版学术专著一部，在《法学》等核心期刊发表论文数十篇，多篇被人大复印资料全文转载。

与谈人：**朱军**，法学博士，上海交通大学凯原法学院副教授，上海市"浦江人才"。南京大学文学学士，南京大学法学硕士，德国哥廷根大学法学硕士、法学博士。主要研究领域为劳动法、德国劳动法。出版学术专著两部，在《法学》《清华法学》等核心期刊发表论文近二十篇，多篇被人大复印资料全文转载。

主持人：**姚建龙**，上海社会科学院法学研究所所长、研究员、博士生导师。

时间：2020 年 11 月 26 日 9:45

江锴：各位老师还有同学大家早上好。非常高兴今天来做这个讲座，今天我要给大家汇报的题目即使是在劳动法领域，也算是比较小的题目，但对实践的意义还是比较大的。

之所以会选择这个题目，是因为在实践当中，在司法案例当中存在比较大的争议。我的讲座会分成五个部分，第一部分提出问题；第二、第三部分是对于预告期的性质的两大理论的观点——程序说和条件说的介绍；第四部分是对预告期的条件说的内涵的扩展,这个也是本次讲座重点的部分;第五部分是在实践当中用人单位比较多地用到的所谓约定延长预告期的规则适用问题,这一部分在现行法的规范上是比较缺失的,在司法实践当中争议也是比较大。

　　首先提出问题,对于劳动者的预告解除制度,是由《劳动法》第31条和《劳动合同法》第37条作出规范的。这两条规范虽然说在文字表述上可能是有一定的差异,但是在实际理解上或者说在解释上其实是没有什么太大的争议的。也就是劳动者如果要解除劳动合同的话,要提前30天以书面形式来通知用人单位。劳动法之所以要设计这样制度,主要目的就是考虑在劳动者和用人单位的关系当中,劳动者是处于相对弱势的地位,需要给劳动者不需要理由就能够离开劳动关系的权利,所以授予其法定解除权。从立法者的解释的角度来说,30天的功能主要在于给用人单位岗位的准备期,就是说劳动者要离开这个岗位了,用人单位为了不影响其正常的经营和生产活动,需要找替代者来接替将要离职的劳动者,所以需要有这样的时间。这就是所谓的预告期的功能。

　　先来看比较简单的案例,但是这个案例很有代表性,这个案例是经过了劳动仲裁、一审、二审三次的裁判,而且三次裁判的观点和结果都不太相同。案情很简单,马新华是恩克雅公司的员工,他们的劳动合同里面约定,如果要辞职的话,要提前两个月提出。2011年的7月14日马新华提了辞职,8月25日的时候,因为雨天路滑,他摔伤了。到9月13日的时候,正好是他提出辞职的两个月后那一天,恩克雅公司就通知马新华不要上班了,之后马新华被认定为是工伤。这个案子中马新华认为是恩克雅公司违法解除了他的劳动合同,而不是他解除了自己的劳动合同,基于这样的原因,他认为恩克雅公司应该来对他进行补偿,支付经济补偿金。这个案子在劳动仲裁的时候仲裁庭不支持他的仲裁申请,仲裁庭认为这是你自己辞职的,不是公司解除劳动合同。到一审的时候是在松江法院,法院就认为这个其实是恩克雅公司用新的解除权解除了劳动合同,而不是原来的马新华自己的辞职解除的劳动关系。之后又到了一中院,终审判决认为恩克雅公司是不需要承担支付补偿金的责任的,认定为最终是马新华的辞职行为导致了双方劳动关系的终止。

　　这里就有问题提出了。首先就是辞职到底需不需要用人单位同意?其实在早期的一些司法案例当中,还有不少的律师、当事人会提出这样观点,认为我的辞职是要约行为,是和你进行协商来解除劳动合同。当然《劳动合同法》当中确实存在协商解除的制度设计,但是至于辞职行为本身,到底是要约行为,还是直接解除劳动合同的意思表示，这是事实认定的问题，而不是法学理论上的问题。所以在这里我们把辞职定义为《劳动合同法》第 37 条所指的劳动者单方提出辞职这样的行为，也就是说他是解除劳动合同的行为，所以是不需要用人单位同意的。问题就在于 30 天，因为大家都知道解除权这种民事权利，其性质上是形成权，形成权作出以后，一般情况下应该立刻会发生法律效果。但是劳动法的特殊之处就在于规定了这样的 30 天，要让解除权"在天上飞一会儿"。这 30 天里面可能主要会发生这样一些情况：第一，劳动者在没满 30 天的时候自己就离职了；第二，在预告期 30 天之内，用人单位不需要劳动者做满 30 天就让劳动者离职了；第三，30 天还没到，劳动者和用人单位又达成了合意，继续履行劳动合同，不辞职了。这三种情况在预告期里面会发生怎么样的后果，以及其中的理论依据和规范依据是什么？这可能目前在司法实践中和理论上都存在一定争议。

对于预告解除权的立法上比较详细的规范是劳动部在 1995 年发布的《关于劳动者解除劳动合同有关问题的复函》。在复函当中可以看到对于 30 天的性质是怎么来解释的。它说 30 天既是解除劳动合同的程序，也是解除劳动合同的条件，而且明确了这个是不需要征得用人单位同意的。比较重要的问题在于超过 30 天，如果劳动者向用人单位提出办理解除劳动合同手续的话，用人单位是要办理的。如果说对用人单位造成了经济损失的话，劳动者是要承担赔偿责任的。这里也提出两个概念，也就是程序和条件的概念。程序是什么内涵？条件又应怎么去理解？这个就引起了很多的争议，包括学理上的争议，就是我接下来要给大家介绍的，对于预告期的程序说和条件说的分野。

对于预告期的程序说，它就认为预告期是劳动者辞职的程序。按照解除权的形成权法理，劳动者辞职必然会导致双方的劳动关系终止的后果，而且这个后果是立即产生的。也就是说在劳动者提出辞职的时间点，劳动合同就解除了。至于这个 30 天，程序说认为 30 天其实和解除权的效力是没有关系的。经过 30 天以后，用人单位就需要给劳动者办理离职手续。所以他的核心观点也就是说预告期和预告解除权的效力的产生之间是没有任何关系的。而且提出程序说的学者还认为，因为预告解除权是为了保护劳动者，不至于被束缚在劳动关系当中，他能够非常自由的离开，所以如果把预告期定性为这样的一种性质的话，将更有利于劳动力的自由流动。

但是我们认为对于这个程序说，其实存在两方面比较大的缺陷。第一，无法实现预告期的功能。因为预告期其实是为用人单位提供岗位准备期，如果说劳动者在辞职的时间点，他就已经解除了劳动关系，而且法律也认可这种效力的产生的正当性，那么在这个时间点以后，在预告期之内，这段时间双方的用工关系就变成一种事实上的劳动关系。因为我们知道《劳动合同法》出台以后，我们对于劳动关系，是需要有书面要式的要求。但是如果我们认为劳动者在辞职的时候，他的解除权就生效了，这30天一定就变成一种事实的劳动关系。如果是一种事实的劳动关系，劳动者是可以随时离开的。这样子的话，对于立法设置预告期的目的就没有办法实现。第二个就是在理论上有三方面的问题。第一，在司法实践当中也有人提出，如果把预告期内的劳动关系定义为事实劳动关系确实是有问题的，那么把它定性为一种附随义务是不是可以？也就是说劳动者行使了这样的解除权以后，在30天里面继续为用人单位工作，为他找替代人选去做准备，这是劳动者的附随义务。第二个问题，在30天里劳动者已经离职了，用人单位如果不给劳动者办离职手续，是不是有正当性？是不是一定要等到30天以后再给你办，这是第二个问题。第三个问题就是劳动者如果提前离职要承担赔偿责任的话，赔偿责任的正当性何在？这是对于程序说提出来的三个方面的问题。

我们认为三个方面其实都是不具有正当性的。第一个，很显然，如果要把它定性为附随义务很显然是不对的，因为在30天里面，劳动者其实还是正常的和在劳动关系之内的其他时间一样，在提供正常的劳动的给付，而用人单位也必须要对于劳动者的劳动的给付提供对待给付，也就是支付工资，这个很显然是劳动关系当中的主给付义务，而不是附随义务，所以如果说把它定义为附随义务，这显然是不合法理的。对于第二个问题，也就是说是不是用人单位有权利在等到30天以后才给劳动者办离职手续？其实在《劳动法合同法》第50条有这样的规定，劳动合同解除或者终止的15日内应该办理离职手续。既然《劳动合同法》有这样的规定，也就是说办理离职手续是用人单位的附随义务，实际上是有时间限制的，而且是15天，显然是短于30天的预告期的。在这种情况下，用人单位是不是可以等到30天满以后再去办离职手续，否则就不给劳动者办。我们回过头来再看一下前面的劳动部的复函，它的表述是这样的，叫超过30日，劳动者向用人单位提出办理解除劳动合同手续，用人单位应予办理。我们从一般的理解上来说，如果说用人单位不到30天就有不给劳动者办离职手续的权利的话，它的表述应改为：不到30日的话，用人单位可以不为劳动者办理离职手续，这样的表述很显然是更清楚的。但是劳动部确实并没有采用这样的表述，而是采用正面的表述。有一些地方性法规，如北京的劳动合同条例里面，就用了我刚才这样的表述，是正过来表述的。这个是不是有问题呢？根据刚才提到《劳动合同法》第50条的规定的话，可能是存在问题的，至少是与上位法的规定有一定冲突的。第三点，对于30天内提前离职的行为，要求劳动者承担赔偿责任是不是有正当性？既然程序说认为劳动者在辞职的当口，他的辞职的解除权就已经生效，已经正当地发生了效力而解除了劳动关系，也就是说法律对于他的解除权的生效的正当性是给予肯定性评价的。既然他给予解除行为的生效肯定性评价的话，在价值判断上再要求劳动者解除了劳动关系以后去承担赔偿责任，正当性是有问题的，在价值判断上是有冲突的，造成法体系内部利益评价的不和谐，所以我认为在正当性上是有问题的。程序说确实存在一些法理缺陷。

基于这样的情况，也有学者提出了预告期性质的条件说。条件说可以分为两个类型，第一个类型就认为，30天是劳动者取得解除权的条件。也就是说劳动者在一个时间节点跟用人单位说我要辞职，30天过了以后，劳动者才取得了解除权，才可以行使解除权，也就是说30天是劳动者取得解除权的要件。第二种条件说认为，30天是辞职的生效要件，也就是说劳动者做出了辞职的意思表示，这个意思表示送达了用人单位以后，解除权就成立了，但是并没有生效，需要等经过30天的预告期以后，解除权才生效，生效了以后才会产生解除劳动关系的法律后果。

对于这两种条件说，我们分别来看一下。第一种取得解除权的条件说。这里我们可以看一下几位德国学者对于形成权的理论的分析，在单方面的形成法律行为当中，行为的另一方原则上不欢迎附条件和附期限，因为行为的附条件或附期限会造成行为的不确定性，但他们又必须忍受由此形成的法律状态。梅迪库斯又说形成权的相对人必须要承受涉及自己的债务关系，并进而接受对自己的法律情况的单方变更，而行使形成权不附条件或期限的明了性，就是对形成权相对人的补偿。瓦尔特曼说，一般而言解除合同的意思表示只要到达受领人，就会发生法律效力。其实从形成权的一般特性来说的话，因为它是单方可以改变双方法律关系，或者可以消灭双方法律关系的这样一种我们被称为叫私法当中的权力，所以它对于形成相对方而言，是比较不利的。我们很多国内学者也认为，合同解除权对于解除权人来说其实是一种利益、是一种好处，因为他可以随时去摆脱合同的束缚，而且是单方面的。所以在这种情况下，对于解除的行为行使了以后，它的效力的发生就应该有确定的结果，不然的话就陷于形成相对方过于不利的地位,因为他会要承受不确定的这样一段时间。这样来看的话,似乎第一种条件说,其实是有它的合理性的。因为他认为 30 天是取得解除权的条件,也就是说要经过这个 30 天以后,才能够拿到解除权,才能够用解除权,这样子的话对于用人单位来说就不会有不确定。但是问题是什么呢?没有办法实现预告期的目的,因为一旦劳动者取得了解除权,解除权是否行使的决定权是在劳动者的手中的,他可以不行使,这样子的话他就拿着这个解除权。如果 30 天过了以后,解除权就是我的了,我可以用我也可以不用。如果我不用的话,就变成即时解除权了,我下一次再用的时候,因为我已经经过前面 30 天,我已经拿到解除权了,我就可以不需要再经过 30 天才能行使解除权。这样子是没有办法实现设置预告期的目的的。

第二种条件说它的正当性又何在?王泽鉴说,尽管从相对方的利益角度出发,形成权的行使原则上是不得附条件或者期限的,但是条件的成就与否是以相对人意思而定,或者是期限是明确的话不在此限。梅迪库斯也说了形成权是有例外的,只要条件或期限对于形成表示的接受方来说,并不产生不可合理期待的不确定性,那么条件就是合法的,因为那些条件的实现与否取决于形成权相对人的意思,形成权相对人可以自行消除这种不明朗的状态。也就是说对于形成权,它的生效的确定是有例外的。如果说这种不确定是由形成权相对人来决定的,这种形成权就有它的正当性。很显然,立法设置了劳动者预告解除权的预告期的目的是为用人单位,也就是形成相对人提供岗位准备期,也就是说 30 天的期限利益是归属于用人单位的,所以劳动者行使权利的意思表示送达了用人单位后,解除权成立,劳动者是无权单方面撤销或者撤回该意思表示的,用人单位就可以等待确定的 30 天经过以后解除合同的效力发生,劳动关系终止的后果就确定会发生。在 30 天的预告期之中,劳动关系依然是正常存在的。而且在此期间用人单位也是可以去寻找劳动者的替代人选。然而,第二种条件说又出现另一个问题了,因为在现实当中有一些案例,如果用人单位觉得你劳动者对我很有价值,在预告期里面双方达成新合意,继续用工的可能性是非常大的。第一种情况就是如果预告期内用人单位和劳动者达成了继续用工的合意的话,是不是就像我刚才说的,就变成一种事实劳动关系,因为如第二种条件说所说,30 天经过以后解除权一定是确定的发生法律效力的,这种情况下,也就是说原来的劳动关系一定会被终止。如果双方在这个期间又达成新的合意,一不小心用人单位又忘了去跟劳动者签订新的书面劳动合同,在预告期过了以后,双方如果继续用工的话，用人单位很可能就陷于一种违法用工的状态，这在实践当中也是经常会碰到的。第二种情况，用人单位如果在预告期里面想要提前终止劳动合同，是不是真的就如前面的案例所说，就变成了用人单位去解除了劳动合同，而不是劳动者行使预告解除权所发生的消灭劳动关系的后果。这是实践当中出现的两个比较典型的问题，也是第二种条件说对现实情况解释力不足的两种情况。

对于条件说存在的前述问题，我认为可通过对其三个方面的内涵的揭示来解决。第一个，预告期内如果劳动者违法提前解除，是应该要承担赔偿责任。这一结论其实和《劳动合同法》的规定以及劳动部的规章的意思是一样的。第二个就是，预告期内，如果用人单位要提前解除劳动合同的话，它的性质实际上是行使自助行为。预告期内其实还允许用人单位和劳动者可以协议撤回预告解除权，虽然说不可以直接达成新的合意继续用工，这个只是现实当中的表现，但是在法理上我们怎么去解释这个现象？我想这应该是一种协议撤回预告解除权。

首先来看劳动者违法提前解除，为什么应该存在赔偿责任的问题。在预告期内，如果说劳动者提前离职了，在这种情况下，其实存在两种情况，第一种情况是这种解除是合法的，比如在正常的劳动关系存续中，《劳动合同法》第38条赋予了劳动者立即解除权。第38条讲的是在用人单位存在严重过错，比如说采用威胁强迫甚至限制人身自由的方式强迫劳动者劳动的话，在这种情况下，劳动者是可以不用通知用人单位即可离职的。这种情况下，怎么去看待劳动者之前行使的辞职权的效力呢？很简单，因为在30天之中劳动关系正常存续，劳动者在30天当中，取得了《劳动合同法》第38条规定的法定即时解除权，行使了即时解除权而生效，该解除权优先于预告解除权生效，劳动关系就已经被终止了。即使到了30天以后，虽然说辞职权还会要生效，但是因为他所要产生效力的劳动关系已经客观上不存在了，生效与否已经没有意义了。第二种是违法解除，在没有法律依据和合同约定的依据的情况下，劳动者擅自离职了，没有等到30天满他就走了。这种情况下，《劳动合同法》第90条规定劳动者如果违法解除劳动合同的话，是需要向用人单位承担赔偿责任的。法理上我们会比较清晰地看到，劳动者继续履行劳动合同到预告期满，其实是一种作为的债务，是劳动者在劳动合同项下需要向用人单位承担的一种给付劳动力的作为债务。在这个时候因为他的离职，他没有办法继续履行自己的债务了，就转换成了承担赔偿责任。对于违法行使预告解除权，一般的情况会有两种处罚类型，第一种处罚类型是解除无效，合同继续有效。但是这种情况一般都必须要有法律的明文规定，因为毕竟在劳动合同这种继续性合同当中,是为了不使当事人永远受到合同束缚的不利,所以给予了当事人这样的一种解除权。所以如果他即使违法行使了解除权,要继续让合同存续,那一定是有特殊的法律上的安排和考虑的,所以一定是要法律明确做出规定的。我们可以看到《劳动合同法》并没有这样的规定,相反它明确规定的是第二种处罚违法解除的方式,就是承担赔偿责任。当然实践当中有人提出来,如果劳动者在承担了损害赔偿责任以后,是不是30天内还要继续履行劳动合同?从提供劳动给付转换为损害赔偿责任的角度来说的话,我认为是不需要继续履行的。为什么?因为在要求劳动者承担了损害赔偿责任来弥补了他继续应当履行完30天的工作义务的情况下,劳动者已经受到惩罚了,要求他又要付钱,又要干活,其实是一种双重惩罚,是有悖于法理的。所以从这个角度上来说,也应该不支持劳动者在承担了赔偿责任以后,还应当继续去履行劳动力的给付义务。

再看第二种就是用人单位提前解除的话,也是两种情况,第一种情况就是用人单位因为劳动者的重大过错可以即时解除劳动合同,这是《劳动合同法》第39条的规定,比如说劳动者在这30天里面犯罪了,用人单位当然可以依据《劳动合同法》赋予的法定解除权来解除这样的劳动关系,这个理由和刚才我说的劳动者合法解除的情况是一样的,也就是说法定的即时解除权生效,劳动者的预告解除权就没有实际意义了。第二种情况就是,劳动者在这30天里面没有重大过错,但是用人单位说我找到替代人选了,也不需要你再继续干了,这种情况下是不是可以?到底这个性质是什么?是不是用人单位去解除了劳动合同呢?这里我们就需要提到民事法律行为的一般形式拘束力的概念。对于民事法律行为来说,在生效之前和生效之后对于当事人而言都有一定的拘束力,在生效之后产生的实质上的权利义务拘束力,而在生效之前其实也会产生一定的拘束力,体现在现行法当中就表现为所谓的附条件的成就或者不成就的拟制。在《合同法》第54条第二款是有明确规定的,而且这一款在《民法典》当中也被完全的沿用下来,即《民法典》第156条。对于附条件或者附期限的合同,条件在没有成就之前,其实对于当事人是有约束力的,即双方当事人都不能够不正当的去促进条件的成就,比如说通过犯罪行为或者是通过不合法的行为去成就他,这样的话我们就视为这个条件是没有成就的。这个是在法律行为没有生效前对于当事人是有这样的拘束力的。第二种形式就是享有条件或者期限利益的债权人是可以行使自助行为的。这个也好理解,我们在劳动合同预告解除权的预告期,其期限设置其实是为了用人单位的利益考虑的，期限利益是归属于用人单位的，用人单位他就可以处分自己的利益。用人单位在民事法律行为没有生效之前，他处分自己利益的行为的效力，对于双方当事人也是有拘束力的，而这个拘束力也是一种形式上的拘束力，并不是生效以后的实质上的拘束力。基于这样的情况，我们就可以看到用人单位在30天里面，他要求了劳动者离职，实际上是处分了自己的期限利益，其行为的正当性是应当得到认可的。而且他这个行为本身的性质并不是行使解除权，因为这个时候他并没有解除权，只是处分对方解除权当中归属于我的利益，使得对方解除权的效力提前发生了。

第三种，双方在预告期又达成新的合意，这个时候怎么去解释这种情况呢？因为实践当中也会有这样的争议，而且理论上也认为如果我们认可在预告期内达成新的合意，那么预告期满劳动合同就解除，之后用人单位和劳动者陷入一种事实劳动关系的不合法的状态，其实是为了满足理论上的逻辑强行割裂了现实当中的需求，是不利于构建和谐劳动关系的。我认为可以换一种解释的角度，也就是它是一种协议撤回的行为。因为我们刚才讲了，对于预告期里的期限利益是归属于用人单位的，如果说用人单位这个时候愿意和劳动者继续去履行劳动关系，对于双方而言都是以自己承担责任的理念为基础的，而且处分的也是自己的利益。在这个基础之下，首先如果允许协议撤回，则对于用人单位来说是很有利的，因为这样就会避免了双方进入到违法的事实劳动关系的情况。对劳动者来说，是他的要求得到了满足他才会留下来，所以只要他愿意留下来，一定对他来说没有不利于他的地方，所以是不损害他的权益的。基于这样三方面的理由，我认为协议撤回具有正当性。如果再来看双方在预告期内达成新的合意，不解除劳动合同的话，其正确的解读应该就是双方合意首先不解除劳动合同，也就是撤回劳动者的预告解除权，然后是不是要变更原劳动合同的内容，这可能又是新的合意。

对于预告期的性质，我认为通过这样的解读来揭示它的性质和内涵的方式，我们可以比较明确地看到，预告期其实是劳动者的预告解除权成立而未生效的中间的这样一段时间，经过30天，劳动者的预告解除权就生效了。在30天里面，如果劳动者违法解除了劳动合同的话，应当要承担的是赔偿责任。对于解除劳动合同之后的办理离职手续的附随义务，用人单位必须要在客观上劳动合同解除的15天内就要办理离职手续，这也是《劳动合同法》第50条的规定。刚才劳动部的规定，我们似乎看起来好像是并没有非常好地实现预告期的功能，但是北京市的规定其实是违反上位法的规定的。

基于这样的性质的判断，最后一部分我就来讲一下关于约定延长预告期的规则适用的问题。约定延长预告期怎么回事呢？法律规定是 30 天的预告期，但是在实践当中很多用人单位会延长通知期，其实是一种扩大了用人单位的期限利益的行为，这种约定是不是有效？因为很多学者认为，首先预告期是法定的，通过约定来随意延长不具有正当性。其次，因为劳动者和用人单位之间的地位本身不平等，双方的谈判能力不相同，所以在这种情况下，如果允许这样的约定的话，可能会对劳动者不利。法国学者说预告解除权背后是个人自由的保护和禁止永久合同的理念，而且和公序良俗有关，所以是具有强制性的。导致如果解除权人要事前放弃，或者是要对他的行使进行限制的话，应该是无效的，这显然和理论上和实践当中的一些观点是一致的。

但是不是会有例外？应该是有例外的。这种例外就是法律对于利益平衡的考量。既然是对于个人自由的保护，也就是说在劳动法领域，授予预告解除权在于维护劳动者的自由，有没有和劳动者自由处于相同重要地位的利益，而又被现行法所认可的利益存在呢？有的，就是用人单位的秘密信息，《劳动合同法》的第 23 条和第 24 条当中明确规定了保护劳动者自由和保护用人单位的秘密信息是同等重要的。同等重要体现在哪里呢？即双方之间是可以约定所谓的劳动关系结束以后的竞业限制协议，该协议就是劳动者在离开了用人单位以后的一段时间里面，最长不超过两年，是不能到和原单位有竞争关系的新单位去工作的，这显然是对于劳动者的择业自由的限制，《劳动合同法》很明确地说这是允许的，而且是具有正当性的。而且在《劳动合同法》第 17 条当中，也明确规定了劳动者和用人单位是可以约定具体的保密的方式和措施的。也就是说为了保护用人单位的秘密信息，用人单位和劳动者之间可以就具体的方式达成合意。我们认为对预告期的约定延长就是一种很好的方式，因为在这个时间里面，用人单位对于劳动者是充分控制的，他可以把劳动者从涉密岗位调整到非涉密岗位，来达到脱密的目的，这样也就回应了为什么预告期的约定延长在利益平衡上面是有法律依据的。还有一点也是比较重要的，就是刚才提到的谈判地位不平等怎么办？到底延长到什么程度？延长期里面预告期里面岗位怎么调整，工资怎么调整？这里有个大前提就是我们国家劳动法对于劳动者范围的划定是比较大的，包括了很多的管理者、高级技术人员。大家可以根据常识来判断，一个掌握了用人单位关键秘密信息，以至于用人单位需要通过各种的保密措施来保护自己的这样的劳动者,他的谈判地位或者说他的能力,应比一般的普通劳动者更强。在这种情况下,我们可以认为他们不会因为谈判地位的悬殊而导致合意内容的不平等。对于这一点,最终劳动部《关于企业职工流动若干问题的通知》明确确认了约定延长预告期的合法性,如果是掌握了用人单位秘密信息的劳动者,用人单位是可以通过约定延长提前通知期,也就是预告期的方式来实现脱密的目的的。但是有个限制就是最长不能超过 6 个月。很多地方性的规定中,如上海市劳动合同条例,江苏省的劳动合同条例,北京市的劳动合同规定,也有相应的规定。我们回到刚才的案子,马新华其实就是普通的操作工,用人单位延长了他的预告期,从 30 天延长到两个月,从劳动仲裁到一审,二审,裁判文书当中并没有提及对约定延长的正当性的理由,即马新华是否掌握了企业的商业秘密信息,裁审的说理其实是不充分的。

最后一点就是关于预告期里面的岗位和薪酬调整,应该适用怎样的规则?在我们国家现行法是没有相关规定的。但实际上,因为我们刚才已经说了,预告期内就是正常的劳动关系的存续期间,这个期间《劳动合同法》第 35 条明确规定,对于劳动关系存续期间的变更的话需要双方达成书面一致。基于这样的规定,延长预告期内的岗位和薪酬调整应该是两种情况。第一种情况就是从涉密岗位调整到非涉密岗位,我认为岗位的调整至少不应该影响原薪酬的水平。因为首先劳动者处于弱势,应该要保护它,这个是现行法应该要规定的。其次,因为这是出于保护用人单位的目的,劳动者做出了一定的牺牲,所以用人单位基于这样的原因,应该要支付一定的对价,所以即使非涉密岗位的强度或者技术价值,不如他原来的涉密岗位,还是应当要维持原薪酬,当然也可以提高。第二种情况就是你不离职,但是我不给你安排具体的工作,你在这段时间就闲着,我照样付你薪水。但是这又引申出的问题是,我们国家的宪法里面明确规定,劳动权既是权利又是义务,它是权利,这个从宪法权利的层面来说比较难理解,其内涵可能很丰富,但是如果举个具体的例子来说,比如有些工种是基于经常性的操作来维持自己的劳动能力的。虽然说是给你休息,但是可能会影响你的劳动能力。这种情况下应该怎么考虑? 可能后续也需要理论上的一些补充和回应。

最后我就做一下小结。第一个,预告期的法律性质就是预告解除权的生效始期,劳动者提出辞职,预告解除权成立,30 天过后预告解除权生效。第二,法定的预告解除权中预告期的功能是为用人单位提供岗位准备期,然后约定延长预告期的目的是保护用人单位的秘密信息,这两者是不同的。第三,预告期内劳动者违法解除劳动合同应当要承担赔偿责任。但是用人单位仍应当履行为其办理离职手续的附随义务,而不是说必须要满 30 天以后才履行,这不是它的权利。第四,预告期内用人单位可以随时终止劳动合同,因为它是处分了自己的期限利益。第五,预告期内劳动者和用人单位可以协议撤回预告解除权,这对于用人单位和劳动者来说都是有利的,而且有利于维护和谐劳动关系。最后一点是劳动者掌握用人单位的秘密信息是约定延长预告期的必要条件,也就是说不是所有的劳动者都能够约定延长预告期的,只有掌握用人单位的秘密信息的劳动者,这样的约定延长预告期才是有效的、合法的。

我的讲座就是这样,请大家批评指正。

朱军:尊敬的各位同仁好,我首先非常感谢上海社科院法学所给我一个向大家交流学习的机会。刚才听了江锴博士的精彩的报告,再加上我基本上也看了一下他的大作,这一篇文章确实是一篇以小见大的学术论文,至少劳动法学者可能尚没有非常密切关注或者深入研究的话题。我结合德国法的一些基本的背景或者知识,谈一下我的理解和感想。这篇文章应该说是蛮契合现在《民法典》的,虽然江锴博士没有提到,但是大家也知道在《民法典》的合同编是对持续性合同做了一些特殊规则的规定,这也是民法学者一直倡导的。当初我们合同法制定之初就是以一时性合同作为原型的,没有考虑持续性合同。劳动合同是典型的持续性合同,《民法典》第 563 条第二款规定,以持续履行的债务为内容的不定期合同,当事人可以随时解除,但是应当在合理期限之前通知对方。

该篇报告主要是讲的合理期限的问题,在劳动法学界,由于劳动法在中国有特殊的发展的背景,到目前为止可以说都是与民法割裂的,始终没有跟民法做非常积极的交流,现在有所改观。劳动法是从民法发展而来的,劳动法是从雇佣合同独立出来的从属性的雇佣合同,所以都要从民法规则出发。所以我这边就讲一些最基础的东西,江锴博士用的是劳动合同的预告期概念,我当然能理解他是什么意思。但是这个术语现在民法学界其实在讨论其使用到底是不是恰当,会不会产生歧义。我看到一篇文章就是,民法学者他不想叫预告终止,理由是从文义上来看,预告就感觉是想表达 30 天以后我就要终止履行债务了,但是 30 天到了以后,就像刚才江锴博士在这个报告中也讲的,有点像第一种条件说的错误的理解,到了 30 天以后,我可以选择是否终止这个关系,会生这种歧义。刚才讲的预告期终止的意思其实是指这个表意人发出终止的意思表示以后到达相对方,经过 30 天以后,我终止的法效果意思才发生,才会导致劳动关系的结束,这才是预告的真正的意思，这位民法学者是从民法典还有我们民法的一些规定出发的。但是我有一点不同的看法，就是我也不想用这个词，我总觉得"随时""随意"给人的感觉也是似乎没有体现出这个期限的法效果意思，所以我喜欢把它叫做预期终止。想要表达的就是终止的意思表示到达对方以后，经过了 30 天，我真正的法效果意思发生作用。另外正好可以跟即时终止相对应，比如说最典型的严重违纪的情况下可以即时解雇，不需要提前说，劳动合同就结束了。还有劳方，比如说资方未提供安全生产条件或者强迫劳动等，这个就叫即时终止，所以我想用预期终止和即时终止来表达这个概念。

还有一点要提醒注意的就是《民法典》在第 563 条第 2 款表达得非常清楚，预期终止其实原则上适用于不定期合同的，不是固定期限的合同，固定期限通常是不能没有理由预期终止的，因为固定期限就意味着从订立持续性合同的时候，双方已经通过意思自治约定了合同的休止符，这是双方要遵守的。当然出于尊重意思自治，可以在固定期限的持续性合同中，专门约定预期终止，但只是例外的约定。所以通常来说预期终止是用于不定期的持续性合同，这一点劳动法是欠缺的。中国的劳动法是不分固定期限和无固定期限合同的，当然这跟我国劳动法的特殊的背景也有关系，我们国家的劳动合同长期是以固定期限为常态的，不像欧美是以无固定期限为常态。

关于终止期间，其实涉及到诸多后续非常复杂的细节问题，我这边就提一下，不展开了。比如说预期终止的终止期间的起算问题，其实有必要讨论的。第二个更有意思的问题，就是终止期间的规定的强制性和任意性的问题。还有劳动法中的复杂问题——集体自治。在德国，若一方是集体合同方，就是可以延长缩短预告期的，因为他们的预设是劳方自由组建的工会，可以作为真正的利益代表去跟资方去博弈，在这方面做出了一些妥协，在其他方面给你讨来了其他的利益，这些可能是劳动法中比较特殊的地方。

最后，掌握商业秘密职工的脱密期问题非常值得探讨。劳动部一开始似乎想以延长通知期间的形式，来达到保护商业秘密不流失的目的，但这两者形式上虽然是一样的，但实质是不同的。对资方来说，他要赶快找到替代的人员，这是他的利益所在。对劳方来讲，主要是给他缓冲期，他要结束这段劳动关系了，要去找新的工作，然后让他能尽量在这段时间平稳过渡下去，这是预告期真正的作用。但是在脱密期中，这个目的就发生了变化，其是以预告期这样一种形式想实现另外一种目的，就是保护商业秘密，这个问题就非常复杂了。第一个就是脱密期和预告期之间的关系到底是什么？第二个更深层次的问题是脱密期与离职竞业限制的关系是什么？离职竞业限制也有在劳动合同结束之后，约定几年内不得从事相关工作，但是在离开工作岗位之前又进行了预告期内的脱密，如果说预告期已经达到了脱密的效果了，竞业限制还有必要吗？所以需要对两个制度的本质进行梳理。如我们上海市的劳动合同条例在第 16 条第二款做了规定，劳动合同双方当事人约定竞业限制的，不得再约定解除劳动合同的提前通知期间，这个态度就非常明确了。以上是我的与谈意见，不当之处欢迎各位批评指正，谢谢。

孟祥沛(上海社会科学院法学所研究员)：我对江锴博士的结论是基本赞成的。我想要提两个问题，第一个问题是关于预告期的约定延长条款的有效性，江锴博士主要从双方的利益平衡方面进行了分析，但是我们从民法典的规定分析的话，可以从法条或者条款的有效性入手。如果要判断约定是否有效，其中要判断是否违反了效力性强制性规定，它哪怕是违反了强制性规定，如果这个强制性规定不是效力性强制性规定，也不能够轻易地去否定约定的效力，所以从这个方面我们不能轻易否定双方所约定的预告期的延长的条款的有效性。第二点我是想谈谈报告中提到的条件说的"条件"，我觉得容易产生歧义，为什么？因为这里的条件和我们平常说的附条件、附期限合同中的条件是不一样的，因为附条件的合同的条件是可能成就，也可能不成就，但是你这里的条件本质是附期限，是一定会成就的。所以你如果把它理解成附条件的话，可能对相对方不是非常有利，因为会让法律关系处于不稳定之中。正因为如此，所以像拉伦茨、梅迪库斯都反对单方面地形成权附条件，但是如果把它理解成附期限的话，我觉得相对来说法律关系就稳定了。

江锴：第一个问题我觉得是这样子的，确实如刚才朱教授所说的，我们国家的劳动法和民法可能还是存在着一定的割裂状态。特别是对于效力性的规范的问题，劳动法包括《劳动合同法》因为它调整的是不平等主体之间的关系，它确实有很多特殊的规范。所以说民法的一些规定是没有办法涵盖进去的。当然这个是很好的思路，确实可以通过这种方式来考虑，但是在劳动法领域的规则到底哪些是属于强制的效力性规定，这个可能还是需要进一步在理论上讨论的问题。对于第二个涉及到的条件说的问题，我考虑的是，因为本身劳动部的规定里面，它提出的就是条件的说法。另外是因为在理论上大家在讨论的时候，之前的学者也是以条件说的这样一种提法来提出的。最后我是想今天听课的也不全是民商法背景的老师，可能从条件的角度来讲的话，相对好理解一些。因为我自己的文章里确实用的是期限，包括我最后的小结里面其实也明确了它就是始期。谢谢孟老师。

段占朝（上海社会科学院法学所助理研究员）：刚才你所举的案例中的劳动者是中国籍的，现在假如是外籍的，那么你怎么看？因为现在咱们上海市的一中院和二中院就有截然不同的两个说法，一个支持 60 天的约定，他说是合同自由，但是二中院说不行，所以我不知道你对这个事情怎么看。

王海峰（上海社会科学院法学所研究员）：这个问题是涉及到外籍员工，涉及到涉外关系法律适用法，我们国家在涉外法律关系适用法当中，有债权这一章，其中把这个劳动合同作为合同的特殊种类予以规定。其中明确规定，劳动合同适用劳动关系发生地法，就是劳动关系在哪个地方就适用哪个地方的法律，是严格的属地原则，因为涉及到劳动发生地当地的这种善良风俗、社会关系、公共秩序，所以不允许适用其他国家的法律。如果劳动关系发生地不明的，适用用人单位所在地法律，如果用人单位不明，就适用劳动派遣发生地的法律。

夏晓龙（上海社会科学院法学所助理研究员）：延长预告期约定是否有效？我认为劳动者及用人单位不得擅自延长法律规定的期限。

江锴：有学者认为三十天的预告期是强制性规定，不得改变，有学者则认为该期限作为保护劳动者的下限，只能延长不能缩短。另外，从劳动部的相关规定及地方性法规来看，多对该问题持肯定态度，认为预告期可以延长。

朱军：我们需要明确三十天预告期的规范性质，如果是强制性的，不容偏离的，就不得延长。另外从劳资双方的角度来看，用人单位解除权的期限明确规定为三十天且不得延长，与此同时若赋予劳动者延长期限的权利，不利于平衡劳资双方的利益。

董能（上海社会科学院法学所助理研究员）：我有问题要问一下王老师，您刚才说劳动合同纠纷以劳动关系发生地的法律为准，比如说一家中国公司的员工是外籍的，然后他也长期居住在国外，这种情况下劳动关系发生地是在国内还是国外？

王海峰：这涉及到跨境服务的问题，我刚才讲的自然人的流动属于外国人到中国来，然后有劳动签证。有的不需要过来，还是他本国跨境服务问题。

姚建龙：我最后做点总结。刚才大家讨论得也很激烈，我听了之后也是非常受启发，我觉得今天这个讲座应该属于非常典型的法教义学的研究，小问题研究出来了大结论。尤其是现在劳动合同关系处于不确定状态的情况越来越多，对预告期的规范做深入的研究有它的现实意义。今天的讲座我的整体感受是论证逻辑是非常严密的，条理非常清晰，在整个讲座过程中可以说是抽丝剥茧，这体现了青年博士深厚的法学功底。另外要特别感谢朱军老师的与谈，朱老师有非常深厚的德国法律背景，可以说是把江锴博士讲座的内容往深处推进了。最后也特别感谢我们各位老师今天精彩的讨论。最后我们掌声感谢江锴博士和朱军教授带来精彩的讲座，我们今天就到这里。

环境法治实施的评估体系

　　主讲人：**何卫东**，主要研究方向是环境资源法，获得了国家社科基金项目、中国法学会、上海哲社等国家与地方课题，获得国家留学基金，加拿大和法国等国内外政府资助，多次出访加拿大、法国、日本、澳大利亚等国，著有《中国环境产业持续发展与环境法律创新》等专著。

　　与谈人：**彭辉**，研究领域包括司法改革法、社会学、知识管理、国际法。迄今为止出版了专著 4 本，在《现代法学》《法学》《社会科学》等 CSSCI 来源期刊发表论文 30 余篇，都是国家级有影响的刊物，省部级以上课题 11 项，其余课题 30 多项，相关研究成果获得上海决策咨询一等奖等奖项。

　　主持人：**姚建龙**，上海社会科学院法学研究所所长、研究员、博士生导师。

　　时间：2020 年 7 月 9 日 9:30

　　何卫东：大家好，谢谢各位老师来听我的报告。我本次讲座的题目是环境法治实施评估指标体系。本次汇报主要分为 4 个部分，第一个部分主要给大家介绍一下现在法治评估里面的基本的情况，第二部分介绍法治实施评估指标体系的理论，第三部分是我们环境法治实施方面的优选的评估框架，第四部分是探讨当前国际上环境质量评估方面比较主流的 PSR 压力状态和响应的模型，也尝试利用这个模型构建环境法治实施评估的一个指标体系。首先，实际上与我们国家社会主义法治体系一样，我们环境法律的这些法律体系，在前些年大家公认已经进入了比较完备的状态。但是进入这样一个完备的状态，并不意味着我们适应解决了新时代人民群众日益增长的美好生活的需求与不平衡不充分发展之间的矛盾，也就是说我们现在的生态环境法律的制度体系并不能说已经得到完全的或者很好的实施。那么什么样的法治的实施才是实现良法善治的保证？也基于此，我们国家提出了要建立健全高效的法治实施体系，从这样一个视角，我想谈一谈法治评估的这样一个话题。

第一个话题我主要想简单介绍一下法治评估相关的概念、分类和评估方法。

在我们国家，本世纪初以来，法治评估开始逐步地进行推广和实施，无论是从学界还是从政府部门，法治评估也逐渐成为一个比较热门的话题。实际上关于法治评估这样一个概念，学界各种说法不一，但是有一些共同的认识，一般都认为它是借助一种专门设计的研究方式或者方法，对法治建设的某些方面进行分析探索，把抽象的法治状态以比较直观的形式予以客观的描述，从而反映法治体现运行的一个真实状况。目的是比较准确地研判我们当前的这样一个法治状态，以及为后续的法治建设进一步的完善提供比较好的基础。这大概是法治评估比较公认的一个观点。

再简单谈谈分类，实际上法治评估分类也是五花八门了，简单列举几个。比如说主体分类说，按照法治评估的立项和实施主体不同，法治评估可分为政府型法治评估与社会型法治评估两种。还有一种分类说的是按照进度说，基于评估进路的不同可将法治评估划分为制度性进路法治评估和价值性进路法治评估。制度性进路法治评估是由法治的制度性要素构建法治概念，在制度层面上设计法治指标，凭借这些指标发现法治问题，测量法治水平。研究者将考察重点放在"政府是否在法律之下行事"，余杭法治指数、香港地区法治指数就属于制度性进路；价值性进路法治评估从法治的价值要素出发，考察法治不同价值的组合在不同国家和地区的实现程度，世界正义工程法治指数即属此例。另外还有的分类是对整个整体法治的状况进行评估，有的则是对法治某一个方面进行评估。这些分类中还有按照评估的方法，比如说有定量的法治评估，也有定性法治评估。

在法治评估的方法中比较常用的就是国内外现在比较常用的层次分析法、德尔菲法、统计调查法、绩效评估法等方法。这里想介绍一下层次分析法。层次分析法主要是采用了应用网络系统理论和多目的综合评价方法，进行的是一种层次权重的决策分析方法。层次分析法主要是在多个指标间布置不同的成绩，实现递进结构的一种分析。德尔菲法又被称为专家打分法，它主要是确立各个指标的权重，该法在国内法治评估中使用得比较多。还有一种大家可能比较熟悉的统计调查法，统计调查法也是我们法治评估中最常用的最基本的一种方法，它主要是用以收集各种能够反映法治现象的事实材料和问卷数据。在政府部门用得比较多的是绩效评估法，绩效评估法在判断政策法规的落实情况中是比较好的一种方法，但是绩效评估法对评估者的素质要求是非常高的，因为该方法对信息需求量大，并且执行此过程复杂，相关信息获取和处理能力都对评估者提出了极高要求。不过这个方法在政府部门中比较受欢迎，因为它对决策者的参考意义是最大的。此外，还有一种用得比较多的，就是法治量化评估方法。量化评估方法中比较常用的是使用量化值加权函数模型的方式。我这里简单给大家介绍一下法治量化评估。法治量化评估被认为是数学分析方法的法学研究应用。实际上数学分析方法比较多地还是过去用于物理、化学、生物等自然科学和人工智能、计算机科学等工程学科等领域。它利用数学概念和语言创建数学模型，对影响决策判断的因素进行量化处理以获取决策数量关系。后来由于其具有比较好的预测功能，这个方法也逐渐扩展到经济学、心理学、社会学等社会科学领域。现在国内外法学学者已经尝试以法学理论和统计资料为基础，综合运用数学、统计学与计算机技术，以建立数学模型为主要手段，来进行法学量化研究。这种研究方法和我们比较熟悉的传统的法解释学、规范分析方法、法价值分析、逻辑分析等法学经典研究方法是完全不同的。现在量化评估这一块在我们国家法治评估方面的成果还是比较多的。

下面把国内外关于法治评估也简单介绍一下。有一种观点认为就是国际上法治评估比较多地采取的是所谓指数法，国内的学者更注重的是构建一个评价指标体系，当然现在采取指数法的也不少。国际法治评估一般都会提到世界正义工程。因为它每年定期发布一个法治指数。该指数围绕着 8 个主题建立了 44 个指标，然后特别是其中有两个主题可能国内学者是比较注重的。总部设在美国的世界正义工程研究也涉及中国这一块的指数，每年可以看到对中国的打分。给我们中国打的一个评分，满分是一分，中国是 0.48 分。从 2015 年到 2020 年，我们国家的分数都有，所以对相关指数我们学者研究比较多。虽然这几年好像国内对它的批判也比较多，但是我认为至少是在它的第三个主题就是政府开放度和法律实施这一块对我们是有参考意义的。在政府开放度这块主要关注都是政府的信息公开，以及公众参与。所以，这对我们构建中国的法治政府也好，对中国法治实施这样一个评估也好，相关指标体系应该有一定的借鉴意义。其他的当然我们采取批判的态度也可以进行借鉴。关于法律实施这一块，它主要强调的行政执法也是值得我们借鉴的,这个不是我介绍的重点,只是给大家看看。

接下来回到国内来说一说,国内关于法治评估的一系列报告比较多,而且名称也比较近似。第一个《法治发展报告》,这是中国社会科学院法学研究所的近期的一个报告,应该是人大教授朱景文老师他们弄的,后面马怀德他们推出的法治政府的一些工作报告,这些报告的篇幅当然都是很巨大的,而且都包含了各种方面,论证也是很翔实的。《司法文明评估》是张宝生老师他们弄的,然后这个是中国行为法学会和中南大学推出的一个报告,实际上就是最新的 2020 年 2 月份武汉这边的学校领导老师出版相应评估方面的书。据说评价也比较高。不管怎么样说,这些年来我们国家关于法治评估这一块推出了很多成果,实际上这也是为了响应十八届三中四中全会以来关于加强法治评估体系建设的一些精神的要求。在法治评估中我们说因为工作量是非常大的。要推出的这样一个结果,也是要获得这样各方的至少是比较认可的,有一定的科学性的结论。前面讲到的无论是世界正义工程也好,还是讲到我们国内的这样一些报告也好,都是工作量非常大的。比如世界正义工程好像是有 100 多个国家的学者,围绕这 100 多个国家的法治情况进行考核。它是调查了将近 4000 位相关学者的这样一个观感,以及 12 万多个家庭,它进行这样一个抽样调查,然后做出来的东西。因为它也是力争使它的评估的结论得到大家的认可,那么我们国家当然也是一样的,但是有一个问题就是说现在无论是国际上面也好,无论是世界正义工程法治指数还是国内的有些关于绩效评估政府或者非官方的一些法治评估方面的一些报告,他们都喜欢采取指数法。指数法比较直观,可直接得出一个分数。根据分数的高低可以进行排名,在政府绩效评估地方用得非常多的。但实际上在运用指数的时候要非常当心,因为很多时候过一两年彼此相邻的考核对象,它的分数之间可能就在某指数分数仅仅零点零几的差距。排名可能仅仅因为零点几分的差距,它的排名就排在比较后面,因为我印象中我们法学所曾经完成过一个排名,有的部门好像对结果不开心,好像据说还跟我们这边联系过。所以评估的信息、评估的数据都是由你主动处理,哪些数据怎么处理,对这些数据要有一个合理的讲解,才有可能让别人信服点。因为法治评估它的理论建立在假设、条件、前提的一个路径基础之上,得出的结论一定不是对真实状况的完全反应,只能说是无限接近,但是永远也达不到,就像我们探寻真理是一样的道理。

如何保证评估的质效和报告结论的质量?我想大概可以有三个方面。

第一个是最关键方面，就是评估者保障。评估者要具备一些基本的素质，结合国外文献资料和我自己的学习，我觉得作为评估者是不是应该有这样一些素质。为了保证法治评估的质量和效率，评估人员（参加者）在每次评估开始前都已经充分认同和理解评估目的宗旨、方案方法和操作流程，并且通过参加事先评估技能和道德操守培训，具备了以下素质：

1. 诚信：评估者在法治评估过程坚守诚实信用原则，表现出高度责任心，能够确保调查结果准确性和有效性，同时各方对于相关评估方也要给予充分信任。

2. 独立：评估方案未确定的时候，你可以接受各方面的信息，接受各方面的建议，去形成比较科学的、符合评估目的的一个方案。但是评估方案最终确定以后，就应当保持相对的独立性。不要受委托方和其他任何外来因素干扰。

3. 透明：不是所有的评估报告都适用所有方面，它一定是有局限性的，因为你的能力是有限的，你的时间是有限的，你的资金是有限的。所以评估方案方法、报告局限性和适用范围等应向所有利益相关者说明。这是法治评估人员应有的基本品质。所以我总是强调包括跟学生讲，我们在做评估的时候，首先不管你是谦虚的心态也好，还是说你从客观实际出发也好，要强调我这个报告仅仅是用于某些方面的，存在着局限性，这是肯定的，这也是比较客观的，我觉得这个方面要保持透明。

4. 公平：法治评估过程中应充分尊重所有参与者和利益相关者的观点和权利，不因他们的专业背景、社会地位而产生任何差别对待。

5. 宽容：评估调查中应当尊重受访者在文化、性别和年龄等方面带来的认知差异，并努力确保所有相关观点都已纳入评估调查结果。这应当作为评估者应该具备的一些基本的这样一个品质也好，素质也好。

为了实现以上品质特性，评估者在评估方案设计、评估过程和评估报告中，必须按照以下工作原则和要求开展评估：

1. 根据评估时限、人力和预算确立切实可行的评估原则、调查目标方向和指导思想，在此基础上科学合理且周密详细的评估方案。这个是基础，你制定出方案以后，原则方案的这样一个限度往下推进，这样才能够我们叫什么保持初心也好，才能够就不违反你当时这样一个设计的初衷，符合一个评估目的要求。

2. 按照委托方的评估目的确定评估内容和程序，并在评估全过程与委托方保持良好沟通，以便保质保量开展和完成评估工作。在评估工作中要与委托方保持良好的沟通，不是说我们要保持独立就完全是独立大队。我们当然要按照委托方的要求,因为他的评估目的是你一切工作的出发点。有时候实际上有些工作的情势发生变化的时候,你还要保持那种独立性,我想也不见得是可取。

3. 保持开放的态度,当法治、政策或其他实际情况发生无法克服的变化要求评估工作不得不作相应调整的时候,在与委托方沟通协调后及时修改完善评估方案。我们国家的法治建设,有时候像法治政策,有时候引进情况是非常快的。如果是一个定期发布的一种评估,也是要进行微调的。实际情况的发生变化以后,评估的方案并不是永远一成不变的,所以要有一个比较开放的态度。

4. 在坚持评估研究工作与流程的独立性和完整性的同时,建立并严格执行内部质量控制措施。因为评估者绝对不是一个人,像我们现在做课题做一些评估,你可能你还要带学生,如果做官方性的或者比较大规模的那种法治评估,你靠一个人或者甚至五六个人你都做不了的,里面的内部质量控制拟对外推出去的都要保持一致性,一定要有内控。

5. 遵守有关法律规定,保护知识产权和数据安全。要遵守有关法律的规定,无论是知识产权数据安全,还是受访者隐私的保障都是非常重要的一块。

6. 平等和公平地对待所有利益相关者,包容各受访者的不同观点,全面反映他们的意见,确保所有调查观点都包括在数据收集和分析中。我们在评估过程中不是闭门造车,很多时候你要去见大量的人,要去拜访一些政府部门,拜访其他的学者,甚至还要做海量的这样一个调查问卷。所以对参与者你也要注意,他们也可能是一种造成评估的干扰因素,我这里也举了几个例子,我简单说一下,不完全在这上面来。比如说学者,我们在学者组织,还有批判我批判者的面目出现,很多时候他对政府的一些都是采取批判态度。所以一般来说学者的评价很多时候都是负面性评价,然后政府部门相对都是比较乐观的。我记得10多年前我们做中国环境法治这样一个实施效果的社会调查的时候,我就做了两类人群,一类人群是环境法的学者,有另外一类人群是环保部门执法者。我们做了两类数据的比较,无论是从他们的关注度角度,还是从他们对实施效果的满意度来说,数据差距还是蛮大的,当时就全国二三十个环境法学者,对我们国家当时10多年前的环境法治这样一个时效的满意度的测评,我看到好像都是不满意的,但是政府部门2/3还是多少过半的人还是比较满意的。因为他们角度不同,看问题不同,比如说看立法,学者是看立法质量,而实务工作者他看操作性,看是否可操作,所以说在评估的参与者你要注意他的身份,注意他的职业,甚至注意他的性别,包括他的种族,在国际上有这种情况,我们国内可能还好,但是你要做一定的校正。

第二个方面是评估参与者保障。调查过程中的受访者也会成为影响评估研究的干扰因素，使评估者获取的主观数据信息发生扭曲，导致评估结果出现偏差。例如，以批评为己任之学者的评估结论多悲观，政府实务部门的评估结论往往相对乐观（而且两类人群的看问题的视角也有一定差异，我们曾经的两类受访者的环境法治实施调查例子，学者组与实务组在法律实施效果、成因等方面的显著差异：实务部门主要关心执法因素，学者不仅关心执法原因，还关注立法因素）；受访者（公众）的性格和状态也会影响评估结果，谦卑者的评价结论不会高，心态情绪不佳状态下填写问卷很可能认真负责。为提高评估方法的科学性，应当通过预评估等程序，想办法杜绝评估方法的设计缺陷和减少主观性色彩带来的偏差，使评估结论更加客观性和准确性。在方案设计、评估过程和评估报告里，都要留意职业、种族、年龄、性别、身心健康、学历、宗教、社会经济等对受访者的潜在影响。在评估过程中，无论是采取访谈方式还是问卷调查形式，首先都要注意确定适格对象的限制条件。这不仅直接影响到评估工作是否能够顺利开展，而且对评估结果的准确性也有实质性影响。如被选定参加问卷调查公众除了要保证属于评估对象作用的范围内以外，还要对问卷问题有基本的认知能力。一般而言，限制民事行为能力以下的居民都不适宜参加问卷调查，选定参加问卷调查者的数量应当达到一定规模，以排除少数情绪化个体的干扰。除非是为了特定目的进行的问卷调查外，通常受访者最好由各类层次、不同性别、不同年龄段、不同学历等的代表组成。对环境法治实施评估研究比较有利的一点是，几乎所有人都可以或多或少地对生态环保话题有发言权。

作为被访谈、调查的专家学者来说必须对拟评估对象的情况十分熟悉。从实践经验看，在专业性较强的评估项目中，比较理想的专家学者受访者应由与评估对象相关联但来自不同行业背景、代表区域的人员组成，如相关学科学者、政府管理部门工作人员、企事业单位人员、技术专家以及第三方机构等人员。这些人中对于评估对象或拟调查问题的意见观点最好是持正、反面或中性的都有。评估选项结果多样化更有利于说明问题。

第三个是数据偏差校正。数据中也是有偏差的，在过去我们说获取数据比较困难，现在政府信息公开，这个情况下，包括有些大数据平台。在数据的数量上应该是足够把你淹没的，现在我们评估者面临的最大的问题是在海量的数据中，去怎么识别那些有效的数据，怎么梳理那些有效的数据，怎么在这有效的数据中找到合适你用的。比如说你数据太多也是问题,项目所有大数据分析,不是每个人都能够很好地掌握这大数据的分析方法,另外一个所谓的数据中有干扰因素,给大家简单介绍一下,比如说我们经常把这个环境质量的这样一个指标,作为我们环境法治实施效果的好坏的标准。比如说空气质量,城市里面比较喜欢采用空气质量的合格率,所以我们一年中有多少天是达标的?上海市达标是多少天,苏州是多少天,但是这个里面实际上是有干扰的,大气也好,水体也好,它都是流动的,它不受行政区划的控制的,我们说今天上海市的空气质量不好,并不一定是上海市本身的问题,比如说工厂生产生活中排放的污染,污染物超标超过了环境容量,原因很有可能是外来的。包括水体也是一样,所以这个时候数据的应用一定要注意外来因素对环境质量的干扰,这个时候要采取一定的措施,要考虑这些前期因素等等,当然像我们能力有限的情况下谨慎使用技术,要是真的做国家级的或者是比较省或直辖市这一级的,你要认真采取这种相关的指标数据,一定要做好说明,或者做好局限性的数据说明。我们比较采取简单这种线性分析方法,没有考虑到什么,这个也是 ok 的是吧?实际上在除了这个之外,我们刚才说的问卷调查法里面,也有数据差异,这是我自己的亲身的感受。我跟国家社科基金合作以来,我们几千份上万份的调查问卷,我们当时是跟着一起到现场去,到各个社区去发几千份问卷的时候,我们就到现场去看,因为当时不像现在有问卷星等电子手段,当时都是纸质的,我背着这几百份几千份问卷这个部门那个部门跑,当时记得跑到浦东三林社区、静安等地方,然后找到居委会,然后我们就在监督,那些受访者老百姓社区居民他们都很积极的,但是还有一个比较大的因素是想找中青年比较难,如果你要看高学历的,它也比较难。这是这样一个情况,然后在问卷回答的现场有一个比较大的问题,实际上他有时候会交头接耳,你怎么填我怎么填。如果你没有一个现场负责这个方面的人,不进行解答的话,一跑偏就全部都跑偏了。有时候有的人戴着老花镜他也看不大清楚,你看怎么大家都交卷,还有三下五除二全部也跟着赶快随便胡乱打几个勾,如果你有开放式的这种问题的话,基本上都是空白。还有一个就是问题的选项的排列,他很有可能全部填最左的选择。采取问卷星,可以把那个问题的答案选项给你打乱,所以你全部填 a 并不见得就都是一样的,所以这个是我在想数据跑偏的时候,过去还存在一些问题,就在调查问卷中有这样一个情况。

我第二个想讲的话题是法治实施评估指标体系。

我们最终利益是评估体系,但实际上在评估体系中最重要的应该来说是指标问题。指标体系建立好了，评估体系应该基本上也就定型了。最多在量化评估里面，有一些权重系数的分配有一定的差异，但作为定性分析也好，或者说一般性的那种评分也好，指标体系是最重要的，所以我今天给大家讲的主要就想介绍一下这个指标体系的一些理论。当然首先是几个基本的概念指标，都是比较通俗的概念。评估指标用于衡量、考核、比较调查评估对象质量与效果的统计数据，它肩负着向评估报告使用者传达评估目的核心结果的任务。评估指标一般要与评估目的高度相关，能反映评估对象拟解决的具体问题，并且能够有效地表达关于评估目的影响的最终目标结果。对于一些复杂的现象或者事物，可以通过选取适当的指标，把其包含的主要特征通过信息集的方式呈现出来。那么指标的表现形式，比如说有表现频率的是有百分比。表现在平均数的，我们有中位数或者叫众数是吧？以及适用于基因横向比较的，或者纵向比较的有比例百分比变化。然后事物的长宽高重量等等，包括我们行为法治品种里面有一个满意度、印象等等，这都是一些我们生活中和生产中比较常用的一些指标，评估指标应该来说主要是用于这样一个考察的被评估对象，它的质量和效果以及数据，它肩负着向评估报告的使用者传达评估目的的核心结果的任务。那么这样一系列的具有代表性的评估指标，它们合在一起，应该来说就是经过科学搭配和构建的体系即评估指标体系，一般来说作为法治评估也好，所有的评估活动也好，绝对不是单一的某一个指标或者两个指标，应该来说都是会有一个不同层次的众多的一个指标构成的体系。我后面也是尝试构建了这样一个体系，那么在建立这个体系之前，再讲讲评估指标，它要具备一些基本的特性。不是所有的指标都能纳入评估指标的，它一定是能够反映评估对象的那一些具体的一些特征的，能够反映它的一个状态的这样一些指标。可比性主要是用于纵向或者横向比较的评估，评估很多时候总是要有不同主体的一个对上进行评估的，所以指标的可比性就非常重要。只采用类似的方法，类似的这样一个程序，提取相应的一些指标数据，在这样相同或者相似的情况下，不同区域或者是不同时代之间，指标可以进行比较，如果失去了可比性评估里面很重要的或者是非常重要的一块，意义就没有了。可靠性主要是讲这个指标，你不是一次性的偶然的是吧？要找规律，你这个如果不是规律的话不能成为指标，这个指标一定是能够可以重复的，别人可以测试的，可以重复测试，可以具有相对的稳定性。不能成为评估指标的偶然性肯定有，干扰因素非常大的这不是规律。可行性其实或者叫可获得性，这个是最重要实际上也是我们评估指标遴选的一个原则，现在我们社会中存在的这个数据指标是非常多的,不是所有的指标都可以拿来用的,有些指标是你在家里拍脑袋想出来,到现实中去是拿不到的。这种情况是非常多。这个理论研究中我们说法治评估或者环境法治评估,你应该有些什么指标?以司法为例,比如说我们环境司法案件,它纠错率、结案率什么这些都非常美是吧?但是你真的能不能找到这些指标,或者你是不是有比较合理的成本(时间成本、经济成本)找得到这些指标吗?有时候实际上是受制于可行性的,这是它的一些基本的特质。

然后就介绍下评估指标的一个筛选以及指标组合中的几个维度的思考。一个是遴选原则,遴选原则很多,我这里就只讲两点,一个就是所谓的评估目的,应该来说评估目的是决定了所有评估活动的最根本的要素。不同的评估目的决定了你评估的方案、评估指标、你的人选、评估的参与者的范围,所以评估目的是非常重要的一块。第二个就是指标素质的可获得性,这是评估非常重要的原则,实际上国外实务部门,包括相关的研究者也都是对可获得性非常强调的,没有可获得性,一切都是纸上谈兵。然后讲讲评估指标,它是一些比较理想的数据,有什么条件?如果我们认为是高度权威部门,具有可靠来源的,他们所发布的那样一些指标信息,你拿过来直接用一般问题不大,只要它符合两个条件,第一个,只要它与你这个指标数据与你所要评估的目的有高度的相关性,你拿来用基本上不用再去论证,就像公理一样的,比如说联合国环境规划署的一个 APP,他拿出来的指标。当然我们说国内的也可以,环境状况公报、生态环境状况公报也可以拿出来用,包括我们统计局或者它的一些只要是上政府官方网站的,你拿来用一般来说至少在国内用是没有问题的。但是这个理想数据条件也是很难满足。不是说这样的数据没有,但是符不符合你的评估目的,还有符不符合你现在研究的能力,你有没有这样一个人力资源和时间成本条件,数据太多了你不可能都用。所以这个理想条件就是全国部门定期发布的,但这样非常切合你的评估目的的一些指标,这是最好的是吧。

几个维度我想主要讲有基础指标,一个是所谓的客观性指标、主观指标、定量指标、定性指标,还有叫正面指标或者负面指标,简单地说主观指标,就是说我们按照不能进行科学技术的或者难以进行完全量化的这种指标,是从人的主观感受触发的他的一种感觉获取的指标。客观指标就是一些客观数据,比如监测数据,我们说今天 PM2.5 是多少,我们的人口均值是多少等等,这两种指标实际上在你的评估也好,在评估法治实施力度这都应该是采用的。我们不是说我们全部都要采取客观指标,但我们在法治评估里面经常用的法治政府里面,公众的满意度是非常重要的一个主观指标，也是我们法治评定非常强调的一个主观指标，所以主观指标也非常重要。我想强调的一点就是主观指标并不意味着它不客观，不客观的主观指标不能纳入到你的素材中去。你拟定的主观指标，只不过它表达方式主观，但是它反映出来的问题是客观的。如果完全是主观的东西，不合客观实际制定指标，你反而是把它作为一种要作为排除的一种干扰因素。举个例子，比如说现在我们发一个调查问卷，关于法律要修改了某一个法，关系到老百姓的利益。现在准备选静安区、黄浦区一些社区进行调查，比如生活垃圾分类，我们准备修改这个条例，我们调查了解情况。受访者知道你这次调查的目的就是为了修改法。他很可能很讨厌这种垃圾分类法，然后我们调查的时候就受干扰。很多人专门填对他可能有利的这种选项，这是一种干扰的因素。这种叫主动性选择偏差，那就是比如说我有很多选项的时候，它由于主观因素的干扰，他知道你这个结果可能是用于做什么的，他就去选那些不符合客观实际，但是是他所追求的一种选项。还有一种情况，是以匿名提示的，但是很多时候有些信息，比如说有些他认为是比较隐私性的，但是在你问卷里面有，即便是匿名他也不填，造成你的有些选项内容的缺失。这一种情况就是一个主观感受，就是你完全采用主观感受，你没有客观指标，别人问你评估里面它缺少公正性，都是各个不同的想法，如果你完全的客观地你又无法达到法治评估，所希望了解相对人他对这样一个法治的这种态度。这是我们的主观和客观的这样一个指标，要搭配运用。第二种就是所谓的肯定性指标和否定性指标，肯定性指标就是说它所反映的就是法治实施，按照法治实施这个主题来说，它所反映的这样一个就是法治实施的正面效应，肯定性指标越高，法治实施正面效应就越好。那么相应的否定性指标或者负面性指标，如果数值越高的，说法治效果越差，生活中当然也是有这种负面性的这种指标的，比如说错案率，比如说二审再审对环境司法案件的这样一个就叫发回重审也好，或者是把他改判也好，这些率越高，或者环境信访投诉率越高，这就是一个负面性的指标。但是根据我的经验，就是你在法治评估体系中，你不要过多地安排这样一种否定性指标，主要还是要采取肯定性的指标，这样可能获得相对人的获得行政部门的比较好的一个配合，或者相关数据的这样一个获取上比较有利，但是你完全采取了肯定性的这样一个指标类别，也不全面。

第三组就是讲定性指标和定量指标，这个也是比较简单的。如果你一个评估报告中全部是定性指标，没有量化指标，别人觉得你可能比较个人色彩太浓或者主观色彩太浓,完全是客观性指标,没有主观指标,就像我刚才说的,你没有定性指标,你有些情况还反映不清楚,没有一个理性的思考。因为后面还有在我自己研究过程中也经常看到许多政府特别是政府部门,他们比较喜欢把行政执法这一块纳入到这个指标中,当然执法是非常重要的一块,我们说法治实施是吧?法治实施里面第一个就是严格执法,第二个是公正执法,这就是全民守法,如果我们只谈这三个维度的话,那么严格执法是非常重要的一块。行政执法的指标也确认,但是这里面我认为是有讲究的。有些指标就是行政执法的一些指标,实际上并不一定是合适的环境法治,但是我认为法治是一样,比如说执法的次数,现在我们国家的放管服改革以后提出要加强事中事后监管中有双随机一公开,就是现在它这个执法是什么样,它并不是说按照原来我们说以前说执法这样一个执法计划,它实际上是抽的执法的主体,执法队员他是抽的执法的对象,执法队员他也是抽的,也可能这一段时间是抽不到你的。这个执法可能你觉得还反映不出来次数是否合适了,但是现在还有分类执法,具有良好环境信用的它减少执法次数。对有环境投诉或者曾经有案底的,它相对执法增加,但是总的来说现在执法的次数并不是现在放在这次行政执法这样一个改革中非常强调的一块,比如说现在还有信用监管,还有审慎包容,这些都不是说要求他大力加强执法。处罚金额当然也是一样,现在有的时候对有些这种比较有良好的环境信用的过程中记录的,他是偶尔的,所以主观恶意的这种一些违法他就处罚了,肯定就不是以金钱上的处罚,他可能警告一下,所以你完全一个金额上来的,并不完成说当然现在还有按月计划,我们曾经让学生做了一下这些年来上海和浙江关于环境罚款的这样一个金额的调查,前两年数据非常高,2019 年开始下降了,所以可能是有这方面的因素。指标不再具体展开。

环境法治实施的一个优选框架。法治评估里面讲究很多种方法。那么到底哪一种或者哪些方法是比较合适的法治实施的评估方法呢?我认为要符合这 5 个方面,第一个要简单,简单不是说它的指标,你要只给我少设几个指标,不是说指标的这样一个逻辑线索比较简单,这是个结构非常简单。第二个是系统,要站在全局的角度考虑,全面性就是相对方案要周密,要预测性的一个评估,很多时候还是要做大有预测性的对吧? 要为决策服务的,不是说都是回顾性的评估。我们现在已经从立法后评估,现在已经向法治评估或者量化评估方面转化比较明显的,所以预测性是非常重要的,你的评估方法没有预测性,你不是一个好的评估方法。明晰性主要是说不要搞很悬的东西,最后拿出来的结论也好,演进过程也好，要让你的委托者甚至要让公众看得懂，看得清楚。这就是我想的有这样一个模型，就是所谓的 PSR 压力状态响应这样一个模型，这个模型主要是在国外，由国外到国内的。他这个模型国外在环境质量评估这一块是用得比较多的，因为 PSR 模型基本上可以满足前面的这 5 大标准，它逻辑上是非常简单的，它也是基本上构成它的一个系统的比较全面，预测性也比较清晰。这个模型 P 就是压力，S 就是 state 状态，response 就是应对。最先开始这个模型是加拿大的一个统计学家开发出来的。后来经合组织比较认同，包括联合国环境规划署，他们在 20 世纪 90 年代以后又进行了进一步的挖掘，把它作为研究环境问题的一个框架体系。这个框架体系它具有逻辑结构简单整体系统性好，反映这个全面的状况，这样一个有意义，具有比较理想的预测力这样一些特点，所以我们认为它是一个比较好的环境法治实施的评估框架，他的一个因果线索是怎么样，大概是这样一个情况。他试图通过反映人与人相互作用那种关系来评价现在环境，受到的压力，环境所处的状态，以及我们人类采取的一种应对措施的线索样的，就是人类活动当然也包括自然要素，包括自然的一些地质活动造成了环境造成的压力，但是我们搞法学都知道，我们法律所调控的只是我们法律能够调控的。所以我们这里强调的压力来自于人类活动，不包括什么地震海啸的，我们学环境法的都是知道这一点的，包括学法律专业应该是认同的，所以这个压力主要是人对环境造成的压力，包括环境污染也好，造成资源破坏也好，这是压力。由压力给我们的生态环境状况造成了一个变化是吧？表现出来，环境质量下降、资源减少，就是这个状态。那么面对这样一些情况，国际社会也好，各个国家也好，大家才有一定的应对措施，有法律，有这样一个行政有教育等等技术等等一些手段，由此这样一些应对措施，减轻我们人为的这样一些造成的压力。由此改他所要解决形成的一个线索，它会不断对这样一个环境可持续发展中的三个基本问题，它回答了发生了什么事情是吧？为什么会发生这个事情，你就问如何做这样三个问题。它的减压机理我也给大家简单说一下。在 PSR 这个模型里面，它 p 代表的这样一个人为因素，或者自然艺术对环境造成的直接压力。生态平衡也好，环境人的生态功能，资产资源保有量，表征在人与自然关系的这种状态。二是一种应对环境破坏环境污染的我们所采取的措施，那么落实到我们今天所讲的环境法治实施里面。这个 R 就是我们制定出来这样一些法律体系，以及我们采取的各种法律措施和手段。那么在法治语境下，PSR 模型的激励就是人类活动对环境造成影响压力。那么这种压力损害了生态环境质量和生态自然资源的数量。然后社会各方通过法律、经济、行政等手段，以及改变环境意识和行为模式等措施来应对这种状况。它通过确定压力与状态是否彼此相关，以及应对措施是否得当来考察环境变化与法律政策效果之间的关联性。由此可以确定法律政策的响应措施，它的发力点应当聚焦在什么地方。PSR 模型揭示了人类活动环境问题和社会应对措施之间的因果关系，可用于帮助决策的侗和社会经济和其他问题之间的关联性。这是一个图，大家可以看看这个可能更直观一点。压力就是我们生产生活活动。这样一些活动在一方面改善我们的生活，在另一方面很容易造成环境状况的一些变化，比如说空气、水、大气、土壤、自然资源、野生动植物受到压力进行改变是吧？非自然的一种改变。然后为了改变这样一种情况，信息传导到我们这样一个社会体系中去了以后，我们就采取了行政管理，个人的主体，就采取了社会这种响应措施是吧？作用到这样一个环境状态中来，也通过最后的社会应对，返回作用到这样的生产生活经营中去，然后进行一个一个状态的这样一个改善，这是一个简要机理，我这个内容也就只能简单讲讲，最后一点就讲讲这个体系的构建，因为我们开始所以我们要讲这个指标体系的构建。

　　构建方法一般来说认为有三种，三种里面前两种实际上是非常极端的，现实中不大会采用的，但是因为于第三种方式我们简单介绍一下，一种理论分析法就是完全关在家里面，你去考虑基于法学理论、基于环境保护的一些理论环境科学理论，我们应该从理论上围绕这些概念去围绕这些原理，我们应该有哪些指标是吧？弄成 ABCD 要弄出来，然后来进行这样一个指标体系的建设。这是一种它可能体系化比较好一点，但是不见得有可行性。第二种主要是比较资深的实务人员他们比较喜欢用的，他们结合自己的工作中，他认为对评估最重要的一些要素列出来，今天可能他想到一个 a 他列出个 a，明天想的 c 他列出个 c，后天想的个 e 他把它列出来，但这个里面当然他列出来的肯定都一定是关键，就是说这个作用是肯定有的，但是它权重性或者体系化国家不一定好，它的碎片性特点特别明显。所以我们说采取了专家咨询法，把这两者就结合起来。首先比如说专家他说我们可能有几条线评估体系，比如说我们的 PSR 里面的，我们按照这个模型我列出来，然后把这些设想的一些状况给所有部门给进行多轮次的交流以后，拿出来的东西可能是既有一定的理论性，又有比较好的一个实践性的特点，这是一种指标体系的构建方法。

　　接下来讲这个模型里面一些指标是怎么来的吧。这些指标一般有什么依据，一个比如说是政策文件，第二个是法律规范，第三个还有法治评估报告。将我们刚才所列举的一些国内的一些法治评估的这样一个成果，包括国外的，还有每年定期公布的环境类的一些信息公报以及相关学科的学术著作，比如说讲政策文件，吸收进来。这些年来，我们国家很多省市它们都发布了一些法治政府建设的指标体系，这些指标体系中，法治政府指标体系中，有一些是可以合理地吸收到我们环境法治工作实施评估指标体系中来的，比如说发改委 2020 年发布的这样一个绿色发展指标体系和生态文明建设考核指标体系，这里面很多东西可以纳入到我们的评估指标体系中来，有些甚至可以直接拿来用。

第三个就是我说的法律规范，有些比如说我们有环境保护法例，他的一些权利义务性摄制的一些条款，我认为是可以适当地转化为一个评估指标的，比如说这里面第 8 条，要加强财政投入，实际上财政投入数据指标，我们是在统计的一些报告中拿得到的，所以你可以把投入指标是一个增长或者一个情况，你可以作为一个指标，当然要结合你评估的目的，我一定能够限制因素，我这里就是举个例子说明法律规范中它的一些东西也可以成为你的一个指标的这样一个启迪性因素。指标的类别，当然我们为了呼应前面的 PSR 框架体系，我就分为这大致三类：压力类指标，状态类指标和响应类指标。这是采取了一种什么方式，这是采取了我的一个层次分析法的结构，对它进行这样一个评估指标的体系构建。

第一个是目标层，目标层也就是他当时的评估目的，评估目标就是要生态环境法治实施的有效性，有效性一般是我们现在法治实施里面最关注的一点，所以它的评估目的我是以评估目的有效性作为一个目标责任。中间层的准则层因为这个层次分得比较多，A 层里面就是压力指标，然后状态指标和应对指标还可以依次往下分。压力有环境污染压力，有环境资源方面消耗的压力状态，有环境要素的状况，有生态保护状况等等，应对就是执法、司法、守法等等。指标层面就是具体地展开了，大概讲了一个体系。最后我是列在了我的研究里面，我是列了一个理想版的，后来也弄一个简化版，这个理想版对我只是一个理想，你根据你的评估目的、评估方向，你可以选择预计评估里面的某些方面，比如说政府部门它可能比较关注执法和手法方面，它可能就把司法裁掉，实际上我个人也是这样的。在现今的环境法治这样一个实施的水平情况下，公正司法这一块环境其实我们国家还是比较弱的，虽然现在说环境司法项加强得比较厉害，但是无论是从我们的调查问卷，就是给老百姓调查问卷，大家对救济途径的选择都还是从我们国家环境市场的数据友好性来说，同时你选择环境市场，你都会面临作为一级指标，往下进行分析的时候也有很大的一个挑战性。数据的抓取你要抓环境这一块是不是很容易的数据太多了？抓得不准，有时候反而还不如把它暂时让步一下。环境质量是非常重要的一个应急指标，因为无论是你讲它的实施的效果，最后的表现来说，都是要通过质量来体现的。无论你说我这里执法怎么严明，我的司法怎么公正，你最后环境质量哗哗哗往下掉。虽然我们说肯定有外来干扰，但是你要找到合理的解释，所以这是我想讲的，最后当然还有一个量化。前面主要是定性，那么在定性的指标构件以后，你如果采取比如说德尔菲专家打分法，你对不同的指标，因为不同指标它们的重要度绝对是有区别的，就有 5 个预计指标为限，严格执法这个指标是非常重要的。刚才我说的司法指标相对他们的权重是一定有差异的，但是权重的决定，如果你是很重大的评估这样一个工作，你不是你自己拍脑袋，你要借助这样的外脑是吧？借助专家的，所以这种量化这块比如可以采取德尔菲法，但是具体怎么量化，怎么进行权重分析，这个是后话，我就不说了，最后反正有一点体会就是理论探讨，说起来有时候比较容易，但实务操作中不是那么回事，无论是对大家可能用得比较多的立法后评估也好，还是现在各个大牛们都在弄法治评估，什么各种报告也好，实际上它的理论并不能完全指导实践. 有时候可能还要加强向实践学习或者到实践中去。

　　我今天的报告到此结束，谢谢大家。

　　彭辉：谢谢何老师邀请，我来谈谈我的看法。环境法治评估肯定是结合了一些管理学、社会学的知识来分析法律的问题。从这个角度来说，何老师今天的讲座给了我们理念上的或者思维上的冲击，也可以拓展我们的视野，延伸我们的想象，引领我们的未来的发展，包括我们各个老师所在的二级学科未来的发展，很大程度上也可能需要借助一些管理学统计学的知识或者方式来进行。所以从这个角度来说，非常感谢何老师对我们今天的讲座的支持。但是我有几点建议。第一个是切入主题太慢，我们所提到的东西不仅仅是呈现出法学或者说管理学和统计学的基础的概念，我们就希望你在一个小时之内给听众呈现出该领域最杰出的、最璀璨的那一块。什么叫指标，什么叫评估这些概念，我觉得前面可以把它砍掉，直接切入主题。环境法治评估应该怎么做，从哪些方面考虑，谈到最后的部分恰是我们所关心的，而这一点恰恰是主讲人琢磨最少的。比如说讲的 PSR 模型，基于这个模型衍生出了五大一体指标，若干个二级指标，甚至三级指标，你是怎么一步步推导的？以及在指标设计过程中，你的不同的一级指标之间，不同的二级指标之间有什么考量？对这个指标的测试的关注的点在什么地方？你是如何对它进行评分的，权重是如何？你提到了很多概念的考察，但是我们想知道最终的结果是怎么样的，你有没有利用评价指标拿到我们具体的社会生活过程中进行测试，有没有得出一定的评价的结果，这些可能是我们在座的老师更加期待的贡献。

第二，从未来的企业发展来说，你刚才说到了未来你的指标体系有可能会涉及到一些主观的数据、客观的数据，我们法学所教授曾经做过两年的法治中国司法指数研究，包括我自己也参与过一些工作的内容。你提出来在收集情报过程中会存在一些不尽如人意的地方，在数据没办法得到有效的把握的情况下，会产生很大的偏差。尽管你的指标设计得很好，但是没有很好的渠道管控资料。从这个角度来说，我个人认为，未来的这种客观的指数应该在整个信息的来源上的比重应该超过 80%，而对于主观数据的收集来源的渠道应该大大地压缩。现在我们处于大数据时代，人工智能时代，数据的收集应尽可能压缩主观的数据信息，而是通过客观的数据，实现数据有效的融合，充分的挖掘和使用。

第三个，有了数据呈现出来之后，我们要进行流程的再造，比如说环境评估，我们可能有很多部门和普通的市民参与其中，这些数据我们需要形成一个完整的程序，要把它通过信息化的手段，电子化的手段，清晰地固化下来，也就像我们 206 工程一样，通过法院依法司法改革审判为中心，在督导公安民警在办案过程中，通过他的系统就可以将很多这种程序上的规定，用流程化的方式给刻画出来，然后陷入到我们系统里面去。在我们的这个课题设计过程中，我觉得这个也是非常好的开放的话题。

尽管说了很多，我还是非常欣赏、非常赞扬我们的何老师今天的报告，从整体上面呈现整个环境法治应该呈现的状态，应该从哪些角度去考虑，很清晰地抓住了整个环境评估的内在的、规律性的、规范性的操作和流程，在一个小时之内将这个操作的流程主要考虑的点给我们呈现了出来，非常精彩。我的与谈就是这样。

姚建龙：我总感觉你是来砸场的，但是又充分肯定了主讲人，我觉得探讨学术的问题要有这种制度，要有这种学术的平台。而且我知道我们何老师心胸很宽广，好，我们来看看，在座的老师们有什么问题？

何卫东：国外的关于法治体系主要是用主观性的指标，而且比较强调不要过多地用客观，有个什么问题呢？有些数据非常昂贵，也拿不到，所以主观相对容易一点。

因为今天这个汇报，实际上是我国家课题的一部分，其实还少了主要的一部分,也是彭老师所关注的那一部分,我觉得主要是大家都是做法学研究的,所以我想把基础的法学评估汇报给大家,我看这两年至少我们这一系列讲座里面没人涉及这个话题,至于我后面还做了很多实证方面东西,但是后来做的时候并不如人意。做印证性的时候,今年疫情暴发以后,指标体系设计出来以后有很大的局限,本来我做了600多份问卷,按照课题设计,在江苏、浙江和上海三个地方做比较研究,本来准备开年之后就做,疫情来了以后就没办法了,我也回不来。然后这边找到这些相关部门,他们都比较回避这个事情,因为不愿意搞全局性的事情。所以也比较遗憾,后来就只在上海做了600份调查。谢谢。

彭辉: 第一个正如何老师所说的,国外相对来说比较重视主观方面的调查,比如说香港的法治评估指数,它就是全部采用访谈的方式来询问对香港的整个法治环境的感受。但是我为什么讲中国在当下更加需要客观指标,第一个很重要的是我们现在中国人工智能大数据的方式远远超过了西方所谓的发达国家,因为他们尽管在理论研究走在我们的前面,但是我们在应用方面有优势。另一个方面,我们国家的政治体制,上游以上通过层层下移的方式将很多事情向前推进,而美国是联邦制的,就导致了我们的206工程在中国就能够推下去,只要中央政法委有规定,各个省、各个地方都能推。但是在美国各个州的地方,联邦大法院你想做的事情他做不了。随着我们大数据持续的发展,就更加有利于我们今后形成客观的认识。

姚建龙: 非常感谢何卫东老师,今天的报告对我的知识面的拓展是非常有帮助的。现在非常流行这种类似于法治评估或者指标体系的方法,现在几乎所有的一些重要的课题都会有这样一个设计。但是如何开展评估指标体系,同时到底应该怎么操作,它才更加平稳有序,更客观性,确实是一个很有争议的问题。今天何老师的报告对于我们的法治评估工作有借鉴。彭老师也做了非常精彩的与谈。在这个方面也是法学所未来的学科增长点,环保法是我们很重视的领域。我去年参加了一个会议,他们非常肯定环保法的重要性,所以我想在这样一个背景下,我们也非常希望何老师其实能够在环保这一块能够形成我们法学所的特色。那么第二点就是我们法学所的蓝皮书,这是我们自己的牌子,我觉得还是要继续坚持下去。我也希望参与蓝皮书的各位老师和我们今年的工作要往前提,上海的相关法治部门,不管它们认不认可,但它肯定会关注、在意,我希望能达到这样一个效果。今天最后还是非常感谢何卫东老师今天的报告,也感谢彭辉老师,再次感谢大家,谢谢。我们今天就到这里。

未成年人罪错"四分说"的考量与立场：兼评新修订《预防未成年人犯罪法》

主讲人：**姚建龙**，法学博士、研究员、博导，上海市青联常委兼中国预防青少年犯罪研究会副会长、上海市预防青少年犯罪研究会会长、上海市法学会禁毒法研究会会长及未成年人法研究会会长，同时也是国家检察官学院、华东政法大学、中国人民公安大学等高校兼职教授，同时受聘为国务院妇儿工委办、最高人民检察院、共青团等中央部委相关领域的咨询专家；两次入选中国哲学社会科学最有影响力学者排行榜（2017、2020），名列中国被引次数超过百次刑法学科青年（45岁以下）学者第八位。近年来主持国家社科基金项目、司法部国家治理与法学理论项目、教育部人文社会科学研究项目、最高人民检察院检察理论研究重点项目、上海市政府决策咨询项目、上海市哲学社会科学项目、上海市曙光项目等近十余项国家级、省部级课题，发表论文近二百篇，出版个人专著九部、法学随笔三部、诗文集与法学童话各一部。获全国未成年人思想道德建设工作先进工作者、上海市十大杰出青年、上海十大优秀中青年法学家、上海曙光学者、首届"全国刑法学优秀学术著作奖（1984—2014）"专著类一等奖等荣誉。

与谈人：**徐建**，华东政法大学功勋教授、校务委员会委员，享受国务院政府特殊津贴，曾经担任上海市预防青少年犯罪研究会会长、中国青少年犯罪研究会第二会长、中国青少年犯罪研究会咨询委员会第二主任、上海市犯罪学会常务副会长、上海市警察学会副会长等，还曾担任《上海市青少年保护条例》起草小组副组长。

主持人：**李建伟**，上海社会科学院法学研究所副所长、特聘研究员。

时间：2021年4月9日9:45

姚建龙：非常感谢大家来听我的报告，其实今天我还是蛮紧张的，有点类似于答辩的感觉。今天我请的与谈老师是徐建老先生，徐建老师1934年出生，今年87岁。我之前其实犹豫了一段时间，后来觉得还是要请徐老师来检验一下我这么多年的学习成果。徐老师，我今天若有讲得不对的地方，您多批评。严格来说，徐建老师跟上海社科院法学所是有缘分的，徐老师是我的导师，我是徐建教授的关门弟子，在我之后徐老师就不再带学生，也不上课了。我介绍一下今天到场的其他老师，陈金鑫教授是我研究生时期犯罪改造学课程的任课老师，所以他说要来，我的压力很大。陈冬沪也是老朋友，是原来法学会的老领导，现在也是我们法学期刊研究会的秘书长。周颖是上海政法学院刑事司法学院研究青少年犯罪的学者，她的博士论文主题就是少年司法方面的。王建平庭长是原上海市长宁区法院少年法庭第五任庭长，之前也是长宁法院研究室的主任，而长宁法院则是我们中国第一个少年法庭的发源地。

今天给大家讲的题目是参与"两法"（《预防未成年人犯罪法》《未成年人保护法》）修订时的一些不成熟思考，是在《预防未成年人犯罪法》（简称《预防法》）专家建议说明稿的基础之上整理出来的一篇学术论文。因为《内蒙古社会科学》的约稿催得紧，需要一篇专稿，于是我先将这篇文章在《内蒙古社会科学》上发表了。尽管我在专家建议稿中的部分观点被正式修订后的《预防未成年人犯罪法》所采纳，但我觉得核心的东西并没有被吸收。

之所以在修法中产生分歧，原因在于几个关键问题。一个是降低刑事责任年龄。大家知道《预防法》的修订有一个很重要的考虑，就是想回应低龄未成年人恶性犯罪的问题。结果这部法律修改之后，《刑法修正案（十一）》把刑事责任年龄从14周岁降到12周岁，对此，我认为是十分遗憾的。以此为参照，我认为《预防法》的修改是失败的。包括我本人在内，反对降低刑事责任年龄的人都受到了很大的网络舆论压力，大家都在批评，网民都在指责。老百姓都觉得既然要严厉打击校园欺凌、校园暴力等恶性犯罪，怎么还能让这些行为不受刑事处罚？这在我看来是一个学术问题，在将其转化为社会议题之后，持反对观点的学者们遭受了比较大的批评。我还遭到过人身威胁，有人在微博发私信给我说要派未满14周岁的杀手把我"干掉"，搞学术研究居然还存在人身危险，这个我没有想到。这是第一个争议点，原本希望通过修改《预防法》阻止降低刑事责任年龄的动议，很遗憾的是并没有将其实现。

第二个争议之处在于专门学校是否需要司法化，仅仅改名为"专门矫治教育"就足够了吗？按照现在专门学校的入学程序，现行《预防法》规定了两种形式：一是自愿入学，未成年人的父母或者其他监护人、所在学校可以申请，经专门教育评估委员会评估之后，由教育行政部门审批；二是强制入学，即经专门教育评估委员会评估之后，教育行政部门会同公安机关决定送专门学校。原本应该还有第三种形式，即法院的司法审查入学模式，但是目前这种形式未被采纳。也就是说，现行专门学校的入学程序依旧是行政化模式，而且专门教育的时间可以长达数年。这里存在专门教育的合法性甚至合宪性争议，现在的《预防法》有关专门教育入学程序的规定是存在问题的。

第三个争议是《预防法》与《未保法》在修法中的衔接问题。我的建议稿是将《预防法》中"预防未成年犯罪的教育"章节的内容放入总则，将第二章的内容整体移出去，全部删掉，放到《未保法》里，但是后来这种观点也没被接受。究竟《预防未成年人犯罪法》的法典结构应当以何种理论为基础，尚存在重大分歧。

此外，还存在很多其他争议。比如，父母正当管教权的边界，与家暴、体罚、虐待的区别，《预防法》并没有明确规定。同样，关于教师的惩戒权，老师能否惩戒学生的问题，《预防法》也回避了。前不久，教育部发布了《中小学教育惩戒规则》，但是关于教育惩戒是由教育部的部门规章规定合适，还是应当放在《预防法》中规定，其实存在很多学理性的争议，分歧也非常大。

上述观点的分歧其实都是表面，核心的争议是未成年人的罪错行为应当如何分级并据此设计相应的保护处分措施。对此，我主张四分说，很多人主张三分说，这主要是基于三级预防理论，即一般预防、临界预防、再犯预防，这也是我早期的观点，但现在我放弃了。基于此，我想将一些基本观点与大家做一些交流。

第一，关于未成年人罪错。从预防的角度来说，我们不能仅仅关注未成年人刑事犯罪行为，要提前干预。但是，干预行为要前置，那么前置应当到什么程度？有人说，治安违法行为要干预，应纳入预防的范围；有人说一些不良行为，例如，违反中小学行为规范的行为我们也需要关注。所以预防就是要提前干预，早期已经认识到预防犯罪不能仅仅是关注刑事犯罪，当时用的表述是犯罪学上的犯罪概念和刑法学上的犯罪概念，早期的教科书都是采用这种表述方式。意思就是我们预防的犯罪是犯罪学上的犯罪，包括不良行为、违法行为。社会学将这一概念称为偏差、越轨。2006 年左右，我在博士论文《福利、惩罚与少年控制——美国少年司法的起源与变迁》中正式主张，对此应该采用一个统一的概念，即"罪错"，这个概念在普通刑法中是没有的，一般性犯罪学也不用这个词。罪错，相当于日本《少年法》中的非行，台湾地区叫少年事件，英文为"delinquency"，这个词最初是用来形容应当预防的未成年人的行为。如果要做一个广泛的解释，我觉得应该有一个统一性的概念，在我提出这一概念之后，很多人提出不同的意见，包括现在加拿大安大略省科技大学的曹立群教授专门批评过这个观点，他认为罪错这个概念还是没有脱离犯罪的范畴，"错"可以，但是"罪"的标签性还是太重。我之所以主张这个概念，是因为不能脱离刑法去谈犯罪预防，罪错这个词在中国不会造成概念用语的混乱。曹立群的观点还是比较偏保护主义的，而且是纯粹的保护主义。但是又有人批评这个词不足以体现刑事犯罪的处罚的立场。确实有一些不同的观点，但是后来我一直在文章中用这个词，大家慢慢就接受了，包括党和国家的正式文件，例如 2019 年，中办国办发布的《关于加强专门学校建设和专门教育工作的意见》。顺便说一下，保护处分这个概念也写在了这个文件里，后来《预防法》修改时也正式采用了。所以这些曾经有一些争议的概念，现在都可以说成了权威性用语。

　　现在正式的法律文件都在使用"罪错"这个概念。实际上这个概念从预防未成年人犯罪角度来说，强调了关注的行为不限于犯罪行为，既然不限于犯罪行为，那么应该前置到什么程度？犯罪成立需要人民法院判决，犯罪之前的行为要进行干预预防，其边界在哪里？对此有不同的观点，有人说包括违法、不良行为。后来 1999 年《预防未成年人犯罪法》作了一个比较权威性的界定，第一次在法律层面上使用了不良行为和严重不良行为两个专门的法律术语，也就是说预防犯罪除了刑事犯罪之外，还要去关注严重不良行为、不良行为。但这里面有个问题，1999 年《预防法》第 14 条和第 24 条对于不良行为、严重不良行为的区分是模糊的。比如，携带管制刀具可以是不良行为，而多次携带管制刀具就变成严重不良行为。如果按照现行的法律看，携带管制刀具这种行为是违反《治安管理处罚法》的行为，而携带的次数增加就会变成严重不良行为，特别是最后将不良行为的特征概述为严重违背社会公德，就更导致了不良行为与严重不良行为的边界不清晰，和现行法律之间的关系不清晰。我举个例子，早恋算不算不良行为？留长发算不算不良行为？当我在读中小学的时候，学校规定头发不可以盖过耳朵，在校园里面谈恋爱也是不允许的。干预未成年人的行为说是为了预防，那么其边界在哪里？到底应以什么标准来界定不良行为、严重不良行为？

1999年《预防未成年人犯罪法》虽然分别列举了九种不良行为和九种严重不良行为，但其实并没有说清楚两者的本质特点。比如，当时就有一个争议问题，比如早恋是不是不良行为，文身是不是不良行为？再比如，抽烟是不是不良行为？《未保法》和《预防法》只是说未成年人不能酗酒，那么小饮怡情行不行？曾经有一个事件，某地一学校校长跟学生打赌说如果考到什么成绩，校长就请吃饭，结果那些孩子很努力，真的考到了要求的成绩，校长请那些学生吃饭，还拍了一张照放在校园官网上，结果媒体就在炒作这件事，说校长为什么不请差的学生吃饭？后来记者就问我姚老师你对这个事怎么看？我一看官网上放的那张照片中，校长在给学生敬酒，我说校长要好好去培训一下，如果这种行为发生在有的国家，校长是要承担严重法律责任甚至是刑事责任的，因为法律明确禁止成年人引诱、教唆未成年人饮酒，但我们国家的法律规定存在模糊性。当时有人说我的解读不对，《预防法》规定的是不能酗酒，而这是小饮怡情。其实地方性法规把这个漏洞填补了，很多地方性的未保条例里面规定未成年人不得饮酒，而不是酗酒。当然，在《预防法》里面这个问题没有说清楚。还有抽烟的问题，抽电子烟算不算不良行为？所以这里面有一个很大的争议问题是到底什么叫不良行为、什么叫严重不良行为？应当用什么标准来界定以预防犯罪之名所干预的未成年人的行为、未成年人在多大程度上可以有自主权？这个问题其实没说清楚。比如说这次《未成年人保护法》网络保护专章明确规定未成年人晚上10点到早上8点不得打网络游戏，未成年人沉迷网络，则可以认定为是不良行为。如果家长不制止就属于监护失职，严重的可以强制亲职教育。但是，在网络游戏这个问题上，未成年人可以有多大的自主权？未成年人群体在网游宵禁这个问题上，有没有发言权以及有多大的发言权？

由于这个问题没有完全说清楚，所以修改前的《预防法》的预防体系里严重不良行为的跨界太大。一个未满16周岁的未成年人，如果有实施严重危害社会的行为，比如大家关注的12岁少年杀人放火强奸，也属于严重不良行为，而且关键是《预防法》相关章节中并没有规定相应措施。最典型的就是某省的一个案子，一个13岁的少年，强奸了一个8岁的女孩，强奸完之后，说未达责任年龄不立案、责令父母严加管教，少年的父母指责少年"只惹事不平事"，结果这个家伙带着刀冲到小女孩的家里去，当着那个女孩的面，把那个被害人的妈妈杀掉，这个是之前的案例，后来大家关注的是大连的案件。《预防法》里规定的严重不良行为，比如，多次违反《治安管理处罚法》的行为，还有因为未满十六周岁实施的不予刑事处罚的行为都算严重不良行为，都要进行预防，但是没有规定相应的措施，只规定了专门教育，但是专门教育又有三自愿原则——本人申请、监护人同意、学校同意。未成年人怎么可能会去申请？特别是2013年劳教制度废止之后，包括收容教养在内，没有执行的场所。所以你会发现《预防法》看上去有办法，但实际上没办法。

后来我把这种困境归纳为两个困局，一是养猪困局，一是斗鼠困局。什么叫养猪困局呢？年龄没达到，就像养猪一样，等分量到了之后我们再来杀它，养肥了再打，养大了再杀。还有一个叫做斗鼠困局，猫抓到老鼠之后不会直接吃掉，会逗它玩，玩到一定程度之后再一口把它吃掉。我在长宁区检察院挂职的时候办过一起案子，一个大概是17岁的孩子跟父亲吵架，离家出走跑到上海，他的老乡用他的身份证去办假卡，办假卡在上海的标准是两张就可以追诉，后来以妨碍信用卡管理罪判了他6个月有期徒刑。当时我去听庭评议这个案子，我找到承办人，我说孩子这么可怜，跑到上海来，而且就办了两张卡当场就被抓了，这个案子为什么判6个月？他后来告诉我，只要程序启动完之后，又是外地来的，够罪即捕，关了快半年，所以肯定判半年。我们对于那些严重程度不是很高的未成年人构成犯罪之后缺乏刑罚替代措施，我们没有一种以教代刑的制度设计，很多轻微的犯罪最后我们都用刑罚去处罚。但是我们在30多年的少年司法改革中，有很多的所谓的探索看上去很美的改革，比如说有合适成年人到场制度，有法庭教育制度，有亲情会见，有绿色通道，还有羁押必要性评估，还有心理测试等看上去很好的制度，最后走完这些程序之后，该判10年判10年，该关起来关起来，跟逗老鼠有什么区别？日本的《少年法》和德国的《少年法院法》有一个很重要的制度设计，叫以教代刑，有系统的保护处分措施，最后会发现绝大多数未成年人犯罪不用刑罚去处理，走完保护处分程序之后，最后都是用保护处分措施替代刑罚，真正受到刑事处罚的刑事犯罪追究的比例是百分之三，只有百分之三受到真正的刑事处罚。我们走完刑事程序之后几乎100％都要判刑，后来2012年增加了附条件不起诉制度稍微好一点，但是总体上仍然是这样。所以会发现，我国尽管这几年未成年人犯罪率下降，但每年大概还有两万多名未成年人被定罪量刑，贴上了罪犯的标签，而日本的少年刑务所到每年年底的时候，全日本关押的少年犯不到50个人。所以有人说我们现在对未成年犯罪很宽容，其实不是这样，在全世界对未成年人真正定罪量刑的国家中，我们的量和比例都是最高的国家之一。

因为绝大多数国家通过完善少年司法程序之后，都通过保护处分处理，不作为犯罪处理，而我们实际上每年还有 2 万多，高峰期将近 10 万名未成年人给予刑罚的处罚。所以我们《刑法》特别是《预防法》的设计是存在硬伤的，一个叫养猪困局，一个叫斗鼠困局，我们需要去改。

接下来我们看另外一个问题，《预防法》怎么改？你提出了边界的问题，到底怎么分级预防？有人说从立法的角度来说，要按照三级预防理论来构建《预防未成年人犯罪法》体系。根据三级理论来完善预防未成年人犯罪，是主张把未成年人分为一般人群、有犯罪危险的人群和已经犯罪的人群分别进行预防，实际上是犯罪学很经典的三级预防理论，初级预防、二级预防、三级预防。一是对诱因和条件采取预防措施，比如说失学、失业、失管是未成年人犯罪重要的原因，我们对"三失"未成年人采取相应的一些制度设计。当时上海做了个调研说上海有七万多名青少年不读书不工作，也没人管。后来按照 1∶150 的比例配备社工，然后建了一个专门的青少年事务办公室，专门预防闲散青少年犯罪。但是，你会发现这些人其实还没有什么不良行为，也没有犯罪行为。所以当时我做社工督导的时候就发现一种有意思的情况：很多社工上门服务被青少年赶出家门，社工说我们来预防你犯罪，青少年说我就想宅在家里打游戏，干预我干嘛？后来改了一个说法，说我来为你服务，他们说我不需要任何人服务，我就想在网络世界沉迷，闹出了很多尴尬的事情。所以针对犯罪的诱因和条件采取预防措施，首先得说清楚什么是犯罪的诱因和条件，但这个问题到现在为止没有几个人能完全说清楚。再比如说我们还对服刑在教人员未成年子女进行预防，但后来发现这些小孩并不一定会犯罪，你为什么对我采取措施？所以初级预防存在理论上的争议，而且初级预防的对象往往是很模糊的。所以大家会注意到现在有很多人经常喜欢讲"进学校"，什么预防职务犯罪进学校，教育部门统计有几十个"进学校"的要求，很多人说"进学校"是提前进行教育，但真的能够预防这些问题吗？我觉得这个是有争议的。所以初级预防的争议非常大，要去把它变成立法的一个章节，这一章写什么、不写什么也说不清楚。所以 1999 年《预防未成年人犯罪法》在预防未成年人犯罪的教育章节里写入了很多奇特的条款，在我看来全是正确的废话。

二级预防是针对有人身危险性的潜在犯罪人采取的措施，什么叫有人身危险性的潜在犯罪人？有人说是不良家庭、差的学校、曾经越轨过的人，这个是不是带有标签效应？怎么能说这些人就一定有人身危险性？这也是一个争议非常大的问题。三级预防是针对已经实施过犯罪的人，预防其重新犯罪。通过监禁矫正这些方式。所以三级预防理论在学理上很有道理，但是如果想把它转化为立法将会带来很多的争议，到底应该怎么去规定？我提出一个观点是三级预防存在法典化的困境。比如，至少存在三个方面的困境：第一，我们除了《预防未成年人犯罪法》，还有一部《未成年人保护法》，如果认为一般预防应当法典化的话，《未成年人保护法》所有的保护措施都是更加体系化的一般预防，其中关于一般预防的内容其实都可以移到《未成年人保护法》中，最终修订的《预防法》跟《未保法》，我认为并没有说清楚这个问题。《预防法》第二章的内容都不应该规定在《预防法》里，应该移到《未成年人保护法》中，后来这个意见没有被采纳。

第二个难题就是怎么去界定临界行为？如果把具有轻微的社会危害性的行为称为临界行为，对这种行为的处置和《治安管理处罚法》之间是什么关系？举个简单的例子，有严重不良行为的未成年人，可以送专门学校，请问送专门学校的同时，还能不能进行治安管理处罚，如果可以，算不算违背了一事不二罚原则？现在的法律规定一个行为可以送到专门学校，也可以进行治安管理处罚，有没有违反一事不二罚？我认为是违背了，后来我专门写成书面意见，但是最后还是没有解决。还有一个是轻微的犯罪跟刑事法律之间要怎么衔接，比如刑诉法中的附条件不起诉，比如说再犯预防怎么跟《社区矫正法》的未成年人专章、《监狱法》中的未成年人专章、刑诉法中的未成年人专章衔接，这三个难题怎么去回应与解决？

我认为正式修订后的《预防法》留下了诸多遗憾。特别需要指出的有：第四章严重不良行为边界不清，未成年人违反《治安管理处罚法》的行为和触犯刑法的行为混在一起作为严重不良行为来对待，并且没有说清楚与《治安管理处罚法》及《刑法》的关系；第六章重新犯罪预防名不副实，其内容与《社区矫正法》《监狱法》《刑诉法》完全重合，没有必要规定在这里。最后发现《预防法》两次公开征求意见，收到了不足 200 条意见。《未成年人保护法》有 4.9 万条修改意见，其中一半是未成年人提出来的，《未成年人保护法》修改时大家都提意见，而且未成年人很关心。《预防未成年人犯罪法》的修改学术界并不关心，但对一些恶性案件很关注，天天在炒作，与仅仅 200 条修改意见形成鲜明对比，对此，我认为是因为《预防法》的修订专业性很强，大家喜欢去发泄情绪，但是没有人会冷静地思考这部法律应该怎么去完善。我们非常焦虑，未成年人法在法学界现在也是一个很大的问题，我们研究法律的人不太关心孩子的事，虽然表面上说孩子很重要，但事实上却是说起来重要，做起来次要，忙起来不要。

　　我是什么观点？很多年前我们团队花了大半年的时间来磨《预防未成年人犯罪法》的修订建议稿。这个建议稿把预防未成年人犯罪的教育这一章整体删除，移交给《未成年人保护法》，并且提出了一个非常重要的思路，认为《预防未成年人犯罪法》的修改要放弃所谓的三级预防理论。因为三级预防具有人群干预的特点，即一般人群、临界人群、再犯人群，我主张的四分说观点则是以行为作为干预的标准，什么意思？人群怎么样我不管，但只要你的行为跟现在的法律之间有交织，就可以把你纳入预防的对象范围。所以我的观点是主张把未成年人罪错行为分为四级，其中的核心的观点是两点：一是主张从群体分级预防到行为分级，不是看群体，而是看行为。行为到什么程度，就应当纳入相应的预防对象范围，并且设计相应的预防措施。二是主张分级的目的不是为了分得好看，最终目的是设计相应的干预措施，干预措施在日本少年法中称为保护处分，在德国少年法中称为教育处分。这是我主张的两个非常重要的观点。

　　具体来说怎么分，我当时提出了一个观点，曾经在《法学评论》发过一篇文章专门谈《预防法》的修改问题。我明确提出应当把未成年人罪错行为分为虞犯行为、违警行为、触刑行为（也称为触法行为）、犯罪行为。虞犯行为最典型的特点是成年人可以做，未成年人不能做，而且这种行为不干预，就会导致更严重的危害未成年人自身的行为，所以它具有虞犯自害和轻微他害性的特点。比如我们刚刚讨论的抽烟饮酒就属于典型的虞犯行为，再比如说出入未成年人不适宜进入的场所、与有不良习性的人交往、加入不良团伙，这些行为被称为虞犯行为。虞犯行为的立法模式在诸多国家都有规定，包括日本《少年法》中也有类似的规定。虞犯行为不应当包括治安违法行为，如果行为已经触犯《治安管理处罚法》，则不属于虞犯的范畴，这是虞犯的典型特征之一。比如说按照《中小学生日常行为规范》的要求，成年社会对这个年龄段的行为是有要求的。至于文身属不属于虞犯行为，我原本持保留意见，但是未满16周岁的未成年人文身我认为可以考虑纳入虞犯行为，但是满16周岁的未成年人文身，我认为肯定不能算虞犯行为。纵观而言，随着时间的发展，虞犯行为的概念会越来越窄，这在以前是很宽的。比如说1899年7月1日，美国伊利诺伊州颁布第一个《少年法院法》，将未成年人的虞犯行为规定为沿街乞讨、卖唱等，这一宽泛的虞犯概念而后被逐渐限缩，这表明需慎重使用虞犯概念。本次《预防未成年人犯罪法》的修订接受了这个观点，把不良行为严格限定为虞犯行为，把触犯《治安管理处罚法》的行为全部剔除出去，这是值得肯定的。

第二种是违警行为。从 1905 年开始,清朝末年就有《违警罪条例》,之后去刑法化被改为行政法规,后来成为新中国成立之后的《治安管理处罚法》。违警行为以前是违警罪的概念,我将历史上的词借鉴过来,违反治安管理处罚的行为表述太复杂,所以简称为违警行为,它的特点就是违反《治安管理处罚法》,是危害社会行为,但是并未达到刑事犯罪的程度。我主张把这类行为从《治安管理处罚法》中分离出来,单独由《预防法》规定,然后设计相应的保护处分措施。

第三种是触刑行为,也称为触法行为。为什么后来又改称触刑行为,是因为有人说触法行为照搬了日本少年法,而且很多人说触法的"法"不清晰,所以我从这篇文章正式开始改称为"触刑行为"。触刑行为的典型特点就是因未满 16 周岁不予刑事处罚,即因未达刑事责任年龄而不予刑事处罚,这就涉及到了大家现在最关心的低龄未成年人恶性犯罪应该怎么办的问题。

第四种才叫犯罪行为,也就是未成年人刑事犯罪行为。

这是我的四分说的基本的主张,通过以上内容,大家会发现从三分说到四分说呈现出一个很典型的走向,就是从人群分级转向行为分级。

根据四分说来设计《预防未成年人犯罪法》的章节,并且主要规定针对这四种行为的保护处分措施。既然刑罚措施是由《刑法》来规定,《预防未成年人犯罪法》对这四种行为要规定保护处分,我主张从教师、家长的惩戒权开始,到治安处罚,再到专门学校,将这些措施进行系统化的改造,改造成保护处分措施体系。并且保护处分措施的适用原则上应当司法化,也就是法院要建保护庭,少年法庭不只管刑事案件,未成年人虞犯行为的案子,违警行为的案子,还有触刑行为的案子都应纳入少年法庭的管辖范围,这是我的基本的主张。

保护处分的适用程序应当去刑事化,不能完全按照刑事诉讼程序进行,而应采取以家庭式程序、圆桌审判为主的模式。同时,核心主张是保护处分应当发挥"提前干预、以教代罚"的功能,而虞犯行为也可以适用保护处分,对于一般的较为严重的刑事犯罪,可以用保护处分替代刑罚。我希望最终实现的结果是少年法庭审理一百起未成年人罪错案件,最多只有三起案件会被判刑,以刑罚进行处罚,而其他的案子都由保护处分措施分流,这就是我的基本的主张。我的上述观点就是认为应当通过《预防未成年人犯罪法》的修改来弥补中国少年法缺位的立法漏洞,也就是通过《预防未成年人犯罪法》修订的"少年法化",来最终完成我们国家制定独立的少年法的目的。这种制定独立的少年法的理想,实际上是从 1912 年就开始了,存在于民国元年司法计划书中,而后 1948 年,请美国学者庞德帮助中国制定少年法。1949年之后大陆中断了少年法的立法进程，少年法草案成为了我国台湾地区《少年事件处理法》，所以我国台湾地区现在有独立的少年司法体系，而大陆地区则没有。我当时是希望通过修改《预防法》，来修补我们国家独立少年法缺位的历史性漏洞，通过《预防法》的少年法化来推动中国建立独立的少年司法制度。

这就是我关于《预防未成年人犯罪法》本次修订的主要观点以及希望达到的目的。但很遗憾的是，最终这次《预防未成年人犯罪法》的修改，使我们失去了一次原本通过顶层设计的立法方式来推动建立独立少年司法制度的历史性机遇。

我就讲这么多，谢谢大家。

李建伟：谢谢姚所长。我们从以人为本的角度来讲，确实有必要从广义的立法、执法、司法包括守法等角度进行非常有意义的重大探索。接下来，我们请徐教授给我们作重要的与谈，大家欢迎。

徐建：谢谢大家。今天到法学所来参加这次的讲座，对我来说是很好的一个学习机会。但是到这么个场合上面，我就会想起一些历史。社科院建立法学所是1959年，是由几个单位合并起来的，当时说组建法学所，袁成瑞找过我，希望我到法学所，因为我过去研究刑法，研究过犯罪对策学，搞过刑事侦查，搞过司法鉴定。但是因为当时社会的法治环境非常不好，我觉得搞法律的危险性太大，就没有来。同时这个时候哲学所也在招人，为什么哲学所会找我呢？因为我在哲学方面花了不少的功夫。在向科学进军的过程当中，我曾经自学苏联的副博士学位，相当于后来的硕士学位，当时我很年轻，二十来岁，本来是要到苏联留学的，后来把这个名额让给了搞工科的。第二次是因为"苏修"，所以说我就不去了。后来我自学副博士学位，按照书单自学了一年，在马列主义理论、马列主义基础方面花了不少功夫，因此最后选择了哲学所。我也没搞一般的哲学，我搞了一个新的学科，叫作自然辩证法。最早我看到法学所顾肖荣发了一篇文章，他是我们法学所最早的一位研究生，后来成为所长了。顾肖荣说他首先是听李培南讲课的，李原来是我们的党委书记，我给他当秘书兼警卫。所以法学所的第一批人我都很熟，今天来就有点回娘家的感觉，有点激动。今天这个讲座我也感触很多，因为最近两年，客观上我年纪大了，本身就开始慢慢退出学术研究的领域了，我们大家很少有接触，今天一来看见很多的熟人，特别激动。

今天听了姚建龙的报告，我不仅是很有兴趣，而且我感觉这是一种享受。因为搞研究的人要能够提出问题，我们国家立法以后当然要执行，大家要依法办事。但是搞理论研究的人不仅要研究怎么执行，还要敢于提出问题，提出新的见解，怎么样让法变成一个更完美的法，让法更好地执行，取得更好的社会效果，这是理论界的责任。理论界就要敢于提出问题，敢于研究，敢于创新，敢于提出好的办法。今天的报告他提出了一系列的问题，提出了创新开拓的挑战，符合法学研究所的身份，也符合他作为一个所长的身份。尽管这个问题我认为是法学领域当中的一个小学科，但是预防犯罪和少年法的问题，是很重大的问题，法学所研究的领域很大，责任很大，这个问题虽然小，但是它的社会意义、社会影响绝对非常大。这涉及到所有人的健康安全的问题，涉及到整个青少年一代的健康成长问题，涉及到所有家庭的和谐幸福，涉及到整个社会、国家的稳定发展。从这个意义上来讲，姚建龙能够把它作为一个问题提出来，有一批人来研究讨论，是非常有价值的。我本人一辈子做了很多、搞了很多，我也搞过好几个学科，但是最后几十年，我也致力于该学科领域，我以此为豪，愿意把这个学科当作一项事业，并为其奋斗终身。

我非常赞成姚建龙今天讲座的观点，因为这一问题本身就是一个很有争议的话题，希望通过大家的讨论，把我们这个学科推到一个新的水平，提到一个新的高度。这是我对今天这个会议的感受。作为一门学科，我感觉我们需要一种眼界，要有国家的、社会的眼界，要有世界的眼界，我们才能够站得高，有广阔的视野才能够提出一些高屋建瓴的见解。要做到这些，我觉得一是要关注实践，姚建龙的发言在这一点上做得非常好的。几十年来他没有脱离过实际。我们的很多成果都是在实践调查研究当中得出来的，研究青少年犯罪问题一定要关注实践，没有中国的实践，没有上海的实践，就没有办法形成中国特色的少年法、少年预防犯罪的各种制度的体系。另外则是要有理论研究，如果不从理论上去提升、去探索、去找问题，发现各种各样的矛盾，实践也难以开展。实践中的经验也需要慢慢进行理论提炼，使其具有理论色彩，具有理论依据，具有理论高度，这样提出来的建议才能够站得住脚，从长远来讲才能够解决问题。特别是在社会大变革时期、特别在当前国际社会大变动大动荡的时期，更加需要理论的思维，没有理论思维就没有稳定的观念，没有这种稳定的理念，在实践中也搞不出什么大名堂。我觉得我们应该在更高水平上、更高层次上来推进我们少年法和青少年预防犯罪法律体系的发展。

在今天姚建龙的讲话中，我非常赞赏的是他主张要把《预防未成年人犯罪法》少年法化、少年司法化。我感觉到这个理念对我们非常重要，我们搞理论的人，要关注世界点点滴滴的经验，但是我们要有更高层次，要有一个总体的看法。贝卡利亚是公认的研究刑法和犯罪学的鼻祖，他的成名作叫作《论犯罪与刑罚》，这里面专门有一节讲预防犯罪，实际上后来《联合国预防少年犯罪准则》的基本观念也是从哪里来的，认为犯罪预防要比惩罚犯罪更加积极，是一个最有效的方法，也是最无后遗症的方法。预防犯罪从理论上来讲确实是很大的问题，有宽泛的犯罪预防，有比较狭义的犯罪预防，也有刚才讲到的三分法。我觉得今天讲座很精华的地方在于考虑到把这些东西少年法化，预防犯罪也要少年法化。法律通过主体、主观方面、客体、客观方面定义出什么行为构成犯罪，少年犯罪预防则是从很轻微的不良行为到严重的违法犯罪，通过少年法化、科学化、制度化实现少年司法化。司法化以后再回到少年法化要有一整套的程序、惩罚的方法、相应的配套措施，所以《预防未成年人犯罪法》要从少年法化到少年司法化，再回到少年法化，形成一个完整的体系，然后再有一个从法到实践的一套完整的东西，这才是理论界和全中国的立法机关或者制度设计部门最后要实现的理想。他这篇文章里面也讲了，有很多事情现在办不到，但是理想总是要去追求的，理论界的人就是要去追求理想，要为理想去奋斗，一步步去实现它。

姚建龙有很多的观点和我一致，我也反对降低刑事责任年龄。法律上面降一年好像改一个字就行了，但是降了一年或者降了两年的影响多大，恐怕很多人没有实际去考虑过。我们中国一年出生1 000多万人，降一个年就是1 000多万、2 000多万的人纳入到要处理的总人数里面，两年就是四五千万人了。而且我们国家有重刑轻民的传统，动不动就要刑罚，而没有考虑怎么样用更好的办法教育更多的人，让他健康成长。所以要搞清楚少年犯罪的特殊性，由于主体的特殊性，有的成人都不构成的犯罪，可以划入到少年犯罪圈里面来；而有些少年犯罪我们要把它划到犯罪圈以外去，这个事情很复杂。刑法上的犯罪概念难以解释，少年司法化以后把它定下来，就形成自己的观念了。比如我们用罪错，不用刑法上的犯罪概念，就是少年法体系当中的新概念。现在我一直有个讲法，现在少年法是法学当中的小学科，我认为随着社会的发展进步，说不定有一天少年法会发展为大学科。说实在话，少年法在四五十年前，在我们中国也没有人知道。20世纪70年代后期，我们才开始把这个问题慢慢提上来，我算是比较早涉足的人。经过建龙，经过在座各位的努力，再过30年以后，也可能少年法学形成一个大学科，形成一个学科体系，里面有好多的具体的法律部门，那个时候我们讨论起来的力量就大一点。我觉得我们这个学科是大有作为的，我们从事这个学科的人的发展空间是非常广阔的，我就说这么多。

李建伟：非常感谢徐老师，徐老师刚才的讲话对我来说启发很大。社科研究与法律研究应围绕经济社会发展当中的需求，找出有意义和有价值的领域，做出一些有价值的成果，敢于研究，敢于创新，敢于开拓，是学术使命和学术理想。我们做研究的人，如果能找到自己的一块领域，对社会有所探索和贡献，是非常有价值和意义的。徐老师虽然是我们的前辈，但依然对学术充满激情，也是非常值得我们学习的。

徐建：上海社会科学院的法学所是有特殊地位的。全国除了中国社科院，上海社会科学院就是老大了，上海社会科学院的法学所应该有更重要的职责，在一些新的领域，能够在全国做出更大的贡献，所以希望法学所在新的领域里能够聚集一些人，培养一些新力量。有现在的基础，还有姚建龙这么一个标杆的人，我们法学所在其他法学研究领域做出贡献的同时，说不定在少年法领域可以有新创造，有新生长点。

李建伟：通过报告和与谈，我们也学到了一些研究方法，比方说要关注实践，要发扬实践，将其归于或者升华到理论，我觉得这也是我们各个学科需要学习的。围绕这个主题，徐老师也谈到学科发展的理想，也是我们现实在做的，也即少年法在不断努力系统化、规范化、科学化，这是非常有意义和价值的。接下来主要听大家的宝贵意见，一起讨论。

陈金鑫(原中共上海市政法党校校长、上海市法学会副会长)：姚所长讲的课题，正如刚才徐建教授所言，非常有研究价值。我提一个建议，你在整个的报告里面，引用了日本的少年法，引用了德国的少年法，我建议是不是可以再进一步研究一下《联合国少年司法最低限度标准规则》(又称《北京规则》)，我想从《北京规则》里面可能会对我们理想当中的少年法或者少年法化有所启发。如果说我们理想当中的少年法或者少年法司法化哪一天成功的话，我觉得跟《北京规则》是不是能够衔接上，这就是眼界的问题，是更大层面的问题，我觉得很有必要在这方面再做进一步的研究。

姚建龙：我做一个回应，陈老师给您报告一下，其实《北京规则》是我们整个论证的基础。

尹琳(上海社会科学院法学所副研究员)：非常感谢姚所长精彩的报告，他在这个报告当中谈到了他的一个梦想，就是《预防未成年人犯罪法》的少年法化的问题，我深受启发。我们现在讲的罪错未成年人或者说罪错少年的概念，西方国家一般都是叫少年，不管是男女都是叫少年的，我们现在一直用未成年人，未成年人到底是不是法律用语？以前的青少年确实不是一个法律社会学用语，未成年人也可以作为一个法律用语。那么应当怎么划分未成年人的阶段？比如日本的划分很有趣的，三岁以下称为幼儿，然后三岁到十八岁之间，即刑事责任龄的年龄段，一般是叫儿童，十八周岁以上则是成年。再说少年是怎么分的，从六岁入学即是少年的开端，直到十八周岁。关于罪错未成年人，我记得 2019 年中共中央办公厅和国务院办公厅发布了一个关于专门学校教育的红头文件，用的就是罪错未成年人的称呼。我觉得这个称呼比以前青少年犯罪要好很多。从分类来看，姚所长提到四分法，日本是三分法，姚所长加了一个违警行为。我不知道为什么要单独把违警提出来，我觉得日本比较合理，一个是虞犯少年，一个是触法少年，然后是犯罪少年，他们统称为非行少年。日本的刑事案件是叫刑事事件，然后少年案件的刑事案件叫少年事件，所以我国台湾地区的少年法完全是将日本的少年法拿过来，仅在细节上进行调整。

然后是《预防未成年人犯罪法》少年法化的问题。一个是少年法化，最好是少年司法化，这就涉及到两个问题，一个问题是少年法是一个实体法的概念，少年司法化是程序法的概念，涉及到这两个概念。但是大家要看一下《预防未成年人犯罪法》本身的定位问题。《预防未成年人犯罪法》《未成年人保护法》，或者说现在正在制定当中的《家庭教育法》，这些法都由全国人大常委会的社会建设委员会主管，刑法是法工委主管的，从这点来看，其实他并没有把《预防未成年人犯罪法》法律本身放在比如说可以作为实体……

姚建龙：我插一句，《预防法》制定的时候，1999 年是法工委刑法室来起草的，但这次修订《预防法》的是社法委。

尹琳：我查了一下《未成年人保护法》和《预防未成年人犯罪法》到底是由全国人大常委会的哪个委员会主管修改的，从定位来看，它其实是定位为社会法。从社会法的角度来说，它就是一个倡导性的。当然，我们现在的《预防未成年人犯罪法》的修改和《未成年人保护法》的修改看起来有具体化的感觉，但是不管这两部法律再怎么修改，它的定位还是限于倡导性的。所以如果说要把一种倡导性、口号性的法律予以实体化、程序化，我认为这真是一个非常好的梦想，但是实现是有些难度的，不过有梦想当然是好的。姚所长的想法，我认为是非常好的，但从这样的一部法进行转化的话，难度较大。

姚建龙：五到十年之内我们一定会把这个事做出来，一定要做出来。

尹琳：但是我觉得与其把这样的一部法进行转化，还不如真正制定一部独立的少年法。

姚建龙：我和有关部门沟通过，这是退而求其次的策略，如果说有可能单独立少年法，我们要一步一步来。

李建伟：非常感谢各位专家、领导、老师专门出席本次会议，包括我在内大家都深受启发，让我们再次感谢徐老师的精彩与谈及姚所长的精彩讲座。

未成年人犯罪收容教养研究：
12岁男孩杀害10岁女童抛尸案的展开

主讲人：**尹琳**，上海社会科学院法学研究所副研究员，硕士生导师，日本国立一桥大学法学院法学硕士、法学博士。曾获得上海市引进海外高层次人才项目和上海浦江人才项目等资助。主要从事刑法学、少年司法以及未成年人法学研究与实践。目前兼任中国预防青少年犯罪研究会理事、上海市人民检察院人民监督员、九三学社上海市委社会和法制委员会委员、上海市未成年人研究会理事及上海社会科学院侨联秘书长。

与谈人：**吉中信人**，广岛大学法学院社科研究科教授，博士生导师，广岛大学社会科学、教育学联合部门主任、意大利帕尔马大学法学部客座教授、中国政法大学国家法律援助研究院特聘研究员、大连大学法学院客座教授。主要研究领域包括少年法、刑事政策、国际刑法。出版了专著《少年刑法研究序说》，并且发表日文、英文论文数十篇。2019年在《广岛法学》发表研究笔记 Structure of the Juvenile Justice System in China：A Japanese Perspective，对中国的少年司法制度也有比较深入的研究。

主持人：**姚建龙**，上海社会科学院法学研究所所长、研究员、博士生导师。

时间：2020年4月24日9:30

姚建龙：各位老师，我们的盈科·上社法学讲坛现在开始。去年13岁男孩杀害10岁女童的案子的讨论还没结束，最近12岁男孩杀害10岁女童抛尸案又引发公众舆论。现在大家都非常关注低龄未成年人恶性犯罪怎么处理的问题。

另一方面,去年公布的《预防未成年人犯罪法》(修订草案),把收容教养部分删除了。但是收容教养制度废除之后,我们将如何去应对? 收容教养制度在《预防未成年人犯罪法》没有体现之后,我们如何去应对低龄未成年人犯罪,也引发了我们很多的思考,我相信今天尹琳的讲座应该也会给我们有很多的启示。

尹琳:各位老师,大家上午好。我今天讲座的题目《未成年人犯罪收容教养研究——12岁男孩杀害10岁女童抛尸案的展开》,背景是《预防未成年人犯罪法》修改删除收容教养的制度。刚好上周12岁男孩杀害10岁女童并抛尸案件的发生,我们今天一并探讨近年来发生的相关低龄未成年人实施的一些凶恶暴力犯罪杀人的(案件)。大家可能有些记忆,2013年重庆一个12岁女童在电梯里殴打一个1岁半的幼儿,然后将幼儿从25楼扔到楼下的案例,这是重庆卫视的报道。随着时间推移,2018年在12月初和月底这两个时间段,湖南省发生过两起儿童杀死父母的案件。12月初的这一起是12岁小学六年级的男孩持刀杀害自己的母亲,他总共捅了母亲20多刀。最终,这个孩子被公安机关释放,由家长领回去监管处理。2018年12月底,湖南衡阳发生13岁的少年锤杀自己双亲的案件。针对这个案件,在2019年3、4月份,我接受过上海电视台的采访,采访的内容是关于这个少年最终的处理问题,他最终接受了什么处分呢? 据说他被送到长沙市的一个专门学校接受矫正教育。这在当时是有争议的,即关于这样的一个未成年人,到底应该怎么处理? 2019年10月,大连一个13岁男孩杀死一个11岁的女童。据报道,这个男孩涉及到很多问题,对他的最终处理结果是被公安机关处以三年的收容教养。这对一个未满14周岁的少年来说,可以被称为是最严厉的处罚。如今,在2020年4月,安徽郎溪一个12岁的男孩杀死一个10岁的女童,据说还存在抛尸行为。到目前为止,还不是很清楚这个案件到底是什么样的情况。于是我上网查了一下,新闻显示这个男孩和这个女孩的关系是叔伯兄妹,即这两个人的父亲是兄弟。

以上说到的这些案件的最显著特征是什么呢? 行为人均未满14周岁,而我们国家的刑事责任年龄是14周岁,那么对于这些12、13岁的未成年人,他们实施了这样一个非常凶残的杀人暴力案件,我们到底应不应该从未成年人犯罪的角度来看待呢? 从收容教养的角度来看,其实这几起案件都不能看作未成年人犯罪,不应该在我们研究的范畴里。对于第一起2013年重庆那个案件,后来我追踪过,在网上搜索过关于这个女童的后续处理,有没有接受其他的处分,后期有没有接受心理咨询等等,但我在网上没有发现相关的处理。但是除了第一起案件,后面的这几起都有一个处理结果。即随着这类案件的增多,社会关注会使国家、公安机关对这些案件的处理结果有所重视。这是关于这些典型案例存在的一些问题,那么对于这种违反刑法但又未满14周岁的未成年人,到目前为止,我们国家没有一个统一的法律处理,但在日本的少年法中,对这类未成年人,被称为触法少年。日本对他们有一个统一的称呼,但我们国家长期以来没有一个法律术语对这些未成年人做出界定。

在2019年3月份,中共中央办公厅和国务院办公厅共同签发一个通知——《关于加强专门学校建设和专门教育工作的意见》。其中,他们指出为什么会出这个通知：首先是这几年校园欺凌和青少年沉迷网络的情况非常多,未成年人实施严重暴力犯罪也在增多,也就是我们刚才所说的这种未成年人杀人问题引发了广泛的关注；同时"对于因年龄原因不予追究刑事责任的未成年人,对于经常违反治安管理规定,家长管不住、普通学校管不了的有严重不良行为未成年人,缺乏有效教育矫治手段",那么需要推动专门教育、治安管理处罚、收容教养。这里提到的收容教养是一种刑事处罚的配套衔接,即建立科学的未成年人罪错行为预防矫治体系。不管是这种未成年人的不良行为也好,还是前面提到的在日本被称为触法少年的行为也好,还有我们所说的真正的犯罪行为也好,这个通知其实都把它称为一个罪错行为,即所有相关的未成年人的不正当或不法的行为都被统称为罪错行为。所以现在我们可以把有罪错行为的未成年人统称为罪错未成年人,这是法律术语。在这个法律术语里边,说的是未满14周岁,在我报告的题目中,把未满14周岁的未成年人这个条件考虑进去,可以从未成年人犯罪、收容教养、收容教养范畴这些地方找到依据。

现在,我想大家都非常清楚收容教养的法律依据。虽然现在修正案草案准备废除收容教养措施,相关法条也删除关于它的内容,但是就其本身,它的法律依据是非常充分的。首先,关于刑法,《刑法》第17条第1款规定已满16周岁的人犯罪应当负刑事责任。第2款的规定是已满14周岁不满16周岁的人在犯故意杀人、故意伤害致人重伤、死亡、强奸、抢劫、贩卖毒品、放火、爆炸、投放危险物八种罪是需要负刑事责任的。不管是这八种类型的犯罪或者八种行为,14—16周岁之间的未成年人是要负刑事责任的。我们再看一下第4款：因不满16周岁不予刑事处罚的,责令他的就是其家长或监护人加以管教；在必要的时候,也可以由政府收容教养。对于第17条第4款的规定,因不满16周岁不予刑事处罚的,我们怎么去理解呢？其实,并不是说他实施的这个行为不是犯罪行为,只不过是因为他未满16周岁，我们不对他实行刑事处罚而已。当然从另一个角度来看，他们因为未满16周岁而不在刑事责任年龄里，这不算犯罪。这个应该怎样理解？现在通常情况下是被理解成后者，也就是不把未满16周岁的这些未成年人实施的关于第17条第2款规定的八种犯罪类型以外的行为作为犯罪处理，而作为违反治安管理规定的不良行为，即严重不良行为来处理。当然这个也有问题存在，所以就出现由政府收容教养的内容。

另外我多次提到，也就是刚才姚所长在刚才提到的一个问题，即现行的《预防未成年人犯罪法》正在修改当中，在这个草案中收容教育的这个法条即第38条是和《刑法》的第17条第4款的内容完全相同，前者其实是照抄过来的。而第39条又对38条收容教育的内容做了一些规定，对于解除教养之后应该是什么样的情况做了一个解释。目前草案把这个规定删除，既然已经删除了，也就是说收容教养措施本身是要被废除的。当然很多学者，比如我们姚所长的研究团队和北京宋英辉的研究团队，都主张应该保留收容教养的规定。这是个涉及收容教养的法律依据的问题。

接着我们回到今天的题目，今天发表的题目是未成年人犯罪收容教养研究，对于选定这个题目的原因，我最初没有解释。最初是国家课题指南中有这样一个题目，我最初看的时候觉得也许可以写点什么，但是还没有正式思考，所里就让我报论坛的题目，我于是就这样报上去，后来又觉得这个题目其实是非常大的，而我又因为疫情原因才回到上海没几天，今天讲的内容也有点杂乱。

我们回到这个报告，其内容是由两个部分组成的，第一个部分是我们前面提到的关于触犯刑法未满14周岁的未成年人的收容教养问题。这是关于低龄儿童或者低龄未成年人的处遇。前面我们提到去年10月份大连杀死女童的13岁少年，他被公安机关处以三年的收容教养，那么到底应不应当对他处以收容教养？这是因为刑法规定收容教养的对象是年满14周岁未成年人，所以对于这个未满14周岁的少年，对他处以收容教养存不存在合法性，但这个案件本身的社会影响又非常大，对他的处分是否超越了法律的规定，关于对他作出这样最严厉的处罚，我觉得这个处理值得我们深思和探讨。第二个部分的内容是针对年满14周岁不满16周岁的未成年人，如果实施刑法第17条第2款规定的八种类型犯罪以外的行为。在《预防未成年人犯罪法》中他们统称为有严重不良行为的未成年人，关于这些未成年人的收容教养问题是我所着眼的题目理所当然需要研究的内容，那么对于未满14周岁的未成年人到底怎样处理，这个是需要思考的问题。我们对于收容教养措施本身需要做一个探讨。刚才提到它具有一个非常坚实的法律依据。为什么要删除？我觉得这里面可能有这样的理由可以考虑。首先就收容教养措施本身来说，它是综合治理措施下的，经过分段一层一层的筛选以后进行的一个措施。大家可以看一下刚才提到的关于法律本身的规定，法律第17条的规定，是一层一层规定的，只有在已满14周岁未满16周岁的未成年人实施了17条第2款规定以外的八种行为，他才会由政府进行收容教养。在最严重的情况下，实施了这八种犯罪的未成年人需要在少年管教所——少年管教所其实就是少年监狱——进行这种处遇或者是矫正。再者就是不负刑事责任的未成年人，这里指的是实行八种犯罪以外的行为的已满14岁未满16周岁的未成年人，这种情况下，首先是由家长进行管教，比如说湖南沅江12岁的少年，20刀刺死母亲的案子，最终处理结果是由家长领回去进行管教监管的，这是一种情况。我们再看一下，湖南衡阳的案子——男孩锤杀父母，把父母双亲都杀死了，这个男孩子还有一个姐姐，据说他的姐姐和母亲一样精神不是很正常。其他亲属如他的伯父好像是家里也很贫困，没法对这个孩子进行监管。这种情况下，他并没有由政府收容教养，而是怎么样？据说是长沙的一个专门学校对其进行收容或者矫治，所以我们说收容教养是分阶层过程中的一个内容。这个是收容教养，它本身的存在必然有它的价值。是行政部门实施这个管辖权，由地级市以上的公安机关来决定，期限一般是1—3年，这是行政机关实施管辖权的一个内容。当然，到底实施场所在什么地方，这些可能有非常多的疑问存在。

关于收容教养措施，它存在的最大问题是什么？我们说其实收容教养本身是具有法律依据的，那么为什么要废止掉？从收容教养本身看，我认为这个制度可能容易让人跟劳动教养相关联，或者说它是一种配合的关系，因为我了解到关于收容教养的管理规定应该是依据大约1979年一个部门的管理办法。这个管理办法的内容有关于少年劳动教养部分的，和少年收容教养属于同一规定。鉴于这个内容和劳动教养相关，我认为它被废止的话，也属于劳动教养废除的联动内容，其实在2013年劳动教养制度就被废除。刚才提到收容教养期限一般还是较长的，有1—3年，既然被收容，就属于剥夺人身自由。像剥夺人身自由这种长期的强制性措施，正常情况下，按照我们现在的《立法法》规定，它应该由法律来决定是否对行为人采取这种强制性的措施，而不是由公安机关来决定，但收容教养却是由这种行政部门即公安机关决定，可见违反《立法法》。另外收容教养本身缺乏系统、具体、科学的操作细则，比如收容教养到底在什么地方？其实在

1979 年《公安部关于少年犯管教所收押、收容范围的通知》，司法局一个文件中提到少年收容教养所是教养队。但是这些文件都早已过时不符合现实，和现在国家的《立法法》的规定是相背离的。由于这些原因，所以我认为收容教养措施被删除，或者说这个制度被废除，正是这些原因造成的。这样做，其实是我们国家长期实行的一种做法，在我看来属于矫枉过正。这是一个有存在价值的制度，我们可以采取别的方法，让这个制度存续下去，而不是把它一删了之。但这是我们的一贯做法。这是关于收容教养措施的一些探讨。

收容教养在最新提交全国人大常委会审议中的《预防未成年人犯罪法》修正草案当中已经被废止。那么现在修正草案的第 4 章，即《预防未成年人犯罪法》（修正草案）的第 4 章，涉及的是什么呢？它涉及对于严重不良行为的未成年人的矫治措施。那么这个严重不良行为到底指的是什么样的行为？它指的是一系列严重危害社会的违法行为。当然这个修订草案会征求公众的意见，我们姚所长的团队将这些行为解释为违反治安管理有关规定的违法行为，和前面所说的中共中央办公厅和国务院办公厅下发的红头文件中的内容是相对应的，并且和刑法第 17 条第 4 款内容的解释也是相对应的。姚所长研究团队将这些行为解释为违反治安的违法行为，说像有些国家存在违警行为，比如我们都知道像法国有违警行为，这样的违反社会治安行为属于严重不良行为，其实大家也可以说就是《刑法》第 17 条的第 2 款内容中的八种犯罪类型以外的行为，就算未成年人实施了这些行为，由于其未满 16 周岁，也不予刑事处罚，这里的不予刑事处罚就是不追究刑事责任。像我刚才所说的，我们可以从两个角度来看，其一是不追究刑事责任并不代表没有犯罪，这是一种看法。另一种看法是把它归纳成严重的危害社会的违法行为，也就是把它从犯罪的范围里排除掉。如果未成年人不满 16 周岁，他实施《刑法》第 17 条第 2 款规定的八种犯罪类型以外的行为，那么这里存在一个刑法与治安管理处罚法之间衔接的问题，也就是治安管理处罚法中对于实施《刑法》17 条第 2 款规定的八种犯罪类型以外行为的未满 16 周岁未成年人到底怎么去处理的问题，这个问题非常值得我们去思考和研究。这个是全国人大常委会审议《预防未成年人犯罪法》（修订草案）的第 4 章第 34 条的内容。我们再看一下第 35 条的内容是：未成年人有严重不良行为的，公安机关应当及时制止和处理，责令其父母或者监护人和学校相互配合，采取措施并严加管教，对于有严重不良行为依法不予处理的未成年人，公安机关可以同时采取以下一项或者几项矫治措施。包括训诫、赔礼道歉、赔偿损失、责令具结悔过、责令在特定期限内报告思想状况、活动状况，责令遵守特定的行为规范，不得实施特定行为与特定人员交往或者出入特定场所，责令接收心理辅导、矫治或者其他治疗，责令接受未成年人社会工作服务机构的关护帮教，责令遵守其他促进未成年人遵纪守法。这些措施都是由公安机关来采取的。这八项措施，可以同时采取几项或者有一项。我们可以认为这八项内容如同什么？一种行政处分。这是修订草案第35条的一个规定。

接着看第37条的规定。"对严重不良行为情节恶劣或者拒不配合、接受第35条规定的教育矫治措施的未成年人，可以送专门学校接受矫治和接受教育。专门学校可以对有严重不良行为的未成年人采取必要的约束措施，有针对性地开展教育矫治。"这部分内容类似于收容教养，但草案中并没有如此界定。在第38条规定的内容里，可以理解为收容教养被放到专门学校里。因为专门学校可以针对有严重不良行为的未成年人、情节恶劣而又拒不配合接收教育矫治措施的未成年人，对他们采取必要的约束措施。这个约束措施是什么意思呢？想一想肯定是要限制很多自由的。收容教养在全国人大审议的《预防未成年人犯罪法》（修订草案）中的取代措施是什么呢？专门学校，被送到专门学校接收这种专门的教育矫治，同样可以采取这种约束（措施）。其实所谓的约束措施，即是强制性的措施。这些是关于全国人大常委会审议当中的《预防未成年人犯罪法》的修订草案的分析内容。

我们再看一下中共中央办公厅和国务院办公厅下发的通知《关于加强专门学校建设和专门教育工作的意见》，引言中提到因年龄原因不予追究刑事责任的未成年人，也就是刑法第17条第4款所规定的经常违反治安管理的内容，这个就是刚才所说姚所长他们研究团队认为的严重不良行为。对于这类家长管不住、普通学校管不了的有严重不良行为的未成年人，中办和国办的意见是因不满16周岁不予刑事处罚和检察机关决定相对不起诉、附条件不起诉的未成年人，也可以依照法定程序送专门学校进行教育矫治。这个意见明确专门学校招生对象的问题。专门学校的招生对象为已满12周岁不满18周岁、有严重不良行为的未成年人。那么对于不满12周岁的未成年人是怎样处理的？其实在这个意见中也提到，这些未成年人因为不满12周岁，又有着严重的不良行为或者一般的不良行为例如经常离家出走、泡网吧、结交乱七八糟的团伙，他们的父母或其他监护人或他所在的学校可以提出申请和委托，让专门学校选派一些师资力量到这些学校去开展有针对性的教育，或者将他们纳入专门学校的独立分班进行体验式学习。但这是红头文件，只能说是关于加强专门学校建设和专门学校工作的意见，还是不能发挥作用。今天早上，我还与二中院张华老师讨论过这个问题。他说我们知道专门学校的前身是工读学校，这种专门学校应该没起到多少作用。但是上海嘉定区检察院的科长跟我讲过嘉定区的一所专门学校好像还是发挥了不小的作用。这是关于专门学校，也就是说作为收容教养的一个替代措施。这也就是说专门学校的价值或地位得到非常大的提高，但更多的是书面上的提高，还没有发挥实际效力。

我们接着看一下日本关于这方面的规定。关于日本这方面的规定我比较熟悉，那么我就介绍日本这方面的内容。日本《少年法》关于非行少年（delinquents）是怎样的内容，它的保护处分又是怎样的内容。关于非行少年，它在日本《少年法》当中有明确规定，保护处分也有非常明确的规定。法律本身是一个实体法，又是一个程序法，所以《少年法》对于实体和程序的内容都是有所规定的。那么我们来看一下关于日本非行少年，首先日本的非行少年分三种类型，分别是犯罪少年、触法少年、虞犯少年。犯罪少年和我们国家一样，日本的刑事责任年龄是14周岁，即年满14周岁违反刑法算作实施犯罪行为。当然少年法也有它独特的规定，在2000年修改《少年法》以前，年满14周岁到16周岁之间的未成年人，《少年法》规定一般不会把他移送到刑事审判的刑事法院。在日本的《少年法》中，少年犯罪和侵犯未成年人的成年人犯罪，它的处理是由日本的家庭法院进行。和一般我们说的地方法院有所区别，家庭法院另外还处理关于家事，比如说离婚等事宜，但是民事、刑事案件的处理还是在地方法院。关于未成年人，如果是作为犯罪提交到刑事法院，前提是需要家庭把犯罪少年逆送到地方法院。但是如果没有移送到刑事法院，所有的未成年人犯罪行为，即非行少年都是在家庭法院进行审理的。

关于触法少年，刚才我们提到中国迄今为止都没有一个统称——关于触法少年到底是什么样的。在日本未满14周岁触犯刑法的少年属于触法少年。另外还有虞犯少年，也就是说有不良行为的少年。在中国叫不良行为，分为一般不良行为和严重不良行为两种类型，日本的虞犯少年应该等同于或者与我国一般不良行为的少年差不多是同一个内容。日本《少年法》规定的处分是保护处分。保护处分是由家庭法院作出的最终的决定。保护处分本有三种，我们看一下PPT中列出的这三种保护处分。它是从自由到强制的一个过程。

我们先说观察保护，大家知道我们中国现在有关护制度，这个制度最初是在闵行检察院开始试行的。其实我觉得我们不应该叫关护制度，我国的制度和Provision 其实是两回事，日本的观察保护制度就是类同于 provision 这个内容。大家知道我们中国的少年司法在实践当中不断积累，最终总结出来形成立法，在法律当中得到经验走立法化的道路。我们最初发起关护制度时，我记得我参加过第一次会议，当时我提了一个不赞同的意见。日本的关护制度是最终保护处分的内容之一，是由法院作出的最终的决定，由观察保护官进行实施。观察保护官具有什么样的地位？他是国家的公务员，有一个机构——观察保护所。观察保护所中具有公务员地位的就只有观察保护官。但是最主要的实施者是保护司，他属于志愿者。保护司是自愿从事观察保护工作的。只拿一点点比如差旅费等必要花费，不拿其他任何报酬。比如保护司要去跟犯罪少年面试、了解情况，所花费交通费是由国家支出，但其他靠什么？靠热情、靠品行，或者依靠积极性和做公益的心。保护司主要是依靠这些内容来工作的。观察保护是最轻微的处分，在保护处分当中最自由。就是跟平常一样居家生活，行为人必须遵守要求遵守的事项，定期和保护司等实施者交流。当然，这个观察保护是保护处分，规定有很多条件，被处分者必须遵守，如每天应该做什么事情、不能做什么事情，也就是像我们刚才提到的《预防未成年人犯罪法》（修订草案）当中提到的：对于不良行为，公安机关可以采取的这些措施。在观察保护里，你必须履行遵守这些要求，就算有这些规定，观察保护官不会经常去查看被处分人的情况，但是保护司应该定期查看，比如一周一次观察你的表现，这是观察保护的内容。观察保护是非常自由的，是保护处分里最自由的一个处罚。

　　第二个内容是移送儿童福利设施。儿童福利设施有两个内容，一个是儿童自立支援设施，还有一个儿童养护设施。现在这两个设施基本上是合并起来，一般情况下只说儿童自立支援设施。儿童自立支援设施是儿童福利机构，日本的儿童福利法规定的一种设施。儿童自立支援设施以前叫教护院。教护院所针对的对象是有一些不良行为，即实施不良行为，或者有可能实施不良行为的儿童，这是收容对象的一种。另外一种从家庭环境上来说，家庭如果没法教育孩子，那么在这种情况下需要对这个家庭的小孩进行一些生活指导，所以这些儿童也是教护院的收容对象。这就是说现在的儿童自立支援设施，它其实收容两种类型的儿童，一种是有不良行为，或者有可能实施不良行为的儿童，另一种是家庭环境不适合儿童生活的儿童。那么养护院即儿童养护设施是什么？是指收容没有保护人，比如说没有父母、或者受父母虐待的儿童，就是说从环境的角度来看，需要养护的儿童。儿童自立支援设施是指在家庭氛围下是没法对孩子进行指导。比如说我们说小孩你没教养，这家里没法给他进行教养。但是儿童养护设施，是指没有父母或者受虐待，这就是说父母很不靠谱。就像我们最初提到的湖南衡阳13岁男孩锤杀父母，如果他光锤杀他父亲，他母亲还活着，他母亲可以来教养他，但是他母亲属于什么样的人？他母亲是有精神障碍的人，其实根本没法对孩子进行养护的，比如说她需要去工作来养活孩子，她是没办法的。所以在这种情况下，儿童其实是可以送到儿童养护设施。儿童养护设施等这种儿童福利设施，在这种情况下是属于《儿童福利法》上的设施，那么它一方面是根据《儿童福利法》可以把儿童送进去在那里生活和生存。另外一方面它是作为少年法保护处分的设施，一个由家庭法院作出最终决定，在这种情况下，《儿童福利法》的儿童自立支援设施和儿童养护设施，它是根据日本的《少年法》第18条规定，因为家庭环境，收容需要教养的儿童。如果说作为保护处分的儿童福利设施收容，即使亲权人，比如说监护人反对，那也没用，可以强制移送，因为这是法院作出的最终决定。但如果根据儿童福利法的规定，移送到这些设施时，亲权人反对，比如说爷爷奶奶主张自己有能力去帮着养活孙子，那么可以不移送。此时需要得到亲权人、监护人的同意。但是，作为家庭法院作出的保护处分的移送儿童福利设施时，这个可以违背亲权人和监护人的意愿进行强制移送。这个是第二种类型的保护处分。

第三种类型的保护处分，是移送少年院，这是保护处分当中最严厉的一种。少年院，其实跟我们的少年犯管教所是不同的。我们少年犯管教所相当于少年监狱，日本以前称为少年刑务所，但在2007年以后改称为少年刑事收容设施，监狱这个名称被废止。少年院在保护处分当中是最严厉的一种，它分四种类型。首先是初等少年院，这是按年龄还是按行为情节、需保护程度的轻重，比如说犯罪，触法的或者与犯罪的情节到底什么样，根据这些，划分初少年院、中等少年院、特别少年院及医疗少年院。前两者是按照年龄划分的，第三种是按照犯罪情节划分的，医疗少年院是按照身心状况划分的。特别少年院收容的对象是，身心都没有任何障碍，但犯罪倾向非常严重，并且岁数是在16周岁到23周岁之间的少年。比如说对杀人的16周岁少年，少年院法规定他必须在一定的年限内收容在特别少年院并接受矫正教育多年。如果在年满18周岁（以前日本成人年龄为20周岁，去年日本民法典修改，民事成人年龄改为18周岁，但是少年法的处理对象还没有做相应修改）即年长少年的少年杀人，被特别少年院收容，他其实可以一直被收容到 23 周岁，就是说有这么一个时间段规定。那是因为特别少年院，在前面三种即收容身心健康的少年院当中，是最严厉的、最严格的一种，或者说它收容的是犯罪情节非常严重的一些人。

第四种类型的医疗少年院，收容的是身心有显著这种障碍的在 12 周岁到 26 周岁之间的人。对于 12 周岁的少年，用日本《少年法》来说是未满 14 周岁的这种触法少年，在 2007 年《少年院法》修改以前，从来没有出现过被收容到少年院的这种情况。就像我们国家一样，日本在进入 21 世纪以后，关于少年犯罪低龄化问题也经常被提及，触法少年的年龄越来越低，跟刚才提到我们国家也一样的，这么低龄的未成年人实施了杀人行为，不采取任何措施，那么其实是会让普通老百姓感觉不安的：比如认为社会治安是不是恶化了？因为一种恐怖心理存在，所以在 2007 年，日本接连修改《少年法》和《少年院法》。修改后《少年院法》规定年满 12 周岁的触法少年也被移送到初等少年院接受这种矫正教育。

如果与日本相比，可以看出中国在事件发生以后，处置的措施非常欠缺。为什么欠缺？因为我们本身没有相关立法。从这一点来看，就像今天我报告的题目这样，非常有必要对于这些已经发生的或将来可能发生的问题进行思考，考虑一下应该怎么样进行立法，怎么样去处理这样的一些事件或这样的一些未成年人。关于是否应该建立一个中间的机构？关于我们国家的未成年人犯罪，现在期待专门学校发挥大的作用。另外还有关于少年犯管教所，也就是少年监狱。那么在专门学校与少年犯管教所之间是否需要一个中间设施？现在专门学校定位为教育设施，少年犯管教所其实是一所少年监狱，在我看来其实是需要一个中间设施的。

如果考虑保留收容教养，应该通过怎样的路径？因为我国从根本上来说问题是制度欠缺、立法也欠缺。关于收容教养的保留，我们应该通过什么样的路径？在这里，我认为要从两个方面入手。第一个路径，就是保留收容教养措施本身，并加以司法化和细化。首先是通过立法将收容教养措施以及它的程序内容加以细化。采取收容教养措施时需要通过什么样的法定程序，收容教养措施到底是怎样的具体内容？我们应该通过立法把这样的措施和程序内容加以细化，使收容教养措施本身成为一个有效的制度。

二中院张华法官指出，《刑法》第 17 条的第 4 款内容从 1979 年《刑法》到 1997 年《刑法》再到今天，其实根本就没有用过。现在废止收容教养，大概是因为要跟劳动教养相配合。实际上如果保留它，对于我们国家解决未成年人犯罪问题会起到很好的作用，所以这个制度本身应该成为一个很有效的制度。另外，将收容教养措施的决定权进行司法化，由法院通过审判最终决定。因为收容教养是一个长期性、强制性、剥夺人身自由的措施，由公安机关来决定，确实是非常不合适的一件事情，所以司法化也就是由法院来决定是理所当然的一件事情，也应该这样决定。

该如何细化收容教养，我认为最好能在《预防未成年人犯罪法》里细化，但是可能存在一定的难度。因为要是说想作为一个真正具有操作性的措施，我认为可以在《预防未成年人犯罪法》修订以后制定一个细则，即收容教养的实施细则，那么将这个措施所涉及的内容、程序进行细化，使收容教养本身具有可操作性。当然这里面涉及的内容很多，比如说收容教养的对象是否要未满14周岁？还是12周岁或者11周岁，换言之10周岁的孩子能否被纳入进来，我觉得都应该去思考一下。

姚所长团队的《预防未成年人犯罪法》修订建议稿写得非常详细，这份建议稿去年9月份到上政评议时我参加过。其中提到采取灵活多样的矫治措施，但应该没有提到收容教养的问题。但是姚所长他们提出灵活多样的矫治措施，比如说关护制度、关护处分等内容，比如说可以委托给自愿的家庭，给福利机构、社会机构还有社工这些团体等。姚所长个人也主张，收容教养措施本身应该能保留下来。

宋英辉团队也是持同样的立场。宋英辉教授和苑宁宁合作，在《光明日报》发表的一篇文章——《准确把握未成年人收容教养制度改革走向》，他们希望把收容教养改成强制教养。但我认为强制还不如收容好。他们跟我不谋而合的地方，是他们也认为要立法化、要走司法化的路径，也就是说把这个权力让法官、让法院掌控。当然他们还提出了很详尽的几条建议。

第二个路径是将收容教养和专门学校二者结合为一体，那么怎么去结合？大力进行专门学校建设，那么可以在其中划出一部分，比如收容矫治或者实施这种凶恶的暴力犯罪的罪错未成年人。此时肯定是要按年龄划分的，比如说12周岁和14周岁的少年，肯定不应该收容到一起。所以，还是要区分区域如何去建设，当然这应该是一个非常复杂的问题。之所以复杂也是在于存在未成年人的教育问题，或者说未成年人犯罪的矫治问题，它本来就是一个非常复杂的问题。从本质上说我们国家其实对此不够重视。为什么这么说呢？我们的立法完全没有往这方面倾斜，总是出事后才开始讨论一下。我们没有走在前沿，其实已经滞后很久，立法也还没有跟上去。如果将收容教养和专门学校二者结合为一体，那么专门学校，它就不仅仅应该是一个教养设施，也是一个矫治设施，所以就不能单纯地由教育管理部门管理，而且是应该由教育管理部门和公安部门共同管理。由教育管理部门和公安部门成立联合委员会，共同决定到底是否对于成年人进行收容。这其实变成由行政部门来决定，由行政部门最终决定执行收容的情况。我认为这是不对的，因为只要是涉及到收容，那就是一个长期的，跟我们说治安处罚的比如说 15 天 10 天、2 周这种一个月的期间还是有所区别的，所以在这种情况下，其实最终还是应该由法院进行管辖比较好。同时这里边也可以让第三方机构参与进来，比如说人民监督员之类的组织，家长如果对此不满，可以采取向人民监督员申诉，比如说检察机关对一个案件不起诉，为了彰显公平，让人民监督员听证，即使是形式上的，去评议一下到底应不应该，这样的建议是否正确？所以应当有一个第三方机构对于不合理决定、家长提起复议或者抗议的一些内容进行评议。另外关于实施凶残暴力行为的罪错未成年人要采取强制收容，国家不需要征得其父母的同意而对其直接采取强制性收容措施。这个是关于保留的一个路径。

　　最后再谈谈我们国家欠缺的另一个主要措施。就像这次报告涉及的那些案件，即关于未满 14 周岁的未成年人，案件发生以后，媒体报道会探究他平时的表现如何。大连 13 周岁男孩子被曝了很多问题。比如说他长得高高大大的，但他自己叫嚣着我未满 14 周岁，我不是负刑事责任的。还有他存在跟踪成年女性的行为。那么他为什么会这样？没有一个人去追究一下他的原因到底在哪里。在这种情况下，其实我们应该去思考他到底是受什么影响而犯罪的，比如说他沉溺网络，或者说他本身就是一个病态的人，心理有毛病。我认为我国这方面非常欠缺，应该成立一个专门的机构，由国家出钱设立一个机构，然后从科学的角度来鉴别一下未成年人他为什么犯罪，找出原因，这样才能做到有的放矢。这一点日本做得很好，比如说日本在少年法这个体系当中，有个少年鉴别所，一个国立的机构。少年鉴别所，它是利用医学、心理学、社会学、教育学等科学，通过各种心理测试方法，进行临床实证，科学探究少年的犯罪原因。此外，家庭法院设置调查官一职，调查官是真正人类科学方面的专家。这点与我国的社工完全不同。社工只是一份工作，大家是拿着这份工资做这份工作，无论是积极性，或者还是专业性，大家都没有也不会进行任何的深入探究。这种少年司法中的科学性是我们国家所欠缺的。

我的报告就到这里，谢谢。姚所长。

姚建龙：谢谢你这个时间把握得非常好，差两分钟 11 点，也非常感谢您很精彩的学术报告。实际上分为 7 个方面，关于她对收容教养制度的一些看法，发表了非常好的观点。我先不多评论，我要把时间交给我们的吉中信人教授。我们原来以为疫情把我们隔离得很远，结果发现反而让我们更近。我们现在热烈欢迎吉中信人教授做点评，做与谈。也请尹琳做翻译。

与谈：吉中信人　　翻译：尹琳

大家好。我是吉中信人。现在我在日本广岛。非常感谢尹老师今天邀请我。对不起，我的中文还不够好。我现在开始做点评。如果中国《预防未成年人犯罪法》把收容教养措施本身废除，我认为关于我们刚才提到的专门学校，就应该加强它的教育方面的能力和治安方面的能力，让它重新起步，重新对它进行利用。加强教育方面，然后让收容教养制度本身还接着保留下去，这样也未尝不可。

关于凶恶犯罪，例如杀人这些暴力犯罪，对于未满 14 周岁的未成年人是不是可以考虑在专门学校里边设置一个特别的区域进行矫治？可以考虑这样去做。2000 年《少年法》修改以后，在日本少年院当中出现这种设置。在少年院里边划分出来一个区域，收容所谓受刑的入院者，即受刑的被收容人，所以这一点是可以考虑的。这话也是像尹老师刚才提到的，国家应该设立一个专门机构，像日本的少年鉴别所这样的专门机构。这样一个专门机构，它可以从科学的角度去分析犯罪非行的原因到底是什么。通过这个原因分析，对于未成年人采取最合适的矫治措施。这一点是最好的。

我本人是研究欧洲的少年法的，关于法国少年法最新的一些观点，我给大家介绍一下。法国本来是福利性的这种观点非常强烈。跟日本一样，在 2000 年以后，也是出现对于少年犯罪加以制裁的严罚化观点。在 2002 年以后，法国开始引入一个叫教育性制裁的内容。关于教育性制裁的内容，法国以前的规定是从 14 周岁开始才可以接受这种教育性制裁，但是法律修改以后，10 周岁就可以接受教育性制裁。本来是基于责任论、责任化的内容，那么现在走向了自助责任化。自助责任化是什么意思？英文的内容大家应该懂得是什么意思，本来是福祉或福利化的内容，现在变成自助型，也就是你自己工作，你自己行动，然后你自己负责。那么这个其实是跟中国的理念大致是相吻合的。现在法国的情况是什么样？它现在属于一种混合型模式，也就是说既有福利化、福利性的观点，也有这种责任——自我责任的观点，所以现在法国关于少年法变成一个混合型模式，并不是一种单纯的要么是福利，要么是制裁，而是既有福利，也有制裁这两个内容的混合体。那么法国的少年法，以前要么选择的是刑法，要么选择的是教育处分，只能二者选一，现在变成一种什么状态？现在既可以选择刑罚，也可以选择教育处分，即刑罚和教育处分这两种措施可以并用。关于日本少年法的理念，其实是保护主义优先的。保护主义优先，那么刑事制裁其实属于例外的情况，但是像法国和德国，它们其实是有少年刑法这种法律存在的。那么在这种情况下，关于刑事处分和福利性的教育处分，它们同时存在就变为可能。

那么关于中国的少年司法，在我看来，它更属于欧洲这种模式。（翻译：他说了这两个内容。一个用了法语，一个用的是德语，应该都是少年刑法的意思。）中国关于未成年人的两部法律当中都是什么样的理念？都是以教育为主的理念，在我看来是非常优秀的理念。但是教育和刑法还有制裁怎么去调和？这个是非常难的课题。但是不管怎么去调和，或者不管如何说是收容教养也好，还是刚才说到的专门学校也好，其实最重要的内容是什么？是我们在矫治过程当中实施的矫治内容到底是什么，这个是最重要的。当然，不应该只让行政机关在启动发挥作用，而应该让法院做到司法上的控制，在其中要反映这个内容也是非常重要的。因为它可以起到审核的作用。

我关于法国的少年司法和日本少年司法进行比较的论文是最新发表的，到时候让尹琳帮我翻译给大家。今天能受到尊敬的姚建龙所长的邀请，让我做点评，我衷心感谢，谢谢！

姚建龙：非常感谢吉中信人教授很精彩的点评，让我非常受启发。包括您刚刚讲到的就是对我们国家《预防未成年人犯罪法》（修订草案）打算废除收容教养的评价，以及为何这样一个想法没有被得到纠正，其实我是反对的。那么如何去协调教育和刑罚之间的这样一个关系，很受启发，特别是您也对我们国家两部未成年人法的教育为主、惩罚为辅的这样一种观念提出肯定。那么其实现在国内很多人尤其是网民，对这样一个原则提出了严厉的批评，包括本人也是反对降低刑事责任年龄，结果在网上遭到了很严厉的攻击。所以现在确实类似于像12岁男童杀害10岁女童的这样一个案件，类似这个案件出来之后，中国国内目前确实也出现了严罚主义的这样一个倾向，所以很多的学术探讨也变得非常困难。非常感谢吉中教授给我们提供了非常好的信息，特别是还把法国的情况、法国少年法最新的修改的动向也进行了介绍。

那么下面我们进入自由讨论的时间。我也特别注意到，今天我们的讲座很受欢迎，我刚刚看了一下，现在有一百四五十人在我们的参与讲座现场。我看到有我们天津社科院的于阳研究员、西南政法陈伟教授、于江教授，上海政法学院的王乐教授，还有我们像长宁法院的王建宁庭长，还有全国未检标兵第一名的王帆检察官，还有我们人大的同志也在，还有我们很多律师朋友也在。我想他们也会有很多的一些想法来跟大家分享。下面我们进行自由讨论，如果大家有需要提问或者发表个人观点都可以，吉中教授下午有课，但他现在还在，如果有问题，也可以跟他一起探讨。谁要发言？好，刘长秋。

刘长秋（上海政法学院党内法规研究中心执行副主任）：首先祝贺尹琳做了一个非常精彩的报告，因为我看了一下今天我们参会的人数大概达到了一百六十多人，迄今为止，我们所里的现场会议，可能是最多的一次，所以祝贺尹琳。非常感谢我们的吉中教授，做了一个非常专业、非常到位的点评。因为我本身并不是研究青少年法的，不过我之前对有些问题也有过一些思考，但是因为我毕竟不是专业的，很有可能提的问题会有些幼稚，可能会有些偏激，敬请尹琳老师多多批评。因为我曾经有个观点是在青少年犯罪方面，特别是对于严重的犯罪，我的建议是在刑法中保留死刑的问题，这个观点是遭到了包括姚所的批评，但是我到现在还是保留这么一个建议，因为我认为刑法可能更多的是一种工具对吧？它可能因为毕竟死刑，对青少年的威慑力还是非常大，它对于预防青少年的恶性犯罪的发生其实还是有着非常好的效果，我们在刑法中保留死刑并不代表我们一定要用，就像我们国家有原子弹一样，我们从来没用过，但是因为我们有这么一个武器，所以很多国家侵犯我们的时候，它有所顾虑。对青少年犯罪这个来讲，我个人感觉也是一样，就是说假如可能在刑法中保留这个死刑的话，我们不会用的，就像尹琳说第17条第4款，可能就是个僵尸条款，从来没用，但是当我们想用的时候，至少我们有法律依据，我们可以有这么一个抓手。所以个人建议能不能考虑在刑法上我们可以适当地考虑保留对青少年犯罪、特别是严重的恶性犯罪，保留死刑适用。

尹琳：谢谢长秋。关于死刑的问题能否保留，我想要反问你一个问题，就是说关于职务犯罪，我们的死刑罪名大概是刑修八还是刑修九删除了很多。否则的话，关于职务犯罪，死刑一直是很多职务犯罪的处罚形式，但是你认为死刑当初的存在对于遏制职务犯罪有用吗？对预防职务犯罪起到震慑作用了吗？没有，根本没有！其实不但没有，根本就是没人在乎。那么为什么对于未成年人要保留死刑的制度？我是坚决反对的。首先，既然说未成年人，其实在他的人生还有一大把的时间，在他尚未成年时，就处以死刑让他生命终止了，那么这是一件多么没有人性、多么残忍的事情，我认为就仅从这一点出发否定死刑的存在，就足矣。当然不必要讲其他更多的内容，比如说联合国各种各样的文件都是反对死刑的，反对对未成年人实施死刑制度。我就不知道你认为这个制度本身作为一个僵尸制度，也有存在的必要吗？真正能起到震慑作用吗？在我看来未必能起到震慑作用。另外一点，既然没什么用，放在那干嘛？浪费资源吗？所以我反对对未成年人保留死刑制度。

姚建龙：是这样的，未成年人死刑全世界所有的国家地区都废止。美国在2005年3月份在洛克·苏西蒙斯一案中也禁止对未成年人死刑，包括索马里现在也加入《劳动权利公约》，《劳动权利公约》是明确禁止对未满18周岁的未成年人判处死刑，而且这个条款是不可保留的。所以如果说我们还要坚持未成年人死刑的话，可能成为世界上唯一一个对未成年人犯罪设置死刑的国家。恢复这个条款，我觉得可能性上也不大。但是这个问题我们可以探讨。好吧，我们看看其他的我们参会人员有需要发言的吗？或者提问都可以。请主持人解除静音，看看大家有需要发言吗？或者提问都可以。

线上提问人：我想问一下，吉中教授他还在这边吗？就麻烦尹琳老师还做一个翻译，因为我有的内容不太会用日语说。

尹琳：我看你说得挺好的，你是律师是吧？张瑞律师是吗？

张瑞：对对对，没错。是这样的，我刚刚在听讲座的时候，吉中教授讲到日本的少年司法中是保护主义优先，刑事制裁例外，但是后面又提到了是并存的一个状态，那么在并存的这种状态下，哪一方面可能会考虑得更多或者是适用得更多？

吉中信人　尹琳：翻译

日本的话，还是保护主义是压倒性的。基本上九成以上的案件，最终是处以保护处分，当然不全是保护处分，它有很多是没有审判，即不进行审判也终案，这样的也是有很大的一部分。如果说日本发生这种重大的案子，犯罪的话，它连三成都没有，所以保护主义是占绝大多数或者压倒性的多数，九成以上。

姚建龙：我们国家因为现在是刑法一元主义，就是这两年，基本上每年人民法院判决的未成年人大概28,000多将近3万多。确实，如果说我们国家法律改革也走向保护处分刑法二元体系的话，其实有很大一部分比例的未成年人是不需要判处刑罚的，所以是教育为主、惩罚为辅这样一种理念在立法中实现和司法实现的过程。好，现在开始有其他的参会人员需要发言或者提问吗？佩芬你说。

王佩芬（上海社会科学院法学所助理研究员）： 尹老师辛苦了，吉中教授好。今天听了吉中教授讲的关于法国和德国未成年教育法的理念，很受启发。我想吉中教授一直在着重强调一个很重要的内容，就是对于未成年人犯罪是以教育挽救为主，但更重要的是教育什么内容才能称作是教育挽救。更多的时候，教育挽救仅仅是作为一种理念、原则难以落到实处，但今天听到吉中教授特别强调教育内容，这一点让我感触颇深。2017年我在香港参观过哥连臣角惩教所，一所中度设防的未成年人惩教所。他们的教育惩戒内容，采用的是半工半读的方法，半天的时间补课，半天的时间用来做劳动。课程设置分为初、中、高三个等级，有些人可以在惩戒期间参加毕业考试和资格考试。对于半天的劳动内容，则十分丰富，可以根据兴趣选择学习电工、汽修、理发、美食等等，目的是这些未成年人返回社会，可以有赖以生存的一技之长。他们还把港式奶茶、甜点制作做成一个品牌对外营业，在不断钻研新配方的过程中，体会劳动带来的快乐、尊严，促使犯罪未成年人迷途知返。回想我们之前调研也去过上海的未成年人管教所，教育内容当然也包括知识教育和劳动两部分，不太清楚补课时间有没有固定为一半的时间，但知识教育方面应当也比较注重。但是劳动方面，我们看到的都是在非常单一枯燥地糊纸盒、折纸袋等机械性工作。其实当时我们就感觉，这样的劳动能不能让他们反思自己的过错，能不能帮助他们认识到未来之路，能不能帮助他们进行心理矫正，是不是有利于他们重返社会？把对犯罪未成年人的"教育、挽救、感化"方针不仅仅是作为一种理念、原则束之高阁，而是如何将它们落实到具体之中，真正让未成年人受到教育、得到挽救，才是最为重要的内容。

尹琳： 我们的少管所这种教条式的劳动技能，或者说职业技能的技术学习，或者职业技能的培训，我认为确实是有问题的。正常情况是应该按照兴趣做选择比较好。因为佩芬刚才说香港，我想着有一年我去英国时，英国的监狱里面的这种犯人，他们开设一个餐馆，里边全是犯人做厨师，店员也全是犯人。犯人们都是根据自己的兴趣去做，这样他才会有热情，做得好。这样对于他们回归社会，也是一项非常必要的生活技能。我觉得我们国家这一点确实是需要改革，当然中国是一个行政化非常强的国家，学者的提议如果得不到上面领导去拍板的话，下面的人是做不了什么事情的，难得有一个负责人他自己说我去改革，比如像我们上海的检察院和法院，他们就是关注《少年法》中的问题，然后思索怎么进行改革，就像刚才我说的关护制度一样的。相对于关护制度本身，正常的关护制度应该是在法院审判以后，但是检察院占了先，后来作为法条作为规定，规定到法律当中去，在检察院那边就截止，其实没法院什么事了。正常来说，这是法院去做的事情。所以我觉得我们需要的是部门的负责人有头脑，有接受新生事物的理念与思维，有这么一个思想意识，这才能做好。

姚建龙：好的好的，我们看一下，还有人需要发言或提问的吗？

杨旭（华东政法大学社会发展学院副教授）：姚老师好，我是华政的杨旭，非常感谢姚建龙教授、法学所组织这样的一个会议和平台，也感谢尹琳教授和吉中教授的精彩演讲。因为我刚才进来晚了，没有听到前面尹琳老师精彩介绍。吉中教授介绍的内容中，他提到有一个叫自我责任这一块，我觉得这一块给我启发很大，因为在福利制度和惩罚二元化的模式之外，我不知道这个自我责任是不是在两元模式之外又加入的一种新的理念，是这样吗？在日本？我想请教吉中教授。

吉中信人　尹琳：翻译

它不是叫自我责任，它是叫自助责任。自助责任概念本身是法国社会福祉论当中的一个概念。这个概念是最近在少年法、少年司法这个领域里边新引进来的，那么这里面就是有一个是叫什么？叫自助，也就是说它那里面用了一个英文的叫什么？叫 welfare。也就是说你自己在活动的同时，你自己是对自己有帮助的，那么也就是并不一定要从别人给你这个东西，而是你自己去获取这个东西。从国家来看的话，你自己运作的话其实是国家对你的一种惩罚，而从你本身来说是你自己在运作，你自己在劳动，然后得到的这种东西。从这个意义上来说，自助责任是把福利和刑事处罚调和到一起的一个概念，这是法国的概念。

杨旭：谢谢，我可以理解为将福利和惩罚结合在一起，同时把少年的主体也作为我们在处罚他这个过程中需要必须考虑的一个因素吗？因为我们在讲处罚或者单讲福利的时候，事实上我们是将少年作为客体的，那么现在是将少年也作为主体，参与到对未成年人的处置过程中，是这样吗？

尹琳：可以这么认为，杨旭。

姚建龙：谢谢吉中教授，因为吉中教授 11:50 分有课，所以需要暂时先离开会场，我们不能再向吉中教授提问，有点遗憾。也非常感谢吉中教授今天非常热情的，而且提供了非常专业的这样一些见解。我们不能耽误吉中教授上课。

吉中信人：太感谢了，再见，拜拜。

姚建龙：再见谢谢，好的。我们今天这个讲座有点超时了，看看我们最后一个问题好吧？如果还有提问的话或者发表观点，我们请最后一位好吗？

提问人：尹老师，姚老师。非常感谢尹老师！今天从您的讲座里面还是收获了很多的，然后从吉中教授讲的我也可以看出来，目前可能就是全世界在少年司法领域，也有可能从保护主义慢慢向折中主义或者是严管主义可能存在一个过渡的整体倾向。然后我从这个问题就延展出来，就是昨天两高两部出了一个关于依法严惩利用未成年人实施黑恶势力犯罪的一个意见，然后我觉得在这个意见当中，我在昨天学习的过程中发现有一个不太明白的地方，希望这个群里面的各位老师能帮忙解惑一下。

在这个里面它强调了首先对于利用未成年人实施黑恶势力犯罪是一个从严打击的，这块包括量刑的从严从重处罚，再包括限制一些刑事强制措施，都有一些规定，然后在里面有一款规定，对于被黑恶势力利用实施犯罪的未成年人自愿如实认罪，真诚悔罪，愿意接受处罚的，应当依法接受从宽处理的量刑建议。我现在在学习的过程中发现，如果是未成年人利用未成年人实施黑恶势力犯罪的，那么这种教唆也好，包括雇佣也好的这种要求实施犯罪的未成年人，对于他们到底是应该采取一种保护主义或者还是应该采取一种严惩主义，我觉得这个方面就是它们两个的边界或者是折中点在哪里？我想请教一下各位老师和司法方面的专家，谢谢。

姚建龙：徐老师提了一个很重要的问题，因为他向群里面所有人提的，也就不一定由尹老师和我回答。我看到今天有一个很特别的同志在，我觉得应该由她讲两句，去年全国未检标兵、全国检察官未检标兵第一名、全国十佳里面排第一名的王帆检察官。要不请你来回答一下这个问题可以吗？

王帆：收到。刚刚我们这位同志是提了一个关于我们刚刚发出的两高两部的一个关于未成年人涉黑案件的意见是吗？

提问人：感谢王检，我的问题是这样子的，就是这个意见的整体的思路是对于利用未成年人实施黑恶势力犯罪是要从重处罚的，然后其中也涉及到一个关于被黑恶势力利用实施犯罪的未成年人，应当从宽提出量刑建议。那么就是未成年人利用未成年人实施黑恶势力犯罪，对于发出利用邀请的那个人，我们对于他的治理也好，或者是处罚也好，我们是以保护为主，还是以惩罚为主，或者是两个中间的边界在哪里？想请教您一下。

姚建龙：实践当中肯定会经常遇到这种冲突，你可以简单回应一下。

王帆：对于这个问题我们在办案当中确实遇到过，因为我们这边曾经就有一起是未成年人在学校周围敲诈勒索在校学生来收取保护费的案件。在这个案件当中，其实我们也是贯彻一个双向保护的原则。在我们看来，实施犯罪的未成年人其实一定程度上他也是犯罪的被害人，所以我们认为他具有一种双重的身份，既然具有双重身份，就应当以从重和从轻一个中间的方式方法去对待他，而不是要么从重或者要么从轻，所以我们在实务当中也不是说一定是他拉了未成年人参加犯罪，我们就一定会对他从严处理。

因为我是来自实务条线的检察官，所以也是一个很难得的机会，想向两位老师提一个小问题。关于专门学校的问题，因为刚刚我们两位老师也都提到了，专门学校是我们处理分级保护过程当中为不良犯罪不良行为人的一个重要的方式方法。但是目前在实务当中就会存在这样一个问题。第一是我们专门学校非常少，像江苏就只有一所，并且收纳的未成年人也非常少，这是一个实际的问题。在收容教养未成年人在专门学校的过程当中，我们觉得目前的困境还是会担心有一个标签效应，因为这个学校的学历或者是证书将会随着孩子的一生，如果之后他进入大学，人家一看他高中阶段或者初中阶段是在某一所特殊学校进行学习，那么这个其实对他来说也是一生的影响。所以我想请教的是在我们上海或者是更广阔的领域当中，这个标签效应要如何避免？第二个小问题是如何能保证这种强制力，因为据我们目前的了解，还是要经过家长或者是学校的申请、家长的同意，然后行政教育部门才能将这个孩子纳入到专门学校去学习，如果家长并不同意，如何保证专门学校的强制性，所以关于这两个问题也是想提出来跟大家一起讨论。

姚建龙：好，尹琳你休息一会，我来回答。因为去年中办国办发布关于家庭家事专门学校专门教育的意见的时候是我在团中央挂职期间，我们当时推动制定的刚刚王帆检察长提到几个问题，也是在那个文件中其实是有回应的，包括这次预防法的修改也做出了一些调整。我们国家现在明面上有110多所专门学校，实际运行的是80多所，上海总共12所。那么马上改革可能会合并成2—4所，但是在中办国办这个意见里面要求是中等以上的城市基本上都要建一所，而且同时也建议可以跨地域招生，也就是说一个省它实际上如果说没有条件的话，原则上它可以覆盖全省进行招收，是有这样的考虑。

第二个改革实际上就是这是预防法草案，包括中办国办的意见里面，其实对专门学校的招生的程序，从纯粹的三自愿原则就是本人同意、家长同意、监护人同意三自愿招生原则改变为双轨制，也就是说一部分实行三自愿，一部分可以强制性。包括我们草案建议的草案中，我们的建议稿里面是包括检察官、公安机关、人民法院其实都可以决定，或者说都可以建议，也就是说不一定是要遵从监护人的意愿，等于双轨制，但是还没有最后变成立法，这是需要有一个改革，但是实际上大家基本上是认可的。

还有第三个标签效应，其实标签效应这个问题从专门学校在80年代，就是国务院关于专门教育专门学校的意见开始，这个问题争论就一直存在，但是在90年代开始，各个省的专门学校都已经改名称，比如说叫什么向阳学校，新会学校名称都改，同时都纳入普通学校的区域里面，而且可以采取仍然拿原校毕业证的这样一种方式，其实它有很多改革措施都是为了回应标签效应的问题。那么包括这一次我们的建议稿里面也是建议专门学校进行分级，也就是说把不同的孩子就是要进行分类管理、分班教育，甚至进行专门学校不同的类型的这样一种改革，也是为了避免交叉感染。应该说在立法上包括学术界确实有立法草案，包括学术界有很多建议跟倡议，很多人还是形成了共识。但确实是现在因为预防法草案最终通过还没有定型，这些改革措施还需要进一步的推动。

好吧，王帆，这是我在这里简单的一个回应。

王帆： 太好了，谢谢姚老师！

姚建龙： 不客气。我必须在12点之前结束我们这个讲座。今天我们讨论整个参与的人也非常多，我们高峰期有将近170个人。在最后，我想讲几句做一个简单的总结，首先确实还是非常感谢尹琳研究员，还有我们特别是通过这个视频跨海连线的吉中信人教授，他现在已经回教室上课去了，给我们做了一个非常好的讲座和与谈，对我个人而言是受益匪浅。特别是我今天非常感动，也非常敬佩我们吉中教授，包括尹琳研究员非常的严谨，为这个讲座包括像吉中教授他的与谈都做了一个非常详细的PPT，这种严谨的学术作风确实非常值得我们去学习，那么尹琳今天的讲座，她这个逻辑也非常严密，资料非常丰富，观点非常鲜明，准备认真，她的观点就是保留说。

我简单讲三句话，第一个就是立法机关现在草案里面，因为是在全国人大，现在叫社法委，工青妇是起草的主持的草案里面，我不评论，但是我觉得有关部门包括领导把收容教养和劳动教育、收容教育混为一谈，这是一个美丽的错误、一个误会，实际上收容教育它是源自我们近代的感化教育措施，也就因为未刑事责任年龄不予刑事处罚，它跟后期的我们讲的劳动教育中的教育真的完全两回事。其实沈家本在 1910 年就是制定大清新刑律给皇帝的奏折里面，就对感化教育这个问题做了很明确的说明。什么叫感化教育？感化教育就是代父兄来教育这些有罪处的这些孩子，它是这样一种顺应各个国家少年司法改革的这样一个趋向所引进的一种制度。那么到 1950 年代的 1952 年，我们开始国家——新中国成立之后——来首次尝试收容教养这个制度，当时主要是用来收容那些流浪乞讨的孩子。那么后来也延伸适用于对收容的一些因为违法行为未达刑事责任年龄不予刑事处罚的这样一些少年。那么其实这个历史脉络它承接的是感化教育，而不是劳动教养，尽管有一段时间收容教养和劳动教养是混在一起的，所以劳动教养的废止不应该直接等同于我们收容教养也应该废止。我觉得这可能是一个美丽的误会，因为劳动教养、收容教育确实应该废除，但是收容教养和它们之间是不一样的，这是第一个。

第二个其实尹琳也已经讲得非常好，包括介绍到了日本的少年法的非行的三种分类。其实我们国家讨论收容教养的改革，包括讨论预防法的这个修改，很核心一点就是罪错行为应该如何分级，今天我没有时间去展开。现在的预防法草案把我们当时建议的触法行为这一章完全删掉，我觉得不可思议，我们后来做了一些沟通，包括现在得到的信息有可能还会恢复。也就是收容教养是不是一定会废除？我觉得从现在的立法的进展的情况来看，应该恢复的可能是比较大，但是我们还需要继续努力。

那么第三个收容教养，我们刚刚说过，不要跟劳动教养、收容教育并在一块，但是更重要的是如果不混在一块儿那怎么办？我们认为它是一种保护处分措施，应该向日本少年法来学习，所以在这个过程中，我们不应该受到舆论甚至一些暴力性的、对于严罚主义的这样一种情绪化的反应。学术界包括立法应当保持理性。所以今天尹琳在最后的建议中，其实是一种非常理性的视角来看，我们国家少年司法的改革，当然特别对收容教养制度应该如何去看待，我觉得这是很重要的，也是作为一种学者，基于自己的学术良知和学术的这样一个素养，他应当秉承的一种观点，而不应该受到一种所谓舆论的一些影响。

现在各个国家从 2000 年之后都有对未成年犯罪严罚化倾向，包括我们吉中教授介绍到，其实法国的少年司法改革也是这样，日本少年法改革也是这样。其实我们国家最近几年也是这样，受到一些恶性个案的影响，那么这些恶性个案其实更应该引起我们去理解和反思我们国家少年司法的改革，而不是受到情绪化的这样的冲击，所以其实这个问题有很多东西值得我们去展开，但是时间已经到了，我不能再说了。非常感谢我们尹琳教授，再次感谢尹琳，还有我们吉中教授的精彩的演讲。

尹琳： 我可以诉一句苦吗？吉中信人那边，他弄腾讯会议很不容易的，必须用国内的电话号码有个验证码，日本的电话号码还没法弄，然后我在这边跟他借电话号码，折腾来折腾去，后来我让他晚上不要关机，直接挂在那，正好就这样子，他才没有再麻烦。好，就这样，谢谢领导！

姚建龙： 真是不容易。对，这也是我们第一次尝试连线海外的学者参与我们的研究商讨。非常感谢吉中教授。我还专门说一下，我们今天其实还有一位特别的参加者，是我们的金永明教授，他刚从日本回来，现在在酒店隔离，我也想请他讲两句，他表示因为时间也确实很紧，他也不说了。所以我们也请金老师在隔离期间要注意安全，多保重。好吧，我们今天的讲座就到这里，非常感谢大家，谢谢大家参与，谢谢！

论检察机关对行政机关的穿透式监督

主讲人：**张亮**，1987 年生，浙江宁波人，民革党员，上海社科院法学所助理研究员，中国社科院法学所博士后研究人员，曾挂职于上海市检察院第三分院第四部副主任。兼任上海市法学会行政法学研究会副秘书长、民革上海市委社法委委员等；在《环球法律评论》《政治与法律》《行政法学研究》《国家检察官学院学报》等 CSSCI 刊物发表论文十余篇；主持国家社科基金、司法部、民革上海市委重点课题等多项。

与谈人：**张永胜**，上海市检三分院第四部主任，美国天普大学法学硕士，上海检察系统行政检察监督资深专家。

主持人：**姚建龙**，上海社会科学院法学研究所所长、研究员、博士生导师。

时间：2021 年 4 月 1 日 9:45

张亮：各位老师上午好，很荣幸来到上社讲坛做报告，我也将此作为去年在上海市三分检挂职一年的述职报告，有很多工作感受想和大家分享。"检察机关对行政机关的穿透式监督"这个内容正是我挂职期间主要从事的工作，今天我就从背景、概念、需求、特征、构造、实践、反思等几个方面来简要地做一下介绍。

首先，是关于行政检察穿透式监督开展的背景。2018 年底最高检内设机构改革后，检察系统中的行政检察监督部门就被独立划出，最高检新成立第七检察厅专司行政检察监督职能。当然，检察系统的上下级部门并不是完全对应的，只有省级以上检察院的行政检察监督部门单独设立，比如我所挂职的上海市三分检第四部,它的业务范围实际包括民事和行政检察监督。可以说,独立的机构设立是重点推进穿透式监督工作的必要背景。按照以往的观点,行政检察的核心是行政诉讼监督,贯穿行政诉讼活动全过程,既有结果监督,也有程序监督;就其功能来说,是"一手托两家",一方面监督人民法院公正司法,另一方面促进行政机关依法行政。行政诉讼监督的具体手段包括生效行政裁判和调解监督、行政审判人员违法行为监督、行政执行活动监督(含非诉执行监督)。

那么,什么是穿透式监督呢?"穿透式监管"这个词,原本是财税法的一个概念,是为了防止非法避税行为,强调观察交易的实质而非仅根据交易外观来确定纳税人实际纳税义务。穿透所强调的是"实质重于形式",目的在于发现不法规避行为,进而消除不法规避行为的脱法效果。新时期的行政检察监督理论创新性地提出"穿透式"理念,正是对我国行政检察监督职能配置的反思,是对行政诉讼监督实践中面临"倒三角"和"程序空转"挑战的回应,值得注意的是,最高检第七厅的张相军厅长在2019年全国行政法学研究会的报告中明确提出,穿透式监督是上海地区检察机关行政检察监督探索的经验提炼。

相比传统的行政检察监督,穿透式监督更强调两层含义:1. 从监督法院行政审判活动穿透至监督行政机关作出的行政行为。2. 从个案监督穿透至类案监督。通过直接监督人民法院的审判和执行活动,间接地对行政机关依法行政起到督促作用,使"间接"也能发挥出"直接"的效果。"穿透",是坚持以问题为中心,针对实践中突出的"遮蔽"。按照官方表述,三大遮蔽分别是:1. 程序给实体披上"合法的外衣"。比如有些超过起诉期限的案件,确实有违法情节,法院不受理,若检察院也选择不监督,那么问题会一直存在。2. "案结事未了"。一个行政争议的核心问题不解决,相关的诉讼和信访会不断产生。3. 个案解决遮蔽类案漏洞。有些案件,明明行政机关有违法情节,却在检察机关启动监督程序后,诱导当事人撤回监督申请,导致监督程序无法推进。因此,穿透式监督的理论基础主要是检察机关法律监督的宪法定位,其次是实质法治理念。检察机关在新时期要有作为才有地位,有地位才有权力,这个权力不是说要争取部门利益,而是要尽职尽责履行国家的法律监督权力,虽然宪法法律一直都明确法律监督权,但是由于具体的细化规定比较少,所以检察院在行使时过于谦抑,所以效果不佳。

行政检察监督之所以对穿透式工作有客观需求,实际上就是源于传统的行政检察工作有明显短板。尽管在业务关系和发展定位上,最高检一贯强调"四大检察"协同发展,齐头并进。但是,行政检察积弱偏软的发展不平衡问题是长期的客观事实。正如最高检张雪樵副检察长所说，"民事、行政诉讼监督好像什么都能监督却又苦于找不到一个着力的抓手，表面文章都可以做，但要做成一件有影响的案例却难上加难。"

首先，传统行政检察监督的广度是不足的。行政检察监督范围与法院再审监督范围高度重合，检察机关一再重复前述再审监督程序，差异性丧失和专业性不足导致功能式微。根据最高检的《人民检察院行政诉讼监督规则（试行）》，其中将行政检察监督的受理范围明确为：1. 人民法院对生效判决、裁定、调解书驳回再审申请或者逾期未对再审申请作出裁定的；2. 认为再审判决、裁定确有错误的；认为审判程序中审判人员存在违法行为的；3. 认为人民法院执行活动存在违法情形的。上述依申请的监督对象分别是再审申请监督、再审裁判监督、审判人员监督、执行监督。但是，在行政检察的具体监督内容则仍要参照《行政诉讼法》第 91 条的规定，即 1. 不予立案或者驳回起诉确有错误的；2. 有新的证据，足以推翻原判决、裁定的；3. 原判决、裁定认定事实的主要证据不足、未经质证或者系伪造的；4. 原判决、裁定适用法律、法规确有错误的；5. 违反法律规定的诉讼程序，可能影响公正审判的；6. 原判决、裁定遗漏诉讼请求的；7. 据以作出原判决、裁定的法律文书被撤销或者变更的；8. 审判人员在审理该案件时有贪污受贿、徇私舞弊、枉法裁判行为的。除此之外，还有第 92 条规定的"调解违反自愿原则或者调解书内容违法"。由此可以看出，除了《行政诉讼法》第 93 条所规定的"调解书损害国家利益、社会公共利益的"和"审判监督程序以外的其他审判程序中审判人员的违法行为"等特殊情形之外，行政检察监督的范围与审判监督具有高度的重合性，那么行政检察监督实际在重复法院再审监督程序的工作内容。同时，客观而言，法院在办案经验、专业水平、组织队伍方面有更加显著的优势，目前这种内容重叠的监督机制中，检察机关既无法体现出其法律监督职能的特殊性，也无法从监督实效上有所突破。

其次，传统行政检察的监督深度也有所不足，症结在于行政诉讼监督仅着眼于审判结果的改变与否。虽然检察机关是法定的监督机关，但是面对行政机关和法院在经历一审、二审、再审程序中所达成的一致意见，甚至个别案件还经过党委政法委的协调和定调，检察机关试图通过监督程序推翻前述结果，将要承受相当大的组织和政治压力。同时，在社会综合治理和维稳的大局观之下，对实体上问题不大的一些案件，为一些"程序瑕疵"或"工作规范"问题，将流程推倒重来，似乎也是"不切实际"的。最后，监督深度不足还体现于司法制约对行政违法失之于宽。行政诉讼制度的权力运行原则是司法权对行政权的制约,但在不少行政诉讼案件中,审判人员不愿触及行政机关的实质性利益。有些案件中,对明显的行政违法行为竟想方设法运用诉讼技巧、巧立法律名目捂盖子、留面子。因此,名义上是最后一道司法保障的底线,实际则成为可有可无的最后一道流程,也让广大人民群众失去了信心,当事人不敢申诉、不信申诉、不会申诉就成为行政检察监督功能的普遍现象。历史也告诉我们,单一的抗诉监督支撑不起行政检察。

新时期"四大检察"中的行政检察监督,实质上已经成为一种狭义的行政诉讼监督,仅涉及裁判结果监督、审判人员违法行为监督、裁判执行和非诉执行监督,但是万万不能将新时期行政检察的范围和作用局限在行政诉讼监督的狭义范围内。我国行政检察监督的本质是检察机关履行宪法职责,通过对行政机关的行政违法或滥用职权提出强制性"异议"的方式,督促其正确行使权力,目的在于保障国家法律统一正确实施。除行政公益诉讼涉及的特定领域外,尽管检察机关只能对法院进行直接监督,对行政违法行为的监督只能借力于监督法院的行政审判和执行活动,但是行政检察监督仍要有穿透至行政权的监督力度,通过各种间接监督的手段措施,乃至延伸到各种社会治理的参与内容来实现。

针对传统行政检察监督工作的不足,穿透式监督体现出哪些优势特征呢?

首先,监督角色超然性:行政检察监督角色的超然性源于宪法。检察权是宪定的专门法律监督权,与行政权、审判权、监察权并列,在国家权力属性上对其他公权力行使开展法律实施的监督。由于我国检察权对行政权的宪法监督,其效力具有宪法上的强制性,应当区别于温和的一般工作建议。它实际上是有法定效力的程序性的"异议"。根据不同时期的工作侧重点,检察功能的发挥也是不同的。如果是对行政审判活动的法律监督,这种监督虽然可能对行政机关产生间接的监督效果,但是其直接的监督对象是司法机关,监督方式包括抗诉和检察建议。如果是对行政权的法律监督,检察机关在行使职权的过程中可以对行政机关进行法律监督,方式主要是检察建议。

其次,监督范围的扩张性:其一,启动监督不再局限于接受行政诉讼监督申请,检察机关可以依监督职权发现线索,比如在近年来发布的最高检指导性案例中,都是依职权启动的,在办理其他案件中发现、在检索当地报纸时发现等等。其二,扩张还体现于监督的行为内容,因为不再局限于对行政行为司法审查结论的合法与否,那么就可以针对合理性、内部行为、抽象的规范性文件。其三,除了针对违法行为之外，穿透式监督在现行制度中的切入口还存在于《行政诉讼监督规则》第9条规定的其他确有必要进行监督的。这种兜底情形可能是审判监督机制未覆盖到的范围，是行政检察监督发挥作用的独特路径。依职权对行政诉讼中涉及的公益情形和执行环节违法开展监督，并不局限于审判结论的合法与否。

最后，监督效力的间接性：通过检察建议和抗诉、督促纠正等间接监督形式，不具有社会管理职能，不直接配置社会资源，不直接处分当事人法律上的权利和义务的权力。

以上三种特征是相互支持的，比如监督角色超然性和监督效力的间接性，支撑了监督范围的扩张性。

正是基于上述优势特征，那么我理解的行政检察穿透式监督的基本构造在于：

第一，以诉讼监督为基础。行政审判监督一直是行政检察监督的基本工作，保证了行政检察监督的下限。所谓穿透要以诉讼监督为支点，扩散出去。法律监督，既包括了对实体法的实施的监督，也包括了对程序法的执行的监督；既通过诉讼形式进行监督，也通过非诉形式进行监督。

第二，以一般监督为内核。对一般监督合理内核的批判性继承，也是未来开展传统式行政检察监督的基本框架和工作格局。历史上，检察机关对行政法律实施的监督有两种形式：一种是一般监督形式，另一种是对行政诉讼实行检察监督的形式。前者在实定法上的一般依据已经被取消，仅对狱政管理工作仍保留有一般监督的性质。事实上，将行政机关作为被监督者，检察院发现行政机关的政令或行政行为违反法律时，采取向上一级行政机关或国家权力机关提出建议的方式予以纠正，一直都是一般监督的方式。由于在国家行政管理活动中既存在着包含行政争议的违法行为，也存在着不包含行政争议的违法行为，所以，对于国家的法律监督机制来说，对行政诉讼的监督和一般监督这两项职权都是必要的。目前，现有的行政法律制度和行政检察监督制度的设计并没有体现出行政诉讼的特点，这也导致行政检察权能在一定程度上被简化和削弱。

第三，以行政争议实质性化解为功能。实现个案层面的案结事了和类案层面的根源治理之双重效能。事实上的行政争议不化解的原因是复杂的，不仅仅是当事人的具体利益不满足，也会由于行政和审判过程中的程序不公正不公开而诱发新的不满，甚至上升到对制度现状的敌视。因此行政争议的实质性化解主要不是针对行政相对人的,不是要解决提问题的人,而是要解决产生问题的制度和规范原因。要注重实质权益的保障救济,依法维权与风险预警并重。尤其面对程序空转问题,要注重平衡当事人合法权利救济和行政执法效率之间的关系。一方面,要选择有典型意义的案件提出监督意见,促进行政机关强化程序意识,树立法治政府良好形象。如对交通执法中的取证问题,即使涉案金额很小,也严格对待。另一方面,在查明个案纠纷背后的利益因素或者当事人实质上的空转目的后,应当坚决维护法律权威,向申请人做出不予支持监督的决定,对后续社会安全风险进行全面评估,并向相关部门做好预警;同时对行政机关可能存在的规范性问题仍提出检察建议,建议其切实提升行政法治化水平,加强工作人员的培训,防止因工作粗疏造成混淆,造成不必要的诉讼和纠纷。

第四,以参与社会治理为目标。检察机关与行政机关并非单一的监督关系,也是在本级党委领导下的合作治理的关系。因此要注重类案问题的研判分析,推动社会治理与制度完善。在开展行政检察穿透式监督办案中,我们发现,目前大量行政纠纷的发生都缘于现行法律制度不完善、政策规定不明确,尤其是政府机关在行政管理或公共服务中主要依据的政策文件更新较快,却未能及时公开和清理,有些做法与现行法律要求和精神不相适应。检察机关要注重类型化积累,逐步形成体系化意见,在办案中代入行政任务的政策分析思维,在确保法律实施统一和法律适用正确的基础上,为行政机关的执法活动提供合理化建议和可替代方案。

接下来,我来简单介绍一下挂职期间所经办和研讨的几个典型案例,来展开阐释行政检察穿透式监督的实践。

强化类案检察建议实效。类案检察建议是在个案监督的基础上,对监督内容的系统化、专业化归纳,体现了从制度层面反思和修补监管漏洞的功能,是穿透式监督的主要特征和手段。在"龚某劳动和社会保障纠纷检察和解案"中,龚某达到法定退休条件之后,由于个人原因没有及时向社保部门申请养老金,然后社保部门拒绝补发延误期间的养老金。本案的争议焦点是养老金的起算时间。《社会保险法》和《上海市城镇养老办法》对此并未明确规定,仅规定了养老金的申领条件。社保部门认为就应该在申领后起算。检察机关发现这类案件不在少数,认为,上海社保政策对这个问题的解释和适用缩限了当事人的权利,是不妥的,同时参考北京等地的养老金起算点都是从法定条件达成后起算的。嗣后,就向有关部门制发了《关于龚某养老金发放行政监督一案矛盾化解建议函》并附具体理由和相关依据材料，建议补发龚某的养老金，同时也将这问题反映到政协。人保局、社保中心复函表示同意补发，并对申领规则做了修改。

以检察听证促进争议各方沟通。充分运用检察听证程序，可以在此监督公开的过程中形成积极的社会效应，在推动行政争议在检察环节实质性解决的同时，也扩大检察机关的权威影响。根据最高检关于加大在执法办案中公开听证的力度，回应人民群众的需求的指示要求，行政检察穿透式监督中应当加大公开听证的比例，对于争议较大、问题突出、社会关注高的案件，要实施公开听证。通过公开监督程序，充分听取意见，邀请多方参与的形式，对行政争议进行充分地研究分析，公开讨论共同化解行政纠纷。在"姜某与市银监局履行职责行政纠纷申请监督案"中，某银行要求姜某的委托代理人杨某于定期存单到期当日出示双方身份证才予以支付款项的操作，引发姜某不满，进而要求上海银监局进行查处，责令黄浦支行纠正储蓄活动中不规范、损害储户权益的违法行为，向两人道歉并补偿必要的损失。但是上海银监局在处理本案时，一开始认为并非其法定职责，后在银监会要求下才重新处理。检察机关对本案进行了公开听证，特邀知名学者、人民监督员、律师等第三方群体担任本案听证员，几方当事人均参加了本次听证会，畅所欲言，充分达成了沟通，上海银监局也承认其系首次处理该类投诉申请，没有相应的依据及可借鉴的经验，在处理该投诉申请时工作存在瑕疵。当场达成和解，申请人撤回对本案的监督申请。

积极介入内部行政行为。与外部行政行为相对的内部行政行为，由于受到特别权力关系的约束，往往将司法审查排除在救济途径之外，但是检察机关也可以介入其中。在"王某与区教育局要求履行法定职责纠纷案"中，王某因不满退休时其教师身份被认定为经济师，要求区教育局依法纠正该错误，恢复其退休教师资格和待遇。王某以区教育局在收到其申诉后，未在法定期限内予以处理，拒绝履行法定职责为由，向法院提起诉讼，但是本案不属于行政诉讼受案范围。检察机关认为区教育局在区政府信访办并未明确指引王某按《教师法》规定提出申诉，将王某的申诉作为重复信访件处理，未依法予以答复，显然违反了《教师法》规定的法定职责。因此向区教育局提出检察建议：1. 认真贯彻落实《教师法》关于保障教师合法权益的申诉处理工作制度，保证申诉渠道畅通，处理答复及时合法，切实提升教育行政工作的法治化水平。2. 加强窗口人员的培训，做好一般信访和行政申诉件的分类办理，防止因工作粗疏造成混淆，造成不必要的诉讼和纠纷。

坚持独立的法律监督立场。检察机关基于独立的监督角色，不必受司法机关以往裁判规则的审查路径约束，可以对社会经济发展变化所引发的规则漏洞和更新进行及时矫正。在"张某与区公安分局行政处罚纠纷提请抗诉案"中，张某因驾驶机动车驶入公交专用车道，被交警罚款。但是双方对于事实的表述存在明显分歧。法院认为，根据交警提交的工作情况、现场照片等证据证明以及单方陈述，可以基于最高院判例所确立的"优势证据规则"来认定证明事实清楚。检察机关在审查后对该案提起监督，认为本案中以交警单方陈述作为定案的优势证据是不妥的，本案与最高院判例的情况有所不同，交警已经要求全面配置执法记录仪，客观上具备证明条件，不应降低证明标准。交警事后主张执法记录仪因病毒袭击而丢失，是自身的过错。因此，行政机关应承担举证不能的不利后果。

通过多种形式促进行政争议实质性化解。检察监督在通过依申请的诉讼监督启动之后，就不再拘泥于审判结论中的行政行为合法性审查，而是可以通过多种形式来促成行政纠纷的实质性化解。在"上海中山副食品批发有限公司申请行政诉讼监督案"中，中山公司对闵行区房地局与荣信公司签订的国有土地使用权出让合同以及据此作出的初始登记不满，提起诉讼。审理法院认为，本案被诉的房地产登记行为系房地产登记机构就第三人基于国有土地使用权出让合同等申请材料，将所涉拆迁地块的土地使用权初始登记于第三人名下，原告中山公司与被诉房地产登记行为没有法律上的利害关系，不具备提起本案诉讼的资格。检察机关经审查后认为，法律上，对申请人中山公司是否与被诉登记行为是否有法律上利害关系，本案原审并无不当。但是，这个问题是否解决，仅仅关系到中山公司的诉请被法院受理，离实现中山公司获得拆迁补偿款的根本目的，还有许多行政或民事诉讼程序要走，而且只有在中山公司在此后的诉讼中都获得有利的判决，才有可能获得有效补偿的结果。因此，讨论中山公司的原告资格问题，在行政诉讼原告资格理论研究上有一定的意义，但对于实质性化解纠纷，定分止争没有实际意义。检察机关的监督审查是当事人采取司法救济的最后一环，如果就案论案，只能造成司法程序的空转，拖延解决问题的时间。本案中山公司提起诉讼的目的是为了解决涉案房屋拆迁补偿问题。闵行区虹桥镇和荣信公司在未达成补偿协议的情况下拆除房屋，存有过错，理应给予补偿。中山公司未及时行使有效的诉讼权利，以及采取的救济方式有偏差，造成救济不力。对此，三分院召开听证会，邀请市仲裁委的房地产方面专家仲裁员作听证员，为各方当事人分析案件中各方的责任，引导各方的诉求向合法、合理聚焦。二是协调双方共同挑选了第三方评估单位，为和解数额提供合法依据。三是再次举办听证，在各方愿意和解的前提下，为如何达成和解的合规性提供政策和法律咨询服务。邀请了市房管局、市区两级税务局等行政管理部门，对拆迁补偿协议的办理流程、税收政策、做账项目等需要注意的法律和政策问题——解答。四是镇政府托底，保证协议依约履行。为了消除拆迁人荣信公司和被拆迁人中山公司双方达成协议后履行方面的顾虑，在签署协议前检察机关专题走访了虹桥镇拆迁办，得到镇政府拆迁办的支持，保证协议达成后镇政府托底保证协议履行。最终，拆迁人荣信公司和中山公司在检察机关的鉴证下，自愿达成和解协议，由荣信公司一次性补偿中山公司 2 900 万元，并履行完毕。7 年未决的纠纷终于在检察环节画上圆满的句号。

当然，虽然行政检察穿透式监督的工作取得了一些成就，但是我也一直在反思，现在的工作实践其实还没有形成体系化、规范化的机制，很多所谓的成绩，可能只是取得一定成绩后的效果反推，有"宣传包装"的成份。日后，穿透式监督还能在哪些方面进行突破呢？

首先，行政检察监督的自身约束与规范。也就是在启动方式、审批程序、调查措施、监督管理、督促落实等方面全面规范化，避免办案的随意性和不确定性，要尽早将依职权启动监督的范围与依申请启动的范围对等起来，防治选择性办案，简而言之，就是通过检察机关的自我规范来提高检察监督的权威。

其次，行政检察监督与行政公益诉讼的衔接。行政公益诉讼制度完全建立后，进一步剥离了原行政检察监督职能中的公诉内容，行政检察监督与公益诉讼的实施主体分立成为检察机关的两个部门。但是从根本上而言，两者本质上仍属于大行政检察监督的范围之内，前者为间接监督，后者为直接监督。同为检察机关的职权，两者不应由于部门分立而失去行政监督的同向性，反而在明确了提起公益诉讼的明确法律依据之后，行政检察监督得以在特定领域发挥更积极的作用，充分发挥公益诉讼与行政检察监督的协作功能和互补作用。同时，狭义的行政检察监督则可以通过行使穿透式监督职能来提供直接监督的线索，甚至将公益诉讼作为延伸手段。

最后，行政检察监督与纪检监察的协作。反贪反渎职能以前一直是行政检察监督的利器，可以通过查人来查案件，当然也有一定弊端。但是，当行政检察监督中有少量案件长期存有争议，并非一般层面的法律适用问题，对此办案检察官应当具备一定的专业敏感性，及时发现行政违法案件中的违法违纪问题。那么，现在反贪反渎的职能虽然剥离了，通过行政检察监督和纪检检察系统的充分协作，一定程度上在于填补以往反贪反渎检察职能的办案优势，审判人员违法监督之所以要赋予标志性监督产品的定位，是因为它最能体现民事、行政检察监督不可替代的监督实效、专业性要求最高的监督水平和紧紧顺应人民群众呼声的公信力。调查和问责一个违法审判的法官，其影响和效果要远远大于抗诉几件案件。

那么以上，就是本次报告的主要内容。

张永胜：今天非常荣幸回到法学所，张亮博士的报告非常好。穿透式监督现阶段还只是工作经验的总结，还没有成为一个有理论支撑的概念。穿透式监督随着检察改革的深入推进应运而生，需要法学理论的逻辑论证和完善，使其更加规范，形成体系化。习近平总书记指出"时代是出卷人，我们是答卷人，人民是阅卷人"，穿透式监督是我们行政检察人对如何开展行政检察监督，推进社会主义法治建设现代化所探索的答卷方式。这种尝试能否成为可复制、可推广的制度，依然需要更加深入的论证。如何提升行政诉讼监督质量、效果的答卷离人民的要求还有很大差距，我们真诚地希望与法学所进行更多更深层次的交流互动，共同推进法治建设。

李建伟（上海社会科学院法学所副所长、特聘研究员）：本次报告的实践意义重大，在目前强调国家治理能力提升的大背景下，大量的工作由行政机关承担，这就需要一套切实的监督机制帮助政府实质上规范其行为。我想提的问题是，本次报告的主题是"论检察机关对行政机关的穿透式监督"，而报告的内容实质上是在论述行政诉讼监督，题目与内容是否存在割裂的情况？

姚建龙：关于这个问题我也想发表一下我的看法，在进行学术研究时不能独语，要从与读者、听众对话的角度看待问题。本次报告的题目容易引起较大的争议，即行政机关是否会接受检察院的监督？但是从内容来看，检察机关的行政诉讼监督有其法律依据，亦有其独特的存在价值，内部的逻辑论证十分严谨。建议张亮博士在今后的研究中多从对话的角度看待问题。

肖军（上海社会科学院法学所副研究员）：穿透式监督中的"穿透"一词对行政机关的杀伤力较大，容易形成误解，从直观的情感来看难以实现监督的目的。结合张亮博士的研究，我认为可以将穿透式监督换为助益型、互助型监督，虽然会存在"互助"与"监督"相互矛盾的情况，但是该表述在宏观层面上更容易被接受，检察机关以其法律人的特殊角色，监督行政机关，促进行政机关规范其行为。还有一个问题是，本次报告中提到的一般监督的概念较为模糊，并不是一个常用的概念，希望张亮博士在运用该概念时说明其具体含义及概念生成的过程。

孙大伟（上海社会科学院法学所副研究员）：虽然穿透性监督这一提法及概念本身需要斟酌，但是从检察机关的工作模式出发，该话题有其深刻的意义。检察改革后，检察机关的民事、行政诉讼监督和以前有较大的不同，以前检察机关以办案推动监督活动，如今则要求检察机关进行纯粹的法律规则的监督，这要求检察机关对法律的运用和理解要更加深刻，因此我赞成张永胜主任提出的提高检察机关的能力的观点。

姚建龙：首先，检察权总体来说在我国并不成熟，在理论层面没有完全实现逻辑自洽，且中国特色检察制度也有其特殊之处，从这个角度来看，本次报告为检察机关的工作提供了新的思路，意义非常重大。其次，张亮博士从七个部分系统且完整地论述了穿透式监督的内涵，将实践中的工作经验进行提炼，形成理论上的展示，这是我们法学所的研究人员挂职的意义所在。最后，我想对本次报告提一点小建议，本次报告缺乏对穿透式监督背后争议性的法理问题的思考，穿透式监督作为一项工作方向，不仅是实践问题更是理论问题，若缺乏理论支撑，难以更好地推进，建议张亮博士进行深入的理论研究，提升报告的整体层次。

刑事合规评价制度的域外考察和评析

主讲人：**陈玲**，上海社会科学院法学研究所助理研究员，法学博士，研究领域为刑法、法律翻译。2004 年本科毕业于南昌大学外国语学院英语专业，2007 年硕士毕业于上海对外经贸大学国际法学专业，2010 年博士毕业于华东政法大学刑法学专业。上海市黄浦区人民检察院第六检察部副主任（挂职）。主持国家社科青年项目一项（信用评级机构法律制度的完善研究）、上海市哲社一般项目一项（"冒名顶替"的刑法规制与"身份盗窃"的入罪化研究），出版专著两本、译著两本，发表论文及译文数十篇。

与谈人：**李睿**，上海财经大学法学院副教授、法学院实践教学中心主任、博导，研究领域为刑法、经济刑法、金融犯罪。美国芝加哥大学法学院科斯-桑德斯法经济学研究中心访问学者（2017）、澳大利亚悉尼大学法学院高级访问学者（2016）、澳大利亚麦考瑞大学访问学者（2015）、美国威斯康辛大学法学院访问学者（2009）、华东政法大学法学博士（2009）、华东政法大学法律硕士（2001）、华东政法大学法学学士（1996）。中国科技法协会理事、上海市法学会徐汇分会理事、上海市法学会刑法学会理事。

主持人：**李建伟**，上海社会科学院法学研究所副所长、特聘研究员。

时间：2020 年 11 月 19 日 9:45

李建伟：各位老师、各位同学，我们今天的盈科·上社讲坛现在开始，请陈玲老师给我们讲《刑事合规评价制度的域外考察和评析》，上海财经大学法学院李睿副教授与谈，大家欢迎！

　　陈玲：各位老师大家早上好，非常荣幸有这样的机会向大家做一个学习心得的汇报，我今天汇报的题目是《刑事合规评价制度的域外考察与评析》。其实正如大家所了解到的，刑事合规现在是非常热的一个学术话题，我们中国学术创新网下 23 本法学杂志中，《比较法研究》《法学论坛》和《中国刑事法杂志》分别在2019 年、2020 年都专门为这一主题开了专栏。其中《中国刑事法杂志》开了两个专栏，第一个专栏是与刑事合规密切相关的一个制度，即附条件不起诉（暂缓起诉制度）的专题。除了几个开了专栏的杂志之外，像其他的《环球法律评论》《中国法学》等一些杂志也都分别发表了 1 至 2 篇不等的文章。

　　接下来就是文献综述和问题的缘起，在这里就不得不提到刑事合规研究的代表性人物，山东大学的李本灿老师。实际上，刑事合规这个话题在我国，在2012 年有一个制度的介绍，但是没有引起大的关注。2014 年，李本灿老师发表了他的第一篇关于合规计划的介绍性的论文，在《中国法学》发表的。他在 2018年组织了一批学者，分别对德日国家的刑事合规问题进行研究，出了一个文集叫《合规与刑法全球视野的考察》，加上中兴合规事件，这个话题就开始爆发式地增长。李本灿老师一个人 2020 年关于刑事合规发了 5 篇论文。另外一个老师叫赵恒，他今年也是 5 篇 sci 加一篇《中国检察官》，关于认罪认罚，其实就是附条件不起诉那一部分的，可见这个问题真的是整个刑法学界特别突出的学术的增长点。

　　从整个的研究来看，可以看到我们国家的研究路径大体分为两种，第一种是刑法教义学的路径，也就是用法解释学的方法来研究怎么样将刑事合规的理念或者说制度内涵融入犯罪的阶层论的体系当中来，当中有的学者就主张将其作为违法性的阻却事由来研究，企业有了合规计划，就不能说这是单位的犯罪行为，从而将其出罪化；有的是作为责任的阻却事由来研究，也就是说有了合规的计划，就排除企业的失职和过失，还有的是以合规计划作为不可避免的违法性认识错误来出罪，这样的情况下也排除了企业的刑事责任。在刑罚论上，也有学者认为合规计划代表的是企业不想犯罪的态度，代表了他的悔罪表现以及未来预防犯罪的一个积极表现，所以是可以从宽处理的。第二种研究的路径是一种立法创设路径，也就是说要借鉴美国的刑事合规的评价制度，从立法上引入刑事合规制度。有的就建议，我们国家要重构单位犯罪的刑事责任体系，以是否有合规计划来判定单位犯罪的主观罪过状态；有的学者建议，我们国家的单位犯罪也要引入英美国家的替代责任原则，也就是说只要单位成员在业务活动中实施的犯罪行为,单位都要去承担刑事责任,但是如果你有合规计划,就可以作为一个抗辩理由出罪,这是在立法上确定的,跟前面的解释论有一个区别;有的就建议,我们要增设业务监督失职罪或者其他的一些新罪,以是否有合规计划来作为是否失职和是否具有过失的一个核心要件;另外有一些学者建议,把合规计划增加到刑法的量刑情节中去,明确其作为从轻减轻或免除处罚的法定的量刑情节。当然上面的一些是关于实体法的立法的改进,有一些学者则认为,刑事合规评价制度在中国的构建的关键点其实不在刑事的实体法上面,而是在程序法上面,所以要借助单位犯罪的附条件不起诉制度,或者说暂缓起诉制度的构建,赋予刑事合规评价制度中国化以生命力。在研究观点上,可以说目前大部分的学者还是赞同刑事合规评价制度的价值和它的制度内涵,而且也是赞同我们国家要引入刑事合规评价制度的。并且有一些学者进一步提出,在我们刑法当中其实已经有了刑事合规制度,他提出来的例子是我们刑九增设的拒不履行信息网络安全管理义务罪,实际上就是一种刑事合规的表现,当然反对的意见也多,大部分的学者都是表示赞同。

从立法角度,从实体法与程序法的角度引入刑事合规评价制度内部实际上有分歧,有的学者就认为刑事合规的评价制度只能作正向激励的引入,但是不能作为反向惩处的措施引入,也就是说、没有刑事合规,不能额外作为从重处罚或加重处罚的理由;有的持相反的意见,认为单位还是有实施刑事合规计划的义务,或者说我们从立法上要重新赋予它这样一个义务,如果你没有的话,要构成犯罪,或者说要从重去处罚,这是大部分学者的观念。

但是也有少部分学者认为刑事合规制度的价值不大,虽然其理念有合理之处,但是没有超过我们现行的刑法或者说刑诉理论的分析框架。山东大学的赵恒老师认为刑事合规评价制度完全可以在刑诉法认罪认罚的制度当中得到体现,所以就没有必要额外另起炉灶去构建这样的一个制度。人大的田洪杰老师提出的观点也是我们不要去构建刑事合规的评价制度,他建议要构建行政合规的评价制度,因为他觉得国内国外对犯罪和违法的概念和立法都是不一样的,现在刑事实体法的教义学理论已经涵盖了刑事合规的有益内涵,并且现在的理论界对刑事合规评价制度是存在了许多的误解的,包括任意扩大了刑事合规概念的外延,误解了我们国家单位犯罪的处罚模式,而且没有理清社会责任的具体内涵,在单位犯罪和自然人犯罪的关系上立场不一,过于夸大和片面强调刑事合规的优点等等。也正因为有学者提出来其实我们误解了这个制度本身的内涵和其在价值体系中当中的地位，所以我觉得如果回过头来，我们对刑事合规评价制度的起源和发展做一个考查，还原我们制度发展的理论根基和目标取向、以及国外制度本身在实施过程当中的争议、还有制度在全球化发展趋势背后各国的一个谨慎的考量，可能更有利于我们更清晰更全面地去理解我们这个刑事合规评价制度的价值，从而在讨论它的中国化构建或者说引入的时候能够更好地取其精华弃其糟粕。

　　所以这也是我的一个研究的缘起，接下来我们就具体地看一下我们域外的刑事合规评价制度的发展和它的全球化的一个趋势。刑事合规评价制度起源于美国。美国的刑事合规评价制度实际上也是经历了一个萌芽、形成、完善还有突破的过程。因为美国是一个判例法国家，所以它的企业的刑事责任也是从司法实践当中发展过来的。自从美国的司法机关以替代责任作为法理根据来追究企业的刑事责任以来，企业其实也在不断地尝试，看看有什么方法可以让企业逃脱出犯罪圈。后来他们想到的一个理由就是我们这里的合规意识以及制定了相应的预防和防止犯罪行为的规章制度来作为抗辩理由，主张企业不应该承担刑事责任。在以合规计划或者说合规管理作为抗辩理由的时候，企业选择进路又不一样，具体有两种，一个是主张我有合规意识，而且我跟我的员工说过了，你不可以去实施犯罪，从而认为企业已经尽到了合理的注意义务，在主观上没有主观犯罪构成要件，以此来作为一个理由来寻求出罪。前面我们提到的一个替代责任的意思是什么？就是说企业的员工在业务过程当中，实施的所有的犯罪行为，只要是为了企业的利益实施的，且满足两个条件，一个就是业务过程当中，一个为企业谋利，就要企业来对自然人的行为承担替代的刑事责任。在这过程当中，既追究自然人的刑事责任，又追究企业的刑事责任。当这个企业首先提出来这样一个抗辩理由的时候，在1946年的时候，弗兰佛尼斯案里面，法院是认同了这样的一个合理的注意义务的抗辩理由，法院认为合规计划的存在，虽然它不影响替代责任的成立，但是可以免除公司的刑事责任，但是到后面因为如果以合理注意义务作为抗辩理由，实际上替代责任就名存实亡了，因为替代责任本来只要是员工满足两个条件，企业就应当承担责任，所以后面的判例以1948年的安曼公司案和20世纪福克斯案这两个案子为代表，又把原来的给推翻掉了。美国的联邦法院原则上是不认为企业实施了合规计划属于尽到了合理注意义务，到后面我们也会提到，这其实有一点类似于鸡生蛋和蛋生鸡的问题，就是说有合规计划就应该能够阻止你的员工犯罪，而没有阻止你的员工犯罪，可以说你是没有尽到合理注意义务，但是合理注意义务，又像我们说的过失犯罪和意外事件的区别，尽到了注意义务，但是事件还是发生了，虽然没有过失，但是也构成犯罪。因为法院做出了这样的判决之后，等于这条路就开始走不通了，所以企业开始寻求其他的理由，就是直接去面对追究企业刑事责任的替代责任原则，以合规管理作为抗辩理由来排除替代责任，因为替代责任我们前面提到就是公司员工在业务过程当中职权范围内为企业谋利而实施的犯罪行为，企业现在就说我企业有规章制度说了员工不可以去实施犯罪行为，员工实施犯罪的行为就不在我的授权范围内，这是一种理由。第二种就是说他要求是为企业谋利的行为，企业就是说你实施犯罪，最后现在司法机关来找我了，我都要为此而付出高额的声誉代价和刑法的后果，怎么能说你的犯罪行为是为了我企业的利益，所以做了这样的一个抗辩。但是从科乐公司案一直到1983年基建公司案这些比较有代表性的案件，法院都一律驳回了。他就是说你的这些理由都不影响替代责任的成立，只要你的职务范围是属于你工作性质上的职权范围、授权范围就可以了，然后为公司谋利只是员工当时做这个事情的一个主观目的也好，或者说普通人看起来如果不案发企业能获利的角度去看。因为企业提出了这样一个抗辩，法院在审判的时候也不得不对合规管理的抗辩理由做一个回应，所以法院实际上也提到了，说合规管理说了员工不去实施犯罪，只是轻描淡写地说了一句而已，没有为此付出实质的努力，所以你这个就不能够排除企业的责任，如果有实质性的努力的话，可能会在量刑上予以考虑，所以从法官最后的附带性的判决意见里面也有提到，这是合规计划可以影响量刑的一个雏形，前面是实体法层面的考量的因素。

　　在程序法当中，美国的检察官其实是有非常大的起诉裁量权的，也就是说案件是否会起诉到法院，最后还是由检察官来确认的，因为他考虑的因素可能会是证据是否充足，然后即便在证据充足的情况下，他还要考虑司法资源的匹配以及公共利益。实际上企业犯罪是一个具有非常大的负外部效应的犯罪，也就是说如果去追究企业犯罪的话，它会有什么后果？就是企业内部的少部分人实施犯罪，结果把惩罚罚到企业身上，企业的所有股东特别是中小股东要为此承担很大的代价，而如果公司因此而破产的话，受连累的可能还是这些底层员工。所以检察官在起诉企业的时候，它的考量因素可能就会比自然人犯罪可能会更多一些。在1989年的时候，一共是有164起的企业实施了有效的合规计划，检察官对这当中的155起就做了不起诉处理，这个比例实际上是非常大的。在实践当中是否有合规计划和合规管理，影响非常大，比率超过百分之八十了，可能是大家心照不宣的、没有制度规范下来的一种考量因素。到了 1987 年和 1991 年,司法部分别出台了一些指南性文件,就把合规计划明确放进去,要去考量它。这都是一些萌芽,因为这个时候可能还没有合规计划或合规管理这样的词,它用的词都是企业有没有跟检察官合作,有没有一些规章制度,还不是一个合规计划,后面我们会提到就是说合规计划的评价制度,它其实是三个维度三个不同层面的一个含义。

接下来我们就看一下它的正式形成和发展,最让大家关注的实际上就是 1991 年 11 月 1 日,美国联邦量刑委员会修订的《联邦量刑指南》,在《组织量刑》的部分把合规和道德计划纳入了司法评价体系,从规范性文件的角度开启了刑事合规评价制度的先河。现行版本是 2018 年 11 月起修订的,《联邦量刑指南》主要包含四部分的内容,第一个就是对合规计划有一个定义,第二个把企业有没有合规计划作为罚金刑减轻的事由,《量刑指南》里面有一个叫可谴责分,基数是 5 分,然后在基数上,各个不同的要素添加上去,合规计划在里面如果把所有的对企业有利的因素都加上去的话,实际上是可以减去 95%,就是说在基础量刑上可以减去 95%。第三个是把合规计划当做一个监督考验型的内容,也就是法院在量刑的时候,如果发现组织的员工人数在 50 个以上,而且根据联邦的法律应该制定有效的合规和道德计划,但是没有的话,法院在量刑的时候就会判决在一定期限内必须建立合规计划,这个时候合规计划成为一种刑法的一个制裁措施了,这是一个比较特别的地方。第四个就是一个有效的合规计划的认定标准,在这里值得注意的是强调了一下组织没有阻止和发现某一个犯罪行为,不能以此作为理由来认为它的合规计划就是绝对无效的,也就是说不能以最后企业成员到底有没有实施犯罪行为来反推合规计划到底有没有效。

接下来是我们的《司法手册》,刚刚的《联邦量刑指南》是实体法层面的一个规范,在程序法层面,早在 1999 年美国司法部就发布了《商业组织起诉原则》,在第 9 章里面详细规定了联邦检察官在调查企业犯罪、对企业提起指控和企业达成认罪或者其他协议时所要考虑的因素,其中之一就是企业合规计划,包括你有没有合规计划、合规计划的充分性有效性、是否真实地去实施了以及犯罪发生之后有没有进一步地完善合规计划,所以在这里实际上涉及到的是不起诉和辩诉交易协议的内容。之后我们可以看到在 2003 年当时的副检察长汤普森,2006 年麦克纳尔迪,2008 年费利普分别对其做出了修订。有一个制度可能要加进来介绍一下,前面我们提到的不起诉协议和辩诉交易协议,在 2003 年汤普森备忘录里面创设了一个在签订暂缓起诉协议的时候,要去考虑企业的合规计划,这两个制度是密切联系在一起的,但是不起诉协议和暂缓起诉协议并不是刑事合规创立的,只是说最后把它们黏到一起去了。实际上1992年美国就签订了第一份不起诉协议,1994年签订了第一份暂缓起诉协议,司法手册在1999年、2003年分别把它们与合规计划结合到了一起。备忘录有这么多修改,其实都是针对不起诉协议和暂缓起诉协议的内容条款。在美国实际上也是引起了轩然大波,因为当时还涉及到了司法审查。在汤普森备忘录的时候,其实要求非常严格,他要求在不起诉协议和暂缓起诉协议里面,比如说要求企业要放弃律师和当事人保密条款,因为美国是当事人主义,律师和当事人的保密是他们整个刑事司法制度的类似于基石一样的条款,是保障人权的一个非常重要的方面。但这里规定,要签订不起诉协议、要签暂缓起诉协议,就要求企业放弃律师和当事人之间的保密协议,那就意味着企业要表明自己的合作态度,必须把跟律师之间沟通的这些文件都交给司法机关,当然他的目的不是针对企业,他的目的是针对前面我们说的企业的高管这些自然人犯罪,这样的话就相当于企业把自己的员工卖了,司法部最后就可以很轻易对员工进行定罪,然后企业也不受影响。这个条款出来之后,在美国引起了非常大的抵触情绪,律师界和商务界都非常抵触,就觉得动摇了根基,所以后来的麦克纳尔迪备忘录做出了退让,即当事人和律师之间的信息,分成两类,一类是关于事实的描述性的信息,一类是当事人就你需要的法律问题咨询律师的法律意见的法律信息。司法部一律不得再去要求它提供法律信息,然后关于事实上的信息,如果你要求对方提供,要对方放弃保密条款,必须首先得到司法部副检察长的批准你才可以。但是即便这样还是受到很多的学者或者说实务界的抵触,所以到了菲利普备忘录的时候,他就强调,协议内容是要求企业要与司法部合作,要共同去打击犯罪行为,而非一定要放弃保密条款,所以后来这条在无形当中被消解掉了。

　　另外的还有一个条款是在汤姆森备忘录里面,它规定签订不起诉协议和签订暂缓起诉协议的,企业应为放弃为员工支付律师费。大家都知道美国打官司其实是特别烧钱的,美国的一些州还就规定员工在职务行为过程当中被追究民事责任、行政责任的,企业要替员工付律师费。有一些公司在他的劳动合同里面也会把当做一项福利条件,就是说如果职务行为被追究任何的责任,公司都会先付律师费。当然如果最后证明是个人的失误,就要个人承担。但是至少在官司开打之时,公司必须先付钱,这样的话就有胜诉的可能性。司法部当时就认为,你请来的大律师团可能比我整个的司法部的人力资源还要强，会影响我对自然人定罪的调查，所以当时就要求企业不能再替员工付钱了。这个也受到了猛烈的抨击，而且引起了当时的司法审查。在一个案件里面，美国诉斯坦的案件里面，要求毕马威不得为他的高管支付薪酬，毕马威也答应了，因为要换取不起诉和暂缓起诉。后来法官驳回了检察官起诉，理由是什么？就是这个条款侵犯了被告人获取律师帮助权和公平审判权，侵犯了美国宪法的第五和第六修正案，所以就驳回起诉。后来官司打到这个联邦巡回第二法院，维持了原判，驳回起诉，所以这个条款也相当于无形当中消解掉了。

从这里我们也可以看到，美国对于刑事合规的争议的焦点其实不是刑事合规本身，其实是企业与检控官在犯罪发生之前或者说发生之后，有没有合作去治理犯罪的理念，以及合作的范围在哪里？反正到了最后全部都被消解掉了，当然这些备忘录也对到底什么是合规计划做了一些补充，在这里我就不细说了。其实关于合规计划是否充分有效，大家也一直是以一个发展的眼光去看，在原来可能一般的措施就够了，但是进入这个数据时代之后会更复杂，所以在2017年的时候，美国司法部就专门出台了企业合规计划的评估细则，在这里强调个案具体分析。

前面我们所说的量刑和是否起诉本身还是一个正向激励的范畴，发展到后面到2002年，包括2010年，已经突破了原来的正向激励的模式，开始在特定领域内对特定的企业，赋予其刑事合规的义务。在2002年的时候，当时也是受安然和世通事件的影响，萨班斯奥克斯法就规定说上市公司的首席执行官和首席财务官，要确保公司财务有正确的披露，要提供内部控制，要有一系列的合规计划和内部控制计划来保证财务信息的正确披露，不然的话最高是可以判20年的监禁刑。在这个时候也就是意味着公司的高管开始有了刑法上的义务。接下来，在因为金融危机导致的多德弗兰克法的出台，2012年的时候，规定投资顾问的企业要指定首席合规官，负责执行企业的合规计划，预防对投资顾问法的违反。如果企业没有做到这一点，企业就构成了犯罪，当然也有民事和行政责任在背后。

纵观美国的刑事合规评价制度的发展历程，可以看到实际上是成文化和扩大化的趋势。首先在它的法理根基上，替代责任是非常重要的根基，因为有替代责任在，所以合规计划才有出罪的空间。另外也是因为它的立法定性和司法定量的立法模式，量刑指南确立了企业合规影响刑事减免和监督考验刑的法律评价制度,另外司法部的司法手册,还有各个具体的企业合规的评估细则确定了暂缓起诉、附条件不起诉、还有辩诉交易等等与刑事合规的紧密联系,以及如何去评价企业合规计划是否充分有效。

接下来,我们看一下刑事合规评价制度的全球化的发展。可以说刑事合规制度能够得到全球化的发展,它其实在一定程度上还是受到了美国的政治、经济和法律的巨大的影响。

首先我们看一下英国,英国的刑事合规评价制度在具体的规则设计上完全不同于美国,所以这也是我们在前面提到的从整体上来看,刑事合规评价制度有全球化发展的趋势,但是其实各国非常谨慎。英国采取了直接在立法上将刑事合规定为某些犯罪的出罪事由的方式,因为在传统上美国追究企业的刑事责任相对来说是比较困难的,它采取的企业承担刑事责任的规则原则叫同性原则,就是检察官必须证明企业的直接意图人与相关的犯罪行为之间存在同谋,而且直接意图人是限于企业的高管,所以在很大程度上其实检察官是很难找到充分的证据来起诉企业的。所以为了解决这样的一个难题,英国直接在立法上引入了一个严格责任的犯罪,但是局限在反腐败领域,在 2010 年颁布的反腐败法第 7 条创制了一个新的罪名,叫商业组织未能阻止关联人行贿罪。也就是说如果与商业组织有关联的人,为了商业组织去获取或者维持商业交易、或在进行商业交易过程当中为了商业组织获取或维持好处而向他人行贿,商业组织就直接构成犯罪了。但是如果商业组织能够证明它已经建立了足够的规程,其实就我们说的合规计划,防止与其有关的相关人员实施行贿行为,就可以不承担刑事责任了。它其实是我们说的新的类型的犯罪,是一种未能阻止类犯罪。我们国家在分析这个犯罪的时候,也有学者提出来是一种不作为犯罪,但是不作为犯罪是没有实施这个行为,我觉得在这个时候因为它不要求商业组织主观上有明知,与我们的不作为犯罪还是不一样,我们的不作为犯罪实际上还是要考虑它主观罪过的层面。英国在创新的这种以合规作为刑事犯罪出罪抗辩事由的立法之后,在 2017 年又颁布了一个金融刑事法,规定了未能阻止便利逃税罪。因为合规计划可以成为你出罪的抗辩理由,什么是充分有效的合规计划就变得非常重要,它类似于构成要件的一个部分。在 2011 年和 2020 年的时候,英国出台了指引,当然这个指引没有强制的效力,只是内部的一个考量因素。我们前面也提到刑事合规评价制度和暂缓起诉和附条件不起诉是密切联系的,英国的路径和美国不一样之处其实也反映在相关联的制度上,英国是没有不起诉协议制度的,而且暂缓起诉协议制度实施也不长，直到 2013 年制定了《犯罪与法院法》才正式引入，然后在 2014 年的 2 月份，出台了相应的一个实施准则。实际上不起诉协议和暂缓起诉协议之间是有很清晰的线的，但是我们有时在讨论的时候会混在一起说。如果我们把它放到美国法律语境，不起诉协议和暂缓起诉协议还是有明显的区别的，不起诉协议就是这个案子完全在检控官的控制之下，行使其起诉的裁量权；暂缓起诉协议是案子已经提到了法院，只是说大家暂时都把程序停下来，然后给你一个考验期，看看你能不能满足这个条款，可能更类似于我们国家的撤回起诉。所以暂缓起诉实际上就涉及到了法官的司法审判权，当然在其他的国家可能法院的主导性会更强，它会去严格审核这个条款的实质内容和形式内容。在美国暂缓起诉协议从程序上也是要求法院发挥作用，但是因为法院还是充分尊重当事人之间的协议的内容，美国自己的学者就把法官的审查叫橡皮章。在英国的话，司法审查还是蛮严格的，如果想启动暂缓起诉协议，都要先跟法官讲明白，我准备这么做了，我为什么要这么做，理由在哪里，当然法官可能说不会在很大程度上去介入该条款，但是他有决定权，他可以一票否决。

然后接下来我们看一下德国，根据现行的德国法，企业是不承担刑事责任的，所以在一定程度上没有刑事合规评价制度的适用空间。但它似乎在自然人层面具有一定的适用空间，德国的刑法典第 13 条规定了保证人义务，也就是说我要保证别人不犯罪。如果通俗一点讲，所有公司设立合规专员，合规专员有义务去防止别人犯罪了。德 2009 年联邦法院就做了一起裁决，把合规专员定罪了，把他纳入到了保证人的范围，然后就引起了热烈的讨论。到最后，学界形成一个共识，就是一般情况下合规专员是不用承担保证人的义务的，但是如果有保证人义务的管理层有转托的监督者保证义务的话，可能要承担刑事责任。2020 年的 6 月，联邦政府出台了一个企业刑法草案，如果通过了，德国可能也要突破自然人刑事责任的桎梏，把刑事责任推广到企业上面去了。

接下来是日本，日本实际上也是以自然人犯罪为根基的，只有在刑法条文规定了针对企业的刑法的时候，企业才承担刑事责任。另外有一个地方需要向大家说明一下，所有的德国和日本的资料，我都是看英文来的，因为我既不懂日语又不懂德文，我们所里精通日语、精通德文的都很多，所以如果在这个过程当中有什么失误的，希望大家可以给我提出来，多多批评指正。日本有一个双重责任条款，也相当于我们国家说的既罚自然人也罚单位从立法角度去看的话，日本的刑事合规计划的引入和企业的刑事责任问题也同样是分开的。但是在法院的一些判例当中,可以看到合规计划作为量刑当中的从轻和减轻的事由的踪影。在下水道串通投标案里面,法院曾经认定过企业在犯罪发生之后,马上做了深刻地反省,而且进行了组织人事的安排,进行了相应的培训,就认为它的这些措施构成了一个酌定的量刑情节。在水产品逃避关税案中,也是同样的,企业案发之后就迅速补缴了税款,且全面协助司法机关进行调查,案后再去组建了合规委员会,这也是属于将案发后的合规计划作为量刑的酌定情节。在判例之外,实际上日本的刑法学者也在探索怎么样将合规计划作为评价的对象引入刑事法领域。日本的学者在引入的时候,几乎完全是从刑法教义学的路径。日本刑法理论中有一个新过失论,然后就把合规计划理解为企业系统过失责任,与这方面联系起来。

接下来我们看一下法国,法国传统上也是把它当做大陆法系的国家,但是法人的刑事责任也是到 1994 年确立的,1994 年确立法人的刑事责任的时候,它还是只针对专门的犯罪有刑事责任,但是在 2004 年的时候,就把法人承担刑事责任范围扩大到所有自然人能够构成的罪名。只要企业有刑事责任的可能性,就有刑事合规的余地。我们在讲到刑事合规的时候,法国也是我们经常会去考察的一个国家,因为法国颁布了关于提高透明度反腐败以及促进经济生活现代化的 2016—1691 号法律,我们把它叫作萨宾第二法律。这个法律很特殊的地方就在于:首先,它和美国一样把合规计划规定为刑法的制裁措施之一,也就是说如果法人构成了腐败犯罪的,而企业内部又没有合规计划的,它就要接受反腐败局的监督,在特定的时间一般是不超过 5 年内,要建立起反腐败的合规计划,包括要聘请合规专员,要把所有的业务过程当中的风险点找到,有一套非常复杂的程序,这是一个刑罚措施。其次是确立了反腐败领域的强制合规的制度,在企业的选择上也做了非常严格的限制。它要求总部位于法国,员工在 500 人以上、营业额在 1 亿欧元以上的才有这个义务。再次,这部法律还确立了法国式的暂缓起诉制度,它的名称叫司法公共利益协议,通过这个协议确认了暂缓起诉制度。从制度发展来看,刑事合规非常重要的一个抓手就是起诉与否或者说撤回起诉与否,这也是现在刑事合规在我们国家得到很大的讨论的原因之一。

接下来我们看一下意大利,意大利 2001 年通过了一个 231 号立法令,确立了公司的刑事责任,还有合规计划的责任豁免,也就是说在意大利的刑法典当中,缺少合规计划本身不构成犯罪,但是没有实施合规计划的公司,就不可以享受 231 号立法令当中的合规责任的豁免。另外,立法并没有确定合规计划的,而是由行业规则习惯和法院的判例来确定到底什么样的合规计划是充分有效的。

　　以上是对一些比较重要的国家的情况的介绍。接下来是对这个制度的我个人的一点比较浅的看法。首先是从它的发展轨迹来看，域外的刑事合规评价制度起源于美国，经过一定的时间的发展，逐渐在全球的范围内都得到重视和发展。这其实是与美国法律的实用主义、法律的域外管辖权还有在政治经济上的优先地位有着非常重要的关联关系。在一定意义上，很多企业最后去实施合规计划都是迫于美国的法律规定而不得不去这么做。当然，刑事合规评价制度本身也的确有它的可取之处，企业合规了，企业的员工不去犯罪了，当然是大家追求的目标，但是它的制度本身也是有局限性的，所以各个国家也都是结合自己本国的实际情况，将这一个制度纳入到本国的法律体制中来。域外合规评价制度有多种模式，其中第一个模式就是我们所说的刑法激励模式，刑法激励模式其实就是合规计划是否存在以及充分有效的程度，会影响是否起诉以及最后的定罪和量刑。还有一个叫刑罚措施模式，就是必须把建立合规计划作为一个刑罚的措施，一旦犯罪了，现在就迫使你必须去建立合规计划。第三个叫不作为的构成要件的模式，如果没有合规计划，企业或者企业的高管本身就构成刑事犯罪，这个时候不去考虑是不是真的有员工实施犯罪，而是一开始就规定企业必须要这么做，防患于未然。美国有这三种模式，但是其他的国家没有说把这三个模式都吸纳了的，基本上都是部分吸收。这也是我最后得出的一个看法。因为我们国家现在也有两种研究路径，一个刑法教义学的是立法的路径，我就觉得我们国家走刑法教义学的路径可能是行不通的，因为德国和日本在刑法教义学的路径上已经摸索耕耘了很多年，其实也提出了很多的观点，但是最后还是没有大的一个进展，所以我还是更倾向于立法创设的路径。

　　另外域外的刑事合规评价制度给我们的一个启示是，我们要顺应它的全球发展趋势，但是如何去顺应或者说在模式的选择上，在这个时候就要充分认识到国内外理论背景的不同，要注重本地化的改造。刑事合规评价制度它其实是三个概念、三个维度。首先，合规是一种状态或者一种目标，说企业和员工的行为都要符合法律的规定。从这个意义上讲，自从有了制度规范以来都是我们大家要去遵守要求，包括我们说刑事合规，也就是你不能违反刑事法。从这样一个角度上去讲的话，有规范意识以来，这其实就已经存在的，所以不能从这个概念去论证我们国家在很早以来就已经有了刑事合规的这样一个制度。其次，我们所说的合规计划，也叫合规制度或者说合规管理，这个并不是企业规定了员工都要守法、企业要合法经营，就说它已经有了合规的计划或者说有了合规的制度。合规计划和合规制度是企业为了达到这样一个合规的状态或者目标所付出的努力,努力本身是很系统化的,合规计划的设立本身也是非常专业化的内容,所以结合前面讲的国外的一些判定,什么是合规计划的有效,如果去把重要的点摘出来,可能就包括对企业运营过程当中违法风险进行评估和分析,然后制定相应的风险消解的对策,避免企业本身和员工违法犯罪情况的出现,这个实际上就是一个我们说的规章制度制定的过程,但是这个仅仅是它的一个起步而已。基本上一个有效的合规计划都要求有一个合规专员。合规专员要负责的工作,首先是有规章制度,然后要去宣传,要让员工知道这些规章制度是什么,能做什么不能做什么,使他充分理解。另外一个就是对员工行为的监督,对员工进行培训,保证规章制度的得以履行,这是往前跨了一小步,然后接着你内部要有一个畅通的举报系统,有一个内部处罚措施,以及与司法机关的信息通畅渠道。接下来企业就要再去反省,为什么前面已经有了规章制度,有了这些措施,还会出现违法情况,这是要及时修改和完善规章制度,来保证员工守法,到这里为止已经走了一半了。后面还有很重要的一个方面就是保证合规专员有重要的一个作用和职能,保证你的合规专员可以履行他的职责,财力和物力要充分匹配,要畅通合规专员和领导层的沟通渠道,然后在一定程度上有程序保障,可以直接跟董事会、股东会衔接,跟司法部门要衔接。刑事合规评价制度可能前面两个维度的概念的主体都是企业,然后第三个维度就是刑事合规评价制度的主体变成了国家公权力司法机关。这个时候实际上是对企业有没有合规计划以及合规计划是否有效进行评价,然后在出入刑、出入罪、是否起诉量刑、是否给予强制性的要求等给予相应的这样的一个法律评价。所以我们国家实际上在说的刑事合规是这个层面的概念,刑事合规更准确的一个用词可能是刑事合规的评价制度,而不单单说刑事合规。当然约定俗成说刑事合规也没有问题,但是一旦确定这个意义之后,就不可以把刑事合规再回到我们第一个层面的刑事合规的意义上去了,这就是田宏杰老师在她的文章里面花了很大的篇幅去抨击的一个点。

第二,我们要注意国内外刑法责任根基和理论背景的不同之处,我国的单位犯罪的模式和国外是不一样的,国外首先是替代模式,相当于严格责任了,不考虑你单位的意志,或者说不考虑单位实际获利,但是我们国家不一样,我们国家的单位犯罪的设立其实在一定程度上减轻或者说是对真正实施犯罪的自然人进行了从宽处理,所以就可以看到在起刑点上单位犯罪的起刑点和自然人的起刑点是不一样的,如果认可这样一种观点的话,我们跟国外的企业承担责任的理论根据完全不一样。在国外，实际上自然人犯罪没有任何疑问，只不过在自然人犯罪之外还要把你这个企业给拉进来，加重对违法犯罪行为的打击力度，然后促使企业在内部去管好员工，不要让员工实施犯罪。我们国家本身单位能够构成犯罪的情形，比国外要少，所以单位犯罪其实是出罪和量刑的从宽，在这种情况下，我们国家单位犯罪的适用刑事合规的动力需求到底有多少？所以我就觉得，我们国家刑事合规评价制度的适用空间要窄得多。如果我们国家要引入刑事合规评价制度的话，当然一方面可以从犯罪的共同治理的角度切入，另外一方面我觉得恢复性司法理念在其中是很重要的。

另外还有一个就是在刑事合规和暂缓起诉和不起诉协议的一个关系上，因为这两个制度其实是紧密联系的，所以我们国家对这两个制度也是给予了充分的关注，像前面我们提到说《中国刑事法》杂志两次开专栏，就有一次是刑事合规下的附条件不起诉，我们国家学者基本上是以刑事合规为出发点，然后去讨论单位犯罪的刑事责任问题，去讨论不起诉协议，或者说暂缓起诉制度的一个构建，很多论文的题目都是刑事合规视野下单位犯罪的归责原则的研究，然后企业合规中的附条件不起诉立法研究，企业合规下的暂缓起诉制度等等，实际上刑事合规站到了中心。但从刚刚我们对国外制度发展和它的争议焦点来看，在整个的制度框架当中，刑事合规计划其实是暂缓起诉、不起诉协议、辩诉交易以及其他交易当中考量条件和条款的内容，是裁量情节之一，也是考验条件之一。

第三个就是如果要使得刑事合规制度有比较大的一个作用的发挥，我觉得必须借助于单位犯罪的附条件不起诉制度。我们国家针对未成年人有一个附条件不起诉，未来再立法制它单位犯罪的附条件不起诉的可能性还是非常大的。第四个就是要严格把控合规计划充分有效的评价标准，来合理体现报复型和预防型的理念的平衡。

以上就是我报告的内容，请批评指正。

李睿： 非常感谢李所长，也感谢陈老师的邀请。今天陈玲老师的主题是刑事合规评价制度的域外考察和评析，对我来说是一个非常好的学习的机会。这个主题，我在 2009 年的时候就关注了，2009 年的时候在美国做访问学者，然后我有一半的时间在亚特兰大的一家律师事务所实习，当时正好就发生了几件事，一件就是中国建设银行的张恩照，他当时是因为美国对 IBM 的反腐败调查，然后就引发了我们国家被动地追究了张恩照的责任，因为国际上已经曝光了。我当时就很惊讶，为什么会引发调查，就是说张恩照只是参加了一场免费高尔夫球活动,然后他给了IBM订单,所以后来美国对IBM进行了惩罚,适用这个FCPA的调查。第二个是在2008年2009年的时候FCPA调查西门子的事件,因为我当时做过一些研究,也找过一些资料,西门子事件中,美国的和解协议是赔了4.5亿美金,然后它还把它的非法的获利3.5亿美金上交了,这样就8个亿,然后欧盟给它将近4亿欧元的罚金。我当时就对这个问题非常关注。这个案件其实就是引发了我们对于这个FCPA,美国的反海外贿赂法案的关注。在FCPA之下,接受他们的罚款。同时我建立企业的合规计划,然后换取在刑事上面的不追究。这个制度其实当时给我们很大的一个启发。

从值得我们借鉴的角度来看,主要来说包括三个方面,一个是防范,要有很多的培训计划,对员工要进行什么样的培训,通过业务培训告诉你应该怎么做合规。第二就是识别,建立内部的报告制度,还有很重要的是吹哨人制度,就是它的中介机构,这一点我也很高兴,就是这个制度终于来到了中国,我们现开始在做,最近有一些案件当中了解到如果说企业财务不合规的话,会计师事务所不给你出报告,会计师事务所不出报告的话,发债、并购全部做不下去,因为它知道财务上面有问题,如果它给你出具这个报告的话,后面会有中介机构的刑事责任比如虚假陈述等。还有包括员工的内部的举报,这个是它的一个识别的体系。第三就是应对,就是发现了这个的话,它要有一个很严密的应对体系,我怎样去调查,怎么样去弥补漏洞,怎么样去建立整改措施。当时我就觉得很疑惑,我当时也跟很多的美国律师讨论,确实是那个时候在美国他们自己也对这个FCPA是持质疑态度的,为什么这么说? 当时美国要全球化的,而且全球化的体系是美国主导的,但是我们要全球化,我们要走出去,人家别的企业都可以向第三世界国家的领导人去行贿,然后人家去占领了第三世界的市场,我们自缚手脚对吧? 我们为什么要这么做? 他们是很非常不理解的,我们虽然批评归批评,但是其实我们中美贸易谈判当中,包括我们加入WTO过程当中,很多是倒逼了我们的制度的完善的,是走到一个科学合理的路上的。当时它们的理念就是,我确实是牺牲你的短期利益,我不让你到海外去行贿,然后你的市场确实是被欧盟的其他企业占领,但牺牲的短期利益,它保护的是市场的公平竞争秩序和长期的发展,企业里面要有一个可持续发展的理论,要让廉洁成为一个真正的最高价值,最后保持的是市场的公平竞争,然后保持的是这个机会的平等。合规最终要考虑的是它的一个社会价值,而这个社会价值是超越国界的,所以当时我还是很敬佩的,这个我觉得是全社会的一个贡献,跨越国界的一个贡献。

　　这些年来，全球保护主义上升，世界经济很低迷，全球市场萎缩，在这种情况下，我们中国企业走出去是一定要强调刑事合规的，否则的话我们会有巨大的风险。我们国家这些年来，我自己观察到的有几个跟我们企业相关的一个制度。一个是 2018 年的时候中国标准化管理委员会参照国际标准化委员会，建立了一个合规管理体系指南，这个是针对所有的国有企业民营企业的，然后是在国务院国资委，后来有一个针对中央企业的合规的指引，然后近期的企业海外经营的合规指引，是由国家发改委牵头，联合工商联、外交部、商务部这些部门联合发布的走出去的行为指引。2018 年以后，我们也是逐步开始关注这个工作。

　　另外，检察制度和刑事企业合规有几块的结合点，如果我们这个制度能够完善的话，我觉得这个企业合规有点类似于像破产管理制度，对于律师业务来说是一个巨大的增长点。对于我们司法来说现在有几种制度，我们事实上也在做的，一个是我们现在目前已经很成熟，而且这个刑诉法都没有任何障碍的民营企业的相对不起诉。第二个就是认罪认罚，检察机关也可以对他做不起诉处理。第三种就是暂缓不起诉的制度，其实只能作为一个改革的试点，因为有一些条件还是需要突破的，如果用我们以前的相对不起诉的话，有很多的前提条件，比如三年以下，情节轻微等，但是这些企业往往它的数额会比较大，很难做到这一点，如果说是要突破的话或者改革的话，可能就是在比较激进的附条件不起诉模式上面做一些探索。刚才陈老师也介绍了，我们可以把未成年人的暂缓不起诉制度引入过来。我觉得更可以参照把破产管理人的制度引进来的，只是附条件不起诉不行，我们要有一个团队去落实它的监督和制约，否则的话你只写一个检察建议就结束了，后面没有人去监督落实，达不到良好效果。要把它从巨大的一个刑事责任当中解脱出来，后期的管理是很重要的，需要专业人士的跟上。可能要一年或者两年的时间，要督促企业脱胎换骨，做一个彻底的体检，把你的制度全部改掉。这些都是需要我们有改革的意识和改革的精神去探索的。

　　总体上我觉得就是说刑事合规制度也是我们刑法研究的一个新的蓝海，是从企业预防犯罪的角度来说增设这样的一种刑事义务，也是刑法当中一种积极的预防刑法观的一个体现。其实追究他们的责任也没有问题，现在我们的刑法当中有企业的管理过失、监督过失，从这个角度这也是符合刑法当中的责任原则的。从另外一个角度，比如说合规就往暂缓起诉方面发展的话，也有理论的基础，比如说信赖原则、期待可能性，还有风险降低等等一些正当化的理由可以衔接。这个制度对我们当代刑法来说也是一个丰富和发展。最后再次感谢我们法学所,感谢陈老师提供了这么宝贵的学习机会,谢谢。

涂龙科(上海社会科学院法学所研究员):我提一个问题,刑事合规现在也是热点,无论是在理论界还是实务界,包括检察院的也是特别关注这个问题。如果是从刑法教义学的角度出发,我觉得可能只有两个点,一个是过失,还有一个就是不作为犯,刚刚讲了德国和日本都在这个理论的路径上进行探索,但好像都没有成功,目前为止都没有大的进展,都还是理论上的探讨。我就想问一下,保证人义务只能是法定的吗?

陈玲:保证人义务,实际上它是来源于它的一个叫作一般企业主责任。一般企业主责任就是说企业主和他的各个主管都有防止下级员工实施与企业相关的犯罪行为的保证人的地位。然后如果你有保证人义务,然后你没有做到,然后刑法可能就去追究你的刑事责任,然后在德国刑法典的第13条就规定了法定的保证人义务。

涂龙科:刑事合规评价制度中的企业及企业相关人员不作为义务的义务来源是什么?

陈玲:企业具有合规义务与企业具有实施合规计划的义务是两个概念,合规计划的义务来源可能为行业规则等,违反此种义务并不必然上升为刑事责任,因此以"不作为"来追究企业或企业相关人员的刑事责任,可能通过立法创设的路径更为可行。

魏昌东(上海社会科学院法学所研究员):刑事合规评价制度的价值追求是将国家外在的对企业的强制性义务转化为企业内部自我约束的规则。当下中国若想构建刑事合规评价制度,应该解决的主要问题是如何明确该制度的理论基础。英美法不重视理论建构制度,但在我国构建一项法律制度必须要有相应的规则原理。中国建构刑事合规评价制度时不应坚持实践导向,而应着重于理论的构建。

李建伟:只要有外部性的经济社会活动,公法就应当介入,刑法在经济领域发挥作用的空间非常大。企业刑事犯罪存在问题,首先企业刑事犯罪存在数量多、处罚少的矛盾,企业并不重视对刑事犯罪的预防,其次存在内部与外部衔接的矛盾,建立企业刑事合规评价制度并不仅仅是企业的外部问题,其对企业的长期发展也非常有利。本次报告能从实践角度解决企业刑事犯罪的问题,具有深刻的实践意义。但是,在构建我国的刑事合规评价制度时,应当先确立其价值目标,再进行具体的制度设计。此外,在构建刑事合规评价制度时,其他部门法也可以有所作为,如公司法对公司治理相关制度的改进。我们今天的讲座到此结束。

缺席审判：被忽视的国际真相

主讲人：**郭晶**，中共党员，上海社会科学院法学研究所副研究员，澳门大学法学博士。研究领域：国际刑法、区际刑法。主持国家级课题1项，省部级课题2项，出版个人专著2部，在各类期刊发表论文20余篇。连续多年担任国际刑事法院模拟法庭竞赛（中文）和高校间红十字"国际人道法"模拟法庭竞赛（英文）的书状法官和庭辩法官，曾在美国、荷兰、德国、意大利、芬兰、希腊、克罗地亚等国家交流访问。

与谈人：**王秀梅**，女，北京师范大学刑事法律科学研究院副院长、教授、法学博士、博士生导师，北京师范大学国际刑法研究所副所长，中国廉政法制研究会副会长，中国刑事执行法学会副会长，中国行为法学会法律风险防控委员会副会长，中国刑法学研究会理事，国际刑法学协会副主席暨中国分会秘书长。研究领域为中国刑法、国际刑事司法和外国刑法。主持国家社科基金重大和重点项目，主持教育部、司法部、外交部等有关部委专项委托课题研究。出版个人专著、译著、合著共计40余部，在《中国法学》《新华文摘》等海内外报刊杂志发表学术论文200余篇。

主持人：**李建伟**，上海社会科学院法学研究所副所长、特聘研究员。

时间：2020年12月10日9:45

郭晶：尊敬的王秀梅教授，亲爱的各位同事，各位同学，大家早上好。非常荣幸今天能给大家做这个报告。我报告的题目为《缺席审判：被忽视的国际真相》。选用了戏剧性一点的标题，一方面是为了吸引大家的眼球，另一方面也是卖个关子，隐藏研究视角，让大家不会先入为主。事实上，缺席审判自 2018 年《刑事诉讼法修法》之后，就成为了一个研究热点。近三年来，有 60 篇左右 C 刊类的文章以刑事缺席审判为研究主题，其中法学 c 刊类的文章大约占到 30 多篇，比重非常高。因此，缺席审判当之无愧是一个研究热点。目前，缺席审判相关研究已经进入第二阶段，需要和呼唤进一步的深入研究。

从现有研究来看，缺席审判相关研究大致可以分为两类，第一类主要是从规范主义，从教义学的角度分析，主要依据刑事诉讼法的原则、理论，如价值平衡、被告人的权利保障、诉讼效率等等。第二类文章是从功能主义，从刑事政策的角度出发，分析缺席审判制度跟国际追逃追赃的关系。今天的讲座将先从功能主义和刑事政策出发，立足刑事诉讼法增设缺席审判制度的立法初衷，然后回归到制度设计能否实现这个目标。相关分析同样会用到教义学的方法，因此是两类研究兼而有之。我的研究与现有研究的主要区别在于，研究材料上使用到了一些国际社会利用缺席审判追逃的一些材料，是此前研究较少涉及的。讲座的主要内容已发表在《吉林大学社会科学学报》2019 年第 6 期，论文题目为《缺席审判与引渡追逃的紧张关系及突破》。

下面正式开始今天的讲座。首先来看一下缺席审判的立法背景。党的十八大以来，以习近平同志为核心的党中央大力开展反腐败斗争，狠抓国际追逃追赃工作，将追逃追赃推到了外交工作的重点，先后开展"猎狐""天网"专项行动，取得了卓著成绩。截至 2019 年 9 月，"百名红通人员"已经归案 60 人。昨天是联合国大力推广的国际反腐败日，从中国纪检监察网发布的最新消息来看，2020 年虽然有疫情的影响，但是追逃追赃的脚步并没有停下来。2020 年 1 月至 9 月，"天网 2020"行动已追回外逃人员 998 人，其中国家工作人员 262 人，追回赃款 21.05 亿元人民币。

尽管追逃追赃工作取得了卓越的成绩，但另一方面，追逃追赃工作也出现了一些困境。目前国际追逃追赃工作开展了超过 5 年，比较好追回的一些外逃人员已经追回，剩下的一些外逃人员很多属于顽固分子，或者有些因各种原因还滞留在外，对他们的追逃存在困难。现有的如引渡、劝返、遣返，还有异地追诉等追逃办法，发挥作用有限。百名红通回来的这些人员，大部分是通过劝返回来的，真正通过引渡回来的人很少，遣返也就只有两人。高度依赖劝返是目前追逃的主要问题，而劝返在执行过程中间也会出现很多法律上的问题。比如说上个月闹得沸沸扬扬的美国抓捕"猎狐"人员事件。抓捕的并不是国内派去的公安或者是司法人员，而是在美国境内已经获得了美国居留权的华人，协助我们做追逃工作。美方以骚扰罪把他们抓捕起来，现正走司法程序。可以看到在中美对抗的形势下，劝返可能会越来越困难。此外，从百名红通人员归案的情况来看，剩下的仍然滞留在外的很多人，都藏匿在美加澳新这几个引渡合作意愿较低的国家。具体而言，现在仍然滞留在美国的有 19 人，加拿大有 6 人，新西兰有 6 人，澳大利亚有 3 人。为什么这 4 个国家这么难？主要是由于他们是严格奉行条约前置主义的国家，只要没有跟他们签订引渡条约，就拒绝提供合作。怎么突破这个困境，怎么把这些仍然滞留的外逃人员追回来，就需要一些新的措施、新的办法来突破追逃进入深水区的困境。

习近平总书记在十九大报告中指出，不管腐败分子逃到哪里，都要缉拿归案绳之以法。在这个背景下缺席审判应运而生。回顾缺席审判的立法进程，2018年 4 月公布了第一稿，8 月进行第二次审议，10 月份第三次审议通过。从全国人大常委会《关于〈中华人民共和国刑事诉讼法（修改草案）〉的说明》可以看出《刑事诉讼法》修改增设刑事缺席审判制度的目的非常明确，就是为了反腐败追逃追赃，就是为了加强境外追逃追赃工作的力度，为了追回潜逃在外的腐败分子。再来看看这个草案本身，草案第一稿关于缺席审判的最主要的条文是第 291 条。它规定的是对于贪污贿赂等犯罪案件，犯罪嫌疑人、被告人潜逃境外的，监察机关移送起诉，人民检察院认为犯罪事实已经查清，证据确实充分，依法应当追究刑事责任的，可以向人民法院提起公诉。案件范围很明显突出了贪污贿赂，但是"贪污贿赂"后面有个"等"字，还留有一定的悬念，究竟是等内等还是等外等，这个是有争议的。面对这个争议，在 8 月第二次审议的时候，草案进行了一定的修正，由于这个等字包含了一个比较大的解释空间，对罪刑法定原则造成一定的挑战，就把等字删掉了，并明确了什么样的案件能够适用刑事缺席审判制度，即贪污贿赂犯罪案件以及需要及时进行审判，经最高检核准的严重危害国家安全犯罪和恐怖主义活动犯罪。经过了多方面的考虑斟酌，增加了这样另外两类犯罪，但是有一定的限制条件。必须要是需要及时进行审判，并且要经最高检核准，有这两个限制条件，而前面的贪污贿赂犯罪案件是没有限定条件的。因此从第291 条的立法进程，从法条草案和法条最后的定稿来看，立法增设缺席审判是为了打击腐败，针对外逃人员，这一点是非常明确的。

那么，从教义学角度，该立法是否契合当下刑事法律体系的发展？值得研究。近年来，中国已经在刑事立法领域深受积极主义刑法观的指导。积极主义刑法观主要有两块内容，一块就是要严密法网，一块就是要去重刑化。严密法网除了启动刑事立法的活性化，扩大犯罪圈以外，还有一个很重要的就是要提高刑事犯罪的追诉率。从这个角度来说，追回外逃人员，将他们绳之以法，带回国内进行审判定罪，并且执行刑罚，是严密法网的一个方面，是贯彻宽严相济刑事政策的应有之义。如果把追逃直接简单地归纳为缉拿归案，并且对他们绳之以法，就可以看到绳之以法才是追逃的真正目的。光把他缉拿归案是不行的，还必须要能够绳之以法。我们之前的做法都是先把人抓回来，然后进行定罪量刑，审判执行。现在有一部分人不方便缉拿归案，可不可以通过先绳之以法的办法来逼迫外逃人员回国，以实现缉拿归案。这就引出了今天的问题。立法者的立法初衷究竟能不能实现？绳之以法之后是否有利于缉拿归案，或者说缺席审判和引渡和追逃究竟是什么关系，这就涉及到今天的真相。真相就是缺席审判并不一定有利于追逃。

首先，对这些暂时未归案的外逃人员，对他们进行缺席审判，并不一定有利于劝返。对外逃人员进行缺席审判，产生一个缺席判决之后，缺席判决如何得到执行是一个问题。守株待兔，相信有了缺席判决，外逃人员就会因为法律震慑，主动回国投案，未免过于乐观。最大的可能是，仍然要再对他们进行追逃。再继续对他们进行追逃的时候，实际上用的仍然是劝返政策，而缺席判决对劝返的功效可能并不明显。因为劝返主要通过宽大宽缓的政策感召使其自动投案，而缺席审判主要发挥震慑作用。

那么，缺席审判究竟是不是有利于引渡？这也是今天讨论的核心。对这个问题有很多争议，有的学者认为，缺席审判是一个天然有缺陷的制度，对被告人的权利有很多的克减，也不利于追逃，要慎重适用。而另一部分学者，当然可能更多的是有实务经验的一些研究人员则比较乐观。缺席审判制度通过之后，他们认为可以大大加强反腐败追逃工作的力度，实现追逃的目的。

但事实上是不是这样，就需要从引渡理论展开。所谓引渡就是一个国家的犯罪嫌疑人、被告人或者是被判刑人，出现在另外一个国家，前一个国家向后一个国家请求，把这个人移交到前一个国家的程序。现代引渡制度早有雏形，但之前并没有形成确定的模式。有的学者比如格劳秀斯，就倡导天下大同的一种设想，认为无论犯罪分子逃到哪里，都有义务把他引渡给需要审判他的国家，如果不引渡就应当起诉他，这当然是构筑惩罚罪犯法网的理想状态。随着后来实证学派的兴起以及民族国家的建立，格劳秀斯的这种自然法倡议最终没能得到实现。现代社会，引渡首先不是主权国的义务，一国向另一国请求移交某一个人，另一国没有义务一定要把犯罪嫌疑人或者被告人引渡给请求国。引渡请求在现代实践中实际上是障碍重重的，通常会有政治障碍和法律障碍两大类。这也是引渡的决策程序决定的，一般来说引渡都需要经过政治审查和司法审查的双重审查。政治障碍主要在于，行政部门最终决定某一个人能不能被引渡，其考虑的不一定都是法律因素，很多时候也会考虑相当程度的政治因素，而法律障碍则是由司法机关来进行审查某一个犯罪嫌疑人要不要引渡。

在研究引渡合作的政治障碍时，政治因素是法律研究人员没有办法控制的，因此只能将研究重点放在法律障碍上。法律障碍其实就是要看外国的司法机关在决定是否引渡的时候会有一些什么样的障碍和判断。司法人员在判断是否引渡某人的时候，他会做一些加法判断，也会做一些减法判断。所谓加法判断，就是指如果这个条件符合，这个人就可以被引渡。比如说两国之间有没有引渡条约等，还有被请求移交的犯罪嫌疑人的犯罪行为在被请求国家是不是也是犯罪行为。减法判断就是一些障碍，即如果一旦出现这些事由，外国的司法机关就可以以此为由拒绝引渡。如政治犯不引渡，因种族、宗教、国籍等因素回国会受到迫害不引渡，军事犯不引渡，死刑犯不引渡，本国公民不引渡，酷刑不引渡以及缺席审判不引渡等。缺席审判在这个地方产生了跟引渡的连接，如果某一个人在国内是被缺席审判定罪的，外国的司法机关在决定是否引渡的时候，可以直接作为一个拒绝引渡的理由。至此，国际真相的影子已经初现了，即缺席审判有可能会对引渡造成障碍，不仅不一定利于追逃，甚至有可能成为障碍。

引渡请求可以分为两大类，第一类是审判请求，即犯罪分子没有经过审判，还是犯罪嫌疑人、被告人身份的时候，请求国向被请求国请求移交这个人回国受审。另一类是执行请求，即对已经经过审判定罪的罪犯，请求回国执行刑罚。引渡大部分是前面一种，就是一国请求把某一个人移交回国，对他进行审判。少部分引渡请求是执行请求，也就是如果在国内，已经对某个犯罪嫌疑人、被告人进行了缺席审判，再向他国请求引渡，这种情况下就是执行请求，引渡的目标是要把这个人引渡回来执行刑罚，而不是进行审判。缺席判决形成后，我国再向外国提出的引渡请求就属于第二类执行请求。而执行请求在面临外国司法审查时，就可能面临重重障碍。

缺席审判成为引渡的法律障碍主要有两种情况。第一种情况是缺席审判成为引渡的直接障碍，即被请求引渡的国家和地区的引渡法和逃犯移交规则，直接将缺席审判作为了拒绝引渡的事由之一。比如香港《逃犯条例》第 5 条规定，如果主管当局觉得有以下情况，则任何人不得被移交：（b）（i）有关方面就某项罪行寻求做出该项移交，而针对该项罪行所作的检控，是在该人缺席的情况下进行和导致定罪的。再如《中华人民共和国引渡法》第 8 条也规定：如果根据缺席判决提出引渡请求的，应当拒绝引渡，当然还有一些限制条件。再如《联合国引渡示范法》第 7 节第 2 条规定："如果请求国的缺席判决是根据请求国的缺席判决提出的，引渡请求可以被拒绝。"因此，缺席审判可以直接构成引渡的障碍。除此之外，缺席审判对引渡是否还有别的障碍？比如被请求引渡的国家的引渡法或者移交规则里面并没有缺席判决可以被拒绝，是不是就一定会予以合作？事实上也并非如此。除了引渡法以外，还有双边条约中间也有将缺席审判作为拒绝引渡事由的，比如说《联合国引渡示范条约》，美国和奥地利之间的双边引渡条约，都是将缺席定罪作为一个拒绝引渡的事由。

除了直接障碍，还有间接障碍，间接障碍就是指虽然可能本国的引渡法和移交规则里面没有定明缺席审判一定会拒绝引渡，但是在进行司法审查时，会将缺席审判作为一个衡量因素来进行分析，判断是不是符合公平审判的要求，如果是的话予以引渡，不是就不引渡。一个比较经典的引渡案件，即美国和法国之间长达数年的引渡案件。被引渡人埃因霍恩，又称"独角兽杀手"。他在年轻的时候是一个环保主义者，是一位比较著名的激进分子。1977 年，他杀害了他的女朋友，他的女朋友荷莉与他交往多年，一起居住在费城。后来荷莉到了纽约生活，找了新的男朋友，就决定回费城跟埃因霍恩分手。回到费城之后就被埃因霍恩杀害了，过了一年多从埃因霍恩的家中飘出了很难闻的腐臭气味，警察才发现荷莉的尸体。对埃因霍恩进行审判期间，允许他保释在外，于是埃因霍恩在审判开庭前的一天弃保潜逃，逃到国外。由于被告人逃逸，1977 年到 1993 年间，审判只能中止。到了 1993 年，费城检方认为，当时案件的证人可能快遗失记忆了，证据马上就要灭失了，在无奈之下对埃因霍恩进行了缺席定罪。虽有缺席判决，但一直无法得到执行，直到埃因霍恩被法国警方发现。美国立即向法国请求引渡，要求法国警方协助逮捕埃因霍恩。但没想到法国警方很快将其释放，原因是法国认为美国依据国内法对埃因霍恩进行的缺席审判，对他的诉讼权利保障不够充分，不符合公平审判的要求。此时，美国遂指责法国不遵守引渡条约，拒绝履行引渡条约的义务，不进行合作。法国的做法是对主权平等原则和国际礼让原则的挑战。即便有很多来自总统、副总统层面的交涉，法国仍然坚持缺席审判必须符合公平审判的要求，不予配合。最后，为了成功引渡埃因霍恩，美国费城修改了《刑事诉讼法》，规定：如果在引渡的过程中间，被请求国家要求在被告人回国之后享有申请重审和上诉的权利，那么这名缺席审判的人回国之后就享有上述的权利。该法案又称为"埃因霍恩法案"。可见，法国向美国输出了一个非常重要的保障缺席审判被告人权利的途径，就是赋予其回国之后申请重审或者是上诉的权利。美国费城在修改了州法律之后，法国同意了引渡。成功引渡之时已经到了 2001 年，距埃因霍恩杀人已经过去了 20 多年。

此外，欧洲逮捕令也反映出缺席审判对引渡的障碍，同样也是基于公平审判的考虑。欧洲逮捕令被认为是全球范围内国家与国家之间司法合作最紧密、警务合作最密切的一项制度。在没有欧洲逮捕令的时候，法国签署的逮捕令要到德国执行，必须先转化成德国国内的逮捕令，然后德国的警方才能执行。欧洲逮捕令就意味着他们不再需要这样的一种转化就互相承认。但事实上欧洲逮捕令在实施过程中间是障碍重重的，尤其是涉及到缺席判决的逮捕令。若是基于缺席判决签发的欧洲逮捕令，其他国家在执行的时候就有可能拒绝。比如荷兰就经常拒绝比利时提出的基于缺席审判而签发的逮捕令。由此可见，缺席审判无论是作为直接障碍还是间接障碍，其内核是一致的，即缺席审判有可能对引渡造成障碍，也就是被忽视的国际真相。

那么，我国《刑事诉讼法》规定的缺席审判程序有哪些因素可能妨害引渡合作。事实上，国家在制定《刑事诉讼法》第五章第三编缺席审判程序的时候，已经充分地考虑到了后面是要进行引渡合作的。从法条来看，这个很重要的第 292条，人民法院应当通过有关国际条约规定的或者外交途径提出的司法协助方式，或者被告人所在地法律允许的其他方式，将传票和人民检察院的起诉书副本送达被告人。书证送达之后，拒不到案的，人民法院应当开庭审理。送达要求经过国际条约允许的或外交途径进行，又或者是被告人所在地的法律认可，被请求国的意愿和法律都得到了充分尊重，后续同意引渡请求的可能性就较大。

该制度设计已经充分考量了引渡的问题，但是该做法仍有一些问题。因为该立法采用了概括方式，没有列明究竟有哪些送达方式是可以允许的，没有明确到底是直接送达，还是间接送达，没有说明究竟是否允许公告送达。这样安排的优势是更加灵活，但是没有列明具体哪些送达方式的问题在于，不利于别的国家对我国缺席审判制度进行整体评价。他国有可能认为缺席审判制度没有确保被告人知悉，有可能不予合作。确保被告人已知是目前国际条约公认的一个必要的保障缺席被告人诉讼权利的先决条件。缺席被告人放弃在场权和辩护权的前提，必须是对诉讼的已知。如果对诉讼不知情，无法推断是自愿放弃辩护权的，如果连知情权都无法保障，就不符合公平审判的底线要求。

那么，何谓"明确已知"？在国际层面有一些判例。首先，联合国人权委员会在"马莱基诉意大利案"中明确指出，并非主权国家已经尽力通知被告人，就等于确认已知。尽职通知，不足以使缺席审判正当化。该案中，马莱基是伊朗人，在意大利和伊朗之间从事货运生意长达40年。在65岁的时候他被意大利缺席审判，认为他贩毒，并判处10年有期徒刑。他当时并不在意大利境内，而是在伊朗。几年后，马莱基通过罗马机场回伊朗，在罗马机场当场被捕，被捕后就一直在意大利服刑。他的儿子将案件申诉到了联合国人权委员会。人权委员会经过审判之后认为，判决是不公正的，认定意大利没有尽到尽职通知义务，因为意大利当时只是给他指派辩护律师，就认为指派的辩护律师当然会把这个消息告诉马莱基。但人权委员会认为，辩护律师会告知被告人的推断是不充分的，不能确保已知。欧盟法院在"多尔泽茨基案"中也认定，把传票送达给与被告人共同居住生活的人，也不能保障被告人已知。可以看到，外国法律对缺席判决是否符合公平审判的要求标准非常之高。

审前阶段被告人辩护权的丧失也有可能成为引渡障碍。《刑事诉讼法》规定，人民法院缺席审判案件，被告人有权委托辩护人，如果他自己没有委托的，人民法院应当通知法律援助机构指派律师为其辩护。该法条在立法的时候，国内争议非常大，很多声音反对为缺席的被告人指定辩护律师。因为指定辩护最主要是法律援助，而法律援助的立法精神是为了保障有经济困难、自己请不起律师的人获得法律的保护。缺席判决中的这些贪官外逃在外，首先是自己主动逃避司法，其次他们有可能富可敌国，根本不是经济困难的人，凭什么要对他们进行法律援助？具体到引渡，缺席判决被告人有权委托辩护人，其实已经为公平审判做出了很大的努力，这是当时立法者为了刑事诉讼法符合国际潮流争取的。但争取的辩护权仅限于审判阶段，在审前阶段没有明确被告人是不是可以请辩护人。关于审前阶段是不是能够请辩护人，欧洲法院发布的关于《欧洲人权公约》第6条的适用指引倡议，欧洲人权公约第6条第3款（c）项规定的获得律师协助的权利应当贯穿诉讼的全程。所谓贯穿诉讼的全程包括了全阶段，这是一种倡议。从教义学的角度来分析，假设被告人是没有潜逃境外的，而是在国内，他什么时候可以请律师？应当是自侦查机关讯问之日起或者是被采取强制措施之日起。如果完全按照文义的解释，被侦查机关讯问之日或者是强制措施之日，确实外逃的贪官是没有权利请律师。因为犯罪嫌疑人、被告人在境外，没有被侦查机关控制，也没有被讯问。但是如果从功能主义的角度出发，从立法的精神来看，在侦查阶段、在审前阶段赋予犯罪嫌疑人辩护的权利是很重要的。

其他可能影响引渡的因素还有，我国没有专门的预审分庭，而一些国外的司法体系有预审分庭，因此我们在决定是否启动缺席审判和后面对被告人进行缺席审判的合议庭组成人员有可能是相同的法官。如此一来，外国法官可能会认为审判有先入为主的嫌疑。当然，实践中缺席审判案件是一定会有审判委员会的介入，甚至有可能有最高法、最高检的指导，但是这大概率也很难给外国法官进行解释。还有上诉权的问题，近亲属的上诉权有可能因为他们是同案犯而被驳夺，这种情形下无法保障近亲属的上诉权。

由于缺席审判制度是为了追逃，而同时缺席审判又可能不利于追逃，因此就有必要研究如何适用缺席审判可以减少对引渡的障碍。首先，国际社会在协调缺席审判和引渡合作之间的紧张关系有一些积极的尝试，如《联合国引渡示范法》和《联合国引渡示范条约》都规定了什么样的情况缺席审判是不能引渡的，但是也有规定一些限制条件。欧盟为了解决各国适用欧洲逮捕令的分歧，也制定了 2009/299/JHA 号框架决定，旨在解决"基于缺席判决签发逮捕令执行难"的问题。总结下来，什么样的缺席判决可以引渡，第一是一定要确保已知，不仅要知道对他的诉讼，并且要知道不参加的后果。第二是要赋予他充分的辩护权。第三是要赋予他回国之后申请重审的权利。

具体到我国的缺席审判适用规则，我建议我国应建立"确保已知"的缺席审判适用前提。我同意《刑事诉讼法》第 292 条关于通知规则的规定相对合理。法条没有必要明确规定送达方式，如直接送达、间接送达、公告送达等。把关工作可以留给司法机关，让法院来判断被告人是否确实已知，比如起诉书和传票的副本是通过邮寄送达的，邮寄送达如果没有本人签字的回执，则不能确保被告人是否已知。但如果邮寄送达之后，被告人主动联系我国法院，或者外交部门，甚至委派了律师，这就足以证明他是已知的。再比如，使用公告方式送达，当然这是一种最后手段，意味着一些直接送达的方式不可行。在公告送达之后，被告人如果主动配合当然是一种可能，或者如果他在与国内近亲属联系的时候，通过一些技术侦查手段，知道了他确实已知，这样是不是也可以证明其对诉讼的知情。当然，这又涉及另外一个问题，即这样的证据能不能被采纳的问题。但是无论如何,通过司法来保障被告人的知情权更具有可操作性,暂时无需修改立法。对于辩护权的覆盖阶段,我认为可以延伸到审前阶段。因为在决定是否进行缺席判决的时候,被告人有律师是非常重要的。在纽伦堡审判中有一个非常著名的案件,被认为是国际社会开启缺席审判先河的一个案件,即纽伦堡法庭对马丁鲍曼的缺席审判。他是希特勒的私人秘书,是比较重要的高级战犯,当时在决定是否对他进行缺席审判的时候,法官非常为难。因为他本人不知踪迹,有消息说他已经战死,包括他本人的辩护律师也声称他已经死亡了,不必再开展缺席审判。辩护律师没有向法庭抗辩缺席审判的正当性,而是直接说他已经去世,无需再对他进行缺席审判。法庭认为由于被告人死亡的证据不足,还是决定进行缺席审判,并根据当时的书证给他定罪并判处绞刑。该判决一直未得到执行,最终在大概一九七几年找到了马丁鲍曼的尸体,证实其在纽伦堡审判时已经死亡。由此可见,在审前阶段有辩护律师是非常重要的。

最后要合理利用申请重审权作为缺席被告的权利救济。申请重审权已经规定得已经非常充分了,首先回国之后先告知罪犯,有权提出异议,只要提出异议,就重新审查。当然跟法国的制度仍然有一点区别,法国的制度是先缺席审判,被告人回国之后前面的判决就自动无效了。而在我国,缺席判决还是有效的,但只要提出异议,就要重新审判,并且不附加任何条件。可以通过这样的几条来调和缺席审判对引渡追逃的法律障碍。

最后来总结一下缺席审判所谓的被忽视的国际真相到底是什么？其实就是指缺席审判与引渡追逃,从国际经验来看存在一个循环困境。缺席审判是引渡失灵的救济措施,而缺席审判后引渡则更加困难。目前美国大选的结果还在统计之中,如果拜登获选,美方政策也未可知。拜登属于民主党,民主党擅长政治意识形态斗争,其本人还是难民庇护问题的专家,极可能恢复难民庇护的畅通渠道。此前被美国警方逮捕的"猎狐"人员,他们所谓被指控骚扰的人就是两名"百名红通人员",而BBC报道中,这两名红通人员并非犯罪嫌疑人,而是异见人士,他们可能会通过难民庇护把这些犯罪嫌疑人直接归为应当受到难民制度保护的人而给予特殊的保护。总而言之,缺席审判制度,除了完善刑事诉讼法制制度外,如果从立法初衷来考量,其歪曲对追逃究竟有多大功效,还需要研究。尤其是适用的时候怎么才能不被外国挑刺,不被他国制造成政治事件,需要认真思考。实践中目前还尚未有一例缺席审判的案件。接下来让我们一起共同期待第一例缺席判决的产生,以助于进一步深入研究缺席审判制度。

非常感谢各位的聆听，谢谢大家。

王秀梅：谢谢郭晶教授，我学到了很多，我知道郭晶教授从 2014 年国家开始讨论缺席审判立法的时候就参与了全国人大法工委这个项目。我发现后续郭教授的研究成果也可以说是围绕着这个项目在进行，但是同时也开阔性地去探讨。在我国，既然立法已经规定了缺席审判，那么它的现实性和可行性是什么？援引了从国际的视角，援引了判例、立法、国际规则规范来详细地说明它的可行性。特别是郭教授提到了这个题目设计，其实我觉得不是为了吸引眼球，也可能学科背景比较雷同，能够猜到她大致要想说的是什么，她这个题目会很吸引人去思考背后的真相是什么。我感觉郭晶的选题，首先是说明了她的学术敏感性，毕竟在 2018 年刑诉法增设了特别程序以后，还没有一例，由此可见它的难度和它的推进问题还是很突出的。再有到底真相藏在哪，也不是卖关子，而是一个学术前沿，是一个热点。她把真相揭露出来的时候，才发现这必须是像郭教授这样对中国刑法、区际刑法，特别是对欧洲的刑法以及对国际情况研究基础上，才能够做出这样比较全面的系统分析，特别是围绕着追逃追赃的困境，以及劝返遣返存在的法律问题等，不仅仅涉及到法律问题，还有很多政治法律和国际关系的交织的问题。郭教授也是从为什么国家在缺席审判颇有争议的角度来展开的，比如意大利是适用缺席审判的先驱，在 2014 年意大利自己又用同一个案例宣布停止了缺席审判的适用。郭晶教授也介绍了，从二战以后马丁鲍曼的缺席审判是开辟了国际刑事审判的先河，一直到国际刑事法院的设立，甚至是国际法庭的适用，没有鼓励缺席审判，但是也没有拒绝，这里面就蕴藏着很多的问题。就是像郭晶教授讲到的，如果缺席审判适用了，判决怎么执行，引渡怎么开始展开？我特别想强调一点，我们国家规定了缺席审判，其实在刑事诉讼法修改的时候，它适用的对象不仅仅是追逃追赃，也就是腐败类犯罪或者是经济类犯罪，它的对象主要是适用于贪污贿赂犯罪案件以及需要进行审判，经最高人民检察院核准的严重危害国家安全犯罪、恐怖主义犯罪这类案件，所以对反腐败追逃追赃只是缺席审判的一个方面。从国际上其他国家的审判实践来看，很多是用在恐怖主义犯罪的。

对于国家从腐败犯罪的角度讲，以追赃促追逃，以缺席审判促逃犯或者是回国，或者是对他的腐败行为予以否定性的评价。为什么说不担心有引渡的障碍，拿百名红通人员来看，国际刑警组织发布了 100 个国家要求追回的腐败犯罪分子，这 100 个最想追回的人里面，30％到 40％在美国，20％在澳大利亚、新西兰。

加起来 60％多的人在美加澳新，而恰恰是美加澳新跟我们国家没有引渡条约，如果用缺席审判审理这些藏匿在美加澳新的腐败犯罪分子，严格意义上说不涉及到引渡的问题，因为从引渡的基本条件来讲，它是条约前置，这些国家跟我们没有引渡条约，但是并不是说没有引渡条约，没有适用缺席审判，就阻碍了刑事司法合作。我们也有很多成功的案例，比如中国伟哥之父严永明从新西兰回国受审，李华波从新加坡，李继祥从澳大利亚，百名红通头号杨秀珠、许超凡、许国俊这些从美国回国受审。这些并不是通过缺席审判来达到的追逃追赃的目的，对于缺席审判中的障碍，对于引渡的障碍，在很多腐败类的犯罪分子逃匿的案子中，由于缺乏跟这些国家的引渡条约的合作，所以不是一个重要的问题。

但是刚才郭教授也谈到，确实有一个重要的问题，就是送达，送达在很多国家要求必须是有明确的收到，而且被告人有知情权的情况下，才能够确定缺席审判可以实施，这也是当事人人权、知情权、辩护权等权利的一个保障问题。但是下面我也想说一个案例，波兰一个逃犯叫迪泽尔，他在 2013 年实施了两起故意伤害案以后，被波兰判处了 8 个月的有期徒刑，在提出上诉的时候，在诉讼期间，迪泽尔就跑到了英国。按照引渡法，应该是把他引渡给波兰。他 2013 年犯罪，2014 年离开了波兰，但是 2014 年的时候波兰刑诉法还没有规定缺席审判，所以到 2015 年波兰刑法开始立法规定缺席审判的时候，对他的逃跑的行为予以了判决。同时就像郭教授说的，对缺席审判，包括我国刑诉法对未经定罪资产没收和缺席审判这种形式特别程序，都规定了一定的救济措施，可以在返回的时候重新进行审理。2015 年波兰有了缺席审判立法了以后，迪泽尔跑到了英国，在英国对他进行诉讼的时候，他提出来他没有参加诉讼，波兰对他的审判是侵犯他的人权，是无效的。但是英国法庭作出了什么样的决定，这就是涉及到刚才郭教授讲的送达的问题和知情权的问题。第一，他是故意缺席的，他是在一审判决完二审进行中逃跑的，他明知二审可能会维持原判，他可能会收监的情况下逃跑的，这种故意缺席不视为是没有送达或者说没有知情权。

再有我们都说美国不承认缺席审判，实际上美国也在司法实践中适用缺席审判。比如"Crosby 案"，在进行调查的时候，他交了保释金在外边候审，他在候审期间逃跑了，到开庭日的时候怎么都找不着他了，邻居就证实说好像很久就没见着他了，法庭最后也对他进行了缺席审判，缺席审判的理由就是故意明知，是在明知法庭对他进行调查而逃避侦查、逃避审判的逃跑。所以我觉得我们国家的送达，从立法上来讲是障碍，但在实践中所有的逃犯大部分都是在明知启动了诉讼调查，或者是在对于腐败类犯罪分子，在纪检部门开始跟他谈话的时候，可以说是畏罪潜逃了，担心从纪律审查到进一步的刑事调查而逃跑了，他对这种即将对他进行的刑事调查和刑事审判是明知的。所以在这种情况下，我个人认为不能说没有满足他的知情权，违反了对他人权的保障。我觉得知情权这方面是没问题的。

但是从引渡障碍来讲，我刚才讲了逃犯喜欢去的国家大部分是跟我国没有建交的国家，没有引渡条约的国家，特别是有些逃犯还逃到了加勒比海地区。对我们来讲就出现了引渡的障碍，首先是没有条约，其次缺席审判不得进行引渡，这是一个国际惯例、国际习惯法的规定，我们也是法治国家，对此也是遵守的。在国际司法合作过程中，还有很多国际关系这方面的问题。但是缺席审判就像刚才郭教授讲的马丁鲍曼的审判，即便不知道他是不是真正地死亡了，仍然对他进行缺席审判，实际上是对给他的犯罪行为的否定评价，第二就是在我们真的不知道他是真死亡还是假死亡的情况下，对他进行缺席审判，是为了保证日后这个人出现的情况下，他已经是刑事制裁否定了，实际上从法律上说这个人的人格已经是不再存在的了。

在司法实践中，我刚才讲的是波兰，下面我再介绍一下荷兰，在荷兰刑法实践中，它就对参加外国恐怖主义战斗员的 9 名人员进行了缺席审判，这 9 个人都涉及到了在海牙法庭对他作出的缺席审判时，他们都不知道，都没有出席，都分别以他们参加或者是帮助恐怖主义活动和准备实施恐怖主义犯罪判处了 6 年有期徒刑，这就是对这些人的否定评价。这也是为什么在 ISIS 解体以后，一些外国恐怖主义战斗员要求回到他的国籍国，而受到很多国籍国本国的拒绝。另外，荷兰目前还对其他 10 个在叙利亚和伊拉克地区活动的外国恐怖主义战斗员进行了缺席审判，所以缺席审判有一个知情权的问题。如果按照目前的国际惯例，特别是最近英国还审理了琼斯的案子，也是只要证明被告人对他的犯罪事实是明知的，在进行刑事调查过程或者是诉讼过程中故意潜逃的，就不受送达已知的限制，或者是有些视为推定知情。刚才郭晶教授说我们国家的送达有这么几种比较灵活的方式，其实这几种方式都是不可接受的，因为这里面就涉及到法法衔接的问题，就是我们的《国际刑事司法协助法》第 22 条和《监察法》以及《刑诉法》这三个法规定的关于缺席审判送达的方式，实际上是限制了自己，因为从国际互惠的角度，我们规定的这种送达方式是国外不能接受，从互惠的角度来讲是不能实现的。从国外的角度来讲，它就以推定知道的方式来判断，如在 Facebook，推特或者用现代的 media 这种方式发了通告,过了一定的时限,就视为知道。因为我知道平时你会上 Facebook 这些东西,我不管看到没看到,就推定知道。

缺席审判在实践中确实有很多障碍,但是其实其他国家也有成功的经历,从刚才我了解的情况,美国、英国、荷兰、波兰也有,据我所知,我们国家也在努力的去推动缺席审判在中国的实践,但是确实是在没有先例的情况下,从零突破确实是有一定的障碍。但是缺席审判从西方法律传统中能够找到其发展的脉络,但是由于缺乏确保迅速有效惩治犯罪、维护正义,和尊重被告人权利之间有重要利益的冲突,也使缺席审判处于废立的踌躇状态。目前我国的缺席审判是为了达到追逃追赃的反腐败的目的,担心缺席审判会影响引渡,我觉得目前应该说还不是巨大的实践中的障碍,因为反正逃犯喜欢去的地方跟国家都没有引渡条约,反倒是通过缺席审判,对他进行一个否定性的评价,甚至可以敦促他回国,因为如果他不接受缺席审判,就可以回国利用我国的救济措施重新进行审理。

另外我们从 2012 年刑诉法规定了未经定罪资产没收和 2018 年增加了缺席审判,我觉得这两个从特别程序角度来讲是一个闭环。从追逃追赃角度,无论是什么样的犯罪,我们国家当然规定比较明显限于这几类犯罪,而从其他国家刚才看,适用范围比较宽。虽然我们的适用对象比较窄,但是也是想从权利保障尽可能地缩小范围,这一类犯罪的适用主要是对国家对社会的稳定造成了很大的威胁,来通过刑事诉讼法对未经应对资产没收和缺席审判这种闭环的效果,来达到以追赃促追逃的目的,倒逼当事人回国进行审判。

国际司法实践中确实有郭晶教授所讲的这些障碍的问题,但是这些障碍我觉得还是可以克服的。如果是真的适用缺席审判不能的情况下,对有引渡条约的国家,还是通过引渡条约进行谈判。还可以通过个案协调机制,联合执法小组等模式。我们的目的是追求正义,保障人权,所以缺席审判也是对行为人的否定评价,是还社会的一个正义。所以缺席审判制度是可以推行的,在推行的过程中,有些问题也是在实践中逐渐积累,积累的过程也是专家学者研究的过程,我也希望今天参加讲座的这些同学和朋友、同事们密切关注我国零的突破的第一个缺席审判案例,另外对今后逐渐增加的缺席审判案例进行研讨,不断地总结经验,发现问题,完善我们制度。今天就简单说这些,有问题可以进一步探讨,谢谢大家。

魏昌东(上海社会科学院法学所研究员):应当说缺席审判制度是国家建构腐败治理制度体系当中的一项非常重要的制度。刚才通过郭老师的介绍,发现它是一种困境中的积极选择，实际上它本身并不是易于实行的，且是在其他的制度无法推进的情况之下，是作为一种补充和选择。在这种情况之下，中国的腐败的治理，一方面考虑的是中国的问题，另一方面还有考虑全球化国际性的问题。缺席审判的积极功能是首要的，是应当得到肯定的，因为对于中国的腐败官员来说，他们必然或者说很大程度上会基于缺席审判制度的建构而产生对法律的畏惧，从而在其家人的规劝之下回国接受相应的审判，这是他的最大的积极的价值和意义所在。我要请教郭教授的问题是：在确认缺席审判的积极功能的同时，缺席审判制度变成一种可实现的机制的建设重点是什么？我们应在哪些方面及时构建起积极的应对机制，使其显现出积极的功能？

郭晶：谢谢魏老师，这个问题很难，事实上通过缺席审判来实现反腐败追逃，被很多刑事诉讼法学者直接称为中国特色的刑事缺席审判制度。我想大概最主要的特色就是，第一个是主要针对反腐，当然后来又增补了恐怖主义和危害国家安全犯罪，但是最主要的还是反腐，第二个是它针对的这三类犯罪都是重罪，而这在很多国家是限制的，像德国只能够对判处 180 日罚金刑以下的轻罪进行缺席审判。所以现在要回答的主要问题是缺席审判的正当性是什么，为什么只针对这一类犯罪或者这几类犯罪，以及为什么可以对这么严重的犯罪进行缺席审判，因为严重的犯罪意味着对被告人人身权利的重要侵害和减损。在实践层面，我非常同意魏老师说的，因为在积极主义刑法观的指导下，怎么样让犯罪分子或者说让一般群众能够敬畏法律，从而打消这个念头，也就是所谓的不敢腐甚至不想腐，要通过提高追诉率、定罪率和执行率来实现。如果从这种功能主义的角度来理解的话，缺席审判目前最重要的应当是需要有司法判例，如果仅仅停留在立法层面的话，它的威慑效果是不太够的。实践中应尽量实现缺席审判司法判例零的突破，这还需要国家在决策层面的考量。

李建伟：我相信很多老师和同学还非常感兴趣继续探讨，因为时间关系，以后可以单独再讨论。非常感谢郭晶副研究员的认真准备、王秀梅教授的精彩与谈及与会老师的积极提问与讨论。本次报告的主题切口很小，但是涉及的范围广泛，包括政治、法治、国际关系等领域的统筹兼顾。本次报告学术价值高，且对立法的进一步完善与实施大有裨益，具有深厚的实践价值。

中国海洋法制度与若干问题概论

　　主讲人：**金永明**，上海社会科学院法学研究所研究员，研究方向为国际法和海洋法。代表作有《东海问题解决路径研究》(2008)，《中国海洋法理论研究》(2014)，《海洋问题时评（第1—2辑)》(中文版，2015、2018；英文版，2017、2019)，《新时代中国海洋强国战略研究》(2018)，《新中国的海洋政策与法律制度》(2020)。在《中国法学》《法学》《政治与法律》《国际法研究》等期刊发表论文百余篇，其中人大复印资料全文转载13篇；在《广岛法学》《京都产业大学世界问题研究所纪要》《早稻田法学》《中国论坛季刊》等国外期刊发表论文21篇。主持完成海洋战略性问题研究课题16项，其中省部级以上课题6项；3篇专报获中共中央政治局委员批示，8篇专报获中共中央政治局常委批示（内容涉及海洋战略、海洋管理、南海仲裁案和东海问题等方面）。

　　与谈人：**杨泽伟**，武汉大学珞珈杰出学者、法学博士、二级教授，武汉大学国际法研究所和中国边界与海洋研究院博士生导师、中国"国家领土主权与海洋权益协同创新中心海洋权益的保障与拓展研究创新团队"负责人、国家社科基金重大招标项目和教育部哲学社会科学研究重大课题攻关项目首席专家，曾入选教育部"新世纪优秀人才"支持计划，被湖北省委和省政府授予"有突出贡献的中青年专家"、湖北省十大青年法学家，获霍英东教育基金会高等院校青年教师基金资助，主持国家社科基金、教育部、司法部、中国法学会、国家发改委、国际海洋局、中国海洋石油总公司等项目20多项，出版《国际法析论（第三版)》《国际法史论（第二版)》《主权论》和《海上共同开发国际法问题研究》等多部学术著作,总主编"新能源法律政策研究丛书",在 SSCI 英文期刊"Journal of East Asia & International Law""Journal of the History of International Law"和《法学研究》《中国法学》发表论文数十篇,多次获"教育部钱端升法学研究成果奖""全国法学教材与科研成果奖"和"国家级教学成果奖"等。

主持人：**姚建龙**,上海社会科学院法学研究所所长、研究员、博士生导师。

时间：2020 年 6 月 4 日 9:30

各位老师,大家上午好,很高兴和大家就海洋法问题进行交流。

本次讲座在时间和内容上重点分析 1949—2020 年间中国(即中华人民共和国,简称中国)在海洋法制度上的立法进程和相应的重要海洋政策,以及其存在的若干问题,目的是检视中国海洋法制度体系的效果,评估国家海洋治理体系和海洋治理能力现代化水平,为更好地推进国家海洋事业、建设海洋强国、实现海洋命运共同体目标做出微薄的学术贡献。

首先,我先分析中国海洋法制度的发展与成形。大体上可以分为四个阶段：

一是海洋法制度的萌芽阶段(1949—1978)。在此阶段,我国的海洋立法数量有限,而且立法层次较低,没有一部法律。在此期间,最重要的政策性立场文件是《中国政府关于领海的声明》(1958)。其核心内容体现在三个方面：第一,确立了领海的宽度 12 海里;第二,宣布使用直线基线;第三,一切外国船舶包括军舰进入领海需要得到中国政府的许可,并遵守中国的有关法令。其主要特征是确保中国的海洋尤其是海防安全(海上安全)。

二是海洋法制度的发展阶段(1979—1990)。此阶段的海洋立法情况有所改观,不仅海洋法规的数量大增,而且立法层次也有所提高,体现在以下三个方面：第一,在海洋环境保护方面,《中国海洋环境保护法》(1982);第二,在海洋资源利用方面,《中国对外合作开采海洋石油资源条例》(1982),《中国渔业法》(1986);第三,在航行安全方面,《中国海上交通安全法》(1983)。这些法规的制定和实施,对于改革开放的顺利进行发挥了一定的促进作用。

三是海洋法制度的成形阶段(1991—2009)。在此阶段的海洋立法业绩主要体现在以下四个方面：

1. 在制定海洋基本法制方面：《中国领海及毗连区法》(1992),《全国人大常委会关于批准"联合国海洋法公约"的决定》(1996),《中国专属经济区和大陆架法》(1998)。

2. 在完善海洋法制的基础方面:《中国政府关于中国领海基线的声明》(1996)。

3. 在制定海洋其他部门法规方面:《中国海域使用管理法》(2001),《中国渔业法》(2000、2004 修改),《中国海洋环境保护法》(1999 修改),《中国涉外海洋科学管理规定》(1996),《中国海岛保护法》(2009)。

4. 在履行国际海洋规则和业绩方面:依据《联合国海洋法公约》第 298 条作出的排除性声明(2006 年 8 月 25 日),提交东海部分外大陆架初步信息(2009 年 5 月 11 日),针对日本外大陆架划界案的书面声明(冲之鸟问题,2009 年 2 月 6 日),针对马来西亚和越南联合外大陆架划界案、越南单独外大陆架划界案的照会(2009 年 5 月 7 日);缔结《南海各方行为宣言》(2002 年 11 月 4 日),《中越北部湾划界协定》和《中越北部湾渔业合作协定》(2000),《中日渔业协定》(1997),《中韩渔业协定》(2000),《中日关于东海问题的原则共识》(2008)等。

上述的法规和声明,以及协定和共识,不仅维护了我国的海洋权益,而且切实地履行了国际责任和义务,保障了改革开放的顺利进行,初步形成了中国海洋法制度体系。

四是海洋法制度的充实阶段(2010—2020)。在此期间,与海洋有关的法制,主要为:《中国海洋环境保护法》(2013、2016 修订),《中国关于钓鱼岛及其附属岛屿领海基线的声明》(2012),《东海部分大陆架外部界限划界案》(2012),《中国关于划设东海防空识别区的声明》和《中国东海防空识别区航空器识别规则公告》(2013),《中国深海海底区域资源勘探开发法》(2016),《关于对赴外国管辖海域开展科学研究进一步加强管理的通知》(2019),以及《关于进一步加强塑料污染治理的意见》(2020)。

其他若干制度和文件,如《中日处理和改善中日关系四点原则共识》(2014),《中日防卫部门之间的海空联络机制谅解备忘录》(2018)和《中日政府之间的海上合作搜救协定》(2018),以及《中国政府关于菲律宾所提南海仲裁案管辖权问题的立场文件》(2014)和《中国政府关于在南海的领土主权和海洋权益的声明》(2016),等。

在此期间,我国通过修改个别法律、适时公布部分岛屿领土的领海基点和基线声明,以及其他措施,进一步充实和丰富了我国的海洋法制度体系,形成中国海洋法制度治理体系。

接下来和大家交流一下中国海洋法制度的基本特征及若干问题。

首先来看基本特征，具体谈五点：

1. 直线基线制度。《中国政府关于领海的声明》中宣布的直线基线制度，在《中国领海及毗连区法》中得到了确认；并依据直线基线制度宣布了我国大陆领海的部分基线和西沙群岛的领海基线，以及钓鱼岛及其附属岛屿采用直线基线制度的基点和基线。

2. 按照公平（衡平）原则解决海洋划界争端。我国坚持通过平等对话和协商，按照公平（衡平）原则解决海洋划界争端的原则，不仅在《全国人大常委会关于批准"联合国海洋法公约"的决定》第 2 条作出了规定，而且在《中国专属经济区和大陆架法》第 2 条第 3 款得到确认。这不仅成为我国解决海洋划界争端的重要原则，而且在实践中得到了运用。例如，《中越北部湾划界协定》和《中越北部湾渔业合作协定》的签署和生效。

3. 针对重大海洋权益问题排除司法或仲裁方法。即我国依据《联合国海洋法公约》第 298 条的规定，向联合国秘书长提交了书面声明，对于《联合国海洋法公约》第 298 条第 1 款(a)、(b)和(c)项所述的任何争端（即涉及海洋划界、领土主权、军事活动等争端），中国政府不接受《联合国海洋法公约》第 15 部分第 2 节规定的任何国际司法或仲裁程序。换言之，我国与其他国家之间关于海洋问题的上述争端不适用司法裁判和仲裁制度，将由相关国家通过协商解决上述争端，即采取政治方法优先协商解决国家之间海洋争端问题的立场。

4. 存在多个临时性或政治性质的原则性共识。由于海洋问题尤其是海洋领土主权争议问题，复杂和敏感，并关联历史和国民感情，所以相关国家很难作出实质性的让步，难于最终得到解决。而为维护稳定和正常秩序，缔结临时性的协议或政治性质的共识就成为管控海洋危机的重要方法，这在东海问题上特别明显。

5. 存在需要澄清的内容。例如，南海断续线的性质，历史性权利内涵，管辖海域的范围。尽管我国通过不同的方法，如政府声明、白皮书、立场文件等发布了针对海洋问题尤其是南海问题的政策和立场，但对于南海断续线的性质或地位并没有作出清晰的解释，即使在《中国政府关于在南海的领土主权和海洋权益的声明》(2016 年 7 月 12 日)中，也没有涉及南海断续线的性质和历史性权利（权原）的内涵。即中国在南海的历史性权利如《中国专属经济区和大陆架法》第

14 条的规定一样,依然没有作出权威性的解释。同时,对于在《中国海洋环境保护法》和《中国渔业法》第 2 条规定的中国管辖海域范围及性质也存在需要进一步清晰的任务。即中国政府应在合适的时机就这些问题的范围及性质做出进一步的阐释。

其次讨论若干问题,具体讨论六个问题:

1. 西沙群岛的直线基线问题。我国虽然于 1996 年 5 月 15 日公布了在西沙群岛的直线基线,但受到美国的挑战。美国认为这是"过分的海洋权利"主张,包括于 1996 年 6 月 9 日发布了《海洋的界限——中国的直线基线要求》(No. 117)报告,以及近年来通过军舰在西沙群岛领海内实施多次所谓的航行自由行动,挑战中国的法律规范。

诚然,各国有依据《联合国海洋法公约》第 5 条和第 7 条的规定,选择适用正常基线和直线基线的权利,但在利用直线基线时受到一些条件性的限制和适用上的限制。同时,西沙群岛适用直线基线的基点的宣布直接冲击了南海断续线线内水域的地位。即呈现南海断续线内的水域无法成为诸如内水、领海那样的具有历史性水域地位的弊端。

2. 军舰在领海内无害通过时的事先许可或事先通知问题。美国主要挑战我国在上述《中国政府关于领海的声明》《中国领海及毗连区法》和《全国人大常委会关于批准"联合国海洋法公约"的决定》中,对外国军舰在领海内的无害通过适用事先许可或事先通知沿海国的做法,认为这些规定违反国际社会的通行做法,坚持军舰在领海内的无害通过无须事先批准或事先通知沿海国的航行自由论的立场和行为。

3. 毗连区内对安全事项的管辖权问题。美国认为《中国领海及毗连区法》第 13 条针对毗连区内防止和惩处与安全有关的事项具有管辖权的规定,违反多数国家的通行做法,并主张中国对毗连区内安全事项予以防止和惩处的规定,违反《联合国海洋法公约》体系规范内容。

《联合国海洋法公约》第 33 条毗连区内容承继了 1958 年《领海与毗连区法》的规定。而在 1958 年第一次联合国海洋法会议审议毗连区制度的第一委员会提交的案文中,存在"防止侵犯沿海国的安全并予以处罚"的内容,但在全体会议上审议此内容时,因多数国家的反对,在最终案文中删除了与安全有关的内容;与会多数国家反对将安全事项纳入条文的理由是,安全的意思抽象,有把所有的保护法益作扩大解释的可能并存在滥用的风险。因此,在《领海与毗连区法》第

24 条中并未包含对安全有关的事项具有管辖和处罚的内容。

4. 专属经济区内军事活动问题的事先同意或许可制/自由使用论问题。在中国的海洋法制度中，并不存在对专属经济区内的军事活动（如军事测量、谍报侦察活动和联合军事演习）适用事先同意或许可制方面的规定，但在实践中采用了事先同意或许可制的原则，以确保专属经济区内的海洋安全利益，所以在中美两国之间呈现了专属经济区内军事活动问题的事先同意或许可制和自由使用论之间的对立问题。

由于在《联合国海洋法公约》中没有关于"军事活动"的定义，所以只能从海洋科学研究和海洋和平利用的视角进行考察。但遗憾的是，对于海洋科学研究、海洋和平利用的概念在《联合国海洋法公约》中也没有直接的定义，所以，这个问题很难通过《联合国海洋法公约》解决，但幸运的是，存在解决这些问题的思路或原则性的规定（例如，第 59 条），为此，中美两国应根据专属经济区的立法宗旨和其特殊的法律地位，结合《联合国海洋法公约》的相关条款（例如，第 58 条和第 59 条）进行具体分析和协调，并结合国际社会现存的制度和达成的共识予以处理。在未达成共识前，美国军舰在中国专属经济区内的军事活动包括海洋科学研究活动，仍应遵守《中国涉外海洋科学研究管理规定》（1996）所规定的事先批准制并遵守中国的有关法律和规章。

5. 南海岛礁海洋地物的地位和性质问题。即针对中国在南海尤其在南沙岛礁进行建设和部署的挑战。美国认为中国在占据的南沙岛礁建设损害了周边海洋环境，尤其是中国在陆域吹填工程结束后在南沙岛礁上的建设工程存在军事化的趋势，严重威胁其他国家的安全尤其是航行自由和安全。同时，美国认为，中国无法依据自己占据的南沙岛礁主张更多的管辖海域，因为在南沙岛礁地位的认定上存在不同而对立的主张。此外，美国国务院不仅于 2014 年 12 月 5 日发布了《海洋的界限——中国在南海的海洋主张》（No. 143）报告，并认为中国应更加清晰地界定中国南海断续线的性质及线内水域的法律地位。

6. 南海仲裁裁决的拘束力问题。以美国为首的一些国家认为，中国应遵守南海仲裁庭作出的"南海仲裁案最终裁决"（2016 年 7 月 12 日）内容，认为该裁决对中国具有拘束力，中国必须遵守。

诚然，依据《联合国海洋法公约》第 296 条及其附件七《仲裁》第 11 条，仲裁庭作出的裁决对相关方具有拘束力。南海仲裁案的问题是，仲裁庭是否对菲方提起的仲裁事项具有管辖权，即其是否是关于《联合国海洋法公约》解释或适用的争端？在广义上是否属于中方排除的仲裁事项？菲方提起强制仲裁的前提条件是否满足？即可受理性问题，以及仲裁庭在事实认定和法律适用方面是否存在不足和缺陷等方面需要进行评估。

最后，谈一谈中国海洋政策及完善海洋法制度的思考。

中国海洋法制度的成形和发展，受到一些主要海洋政策和理念的影响，所以，有必要论述相关的海洋政策和理念/倡议。这有利于理解我国的海洋法制度体系和解决海洋问题争议的立场。

首先来看中国的海洋政策与倡议：

1. "主权属我，搁置争议，共同开发"（1984）。对于南海尤其是南沙群岛领土争议问题，邓小平先生于1984年明确提出了"主权属我，搁置争议，共同开发"的解决方针。经过各方努力，我国与东盟国家之间依据该方针取得了一些业绩。同时，尽管"搁置争议，共同开发"具有理论基础和实践依据，但其在南海的适用并未得到充分的尊重和发展。其理由主要为：首先，东盟一些国家既难以接受"主权属我"的前提，缺乏实施"搁置争议，共同开发"的政治意愿，难以启动；其次，无现实利益需要，因为东盟一些国家已大力开发了南海的资源；最后，南海尤其是南沙争议涉及多方，特别是争议海域范围难以达成共识，存在实际操作上的困难，所以，"主权属我，搁置争议，共同开发"的方针在南沙的实施依然存在困境。为此，中国和东盟国家找到并扩大共同利益范围的海洋低敏感领域的合作，是可以努力的方向。

2. 和谐海洋理念（2009）。我国在2009年4月中国人民解放军海军成立60周年之际，根据国际国内形势特别是海洋形势发展需要，提出了构建"和谐海洋"的倡议或理念，以共同维护海洋持久和平与安全。构建"和谐海洋"理念的提出，也是我国国家主席胡锦涛于2005年9月15日在联合国成立60周年首脑会议上提出构建"和谐世界"理念以来在海洋领域上的细化和目标具体化，体现了国际社会对海洋问题的新认识、新要求，标志着我国对国际海洋法发展的新贡献。

3. 中国海洋强国战略目标（2012）。中国海洋强国战略目标自党的十八大报告首次完整提出以来，经过发展和成形以及深化的过程，已形成新时代中国海洋强国战略治理体系。其核心内容，主要表现在以下方面：在政治和安全上的目标是不称霸及和平发展；在经济上的目标是发展和壮大海洋经济，具体路径是运用21世纪海上丝绸之路和坚持陆海统筹加强区域协调合作；在文化上的目标是构建开放包容互鉴的海洋文化；在生态上的目标是构建可持续发展的海洋生态环境。新时代中国海洋强国战略的终极目标和愿景是实现海洋命运共同体。

4. 21世纪海上丝绸之路（2013）。21世纪海上丝绸之路是"一带一路"倡议的重要组成部分，也是我国推进海洋强国战略的重要路径。"一带一路"倡议获得国际社会的好评并取得良好的效果，得益于其符合时代发展需要，契合各国发展愿望，在性质和功能上是一种新型国际和区域合作模式与路径。

同时，"一带一路"倡议取得如此好的效果，离不开中国政府及时通过发布政策性文件（例如，2015年3月28日发布的《推动共建丝绸之路经济带和21世纪海上丝绸之路的愿景与行动》，2017年5月10日发布的《共建"一带一路"：理念、实践和中国的贡献》，2017年6月20日发布的《"一带一路"建设海上合作设想》，以及2019年4月22日发布的《共建"一带一路"倡议：进展、贡献和展望》），以阐释"一带一路"倡议的主要内容和本质及特征以及目标愿景，并通过设立多个重要平台（例如，中国推进"一带一路"建设工作领导小组及其办公室、"一带一路"国际合作高峰论坛，中国进口博览会）和保障性基础制度（例如，亚洲基础设施投资银行，丝路基金，中国—东盟投资合作基金），促进了"一带一路"建设进程。此外，在建设21世纪海上丝绸之路的途径中，离不开南海区域，即无法回避南海问题，所以，合理地处理南海问题是推进21世纪海上丝绸之路的重要基础。

5. 海洋命运共同体（2019）。2019年4月23日，国家主席、中央军委主席习近平在青岛集体会见应邀出席中国人民解放军海军成立70周年多国海军活动的外方代表团团长时，从海洋的本质及其地位和作用、构建21世纪海上丝绸之路的目标、中国参与海洋治理的作用和海军的贡献，以及国家间处理海洋争议的原则等视角，指出了合力构建海洋命运共同体的必要性和重要性。而海洋命运共同体的构建如人类命运共同体的建构一样，需要分阶段、分步骤、有重点地推进实施。这是由海洋命运共同体的本质属性或法律属性决定的。

不可否认，海洋命运共同体的推进和实施的主体是人类。这里的"人类"是指全人类，既包括今世的人类，也包括后世的人类，体现了海洋是公共产品、国际利益空间（国际公域）及人类共同继承财产、遵循代际公平原则的本质性要求。而代表人类行动的主体为国家、国际组织及其他重要非政府组织，其中国家是构建海洋命运共同体的主要及绝对的主体，起主导及核心作用。这是由国家是国际法的主体地位或核心地位决定的。

在客体上，海洋命运共同体规范的是海洋的整体，既包括人类开发利用海洋空间和资源的一切活动或行为,也包括对赋存在海洋中的一切生物资源和非生物资源的保护和养护,体现了有效合理使用海洋空间和资源的整体性要求,这是由海洋的本质属性(如公益性、关联性、专业性、流动性、承载力、净化力等)所决定的,也体现了对海洋的规范性和整体性要求,以实现可持续利用和发展目标。为此,笔者认为,海洋命运共同体可分为三大类。第一,按海洋区域或空间范围分类,例如,地中海、南海、东海命运共同体;第二,按海洋功能分类,例如,海洋生物资源共同体、海洋环境保护共同体、海洋科学研究共同体,以及海洋技术装备共同体;第三,按海洋领域分类,例如,海洋政治、海洋经济、海洋文化、海洋生态、海洋安全共同体。

在运作方式上,应坚持共商共建共享的原则以及其他符合国际法的基本原则,采取多维多向合作的方式予以推进,以实现共同管理、共同发展、共同获益、共同进步的目标,体现共同体原理所追求的目标和价值取向。

再来看中国完善海洋法制度的若干建议:

1. 军舰在领海内的无害通过程序上的内容修改。如上所述,对于外国军舰在中国领海内的无害通过在国内法中存在不同的规定,例如,《中国领海及毗连区法》第 6 条针对外国军舰在我国领海内的无害通过规范的是事先许可或事先批准,此内容与《全国人大常委会关于批准"联合国海洋法公约"的决定》的声明内容并不完全一致。其第 4 条规定,中华人民共和国重申:《联合国海洋法公约》有关领海内无害通过的规定,不妨碍沿海国按其法律规章要求外国军舰通过领海事先得到该国许可或通知该国的权利。

从制定和解释法律("决定")的主体看,它们具有同样的地位,因为它们均是由全国人大常委会通过和决定的;从法律本身的位阶看,"法律"高于"决定";从制定或通过的时间看,对于同样的事项,是否应遵守"后法"优于"先法"的原则,那么这就面临需要修改"先法"规定的内容,以协调和统一针对同一事项的具体规范。此外,我国是否需要继续实施事先许可制或事先通知制,也到了须予以讨论和研究的时机了。因为采用此方法的国家毕竟不多,并对我国建设海洋强国战略进程也带来阻碍作用。为此,如何运用构建包容互鉴的海洋文化目标指导海洋法制度的完善,使海洋发挥自由和开放的本质性作用就特别重要。

2. 制定海洋基本法的核心是明确海洋机构职权。海洋基本法的制定不仅可以克服和弥补"海洋"用语入宪的难度,而且可以明确地规范海洋机构的职权,以统领海洋事务工作,发挥主导作用。

众所周知，我国在进入新时代（2012—）以来，对海洋管理机构作了两次大的机构改革（2013 年，重组国家海洋局，设立中国海警局和国家海洋委员会；2018 年撤销国家海洋局，其职责由其他部门如自然资源部、生态环境部和农业农村部等承担，中国海警局转隶中国人民武装警察部队），但国家海洋委员会的具体职责和单位组成、运作方式等内容和程序，迄今没有公开，所以可以在制定海洋基本法时予以明确规定，确保其透明性、正常运作并发挥统筹协调作用。

3. 制定中国海警局组织法以明确执法职权。在 2018 年的海洋管理机构改革中，2013 年组建的中国海警局已由接受公安部业务指导转为中国人民武装警察部队领导指挥，组建了中国人民武装警察部队海警总队，称中国海警局。尽管第十三届全国人民代表大会常务委员会第三次会议于 2018 年 6 月 22 日通过的《关于中国海警局行使海上维权执法职权的决定》（2018 年 7 月 1 日起施行），赋予了中国海警局行使海上维权执法的范围或任务以及在执行任务时与其他行政机关之间的关系两个方面的内容，从而使中国海警局在隶属中央军委领导和其他行政机关执法之间的职权上得到了协调，但中国海警局与其他行政机关的执法协作机制需要在今后的法律规章中予以规范，包括修改现存有关海洋领域的法律规章，而更重要的是，为行使中国海警局在海洋维权执法中的职权应尽快制定中国海警局组织法，以明确其任务、具体职权，以及适用措施上的程序性规定等内容，包括中国海警局在维权执法过程中未能履行或不可能单独完成其海上维权职责，转为由体制内的中央军委统一领导和部署行动时，在何种情形下，在何种程度上，适用何种程序，启动何种程度的应对措施等内容，需要在今后的相关法规中予以确定。

4. 海洋争议解决方法利用再思考。中国在涉及领土主权和海洋权益等重大问题上，一贯坚持由直接有关国家通过谈判的方式解决争端，并取得了一定的业绩。主要为：中国同 12 个陆地邻国解决了历史遗留的边界问题，坚持通过对话谈判处理同邻国的领土和海洋权益争端，以建设性姿态提出"搁置争议，共同开发"的主张，尽最大努力维护南海、东海及周边和平稳定；中国和越南通过谈判协商划定了两国在北部湾的海上界线和缔结了渔业协定（即《中越北部湾划界协定》和《中越北部湾渔业合作协定》，2014 年 6 月 30 日生效），维护了北部湾的海上安全，并在渔业合作上取得了双赢的效果。

从我国针对海洋问题的政策和解决海洋争议问题的进程看，我国解决海洋争议问题的路径为以下三个步骤。首先，利用协商谈判的方法，包括"主权属我，搁置争议,共同开发""双轨思路"(即有关争议由直接当事国通过友好协商谈判寻求和平解决,而南海的和平与稳定则由中国与东盟国家共同维护);其次,当利用这些方法无法解决问题时,则通过制定规则、管控危机,达成共识的方法处理争议问题,这样做的目的是实现资源共享、合作共赢的目标;最后,通过各方面的海洋领域合作,提升互信,为最终解决海洋争议问题创造基础和条件,实现和谐海洋、海洋命运共同体之目标。

但当运用政治方法确实无法解决或预测不可能最终解决海洋争议问题时,我国面临是否应由政治方法向法律方法(司法或仲裁)转换的困境,即我国面临利用法律方法解决海洋争议问题的政策调整的利弊分析和研究的任务及挑战,以更好地为实现"依法治海"目标作出贡献。

如上所述,我国依据习惯海洋法和《联合国海洋法公约》制定了国内海洋法制度,并经过长期努力形成了中国海洋法制度体系及其治理体系,但其中的一些内容受到其他国家的挑战,所以中国面临如何应对这些问题的困境。

事实上,中国在海洋法制度体系上的挑战内容,多是国际社会无法达成共识的争议性问题,所以这些问题如果国际社会无法继续达成共识,则这些对立性问题将依然存在,包括美国在世界各地进行的所谓航行自由行动结果也不能改变其他国家的法律立场,所以,为实现和谐海洋理念、海洋命运共同体目标,"依法治海"是重要的基础和保障。所谓"依法治海",就是以规则主张权利,以规则维护和使用权利,以规则解决权利争议,维护海洋秩序,实现"依法治海"目标。

应该指出的是,这里的"规则"是指国际社会共同参与达成的统一性规则。如果对这些"规则"的内容存在异议或不同的解释,则在他方反对的情况下,就不能运用此"规则"处理海洋争议问题,相反,相关方需要就此"规则"的差异性进行磋商,以补充和完善这些"规则"内涵。

此外,中国应根据国际形势和自身实际地位,对他国反对的国内海洋法制度内容进行重新检视,包括补充和澄清模糊性内容、术语、调整国际社会少数国家的实践性做法,以自觉、自发和大局的角度以及引领海洋秩序的意念进一步完善中国海洋法制度体系,为增进国际社会的共同利益,维护海洋秩序和海洋规则,为实现中国提出的合理海洋倡议和愿景目标作出中国的持续贡献。这是对负责任大国的要求,也是具有多重身份的中国的应有价值取向,更是中国适应海洋特质所须努力的目标。总之,这是多赢合作时代的合理要求和必然产物。

我就讲这么多,谢谢大家。

姚建龙：各位老师、同学有没有要提问的，大家可以提出来。

提问人：我来说一下，我感觉我们在海洋工作中遇到了大量的问题，整个计划首先有一个主导机关，然后其他部门协同配合，但这种协同配合，存在难以解决职权交叉的问题，我的问题是，应如何明确执法权？

金永明：好的，谢谢我们刘教授的提问，他讲到中国海警局执法受到很多因素的限制，即使制定了中国海警局组织法，也很难完全地实施它的职权。从中国海警局的实际情况来看，目前是转隶于中国武装警察部队，简称中国海警局。特别是 2018 年的海洋管理体制改革以后，撤销了国家海洋局，把原来海洋局的一些功能和职权分配到了自然资源部、生态环境部、农村农业部、海关总署等等这些部门。海洋执法具有专业性、功能性、特殊性，所以我的主张是要进行综合性的执法。什么叫综合性的执法？就是中国海警局的船出去的时候，可以由不同部门的人员一起去。根据各方面的机构人员的业务熟悉程度进行处理，渔业、航行、污染、测绘等等进行一种既是分配性的又是组合型的这样一种模式。

但是问题是应如何进行协调？中国海警局有这样的功能，但是自己又没有这些人，最简单的办法就是把刚才讲到的自然资源部、农村农业部、生态环境部的有关功能和懂业务的人，并到中国海警局来。这涉及到一个编制的问题，身份的问题。中国海警局现在是武装警察部队，是现役的。其他部门的人有多种身份，有公务员，有事业单位人员，所以如何跟现役人员匹配也是 2013 年中国海警局四合一带来的问题，一直解决不了身份、层级、功能、方式方法问题等等，一直是焦点问题。这样的一些部门利益之间的职权分配交叉的矛盾，影响了我们在海洋维权执法上面的作用或者效果。中国海警局的问题是政策不明确，在什么情况下应该怎么做。虽然有一般性的标准，但是特殊情况之下还是不够清晰。从这个意义上来说，理论上的探讨也较为简单，碰到实际部门之间的权益分配、层级分配、功能分配、身份的定位编制等方面的问题时有很大的难度，即使国家有个决心，设计操作起来还是有很大的问题，这是条块分隔的问题。反过来是如果成立一个海洋部，把国家海洋局原来的功能全部都整合到一起，全部统筹由一个部门来管理，反而更为清晰。但是现在管理跟执法是分开的，所以很难协调，互相扯皮是不可避免的。

条例也好，组织法也好，一部机构组织法我认为是需要的，尤其是对外维权执法的过程当中，你要让人家信服，要有依据。第二个要有可预见性，碰到什么样的问题，他会采取什么样的方法来处理，对方用什么方法来解释。尽管职权协调等方面有困难,但是我们可以分阶段,比如说先出台管理条例,再向组织法上去过渡等等,这是立法的阶段论。

陈海峰(上海社会科学院法学所副研究员)：我想提两个问题,第一个是中越两国之间的陆地领土的问题,第二个关于中菲南海仲裁的问题,因为中国已经表态,向联合国秘书长提出了书面申请,不同意仲裁,但是为什么仲裁庭还是受理了,也裁决了,现在又对中国形成这么大的压力,那我们的声明还有什么意义?

金永明：刚才我们的陈海峰同事提出了两个问题,我做相应的一个说明。第一个问题中越两国之间的陆地领土的问题,具体的问题我也不是很清楚,但是中越两国之间,特别是越南是占领南海的岛礁最多的一个国家,并且它是对西沙群岛南沙群岛主张领土主权的唯一的一个国家,在海洋问题上面,刚才也讲到了断续线,一个很重要的问题是,1953年的时候,我们把原来的11段线的两端靠近越南的两端取消了,也就是变成了9段线。所以关于南海断续线的说法有很多,有断续线,有U形线,有11段线,有9段线,从这个意义上来说,中国的南海断续线是可以变更的,在变更的过程当中,它发挥了什么样的功能? 它是靠什么取消的? 我们要进一步研究它是不是根据领土主权来取消的,就是相应的陆地领土区块改变的问题。

第二个,关于中菲两国之间的南海仲裁问题。我们有同事提出,既然我们2006年8月25日有排除性声明不适用司法或仲裁,为什么菲律宾还要提交仲裁庭进行受理? 这涉及到在线的其他人都可能知道的一个问题。理论上来说,比较宏观地解释一下,中菲两国都是《联合国海洋法公约》的缔约国。第二,中菲两国之间都没有选择解决手段,既没有选择国际法院、国际海洋法法庭仲裁以及其他的方法,也没有缔结仲裁的协议。在这种情况之下,《联合国海洋法公约》第15部分的争端解决机制有一个兜底的条款——强制仲裁。如果一方提起了对其他国家的强制仲裁案的话,它是有权利的,不需要对方的同意。问题在于它提起的条件和基础是否满足,是否用尽了双方有关的和平方法不能解决,是否就仲裁的事项进行了交换意见,是不是充分并且不能解决等等。这些问题就是管辖权和可受理性问题。即是否是属于《联合国海洋法公约》的解释和适用的争端? 我们认为不是,但是什么叫海洋地物的地位? 它就是对包括121条的解释,因为这个地位决定了它可以主张多少的海域等等,包括裁定海洋地物的地位超出了双方的范围,具有一般意义上的作用,但他们受理了。反过来,这样的书面声明有作用吗? 这就带来问题了,所以我在《政治与法律》2017年第7期上面说,存在着不可预见性，我认为这些事项是应该排除的。他们认为对于争议的事项是由仲裁庭来认定，这是不是一个排除性的事项？在仲裁案当中也出现对广义的还是狭义的解释的争论，中国认为划界是广义的，关键要考虑到很多因素，包括海洋地物的法律性质是什么？主权是什么？主权不定，其他免谈。仲裁庭认为是狭义的解释，划界就是划界。这样一来的话，中国提出的这些事项是排除性声明，这4项最终中国没有话语权，中国说是排除性事项，但仲裁庭说不是，这样的书面声明是不是要撤回？是不是要增加，是不是要补充内容？

线上的各位可能并不一定听得清楚，刚才有学者提出了2016年仲裁裁决的这样的一些内容。普遍认为中国在这次裁决当中，特别是在法律责任当中惨败，我们对结果相当的不满意，从海洋法的角度上看，我们有什么值得反思的问题，我就简要地回答一下这个问题。存在着很多的说法，普遍认为中国既然有这么多的证据，这么多的说法，自古以来长期形成的主权权利，拥有历史性权利，那你为什么不去参加仲裁？为什么不应诉？为什么不参加仲裁？为什么是四不方针？对于这个问题，我觉得国内采用了几种政策性的发展趋势，第一种发展趋势是在相当长的一段时间内，对于这样的一个仲裁，学者们不要发声，认为不能发表意见，所以一部分人就不继续跟踪不研究了。但到2015年中期裁决出来以后明显对我国不利，政策表示就可以发声了，并且组织活动研讨等等。对于这样的一些问题，外交部为主，选择了很多的专家出版发表了中国政府的立场性文件以及裁决以后的批驳文书等等，应该说有一定的作用，但是这个作用我觉得是有限的。因为仲裁庭作出这样的裁决，他有他的理论，他是顶尖的海洋法专家作出的裁决，要驳倒它相当难，这是从法律的角度来批驳他。你从政治来说可以说它是一张废纸，但是法律上面不能这样说，我一直认为这样的一个裁决是套在中国的紧箍咒，是一个实然的裁决。如果这个问题不解决，任何人在任何对自己有利的时候，都可以把裁决加以引用，加以套用等等。所以中国的外交资源的兑付将是长期性的。

还有一个对于裁决的理解的关键是，历史性权利到底是什么？实际上仲裁庭没有否定历史性权利，他只是主张中国既然已经加入了《联合国海洋法公约》，在《联合国海洋法公约》以前基于历史的一些权利已经被《联合国海洋法公约》所吸收，所以他的结论是中国不能主张超出《联合国海洋法公约》以外的权利。这个话很拗口了，也就是说中国可以主张的权利只能在《联合国海洋法公约》的范围内加以主张。《联合国海洋法公约》没有规定的权利，即使中国有历史性权利，也不能主张具体的权利。这就涉及到刚才我讲的南海断续线是什么性质和地位的问题。中国在南海诸岛拥有主权,拥有领海、专属经济区、大陆架以及历史性权利下的一些权利。具体是什么? 不明确。正因为不明确,所以要明确就是要研究历史性权利是怎么样的变化进程。历史性权利,中国又是特有的、具有排他性的,我们要举证。所以除了航行、飞越、渔业等等的自由以外,中国有没有独特的权利? 所以我主张应根据当时的情况来判断,我们可以主张非生物资源,也就是矿物资源的排他性权利,这是我个人观点。并且我认为南海断续线4种学说,如岛屿归属线说,历史性权利说、海上疆域线说。都有缺陷,它们存在着主张多了,主张少了的问题。所以我提出来的是岛屿归属及资源管辖线,第一岛屿归属是什么? 所有的南海诸岛的岛礁沙滩州的主权及附近海域的主权都是属于我们的主权;第二资源管辖线,中国在南海断续线内,特别对非生物资源、矿物资源具有优先的管辖权,优先的开发权,没有经过中国政府的批准都是违法的,这是我个人的主张。但是一家之说也不知道结果怎么样,这个问题是相当的复杂。

姚建龙:我们今天这个讲座就到这里,最后我想做一些简单的小结。首先非常感谢我们金永明教授非常精彩的研究报告,特别是金老师做了非常认真的准备。我们杨泽伟教授也做了非常精彩的与谈,很多观点都非常有启发。中国确实是公认的海洋大国,但是成为海洋强国是几代中国人的梦想。最近一些年,特别是中国特色社会主义进入新时代之后,中国在维护海洋权益这一块取得了非常多的成效,也有非常大的进展,比如说南海岛礁的建设,也非常振奋人心。但是确实这些年我们国家在海洋权利这一块也面临了很多的挑战,包括像类似南海仲裁案等这样一些案件,也给了我们很多警示。今天金老师让我很敬佩的一点是,他娓娓道来的背后体现了一个学者的学术情怀,他的很多观点,特别是他提出中国需要自发和自觉地转换角色和定位,审议和研究国内的海洋法制度,构筑符合新时代要求的国际海洋新制度,都非常精彩,这大概是我们法学所应有的定位。当然维护我们国家的海洋权利,不仅仅需要专业,也需要有制度。最近一些年的海洋争端更主要体现为一种法律战役,而我们国家在这一块还需要去做出更多的贡献,也需要我们更多地去关注海洋法。好了,最后再次感谢我们的金老师,感谢杨教授,感谢大家的参与。谢谢大家。

仲裁裁决国籍与仲裁地的识别

主讲人：**王海峰**，上海社会科学院法学研究所研究员、国际法室主任，上海市浦江人才。在《法商研究》《法学》《国际贸易》《哈佛亚洲季刊》等国内外学术期刊发表中英文论文近百篇，专著及合著数十部。主持或参与国家哲社、教育部、上海市哲社、上海市政府决策咨询等重点课题多项。完成上海市人大、上海市政协、上海市高级人民法院、上海市商务委、上海市法学会等部门委托课题多项。主要研究领域是国际贸易法、国际投资法、国际金融法。

主持人：**姚建龙**，上海社会科学院法学研究所所长、研究员、博士生导师。

时间：2020 年 4 月 17 日 9:30

王海峰：各位老师上午好，今天我主讲的题目是"仲裁裁决国籍与仲裁地的识别"。我今天选这个题目主要是因为 2019 年 11 月上海市司法局正式颁布了《境外仲裁机构在中国（上海）自由贸易试验区临港新片区设立业务机构管理办法》（以下简称《管理办法》）。根据该办法，自 2020 年 1 月 1 日起，符合规定条件的、在国外和我国港澳台地区合法成立的、不以营利为目的的仲裁机构，以及我国加入的国际组织设立的开展仲裁业务的机构可以向上海市司法局提出申请，在临港新片区设立相关的业务机构，并且开展涉外仲裁业务。《管理办法》颁布以后，根据其规定，一些境外的仲裁机构可以在临港新片区开展业务。目前，我国仲裁事业的发展日新月异，我国《仲裁法》已不适应现实发展的需求，《仲裁法》

面临进一步的修改。今天,我想谈谈对《仲裁法》修改的一点看法。这是我提出这个题目的背景。

首先向大家介绍一下我们为什么要谈仲裁裁决的国籍问题。我们知道仲裁裁决的国籍直接关系到哪个国家的法院有权监督及撤销仲裁裁决,即仲裁裁决的国籍一旦确定,该国的法院享有监督及撤销权,而其他国家的法院则承担承认与执行的权利。从这个意义上说,如果仲裁裁决被其国籍国法院撤销,该裁决在其他国家一般就不会得到承认和执行。这是根据1958年《承认及执行外国仲裁裁决公约》(以下简称《纽约公约》)得出的结论。确定了仲裁裁决的国籍即决定了仲裁裁决的法律效力,仲裁裁决的国籍直接确定其法律效力的来源,因此,仲裁裁决的国籍问题是一国仲裁法的基础或基石。可见,确定仲裁裁决国籍的重大意义。

接下来我们切入正题。

(一) 仲裁裁决的国籍确定标准

仲裁裁决国籍的确定标准有哪些?从世界各国在确定仲裁裁决国籍问题上的做法来看,主要有两项标准:第一项是"地域标准",即"裁决作出地标准",代表国家有奥地利、瑞典、法国等;第二项为"仲裁程序法标准",即仲裁裁决的国籍取决于仲裁程序所依据的法律,主要有德国和我国台湾地区。

关于仲裁裁决的国籍问题,影响最深远的是《纽约公约》。我们来考察《纽约公约》在仲裁裁决的国籍问题上采取什么标准。根据《纽约公约》第1条第1款,由于自然人或法人间的争执而引起的仲裁裁决,在一个国家的领土内作成,而在另一个国家请求承认和执行时,适用该公约;在一个国家请求承认和执行这个国家不认为是本国裁决的仲裁裁决时,也适用该公约。我们可以从学理上推断出《纽约公约》的两种适用情况:一种情况是仲裁裁决的作出地在一缔约国领土内;另一种情况是,尽管裁决在一缔约国领土内作出但该国并不认为该裁决是本国裁决,此种情况也适用《纽约公约》。为什么《纽约公约》第1条会规定这两种情形呢?《纽约公约》在形成过程中,英美法系和大陆法系国家在裁决国籍问题上的争论较为激烈。英美法系国家认为,根据裁决作出地原则来确定外国的仲裁裁决国籍是比较恰当的;而大陆法系国家则认为裁决作出地原则不适合作为确定仲裁裁决国籍的标准,因为裁决地具有偶然性,有时还难以确定裁决地,特别是当裁决是由仲裁员以通讯方式做出的时候,确定裁决地则更加困难,所以大陆法系国家认为应当依照该裁决所依据的仲裁程序法来确定其国籍。在确定仲裁国籍的标准上，两大法系国家争论激烈，《纽约公约》各缔约国采取了折中方式，从而形成了《纽约公约》的第 1 条。

接下来，我们来考察《联合国国际贸易法委员会国际商事仲裁示范法》（以下简称《示范法》）。该《示范法》影响力非常广泛，实践中，各国在制定国内仲裁法时均可以参考《示范法》。《示范法》第 35 条和第 36 条是关于国家对外国仲裁裁决的承认和执行以及拒绝承认与执行的条文。第 35 条及第 36 条是关于一国法院对外国仲裁裁决"承认和执行"及"拒绝承认或执行的理由"的条款。由此，我们可以判断，《国际商事仲裁示范法》是依据仲裁地来判断哪些国际商事仲裁的裁决是本国仲裁裁决或外国仲裁裁决。

在判断仲裁裁决国籍所属国时，《示范法》并没有给出明确的示范，其第 34 条规定，在规定的情形下，仲裁裁决可以被第 6 条规定的法院撤销，第 6 条"法院或其他机构对仲裁予以协助和监督的某种职责"则规定：第 34 条等条文所指的职责，应由……本示范法每一颁布国具体指明履行这些职责的一个法院或多个法院或其他有管辖权的机构履行。由此，我们可知，《国际商事仲裁示范法》将"具有撤销裁决权法院所属国"的标准交由各国自行解决。

综上，从影响力深远的《纽约公约》和《示范法》可以推断出，目前国际社会对于仲裁裁决国籍的两种确定标准中，以地域标准为主，以仲裁程序法标准为辅。

（二）仲裁地的识别问题

确定国际商事仲裁裁决国籍的关键在于确定裁决作出地，但是，如果都是采取裁决作出地标准的国家，而它们的国内法在识别裁决作出地时采取不同的方法，这些国家对同一份裁决的国籍判断可能会得出不同的结果。例如，以仲裁机构所在地为标准来识别裁决作出地，与以开庭点或裁决书签署地点来识别，最后得出的国籍可能都不一样。因此，我们认为，裁决作出地标准是一国关于仲裁裁决国籍的实体法内容，而对作出地的识别则是一国冲突法的内容。

首先需要明确，仲裁裁决的作出地并非开庭地。仲裁裁决作出地的标准具有地域性质，但地域性不能够从地理概念进行认识，而需要从法律概念上加以解释和规范。换言之，裁决作出地并非是地理概念，而是法律概念。我们简单罗列一下跟仲裁有关的一些地点，包括开庭地、合议地、签署地、仲裁机构的所在地等，这些地点都不具有决定仲裁裁决国籍的法律意义。例如，当事人在仲裁协议中约定，争议由甲国仲裁机构在乙国仲裁，而仲裁庭为了仲裁方便在丙国开庭，在丁国合议，而裁决最终在甲国由甲国仲裁机构盖章批准生效。因此，实践中，仲裁地点与仲裁程序的实际进行地并不总是一致，与仲裁有关的地点包括仲裁机构所在地、当事人在仲裁协议中约定的仲裁地点或仲裁机构确定的仲裁地点、开庭地点、仲裁庭合议地点，以及裁决书签署地点等等。我们需要从法律意义上去理解并使用裁决作出地即仲裁地的概念。

《纽约公约》和《示范法》在识别问题上的规定是空白的，那么我们看看 ICC 国际仲裁院是如何识别的。作为国际影响深远、仲裁案件最多的常设仲裁机构之一，ICC 国际仲裁院的识别步骤为：首先审查仲裁协议中是否约定仲裁地，当事人在仲裁协议中对仲裁地作出约定的，该地点即为裁决作出地。其次，如果仲裁协议没有约定仲裁地点，那么由仲裁庭依据仲裁规则或根据案件具体情况确定的仲裁地为裁决作出地。根据案件的具体情况要考虑到仲裁案件所有连结点，根据这些连结点，综合起来进行确定。

我国《仲裁法》于 1994 年 8 月份由全国人大公布，自 1995 年 9 月 1 日起正式实施，此后在 2009 年和 2017 年经过了两次修正。我国《仲裁法》没有将仲裁地点视为仲裁协议的必要条件加以规定，而是将仲裁委员会作为仲裁协议或仲裁条款的必要条件，即如果仲裁协议或者仲裁条款没有选定或没有明确仲裁委员会，仲裁协议或者仲裁条款则无效。《民事诉讼法》第 283 条也直接将国外仲裁机构裁决视为外国仲裁裁决。结合这两个条款，我们可以看出，我国的立法对于仲裁裁决的国籍是以仲裁机构的国籍来确定的。可见，在国际商事仲裁实践中，我们对仲裁地、仲裁机构所在地、开庭地，往往是混为一谈的。

在司法实践中，我国不同省市的法院在确定国际商事仲裁裁决国籍的时候，适用的前后标准也不相同。我国《仲裁法》的修正将会面临一些问题：第一个问题，跨国仲裁机构可不可以在我国境内仲裁纯国内因素的案件。因为涉及 2019 年上海市司法局颁布的《管理办法》，在临港新片区陆续设立了一些境外仲裁机构。对于这些境外的仲裁机构而言，它们在临港新区设立业务机构之后，这些业务机构可否仲裁不含有涉外因素的案件？第二个问题，境外仲裁机构在我国大陆地区依外国仲裁程序法进行仲裁，对于这些仲裁裁决，我国法院行使的是撤销权，还是承认与执行权？第三个问题，当事人选择的仲裁地与实际开庭地不一致的时候，如何确定仲裁裁决的国籍？

我国《仲裁法》的规定有缺位，法院在司法实践中是如何解决这些问题呢？有这么一个案例：埃及某公司和无锡某公司发生棉花销售纠纷，双方约定合同受亚历山大棉花出口商协会 1994 年第 211 号部令以及 1994 年的第 507 号部令管辖，且 2011/2012 季埃及棉出口销售条款是合同不可分割的组成部分。另外，双方还约定了仲裁地点为埃及亚历山大市。上述《2011/2012 季埃及棉出口销售条款》中载明："如买卖双方间就合约产生争议，可提请出口商协会进行仲裁"。出口商协会内部规定（1994 年第 507 号部令）包含仲裁提起、仲裁庭组成、二级仲裁等仲裁规则性条款。纠纷发生后，依埃及某公司的申请，出口商协会组成了仲裁庭对这个协议争议作出了裁决，并且以电子邮件的方式将裁决发送给了无锡某公司。后来埃及某公司向无锡中院申请承认和执行仲裁裁决。无锡公司以仲裁各项程序违反了埃及民事及刑事仲裁法的强制性规定为由，要求无锡中院不予执行。埃及某公司则认为双方合同当中的仲裁条款已经明确约定了适用的是出口商协会的内部规则，无需适用埃及的民事与商事仲裁法，出口商协会的内部规则已经明确，仲裁员可以自行决定适用的仲裁规则，因此埃及某公司认为涉案的仲裁程序并无不当。一般来说，如果仲裁程序不当，裁决被撤销的可能性很大，不会被其他国家的法院承认和执行。后来埃及某公司上诉了，无锡中院和江苏省高院都认为裁决当中的多项程序违反了埃及的民事和商事仲裁法中的强行规定，对协会所作出的裁决不予承认和执行。

在这个问题上，最高院是这样认为的：根据埃及的民事和商事仲裁法相关规定和实际情况，在无锡某公司提交相反证据的情况下，根据其所提交的相反证据，裁决并没有违反埃及民事和商事仲裁法的强制性规定，应予以承认和执行。尽管最高院所做出的决定，是予以承认和执行的决定，但是最高院和无锡中院与江苏省高院在裁决是否违反埃及的民事与商事仲裁法的强制性规定问题上的认识是一致的。即在当事人约定了仲裁地点与仲裁规则的情形下，仲裁地的程序法仍然对仲裁程序具有强制适用与补充适用的效力。

关于上述问题，我的建议是：第一个建议，境外仲裁机构准入后的准裁范围问题，在这个问题上不同学者的看法不一样，一些学者认为境外仲裁机构在临港新片区成立业务机构后，可以仲裁不具有涉外因素的案件，因为仲裁主要依据当事人意思自治原则，只要国内双方当事人在合同当中约定了仲裁条款，规定将他们的有关合同争议提交境外的某仲裁机构进行仲裁，那么根据当事人意思自治原则，境外仲裁机构就有权仲裁这样的案件。该观点的理论基石是当事人的授权，这是一元论的观点。在仲裁机构裁决范围上，我个人赞同二元论观点，即仲裁的管辖权一方面是来自当事人的授权，一方面也来自于法律的授权。所以，我认为在境外仲裁机构准入后，能受案的范围仍应当是相关的涉外仲裁业务；关于纯国内因素的案件,我认为境外仲裁机构无权受理这些案件,而由国内的仲裁机构受理。

第二个建议,在仲裁裁决国籍问题上,我国法律存在缺位,《仲裁法》的修改应当明确这个问题,确定以仲裁作出地为主要标准,并且要对仲裁作出地加以识别。关于识别的顺序,我个人的观点是,仲裁裁决具有裁决作出地的国籍;当事人对仲裁地有约定的,约定的仲裁地与实际仲裁作出地不一致的,以约定仲裁地的国籍为主;当事人对仲裁地没有约定的,以实际仲裁作出地国籍为准;实际仲裁裁决作出地无法确定的,以仲裁机构所在地或仲裁执行地确定国籍。如果《仲裁法》明确或者细化了仲裁作出地为主要标准并且加以识别的话,就不会出现目前主要以仲裁机构的国籍来确定仲裁裁决国籍的问题了。

(三)非内国裁决的法律地位

接下来,我们要明确非内国裁决的法律地位问题,这个问题是尤其重要的。《纽约公约》在非内国裁决上给各个缔约国留下了立法的空间。先给大家介绍两个案例。

第一个案例是国际标准电气公司案,这个案件涉及到两个当事人,一个是美国某公司,一个是阿根廷某公司。涉案合同的仲裁条款是这样约定的:仲裁地为墨西哥,仲裁规则为国际商会的仲裁规则,该案在阿根廷的布宜诺斯艾利斯进行仲裁。布宜诺斯艾利斯是开庭地,解决争议的实体法是纽约州法律。为什么仲裁地为墨西哥,却又在布宜诺斯艾利斯进行仲裁?这涉及到仲裁地和开庭地、合议地的区别。从仲裁条款可以看出,仲裁地和开庭地是不一样的。该案中,适用的仲裁规则为 ICC 规则,适用的实体法为纽约州的法律,ICC 仲裁院组成的仲裁庭作出了美国公司败诉的裁决,美国某公司向美国纽约南区的地方法院申请撤销仲裁裁决。其申请撤销的理由是,根据《纽约公约》第 5 条第 1 款的规定,除了裁决地国的主管机关外,裁决应当适用法律的国家的主管机构,同样有权撤销该裁决。既然解决本案争议所依据的是纽约的法律,因此纽约法院根据《纽约公约》的上述规定享有撤销本案裁决的管辖权。但是,美国纽约州的地方法院驳回了美国公司要求撤销裁决的诉请,理由是《纽约公约》第 5 条第 1 款所规定的"据其法律作出裁决的国家的管辖当局"指的是裁决所适用的程序法,而非实体法。在本案当中,当事人进行仲裁所适用的程序法,应当是墨西哥的程序法,因为裁决地在墨西哥,仲裁地应该识别为墨西哥,故本案仲裁提出所依据的法律应当是墨西哥的法律,只有墨西哥的法院才享有撤销裁决的权利。也就是说,仲裁裁决的国籍是墨西哥。因此，通过该案法院对《纽约公约》的解读，"据其法律作出裁决"指的是程序法，而非实体法。

美国法院在另一个案件中则作出了完全不同的解释与判断。美国法院在1983年Bergesen VS. Müller一案中，将一个在纽约依据纽约州法律做出的裁决识别为非国内裁决，原因是该案当事人分别为挪威人和瑞士人。根据美国法律，双方当事人都认为美国人的裁决是不属于《纽约公约》裁决的，除非产生争议的法律关系与另一缔约国有某种合理的联系。法律之所以这样规定，并不是表面所看到的以当事人的国籍作为了判断仲裁裁决国籍的标准，而是因为当争议双方的住所地或主要营业地为执行国以外的另一国家时，裁决的做出实际上也遵循了该国法律。美国法律通过这种复杂的逻辑推理，不动声色地将《纽约公约》中以程序法律适用为特征的"非内国裁决"扩大到所有法律适用的情况，就连支配当事人国籍的法律适用都构成了适用外国法律体系的表现。

纵观两个案例，同样是请求美国法院承认或不承认执行仲裁裁决，适用的都是纽约州的法律，但结果各不相同。从这两个案例可以看出，《纽约公约》对于非内国裁决，在条文上的规定不是特别严谨，导致了一些国家的法院在实践中对仲裁裁决国籍识别标准的适用不一样。

那么，在我国境内依照其他国家的程序法所作出的裁决，我们应如何识别？如果仲裁最后作出地是在我国境内，但是境外仲裁机构是依照其他国家的仲裁程序法作出来的，对于这样的裁决，我们是把它识别为内国裁决，还是把它识别为非内国裁决？如果将其识别为内国裁决，我国法院就有撤销的权利；若将其识别为非内国裁决，我国法院只能具有承认和执行的权利或者拒绝承认和执行的权利。关于这个问题，《仲裁法》在修改过程中不能回避，必须要有明确的法律条款。

我的讲座大概就到这，欢迎大家进行讨论，并提出批评指导意见。

姚建龙：刚才王海峰同志就对于仲裁的国籍和仲裁地的识别问题，这样非常专业的问题，做了非常精彩的解析。我们看看大家还有谁要提问的，或者发表自己观点，请大家发表意见。

夏晓龙（上海社会科学院法学所助理研究员）：刚才海峰说《仲裁法》要尽快做出调整，国内的相关其他法律已经做了一些调整，比如我国的涉外民事关系法律适用法已经明确指出了《仲裁法》的改革。另外，关于我们在香港的香港裁决在内地执行的问题，最高院也做了一些安排。因此，将来对于这类仲裁，我们实行的是承认和执行,而不是撤销,无非是对本来就存在的法律进行调整,在《仲裁法》修订的时候调整相关的概念。

姚建龙:好的,谢谢夏老师。我原来对这个领域不是太了解,刚才听了讲座之后发现我们的仲裁法确实存在比较明显的问题。还有其他的同志要提问或者发言的吗?

王海峰:我回应一下夏老师刚才讲的问题。在我国《仲裁法》确实没有做出规定的情况下,各大仲裁机构在各自的仲裁规则中已做出了一些相关的规定,例如贸易仲裁从 2015 年 1 月 1 日起实施的最新版的仲裁规则,做出了关于在香港仲裁的特别规定,其第六章直接写明了贸易仲裁在香港仲裁接受并且管理两类案件:一类案件是仲裁委员会在香港特别行政区设立仲裁委员会香港仲裁中心,当事人约定将争议提交仲裁委员会香港仲裁中心仲裁;第二类案件是当事人约定将争议提交仲裁委员会在香港仲裁的。另外除非当事人另有约定,仲裁委员会香港仲裁中心管理的案件的仲裁地为香港,仲裁程序适用法为香港仲裁法,仲裁裁决为香港裁决。该仲裁规则的先进之处在于,特别规定了仲裁程序适用法为香港仲裁法。贸易仲裁香港仲裁中心的裁决到内地来执行的时候,内地法院只能行使承认和执行权而非撤销权,执行依据是《最高人民法院关于内地与香港特别行政区相互执行仲裁裁决的安排》。

提问人:王老师,您好。我听王老师的讲座有这样的一种感觉。因为我们仲裁的特点主要体现在及时性和经济性。那么王老师之前也提到在民事诉讼法第 283 条,国外的仲裁机构的裁决视为外国裁决,我们国家只有承认权,当事人只能向我国法院申请承认和执行。在王老师和夏老师的讨论过程中提到了贸易仲裁,当事人应该在程序中约定适用香港的仲裁法。而在刚才讲述的过程中,王老师给出来的建议是境外的仲裁机构的准入和准裁。那么现在我有疑问,如果境外的仲裁机构准入之后,假如我国当事人之间的约定还是适用外国的法律,特别是香港的法律,那么对于该裁决人民法院行使的是撤销权还是承认和执行权?谢谢老师。

王海峰:好的。我个人认为,在这个问题上面,我们需要认定的是适用的法律是实体法还是程序法。一般来讲,我们在仲裁中,包括审判实践中,审理涉外案件适用外国法,这是很普遍的现象。我国人民法院可以适用外国法来审理涉外案件,但是法院没有义务也没有权利适用外国的程序法来审理本国的案件。但是仲裁就不一样,仲裁可以适用其他国家的程序法来作为程序指引审理仲裁案件,此为仲裁和诉讼在适用外国程序法问题上的不同。但是在适用实体法的时候,根据当事人意思自治原则或者根据冲突法,可以某个外国的实体法来作为案件的准据法。我们要判断在仲裁中,适用的法律是实体法还是程序法,如果适用的是程序法,例如境外仲裁机构在我国境内仲裁适用的是某外国的仲裁程序法,我个人认为在我国仲裁法修改之时,可以把它识别为非内国仲裁,此时我国法院就不能行使撤销权,而只能行使承认和执行权。

姚建龙:好的,今天的讲座因为很专业,确实是跟我们很多同志的研究没有太多的交集。但是我感觉这个问题还是非常有意义。如果大家没有需要继续提问或者发言的,那么我们做简单小结。

今天我们上社法学讲坛的讲座非常精炼,王海峰研究员在我们国内的国际法、国际仲裁法领域也有非常深远的影响力,本次讲座非常专业,也非常精彩。本次讲座反思了热点案件、争议案件,同时从仲裁案件中反思了我们国家仲裁法存在的问题。特别值得赞赏的是,王海峰研究员还对我们国家仲裁法修改完善提出了非常明确的建议,我个人觉得这些建议可以转化成专报,对我们国家仲裁法的完善与肯定会发挥非常重要的作用。非常感谢王海峰研究员今天精彩的演讲,非常感谢我们所有的同志,对大家的参与表示衷心的感谢,谢谢大家!

欧盟与德国投资法理论与实务

主讲人：**主力军**，上海社会科学院副研究员，研究领域为民商法、资本市场法，欧盟经济法。

与谈人：**李建伟**，上海社会科学院法学所副所长、特聘研究员，金融法与知识产权研究中心主任，法学博士后（美国），上海市国资委政府法律顾问。曾任上海市金山区国资委主任，吕巷镇镇长，金山资产投资公司总经理，杨浦区财政局副局长，上海财经大学法学院副教授、金融法研究中心副主任。主持《新时代国有资产管理体制改革完善研究》等国家级、省部级课题 11 项。在《European Business Law Review》《知识产权》等发表《金融控股公司的法律规制》《知识产权证券化：理论分析与应用研究》等论文 20 余篇。出版《技术创新的金融支持：理论与政策》等专著、合著、译著 7 部。主要研究领域：经济法，金融法，国资监管，体制改革。

主持人：**姚建龙**，上海社会科学院法学研究所所长、研究员、博士生导师。

时间：2020 年 6 月 18 日 9:30

主力军：各位老师好，这个报告也是我这两年研究的课题内容之一，关注德国、欧盟这边的经济法理论与实务，特别是跨境投资法。结合理论与实务，现在只讲一部分，具体和大家交流五个问题。

第一个内容是海外投资的经济全球化背景。首先是经济全球化，我们总是讲现在是经济全球化，哪些指标哪些标志可以作为经济全球化，我认为对外投资特别是对外直接投资是一个重要的衡量标准。对外直接投资这个概念有别于间接投资，至于怎么区分直接投资和间接投资，没有一个明确的区分。我们国家，基本上是从政府部门角度出发，它是倾向于认为，对外投资者直接拥有 10％以上的海外企业的股权，或者拥有境外企业的类似数量的表决权。只有 10％以上，从量的角度，但这不是一个法定的标准，只是说一个倾向性的区分标准。总体而言，我们是鼓励直接投资者，而不鼓励间接投资，这可能考虑更多的是投资的安全性，因为海外的直接投资风险比间接投资要小一点。

对外直接投资是经济全球化标志之一，对外直接投资（不借助金融工具，由投资人直接将资金转移交付给被投资对象使用的投资，如持有子公司或联营公司股份等）有别于间接投资（证券投资，一般并不控制该企业或参与管理），判断标准为：投资者直接拥有或控股 10％以上股权、投票权或其他等价利益的境外企业。

我在这里做的一些量的统计基本上是按照我国境内投资人在境外投资的首个目的地进行统计。直接投资形式有很多种，我们国家的走出去的投资人有各种各样的形式，资本少量的参与，差不多 10％或者是高一点低一点这种参与。衡量数据：（一）存量和流量两个计算标准；（二）一国/地区所拥有的外国资产的累计总和，通常为一年对外直接投资的总和；（三）统计数据只限于我国大陆地区。

国内资本的输出方式，一种方法是通过并购国外现有的企业，通过这种方法实现国内资本走出去战略。另外一种方法就是按照当地的法律注册一家公司，公司形式有很多种。对外投资我们衡量的数据有两个概念，一个是存量和一个流量，存量我们很好理解，就是国内企业在国外拥有的资产，累积起来的总量。流量通常我们是按照一个财政年对外直接投资的总和，我们统计基本上以大陆地区为主。我国港澳台地区比较特殊，按照我们可找到的数据，最近十几年我国的对外直接投资流量和存量的一个数据，做了一个比较。基本上我们说从有统计数据开始，2005 年前后到 2017 年。其中有一个是数据比较重要的是 2015 年，我们存量是超过了 1 万亿美金，我们的外汇储备大家都知道差不多 3 万多亿美元，我们在 2015 年达到 1 万亿美元，这个是一个量的突破。为什么这么比较？我们说通过数据比较海外投资比较发达的国家，英国、日本、德国这种传统的海外投资发达国家基本上都是在 2000 年前后才达到 1 万亿美元。

年份	流量		存量	
	金额（亿美元）	位次	金额（亿美元）	位次
2005	122.6	17	572	24
2006	211.6	13	906.3	23
2007	265.1	17	1 179.1	22
2008	559.1	12	1 839.7	28
2009	565.3	5	2 457.5	16
2010	688.1	5	3 172.1	17
2011	746.5	6	4 247.8	13
2012	878	3	5 319.4	11
2013	1 078.4	3	6 604.8	11
2014	1 231.2	3	8 826.4	8
2015	1 456.7	2	10 978.6	8
2016	1 961.5	2	13 573.9	6
2017	1 582.9	3	18 090.4	2

第二个内容是我国海外投资的快速发展。从数据的比较，我们能看到中国大陆地区对海外直接投资在近10年都是爆发式的增长，爆发式增长肯定体现了我们的国力，另外也反映了一些问题，这些问题我在后面会讲。我们有对外投

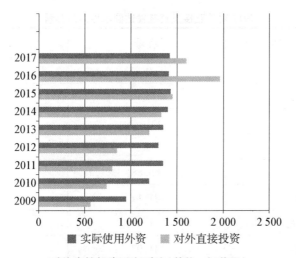

对外直接投资双向对比（单位：亿美元）

资,我们也有吸引外资,我们过去侧重更多的是使用外资,但是我们从 2015 年开始,我国对外的投资就超过了实际使用的外资。我国成为一个资本输出国,改变了传统的更多的商品或者服务这种输出模式。

另外一个比较方式,是纵向的比较,通过国际上的相关国家的海外投资比较,我国的存量,2017 年排在世界的第二位,但是我国和第一位美国海外投资存量的差距是挺大的,他们是 7 万多亿美元,我们是一万八千多亿美元。

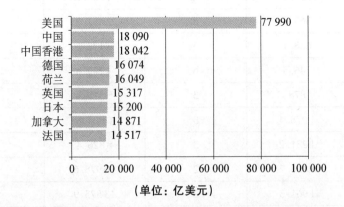

（单位：亿美元）

我们国家对外投资主要在哪些国家和地区？我国海外投资流量方面,亚洲地区是我国主要的投资所在地,有我们的地缘政治的各方面的因素。在欧洲,欧盟,北美比较少。我们的海外投资存量主要在欧盟。然后是美国,其中还有百慕大,百慕大算一个地区,它是一个国际避税港,为什么到这里注册公司,它的税费等各方面比较低,还有就是规避一些国家的法律监管。

2017 对外直接投资在发达国家地区的存量　　　　亿美元

国别,经济体	存量	比重（%）
欧盟	860. 15	37. 5
美国	673. 81	29. 4
澳大利亚	361. 75	15. 8
加拿大	109. 37	4. 8
百慕大	85. 88	3. 8
瑞士	81. 12	3. 5
以色列	41. 49	1. 8
日本	31. 97	1. 4

国别,经济体	存量	比重(%)
新西兰	24.92	1.1
挪威	20.83	0.9

总体而言,我们的海外投资的存量还是在欧盟,我们说资本走出去力度很大,跨度也很大,速度也很快,但是这里面风险和利益并存。有政治风险、社会风险,还有运作公司的经营风险。严格来说,我们说风险要投资人自担,因为企业做出投资的决策,就应当承担这个风险。有风险为什么还要做出投资,肯定是有利益,对它有吸引力,这里可以区分对东道国有什么利益,对投资企业的母国有什么利益。

对东道国就是吸引外资,使用外资。我国以前传统的吸引外资就是因为我们缺资本,发展经济需要资本,还需要技术。很多国家也是这样,引进资本、技术,还有扩大它的出口,从而拉动就业。另外一个就是对等开放问题。对于企业,企业需要考虑很多要素,怎么能够保证投资的收益,还有汇率问题,涉及到金融市场。比如人民币对欧元、人民币对美元等等这种汇率的考虑。有些企业去海外投资,目的是扩大市场。对投资人的母国有什么利益,直接的利益不是太明显,除了税收以外,因为企业在海外投资,对母国来讲有时候不是一个好事情,降低了国内的投资,减少了就业岗位。海外投资体现出一个国家的安全观、国家利益观,中国这几年也开始提出国家安全和国家利益。

从数据看,我国从传统的商品输出转变为资本输出为主。如果海外投资都是真实的,投资的安全、盈利等等都有保障,是健康的海外投资。海外投资也需要执行国家战略,特别是一带一路这种国家战略的考量需要一些企业走出去。所以很多的是国企央企承担的走出去的这种战略,考虑的就不是盈利目的。另外是外汇储备问题,我们国家人民币没有国际化之前,外汇储备仍然是很重要的。

第三个内容分析一下我国的企业境外投资监管制度。我国对企业海外投资的行为进行管理,在保障企业自主做出海外投资的决策的基础上,提出了加强境外投资的宏观指导,优化境外投资综合服务,有指导也有服务,也有监管。我国对境外投资全程监管,最终也是为了维护国家利益和国家安全。

我国监管的境外投资,是指中华人民共和国境内企业直接或通过其控制的境外企业，以投入资产、权益或提供融资、担保等方式，获得境外所有权、控制权、经营管理权及其他相关权益的投资活动。包括（一）获得境外土地所有权、使用权等权益；（二）获得境外自然资源勘探、开发特许权等权益；（三）获得境外基础设施所有权、经营管理权等权益；（四）获得境外企业或资产所有权、经营管理权等权益；（五）新建或改扩建境外固定资产；（六）新建境外企业或向既有境外企业增加投资；（七）新设或参股境外股权投资基金；（八）通过协议、信托等方式控制境外企业或资产。

我国利益：（一）不违反我国法律法规；（二）不违反我国有关发展规划、宏观调控政策、产业政策和对外开放政策；（三）不违反我国缔结或参加的国际条约、协定；（四）不威胁、不损害我国国家利益和国家安全。

近年来，我国海外投资过程中，发生过一些争议的问题，海外投资发展过快，与当地市场、股份和企业之间就有可能产生一些不和谐的问题或者矛盾，因此，我国的海外投资监管也明确提出要求，要坚持诚信经营，避免不正当竞争行为。如：（一）投资主体创新境外投资方式、坚持诚信经营原则、避免不当竞争行为；（二）保障员工合法权益、尊重当地公序良俗；（三）履行必要社会责任；（四）注重生态环境保护；（五）树立中国投资者良好形象。

我国提出要树立海外投资主体的良好形象，不区分国有企业和民营企业，我国以前对海外投资主体是区分国有企业和民营企业管理的，现在将民营企业与国有企业实行一样的管理要求。

从公有控股和非公有控股企业的划分分析，我国公有控股企业在海外的投资超过一半。这个体现了我国国有企业和央企承担走出去战略的发展态势。我们不区分企业类型，一体纳入管理，考虑的主要问题，我个人判断是外汇管制。我国在外汇规制方面，至少在资本这个项目是不可能自由兑换的。经济学上有一个蒙代尔不可能三角原理，稳定的汇率或者叫固定汇率，独立的货币政策和资本的自由兑换，这三个不可能同时拥有。

我国追求的是汇率和独立的货币政策，独立货币政策是我国的主权问题，所以我国放弃的是资本自由这一块，个人可以旅游可以留学，然后企业可以进出口，可以提供服务，这都是经常项目。但是资本项目我国是不能自由兑换的，在自贸区、自贸港可能会涉及到资本项目的自由汇兑，但是开放力度还不是很大。我国大陆地区现在坚持的是稳定的汇率和独立的货币政策，放弃了资本自由兑换。所以说企业海外投资主要是外汇问题。很多国家都有外汇规制，但是对于外汇管制是做到哪个程度,这个理解不同,到目前为止,对于外汇管制的法规尚无一致的认同,有些国家认为外汇管制法不是公法,不承认其他国家的外汇管制法,有些国家则认为可以承认外汇管制法,但是必须保持国际收支的平衡目的才能限制外汇自由。

投资主体依法享有境外投资自主权,自主决策、自担风险。投资主体开展境外投资,应当履行境外投资项目核准、备案等手续,报告有关信息,配合监督检查。投资主体开展境外投资,不得违反我国法律法规,不得威胁或损害我国国家利益和国家安全。

我国企业海外投资有监管制度,体现了国家利益、国家安全,监管方式具体是核准和备案两个程序,哪些海外投资是可以备案的,哪些是必需要核准的,法规中通过目录有列举。实行核准管理的范围是投资主体直接或通过其控制的境外企业开展的敏感类项目。核准机关是国家发展改革委。敏感类项目包括:(一)涉及敏感国家和地区的项目;(二)涉及敏感行业的项目。敏感国家和地区包括:(一)与我国未建交的国家和地区;(二)发生战争、内乱的国家和地区;(三)根据我国缔结或参加的国际条约、协定等,需要限制企业对其投资的国家和地区;(四)其他敏感国家和地区。敏感行业包括:(一)武器装备的研制生产维修;(二)跨境水资源开发利用;(三)新闻传媒;(四)根据我国法律法规和有关调控政策,需要限制企业境外投资的行业。敏感行业目录由国家发展改革委发布。

实行备案管理的范围是投资主体直接开展的非敏感类项目:(一)涉及投资主体直接投入资产、权益;或(二)提供融资、担保的非敏感类项目

境外投资涉及到敏感类项目,要经过核准,涉及敏感国家和地区的项目,这个范围很广,敏感国家地区不一定说你投资不安全,但可能是像一些国家之间的微妙的关系,这个概念最后解释权在政府。

投资主体应当对自身通过网络系统和线下提交的各类材料的真实性、合法性、完整性负责,不得有虚假、误导性陈述和重大遗漏。有关部门和单位、驻外使领馆等发现企业违反本办法规定的,可以告知核准、备案机关。公民、法人或其他组织发现企业违反本办法规定的,可以据实向核准、备案机关举报。国家发展改革委建立境外投资违法违规行为记录,公布并更新企业违反本办法规定的行为及相应的处罚措施,将有关信息纳入全国信用信息共享平台、国家企业信用信息公示系统、"信用中国"网站等进行公示,会同有关部门和单位实施联合惩戒。

第四个内容是重点对我国的海外投资进行实务分析。海外投资既是国家战

略，也是企业自身发展的需要，海外投资风险很大，我国对海外投资的企业不区分国有和民营企业，都进行了监管，企业作为一个投资人，有利益的追求，关键因素就是需要选择一个合适的投资市场，我国企业，特别是民营企业，多数是通过海外并购进行投资的，海外投资方式虽然有很多种，但是并购占的比重特别大，有的年份它可能占到了超过一半的海外投资量。

今天讲一个具体的海外并购案例，吉利控股，中国的一个很优秀的民营企业，通过一个类似于并购的行为，成为德国奔驰的母公司的单一大股东。这个案例发生在 2018 年，戴姆勒是德国一家上市公司。吉利控股，除了汽车，它有很多产业，是浙江的民营企业，发展的非常优秀，这是我们中国的一个民营企业代表。吉利有合规制度，主要分两个方面，一个就是根据联合国有个全球契约组织的10 项原则，另外它也重视相关国家的法律法规，有它的合规要求。

联合国全球契约 10 项原则，是前联合国秘书长安南 1999 年在达沃斯世界经济论坛年会上提出的"全球契约"计划，"全球契约"计划号召各公司遵守在人权、劳工标准、环境及反贪污方面的十项基本原则。是推动经济可持续发展和社会效益共同提高的全球机制。

其实就是号召企业遵守一些人权、保护劳工、保护环境、反对贪污等等规则。怎么加入，这个是自愿的，更多的是企业形象的展现。公司应由总裁（经董事会认可）致信联合国秘书长，表达对全球契约及其各项原则的支持。

吉利 2018 年 2 月份，通过海外资金收购了戴姆勒 9.69％具有表决权的股份，股票价值约 90 亿美元。通过这个股份收购，吉利成为戴姆勒最大的单一股东。因为股权结构从公司法和金融法分析，戴姆勒的股权太分散，一个公司股权太分散，很容易面临被所谓的举牌或者野蛮人收购。作为一个上市公司，除了品牌技术比较领先，就是股权结构容易被攻击，被金融投行认为是个可以攻击的对象。

这一案例是我国民营企业的海外投资行为，在欧盟和德国影响比较大。在德国更多的是体现在公司法方面，吉利和戴姆勒从公司法讲存在个竞争关系，根据德国公司法，吉利获得戴姆勒的股权之后，可能就会获得监事会的一定席位。

德国法律没有禁止这类投资行为，但是从公司法和金融法分析，德国的立法区分一级市场二级市场，是分开立法，我们的证券法是一部立法，没有区分一级市场和二级市场。德国的证券立法非常详细，信息披露、内幕交易操作上等都有规定，也有股票收购法，吉利收购戴姆勒的股份是依照德国法进行操作的，并没有违反法律的明确规定,这是一个市场开放的问题。

但是从国家利益国家安全来讲,总会有一些限制或者竞争外商投资的产业,但是怎么限制,怎么禁止,涉及到一个对等开放问题,是参与了国际市场,按照对等开放要求,通常也会开放本国的市场。我国最后开放的是金融领域,我们说德国金融市场是开放的,我国的金融市场开放趋势也是完全开放,比如说银行业,还有一些金融里面的证券、基金、期货等等,外资占股比例从 49％提高到 51％,最终到全面地取消限制。

第五个内容分析一下欧盟与德国应对海外投资的立法趋势。海外投资活动可能涉及到的是一个国家或者地区的法律体系,欧盟层面和德国层面的投资法都可能会涉及,包括金融法、资本市场法、反垄断法、反不正当竞争法、公司法、外国投资法等。

中国在欧盟及其成员国的海外投资发展比较快速,也引发了欧盟及其成员国的谨慎和警觉,开始了从立法层面聚焦海外投资,特别是来自中国的企业投资。首先在欧盟层面,欧盟要求中国要对等开放本国相关市场,而且欧盟计划建立一个外资审查框架制度,这是未来的一个发展趋势。欧盟成员国层面的立法也开始加强了对外资的审核,具体就是设立了两个程序,一个普通程序,一个特殊程序。普通程序是针对非敏感类投资行为的审核,特殊程序是针对敏感类的投资行为,具体的立法和内容,下次再结合欧盟和德国的相关立法展开,本次讲座内容只是个人的观点。

为了避免安全风险,德国联邦经济事务和能源部(BMWi)可以审核外国公司对国内公司的收购。其基础是"德国对外贸易法"(AWG)和"对外贸易和支付条例"(AWV)。

适用范围:所有在欧盟或欧洲自由贸易区以外的投资者,拟获得在德国注册的公司 25％以上表决权(投票权)的收购活动会被审核。如果直接收购方是欧盟的居民,则取决于是否存在滥用公司收购,或法律规避的问题(§55Abs. 2 AWV)。

以上是我讲座的主要内容,请各位多提意见和建议。

李建伟:主力军老师的报告很好,很有启发。我一直在想,我们经济法,或者说经济治理,到底研究什么的呢? 我的理解,就是研究我们中央讲的,发挥市场在资源配置中的决定作用,然后是更好地发挥政策作用,两个作用。经济法,我个人理解就是研究这个事情,我们把这两个作用法制化的过程。所以从这个角度来讲的话，我感觉主老师研究的题目非常好，就把我们经济法或者经济治理研究推到了更广的一个事业或者一个领域，或者比较研究的一个领域，因为毕竟我们从各个国家发展角度来讲，一些国家很快，从以后的投资角度来讲，也是互相联系的，这是我感觉第一方面比较好的一个角度。把我们经济法或者经济实体研究，政府作用和市场作用如何发挥呢？汇到了更广的一个视野，会有比较的视野。

第二，在对外投资角度来讲，应该说我们国家的政策，尤其是立法，它的稳定性或者说充分性，应该说存在余地，我查了一下我们国家关于投资方面，我们只有引进来的，我们只有两部法跟这个都是有关的，但都是引进来的外商投资法。今年的1月1日开始实施是吧？另外还有一个台湾同胞投资保护法，就两句话，再加一个条例。关于走出去的政策是有的，这么多年我们一直提倡走出去，中央也出台一些文件，但是立法是空白的。在这种情况之下，在立足原来的经验和教训的基础上，能不能在这个角度我们立法或者法制化做一些工作。

第三来讲对外投资这个主题，我个人认为立法或者法律其实是一个制度的技术的实现问题，它实现哪方面的问题？我个人理解5大方面的关系要把握和处理。第一方面来讲还是政府和市场的关系。国内其实这么多年改革开放以来，我们的经济立法包括相关的民商法，其实想解决一个问题就是政府和市场的关系到底怎么来安排，有形之手和无形之手如何安排？市场要决定作用，政府要更好关注对不对？但到底怎么来实行？到底怎么来做？第二个关系要把我们走出去和引进来的关系，现在引进来我们是非常明确的，我们非常欢迎，我们通过开放达到更高的态度，更高的一个层次。包括我刚才说的国家投资法是吧？我们基本相关的法规应该说还是比较健全，当然也在完善。但是走出去这块到底怎么来的？比方来说走出去到底什么走出去，是完善产业链角度，或者实业角度，还是资源配置角度？第三个问题是一个政府和企业的问题。这个情况我感受比较深，我在基层工作的时候有很深的感受。有时候政府其实很无力，我们政府对企业的抓手支持没什么，你基本管不了企业。现在放管制以后，我们政府希望管得越来越少。现在，我们政府除了环保，其他基本管不了企业，政府其实对企业的约束力越来越低，从这个角度也是个问题。所以目前我们其实管企业总局监管的就抓一个外汇，这是一个关系。

第四个问题，国有企业和民营企业的关系，国企和民企的问题一直没解决好。关于国企改革和民营企业的关系，我们一直在摸索，其实到现在都有政策波动。十八大刚开始的时候,我们很明确国有企业,投入做大,做强,现在提法是有进有退,又回来了,从这个角度来讲的话,走出去也存在这个问题。国有企业和民营企业,在一般的法律安排上是一样的,都是委托代理人去管。原来我们以为国有企业存在的那些问题,比方说贪污受贿这种,其实它不是国有企业制度产生的,而是委托代理人制度造成的,这个问题民营企业也有,你看淘宝阿里巴巴也发了一批。它的差别在哪?差别就是我个人认为在于政治性,但政治性这东西我的理解,通俗来讲真的很简单,就是代表谁的利益,国有企业代表国家利益,老百姓利益。

姚建龙:感谢主力军老师的精彩报告,由于时间关系我们今天的报告就到此结束了,谢谢大家。

附录：盈科·上社
法学讲坛（第一季）概览

序号	姓 名	职 称	举办时间	主 题
1	殷啸虎	研究员	2020.1.10	中国古代讼师文化：《公堂内外：明清讼师与州县衙门》解读
2	徐澜波	研究员	2020.1.3	论宏观调控法的调整方法
3	夏晓龙	助理研究员	2020.4.10	三农问题的法律思考
4	王海峰	研究员	2020.4.17	仲裁裁决国籍与仲裁地的识别
5	魏昌东	研究员	2020.4.3	走向内涵修复：社会变迁与中国反腐刑法进化之路
6	尹 琳	副研究员	2020.4.24	未成年人犯罪收容教养研究：12 岁男孩杀害 10 岁女童抛尸案的展开
7	段占朝	助理研究员	2020.5.8	党内法规的制定质量：问题、原因及对策
8	王佩芬	助理研究员	2020.5.15	中日死刑制度比较——兼论我国死缓制度的理解与适用
9	孟祥沛	研究员	2020.5.21	民法典编纂背景下的高空抛物责任
10	邓少岭	副研究员	2020.5.28	历史—风险与法治的张力初探
11	金永明	研究员	2020.6.4	中国的海洋法制度若干问题研究
12	主力军	副研究员	2020.6.18	欧盟与德国投资法理论与实务
13	张晓栋	副编审	2020.7.2	红色文化与上海弄堂
14	何卫东	副研究员	2020.7.9	环境法治实施的评估体系

续 表

序号	姓 名	职 称	举办时间	主 题
15	陈历幸	副研究员	2020.7.16	特殊经济区域法律制度视域下的跨境数据流动
16	李建伟	特聘研究员	2020.8.27	新证券法与国企改革
17	肖 军	副研究员	2020.9.3	一体化背景下区域合作组织的法律建构
18	陈庆安	研究员	2020.9.10	单位间接正犯的实践生成与教义学分析
19	刘长秋	研究员	2020.9.17	建党百年中国共产党的党内法规制度建设
20	彭 辉	研究员	2020.9.24	"一网通办"面临的主要法律问题及其纾解
21	涂龙科	研究员	2020.10.15	刑事二审的改判理由与功能检验
22	姚 魏	助理研究员	2020.10.22	我国《立法法》第八条的性质辨析
23	陈海锋	副研究员	2020.10.29	我国污点证人制度的构建：以选择性不起诉为基础
24	孙大伟	副研究员	2020.11.5	如何"依照法律的规定"适用公平责任？——《民法典》第1186条之解释论
25	杜小丽	编辑	2020.11.12	醉驾型危险驾驶罪的刑罚附随后果研究
26	陈 玲	助理研究员	2020.11.19	刑事合规评价制度的域外考察与评析
27	江 锴	助理研究员	2020.11.26	劳动者辞职预告期的法律性质辨析
28	张 艳	助理研究员	2020.12.3	主动退市中投资者保护模式的反思与重构
29	郭 晶	副研究员	2020.12.10	缺席审判：被忽视的国际真相
30	董 能	助理研究员	2020.12.17	罗马法和中世纪法律思想中的法权、正义和自然观
31	何 源	助理研究员	2020.12.24	保护规范理论的适用困境及其纾解
32	彭 峰	研究员	2020.12.31	论我国宪法中环境权的表达及其实施
33	胡译之	助理研究员	2021.1.14	平政院编制立法考
34	吴逸宁	助理研究员	2021.1.21	日本格式条款使用人单方变更之规范构造及对我国的启示

续　表

序号	姓　名	职　称	举办时间	主　题
35	邓　文	助理研究员	2021.3.4	商标在先使用规则中应赋予在先使用人排他权的伪证
36	张　亮	助理研究员	2021.4.1	论检察机关对行政机关的穿透式监督
37	姚建龙	教授	2021.4.9	未成年人罪错"四分说"的考量与立场：兼评新修订《预防未成年人犯罪法》

图书在版编目(CIP)数据

在法学所听讲座:法治智库讲坛. 第一辑/姚建龙主编. —上海:上海三联书店,2022.7
ISBN 978-7-5426-7764-8

Ⅰ.①在… Ⅱ.①姚… Ⅲ.①社会主义法制-建设-中国-文集 Ⅳ.①D920.0-53

中国版本图书馆 CIP 数据核字(2022)第 124241 号

在法学所听讲座:法治智库讲坛(第一辑)

主　　编 / 姚建龙

责任编辑 / 郑秀艳
装帧设计 / 一本好书
监　　制 / 姚　军
责任校对 / 王凌霄

出版发行 / 上海三联书店
　　　　　(200030)中国上海市漕溪北路 331 号 A 座 6 楼
邮　　箱 / sdxsanlian@sina.com
邮购电话 / 021-22895540
印　　刷 / 上海惠敦印务科技有限公司

版　　次 / 2022 年 7 月第 1 版
印　　次 / 2022 年 7 月第 1 次印刷
开　　本 / 710mm×1000mm　1/16
字　　数 / 320 千字
印　　张 / 20
书　　号 / ISBN 978-7-5426-7764-8/D・539
定　　价 / 78.00 元

敬启读者,如发现本书有印装质量问题,请与印刷厂联系 021-63779028